石家庄统计年鉴

SHIJIAZHUANG STATISTICAL YEARBOOK

2001

石 家 庄 市 统 计 局 编

(京)新登字041号

图书在版编目(CIP)数据

石家庄统计年鉴.2001/石家庄市统计局编.—北京:中国统计出版社,2001.8

ISBN 7-5037-3618-6

Ⅰ.石… Ⅱ.石… Ⅲ.社会经济统计-统计资料-石家庄市-2001-年鉴 Ⅳ.C832.221-54

中国版本图书馆CIP数据核字(2001)第055147号

石家庄统计年鉴—2001

作 者/ 石家庄市统计局
责任编辑/ 蔡启新
E-mail/yearbook@stats.gov.cn
责任校对/ 集 体
封面设计/ 圣雅设计工作室
出版发行/ 中国统计出版社
通信地址/ 北京市西城区三里河月坛南街75号 中国统计出版社
电 话/(010)63262295
印 刷/河北省清河县印刷有限公司
经 销/新华书店
开 本/889×1194毫米/16开
字 数/ 89万字
印 张/ 28印张
印 数/ 1—1000
版 别/2001年8月第1版
版 次/2001年8月第1次印刷
书 号/ISBN 7-5037-3618-6/C·1968
定 价/ 140.00元

《石家庄统计年鉴—2001》编委会

编 辑 说 明

一、《石家庄统计年鉴—2001》是一部信息密集型的资料工具书。本书通过大量的统计数据真实记录了2000年石家庄经济、科技、社会发生的巨大变化。本年鉴随着国家统计方法制度的改革，在指标口径和范围上也做了相应的调整，如工业，现口径为国有及年销售收入500万元以上的非国有企业口径，等等。除此之外，我们尽量在版本内容、指标体系等方面与前几年保持连贯性。

二、本《年鉴》内容包括：综合、从业人员及劳动报酬、固定资产投资及建筑业、能源生产和消费、财政金融和保险、物价、城市居民生活、城市公用设施、农村经济、工业交通和邮电、贸易和外经、教育科技文化、体育卫生和民政等13部分内容。

三、本《年鉴》中使用的度量衡单位均采用国际统一标准计量单位。

四、本《年鉴》中符号使用说明："—"表示这一栏没有数字；"…"表示该数字极小不足计量；"#"表示其中项；空白栏表示未掌握该资料。

《石家庄统计年鉴》多年来承蒙社会各界的厚爱，对此我们深表感谢，欢迎广大读者继续使用我们的《年鉴》，同时欢迎对我们《年鉴》的编辑内容及排版提出您宝贵的意见，以利于我们进一步提高《年鉴》的编辑水平，更好地服务于广大读者。

特别鸣谢

石家庄印钞厂

市科学技术委员会

中国华电地产公司石家庄公司

河北冶金建设公司

石家庄市侨联

石家庄市工商局交通分局

河北省电子技术研究所

石家庄市第三人民医院

河北胜利客车厂

旭日集团石家庄分公司

石家庄市文联

河北邮电印刷厂

石家庄市商业

石家庄市商业银行（原石家庄城市合作银行），是1996年5月28日经人民银行总行批准成立的地方性股份制商业银行，是全国首批五家城市合作银行试点之一。经过近五年的发展，我行资产规模已跃居石家庄市金融系统的前列，进入全国90家城市商业银行的前十强。截止2000年12月末全行存贷款余额分别达到107.7亿元和70.2亿元，是开业初的2.17倍和2.39倍；总资产131.7亿元，比开业初增加了73.7亿元，增幅达127.5亿元；资本总额3.9亿元，较开业初增长了1.85亿元，增长90.4%，其中股本金2.71亿元，较开业初增长了70.1%；实现利润总额近2亿元，年均分红率超过了11%。

支持地方经济建设是石家庄市商业银行的重要责任。五年来，我行始终以支持地方经济建设为己任，先后投入8.64亿元支持城市安居工程、民心河工程、旧城改造工程、二环路工程等市政重点项目，同时加大了对高等院校、科研院所、大型医疗机构等社会服务行业的信贷投入，取得了良好的经济效益和社会效益。

中小企业是石家庄市商业银行是的主要服务对象。在积极探索现代商业银行发展之路的过程中，逐步确立了“立足中小、服务市民”的市场定位。为全力支持中小企业的发展，我行出台了支持中小企业发展的六项措施，并把新增贷款的60%以上投向了中小企业，同时积极与担保公司开展业务合作，缓解了中小企业贷款担保难的问题。

“市民银行”是石家庄市商业银行的服务特色。五年来，我行始终遵循“诚实、信用、服务、奉献”的经营理念，积极为社会、为市民提供优质的金融服务。为方便市民，我行开展了延时服务，推出了“市民服务窗口”，其业务种类基本涵盖了与市民生活息息相关的金融业务；以个人住房贷款为龙头的大额消费贷款、个人商业用房贷款、汽车消费贷款等个人消费贷款，满足了市民的金融消费需求。

“科技兴行”是石家庄市商业银行的发展战略。为提高高科技含量，改善服务功能，我行投资上千万元加快了电子化建设步伐，开发了起点高、功能完善、技术先进的计算机综合业务系统，实现了储蓄业务的全储种通存通兑，推出了自己的储蓄卡——“如意卡”。此外，我行还设立了自己的网站，开发了网上查询系统和缴费系统，成为全省第一家网上银行。

董事长、党委书记：苗俊杰

行长：乔志强

市商业银行领导经常深入企业了解贷后情况。图为苗俊杰董事长在贷款企业考察

银行

市商业银行‘网上银行’在第四届河北省国际信息技术产品展示会暨“第二届河北省电脑节”上进行演示，吸引了众多市民。

扶持教育产业、支持科研院所。我行2000年1月6日与河北科技大学签定银校合作协定。

石家庄市商业银行迁址典礼

2000年12月5日在石家庄市商业银行举行隆重开幕典礼。

石家庄市公安交通管理局

石家庄市公安交通管理局成立于1997年3月，管辖7个市区交警大队和17个县（市）交警大队。共有交通民警1079人，其中市区交警1000人。主城区现有红线宽度15米以上道路185余条，总长度856公里，全市各类机动车保有量592804辆，其中市区机动车16万辆，机动车驾驶员68万人，非机动车保有量150余万辆。107、207、307、308四条国道从辖区通过，京深、石安、石太、石黄高速公路使石家庄成为全国高速公路网中重要枢纽站之一。

市交管局在市委、市政府和上级公安机关的正确领导下，市公安局副局长兼交管局局长苗社祥同志带领交管局党委一班人，从统一思想入手，认真贯彻落实江总书记“严格执法、热情服务”精神，深入扎实地开展学济南交警和争创人民满意的政法单位等活动，为我市逐步实现现代化的交通管理打下了良好的基础，基本实现了“信息灵通、决策准确、调度及时、反应快速、管理科学”的目标。我们将继续贯彻科技兴警、素质强警的方针，加大科技投入，进一步提高交通管理的科学水平，为我市的经济建设提供更加良好的交通环境，再创新的佳绩。

2000年8月18日，新落成的石家庄市公安交通控制中心大楼。

省委书记王旭东、省委副书记赵世居，省委常委、政法委书记冯文海，副省长何少存到我局视察工作时正听取苗社祥局长的工作汇报。

市委副书记、市长臧胜业，副市长郭广生等市委、市政府领导来我局视察工作时，正听取苗社祥局长的工作汇报。

执勤中雄风勃勃的交警。

我局现代化交通控制中心，华北最大的电视监控系统，该控制中心集电视监控、信号控制、信息采集、通信系统、卫星定位、交通诱导系统为一体，实现了"信息灵通、决策准确、调度及时、反应快速、管理科学"的目标。

在全市各主要路口专门设置"交通安全宣传大篷车"，及时为群众解答交通安全知识，教育群众自觉遵守交通法规。

委常委、市委书记陈来立，市委副书记、政法委书记穆培文、市长郭广生在市公安局局长范国华的陪同下到我局观摩参加国公路巡警大比武的中队赛前演练，会后与比武干警亲切合。

巡逻交警在"畅通工程文明示范街"上巡逻执勤，及时处置突发事件。

石家庄焦化厂

石焦厂貌

石焦产品

石家庄焦化厂始于一九一四年，是我国第一家冶金焦炭生产厂，是石家庄市的煤气气源厂，担负着为省会15万户居民和华药、石钢等23家大中型企业及70多家餐饮业和涉外宾馆供应煤气的社会公益重任，对省会的社会安定、经济发展都具有非常特殊的地位和十分重要的作用。

石焦是国有大型企业。拥有JN60—82型大容积焦炉，引进德国具有九十年代先进水平的全负压煤气净化和化产回收工艺技术和关键设备。粗苯精制工艺，系采用德国焦化苯加氢／莫菲兰萃取蒸馏先进技术，国内配套变压吸附制氢专利技术。现已形成年产焦炭100万吨、日外供煤气63万立方米的生产能力。产品有冶金焦炭、煤气及苯类、萘类、酚类等煤化工产品30余种，除满足国内市场需求外，还远销美国、日本、俄罗斯和我国台湾省等10多个国家和地区。年实现销售收入7亿元。

石焦厂区占地面积6万平方米；总资产 12.27亿元；职工3776人，专业技术人939人，其中：中级295人、高级57人。获国家专利三项，省科技进步二等奖三项、三等一项。

造型别致的职工浴池

厂内铁路运输线

苯精制夜景

煤气净化

石家庄海尔工贸公司

海尔集团首席执行官：张瑞敏

海尔是海

海尔应象海。唯有海能以博大的胸怀纳百川而不嫌弃细流；容污浊且能净化为碧水。正如此，才有滚滚长江、浊浊黄河、涓涓细流，不惜百折腊千回，争先恐后，投奔而来，汇成碧波浩淼、万世不竭、无以伦比的壮观！

一旦汇入海的大家庭，每一分子便紧紧地凝聚在一起，不分彼此形成一个团结的整体，随着海的号令执着而又坚定不移地冲向同一个目标，即使粉身碎骨也在所不辞。因此，才有了大海摧枯拉朽的神奇。

而大海最被人类称道的是年复一年默默地做着无尽地奉献，袒露无私的胸怀。正因其“生而不有，为而不恃”不求索取，其自身也得到永恒的存在。这种存在又为海中的一切提供了生生不息赖以生存的环境和条件。

海尔应象海。因为海尔确立了海一样宏伟的目标，就应敞开海一样的胸怀，不仅要广揽五湖四海有用之才，而且应具备海那样的自净能力，使这种氛围里的每一个素质都得到提高和升华。海尔人都应是能者，而不应有冗者、庸者。因为，海尔的发展需要各种各样的人才来支撑和保证。要把所有的海尔人凝聚在一起，才能迸发出海一样的力量，这就是靠一种精神，一种我们一贯倡导的“无私奉献、追求卓越”的企业精神。同心干，不分你我；比贡献，不唯文凭。把许许多多不可思议和不可能都在我们手中变为现实和可能，那么海尔巨浪就能冲过一切障碍，滚滚向前。

我们还应象大海，为社会、为人类做出应有的贡献。只要我们对社会和人类的爱“真诚到永远”，社会也会承认我们到永远，海尔将象海一样得到永恒的存在，而生活于其间的每一个海尔人都将在为企业创一流效益、为社会做卓越奉献的同时得到丰厚的回报。海尔人将和整个社会融为一个整体。

海尔是海。

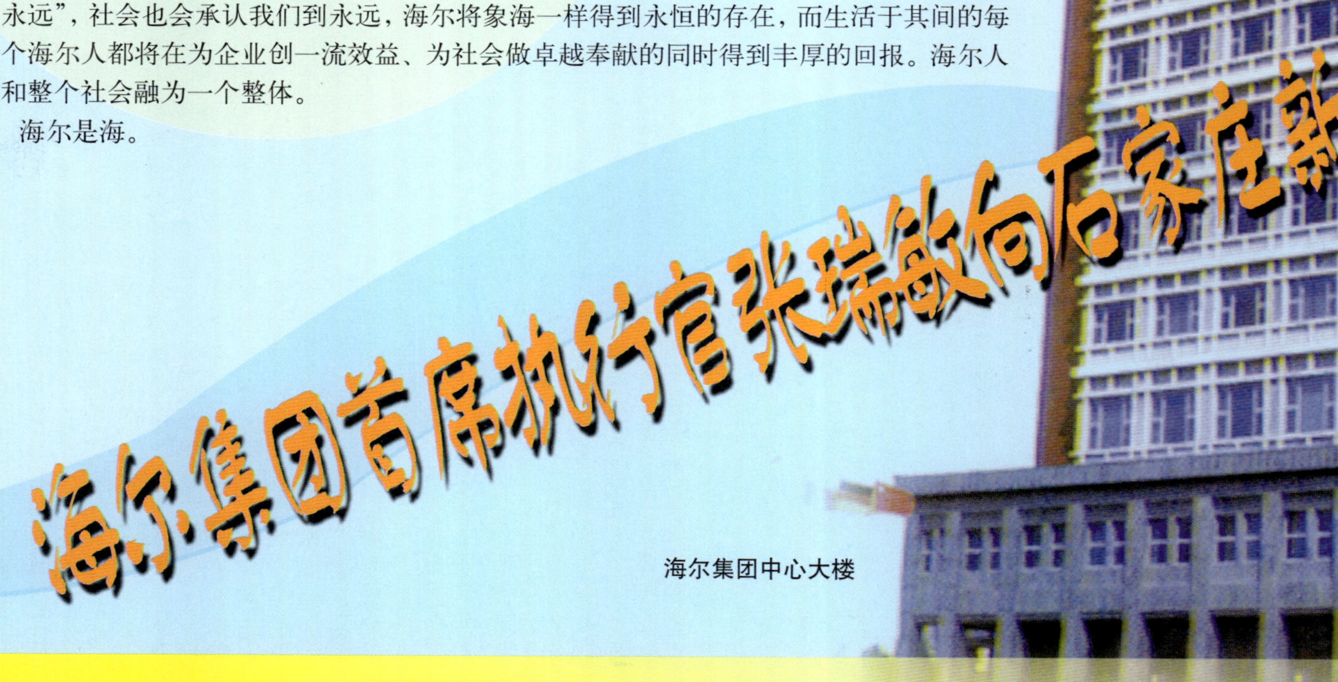

海尔集团中心大楼

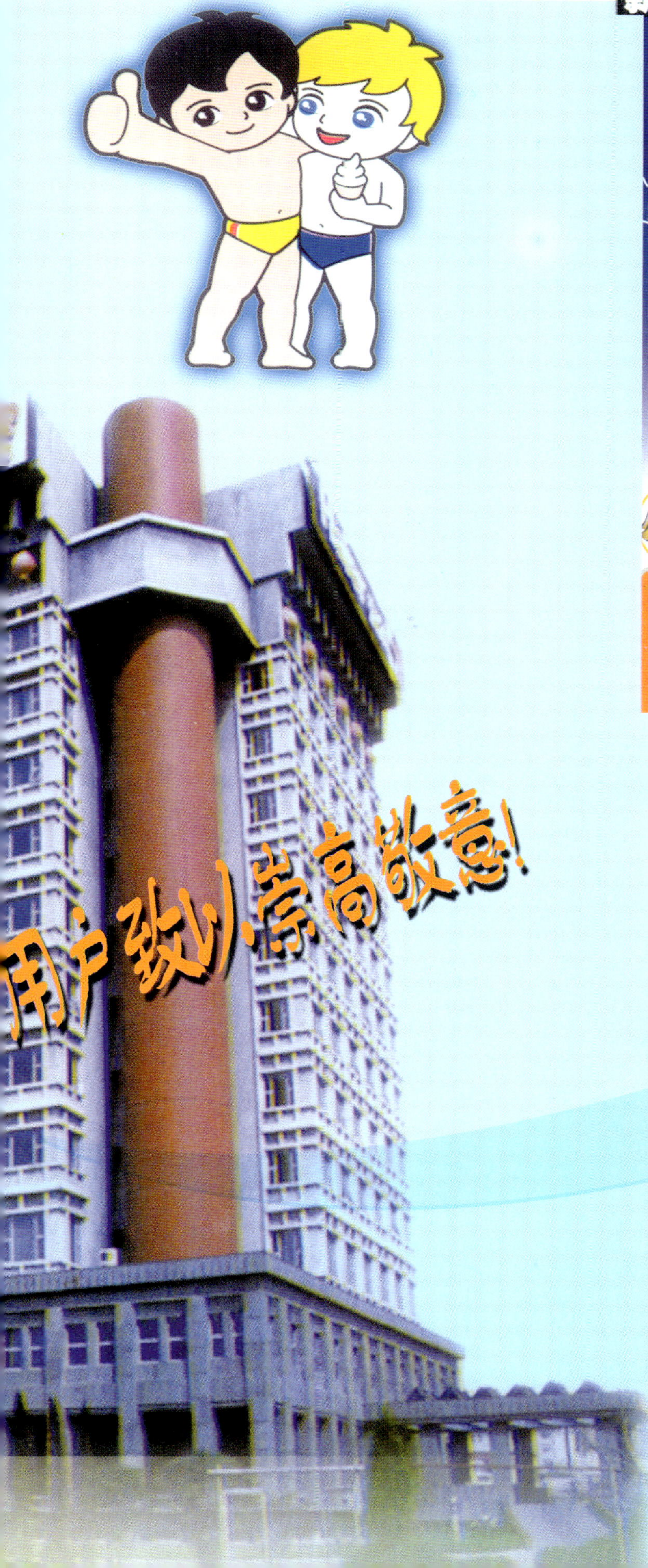
用户致以崇高敬意!

新品
SHOW
WORLD CALL
热卖中
Haier 听世界 打天下
海尔首家推出防辐射手机
海尔手机首家通过电磁辐射认证
海尔手机
七星荟萃
2 0 0 0
新品Show主持人

Haier 海尔彩电
热卖中
同步成像、独立播放
动感瞬间
清晰展现
Haier
动感 彩电

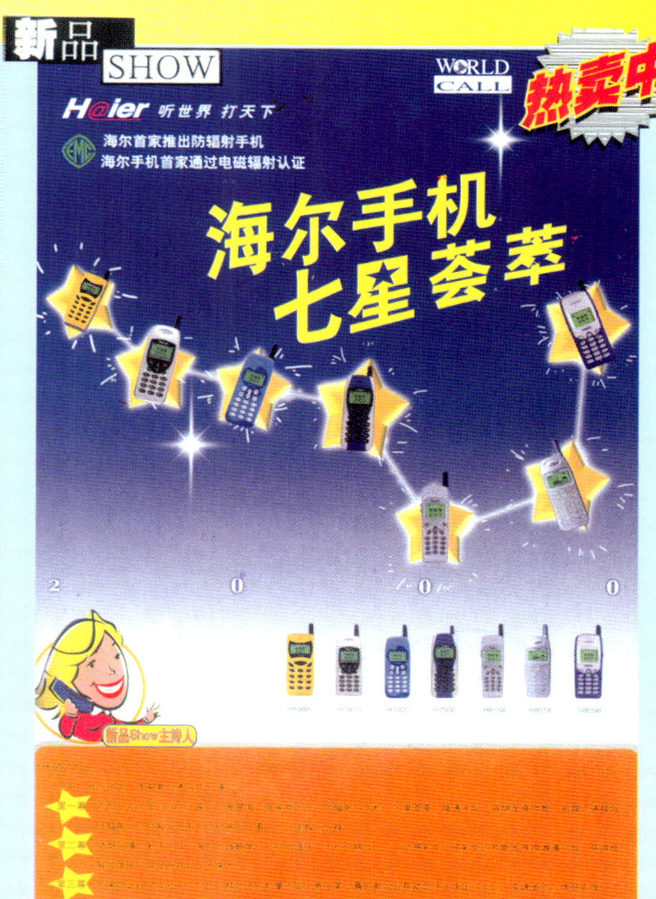

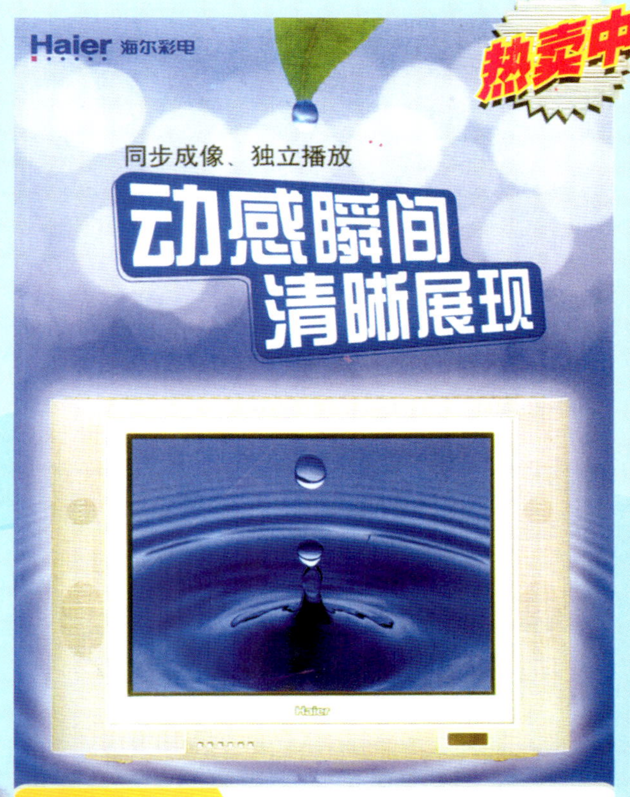

地产交易市场

石家庄市地产交易市场在局党组的领导下，在其他处室的大力支持下，紧紧围绕市委、市政府关于垄断土地一级市场的重大决策和局党组年初下达的各项工作任务开拓创新，艰苦奋斗，通过建立土地收购储备制度，实现了政府对一级市场的高度垄断。与往年相比，地产市场建设取得了质的飞跃，上缴政府土地纯收益突破亿元大关，较去年翻两番，相当于92-99年的总和。其他各项工作都完成或超额完成了局党组年初下达的任务。

地产交易情况

出让土地85宗，面积1626.067亩，出让金总额79490.8192万元，上缴政府土地纯收益1.02亿元，其中以招标拍卖方式出让土地3宗，面积268亩，交易金额3.07亿元。转让土地32宗，面积406.557亩，转让金额14698.3739万元。土地出让、转让契税2700万元。办理土地抵押104宗，面积3375亩，抵押金额8.577亿元。

改制企业土地资产处置情况

共处置了18家改制企业的原划拨土地，面积390.951亩，显化土地价值9182.5万元。盘活了6家破产、兼并国有企业的土地资产，面积150.31亩，安置下岗职工2040人。改制国有企业划拨土地资产处置率达100%。

土地收购储备情况

共收购储备土地24宗，面积1657.746亩，收购资金5.9764885亿元，现银行借款1.5亿元。已经出让土地9宗，面积367.364亩，交易金额4.6亿元，上缴政府土地纯收益5300万元。现储备土地15宗，面积1290.382亩，初步达成收购意向的土地20宗，面积1200.7亩。

土地估价情况

共评估土地200宗，面积3616亩，评估总值17.6562亿元，评估费256万元。

法规、政策性文件制定情况

市土地局出台了《关于垄断土地一级市场、规范土地交易行为的通告》，起草了《石家庄市国有土地收购储备管理办法》、《石家庄市国有土地使用权招标、拍卖暂行办法》。

参与制定法规、政策性文件情况

参与制定《了石家庄市公有住房上市管理办法》、《石家庄市货币拆迁管理办法》。

工作目标：

保证上缴政府土地纯收益8000万元，力争1.2亿元，契税2500万元；保证收购土地1000亩，力争1500-2500亩，保证从储备库中出让土地1000亩，其中以招标拍卖方式出让土地3-5宗，面积800亩；改制企业土地处置率达100%；完成城区基准地价修订工作；完善各种管理制度和办事程序；初步实现办公现代化。

指导思想：

以垄断土地一级市场为中心，按照“四多、两少、一适中”的原则开展土地收购储备工作即多收购、多供地、多招标拍卖、多向政府缴纳出让金，少付利息、少出纠纷，适量储备土地，为我市城市建设和经济发展做贡献。

石家庄市地产交易市场举办我市首次国有土地使用拍卖会

顾旗章局长、崔振生处长陪同市人大视察团视察地产市场

产交易市场

宿振双副局长与地产市场领导研究工作

石家庄市燃料总公司

河北省石家庄市燃料总公司隶属石家庄市物资总公司，现有职工2200人，总资产1.76亿，固定资产原值4475万元，拥有仓储场地及营业面积48万平方米，铁路专用线8条，总长度十余公里。下辖市场燃料销售公司、工业煤炭销售公司、惠民房地产开发公司、长安燃料公司、桥西燃料公司、运输公司、机械厂、机电锅炉设备商场、冰上娱乐城、招待所、福瑞特大酒店等12家独立核算单位，40多个经营网点，是一个集煤炭营销、房地产开发、仓储运输、机械制造、服装加工、综合娱乐等多行业、多层次、多元化经营为一体的综合性实业公司，2000年实现销售收入1.06亿元。

为进一步适应市场经济的要求，迎接我国加入WTO后的发展机遇与挑战，石家庄市燃料总公司正在全面实施资产运营战略和人才战略，并正在努力向计算机软件开发、电子商务、金融投资等高科技领域拓展业务，力争在最短的时间内跨进多元化、专业化、规模化集团公司行列。

总经理：马保全

石家庄市燃料总公司机关办公大楼

大型车队

长安燃料公司大楼

汇鑫商厦拥有大型室内滑冰场的冰上娱乐城

福瑞特大酒店

石家庄旭冉

公司董事长兼总经理：冉木哥

石家庄旭冉集团有限公司集房地产经营开发、糖酒批发、建筑装饰、旅店服务、餐饮娱乐于一身。是连续多年的石家庄市文明单位、石家庄市综合效益最佳企业、河北省重合同守信用企业、特级资信优等企业。

石家庄旭冉集团有限公司董事长兼总经理冉木哥系高级经济师、全国优秀青年企业家、河北省劳动模范、河北省十大杰出青年、石家庄市专业技术拔尖人才，现担任河北省政协委员、河北省青联副主席、中国青年企业家协会常务理事。

地址：石家庄市公里街八号
电话：0311—3016500
邮编：050000

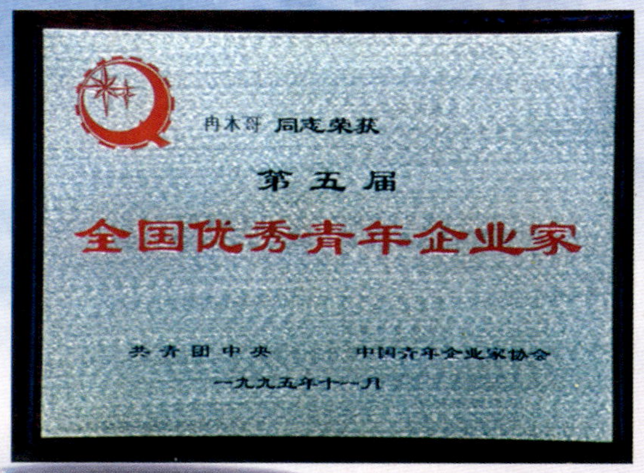

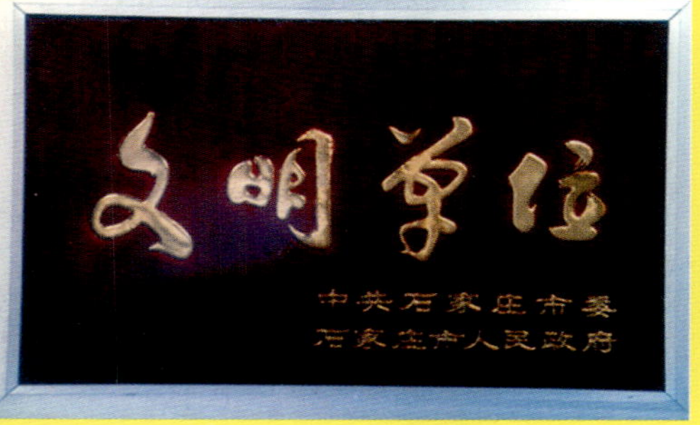

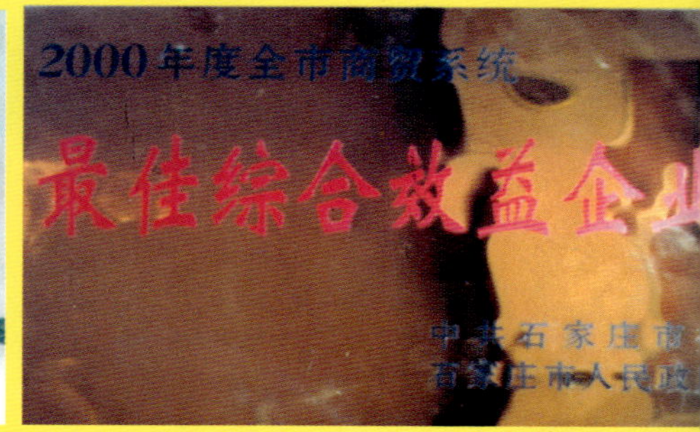

集团有限公司

石家庄旭冉集团有限公司开发建设的金峰服装布匹市场，座落在全国十大集贸市场之一的新华集贸中心的黄金地带，占地6000多平方米，现有经营摊位300多个，经营品种繁多、款式新颖、名优品牌荟萃，是批发、零售四季服装布匹的销售基地，年成交额4亿元以上。金峰市场以热情周到的服务、安全整洁的环境、诚至可靠的信用赢得了客商和社会各界的好评，在新华集贸中心享有很高的声誉。

电话：0311—7018731

石家庄旭冉集团有限公司在河北省赞皇县境内的国家级风景名胜区嶂石岩投资建设的冻凌背宾馆，备有客房、舞厅、会议室、台球室、乒乓球室、棋牌室、钓鱼场等设施，可同时接纳140人住宿就餐。冻凌背宾馆三面群山环抱、树茂花盛，置身于此地令人心旷神怡，是一个避暑疗养、休闲度假、培训学习的理想场所。

电话：0311—4260177

河北省永兴房地产开发公司

河北省永兴房地产开发公司成立于一九九三年八月，隶属于河北省土地利用规划院，是全民所有制独立法人企业，下设办公室、财务部、计划部、预算部、工程部、建材部、营销部、物业部。主要从事城市房地产综合开发，是具有一定规模、实力雄厚的房地产开发企业。

董事长：赵亚力

我公司有一个团结务实、开拓进取的领导班子和一支整体素质较高的管理和技术队伍，70%以上职工具有大专以上学历，40%以上职工具有初、中级技术职称。在工作中，坚持工程质量第一，注重管理，建立和完美了一整套科学管理体系和规章制度，保证承建工程的高质量。成立至今，先后合作开发了石府住宅小区、西山花园别墅区，独立开发了纺器一厂住宅、河纺住宅楼，还承建了滨东住宅小区。

公司领导研究工作

几年来，我公司共完成建筑面积约10.8万平方米，共投入资金1.6亿元，为我市的城市建设作出了应有的贡献，也为公司赢得了荣誉。1997年被河北省财政厅授予“河北省企业会计规范化达标单位”称号，1998年被石家庄市消费者协会评为“省会首届房地产类‘商品质量可靠，售后服务有保障’消费者认证单位”，还获得河北省消费者协会表彰的“98消费者信得过房地产开发商”荣誉称号，连续五年被河北省工商行政管理局评为“重合同，守信用”单位。此外还荣获“2000年河北省会房地产市场争创质量·计量·服务三满意单位”称号。

西山花园别墅之一

西山花园别墅之二

西山花园别墅之三

西山花园别墅之四

博雅庄园

中国人民银行
石家庄中心支行

中国人民银行石家庄中心支行，２０００年认真贯彻执行了国家货币信贷政策，积极支持了石家庄地方经济的发展。截至2000年底，全市全部金融机构各项存款余额1313.15亿元，比年初增长8.5%；全市全部金融机构各项贷款余额973.83亿元，比年初增长18.8%。该行灵活运用再贴现、再贷款等货币政策，及时解决了各金融机构的资金需求，全年累计办理再贴现金额比上年增加了2.3倍。该行对辖区内农村信用社，及时发放再贷款、紧急贷款，防范了农村信用社的支付风险，维护了地区金融和社会的稳定。积极协助石家庄市及各县政府做好清理整顿农村合作基金会后续工作，并及时发放了政府借款。积极做好国有独资商业银行不良资产剥离工作，使国有独资商业银行不良资产占比下降了10个百分点，经营状况进一步好转。

人行石家庄中心支行认真组织了对国有商业银行和其他金融机构的真实性检查，检查面达30%以上，并对辖内各金融机构的真实性进行了判断，提出了整改意见。2000年加强了货币金银管理，完成了全市县级发行支库的撤并工作。加强了对保险、信托投资、财务公司典当等非银行金融机构的监管，完成了彩票监管职责的移交。顺利组织完成了全市2000年凭证式国债的发行工作。加强了外债监督和风险管理，加大了进出口收付汇核销力度，核销率分别达到100%和98%。

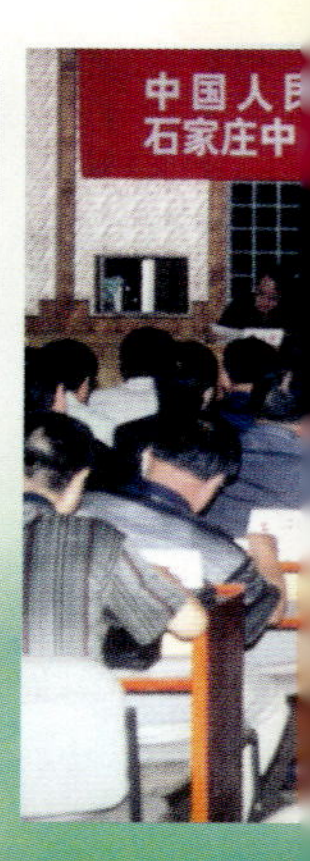

中心支行全体领导班子合影

中国人民银行行长—戴相龙来石视查工作

海信集团石家庄分公司

海信集团公司是中国以卓越技术著称3C（信息、通讯、家电）企业集团。主导产品有数字环保电视，变频数字空调、多媒体高保真电脑等系列，在中国电子百强企业中名列前茅，2000年8月12日海信集团被评为国企先进典型，新闻联播头条三分钟播放专题特别报道海信集团。"海信"是中国成长最快的驰名商标。

HiSense海信以高科技立足，注重品牌的亲和力，朝国际化方向发展。海信标志以略微倾斜动感的英文字母为主体，体现海信国际化的气度及不断进取的精神。字首的橙色方块，体现着生机、活力以及鲜明的创造色彩，而橙色的一点又昭示着海信发展比别人更快一点，更努力一点，更好一点……，标志整体寓意海信不断超越，不断创新的企业核心价值。
绿色英文字母体现出鲜明的科技感，寓意海信用科技给人们的生活带来一串绿色的新希望，体现"创新就是生活"的品牌价值观。

海信，一个具有世界精神与创造力的企业，正给人类生活带来一抹温馨的亮点。
海信集团股份有限公司是海信集团的核心企业，中国北方最大的彩电生产基地，海信彩电被国务院研究中心确认为中国最先进大屏幕彩电。拥有30多年电视研究开发和生产制造经验；拥有国家级技术中心、国家博士科研工作站，世界一流的质量保证体系；推出了中国第一台200频道电视，迎接有线电视全国联网，开创了中国彩电环保型、数字化、智能化信息化、多媒体化的先河，海信环保纯平彩电全国销量第一。
海信集团石家庄分公司建立于1996年。现员工已达到400余人。年销售额逾亿元。年上缴利税数十万元，成为河北省利税贡献大户。

海信集团石家庄分公司发展十分迅速，99年销售额为1000万元，2000年的销售额等于前三年总和的数倍。海信电视的市场占有率相应的由不到1%一跃至14%。由第九名一步跨入前三甲。随着海信品牌知名度的逐步提升，海信电视的质量逐渐得到广大消费者的认可和好评。

Hisense

中国驰名商标

海信

世界无限

高智能 多功能 大容量

电视好不好 首先看大脑

1、高智能 多功能 大容量
2、色温调整七彩拉幕精彩速放节目编程限时收看开机自动搜台定时提醒节目指南智能去磁
3、超强抗雷环保显像200频道存储
4、电视好不好首先看大脑
5、海信升级彩电CPU　普通100频道彩电CPU
6、8/16位CPU　4位CPU
7、运算速度成倍提高　运算速度低
8、容量大，存储器大于48k，功能多且扩展性强
9、容量小，存储器为16k－32k，；功能少
10、全部采用I^2C总线控制，外围元器件少，无干扰，收视效果好
11、外围元器件多，易相互干扰，收视一般

超大的屏幕、超广的视角

海信大中华投影电视具有53英寸的超大屏幕和超广角，将您从电视的正前方狭小的空间范围内解放出来，提供了一个更大的视听领域（水平视角150度，垂直视角度），使您和家人随心所欲地欣赏清晰明亮的图像。融信大中华超强震撼的音响效果，犹如置身于电影剧场。

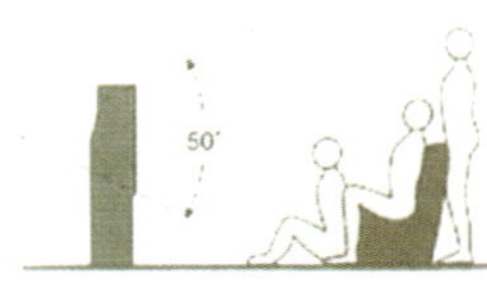

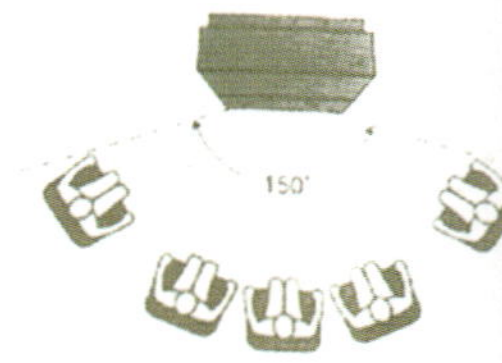

石家庄市总工会

全总副主席、书记处第一书记张俊九、省人大副主任、省总工会主席白录堂视察厂务公开。

省委副书记赵世居、省人大副主任、省总工
秀芝视查市总工会下岗职工再就业基地。

2000年，全市各级工会组织以邓小平理论和党的十五大、十五届四中、五中全会精神为指导，认真学习贯彻江泽民同志"三个代表"的重要思想，紧紧围绕我市改革发展稳定大局，有效地组织实施"一确保五突破一加强"工作，团结动员全市广大职工积极开展经济技术创新工程活动、职工素质工程活动，确保在实现国有企业三年脱困目标、推动企业改革和发展、完成"九五"计划中发挥工人阶级主力军作用；积极推进"三个一工程"规范运作，协助党做好下岗职工基本生活保障和再就业工作，深入实施"送温暖工程"，努力对特困职工承担"第一责任人"职责取得了新的突破；在依法维护职工合法权益，进一步理顺劳动关系，推进平等协商和集体合同制度取得了新的突破；在切实保障职工的民主权利，坚持和完善以职工代表大会为基本形式的企业民主管理制度，实行厂务公开和民主评议企业领导人工作上取得了新的突破；在推动国有独资和国有控股公司的董事会、监事会中都

要有一定比例的职工代表参加，并发挥好职工作用上取得了新的突破；特别是在加快新建企事业工会组建步伐、最大限度地把职工组织到工会中来的工作上实现了重大突破，取得了长足进展；工会自身建设进一步加强，市总工会获得全国、省、市荣誉称号33项，在全国、省、市会议上介绍经验25份，市总工会连续五年获得"市实绩突出领导班子"称号。

省总工会副主席、党组书记董经纬与孙秀芝视查市总工会下岗职工再就业服务中心。

光明日化公司向特困职工义卖捐款

堂、市委副书记李东瑞、孙

孙秀芝主席深入车间调研

市总工会向特困职工免费供应冬储疏菜

政协副主席、市总工会主席孙秀芝与县市区主席签订目标责任书。

市总工会机关党委在西柏坡组织党员宣誓仪式

河北肃安集团

河北肃安集团总经理：王传海

肃安集团河北分公司
总经理：左万杰

河北肃安集团公司是以河北省肃宁县设备安装公司为主体发展起来的跨行业、跨地区的集石油、化工、建筑、防腐工程为一体的综合性企业集团。紧密层包括北京焕发管道修复有限公司、北京华油高科技开发有限公司、河北省肃宁县科龙非金属材料开发应用公司、北京三工涂料有限公司、河北省肃宁县设备安装公司防腐厂、北京通达建材制品一厂、河北省肃宁县砖瓦厂、河北省肃宁县提花厂。注册资金2250万元，职工500余人，二级企业。被河北省政府命名为科技型企业和重合同守信誉单位。北京电视台、河北电视台、《北京日报》、《河北日报》、《河北建设报》、《河北经济报》、《沧州日报》、《沧州晚报》等多家媒体都曾报道本公司的业绩。

河北省肃宁县设备安装公司是以施工燃气管道、工艺安装和建筑业工程为主，系获得北京建委批准进京的二级资质企业，是集团公司的支柱企业。公司成立近二十年来，承担了130余项工程，如内蒙18米跨度厂房，北京长安街自来水改造工程，北京钓鱼台国宾馆煤气管线工程等，足迹遍及北京、天津、石家庄、承德、内蒙、山东德州等地，并获得良好赞誉。

科龙非金属材料公司每年生产陶瓷工业用增塑剂近2000吨，产品代替了进口同类产品，为国家节约了大量外汇，并远销泰国、印尼、马来西亚、台湾等东南亚国家和地区。

北京焕发管道修复有限公司是我们与北京市煤气公司的联营企业，专营旧管道修复业务。从技术开发到应用的四年来，已经成为集团公司的一个新的经济增长点。该项技术以其独特的技术经济优势已逐渐为国家和地方政府主管部门认可，为民众所欢迎，具有广阔的发展前景。一九九七年十一月，通过建设部组织的部级鉴定，获得了两项国家实用新型专利，得到了国家科委新技术推广办公室认可，九八年荣获北京科技进步二等奖。目前已经完成18.6KM DN150--700的煤气、天然气旧管线的修复工程。在北京、石家庄的工程以后，在西南中心的成都和东北重镇的沈阳都已完成了部分修复业务，已经拉开在全国进行旧管道修复的序幕，发展势头强劲！

承德市武烈河煤气中压管网工程施工一角

石家庄市热力管道工程一角

河北承德市武烈河中压煤气输配工程

公司员工在北京市民家中点火试验

河北省三星淀粉有限公司

总经理：卜雪昌

河北省三星淀粉有限公司是97年石家庄市重点投资项目和河北省农业产业化龙头企业，也是河北省内规模较大的玉米淀粉专业生产企业。

公司总投资5000万元，占地68亩，现有员工360人，工程技术人员68人。我公司管理要求严格，技术力量雄厚，拥有国内先进的生产设备和先进的工艺流程，年产优质玉米淀粉50000吨，产品一级品率已达100%。主导产品三星牌玉米淀粉曾荣获“中国国粹博览会金奖”，“中国保护消费者基金会推荐产品”等多项殊荣，公司也获得了石家庄市明星企业和河北省重合同守信用单位等荣誉称号，98年又被接纳为中国淀粉协会会员单位。

我公司地处河北省经济较发达的赵县。赵县古称赵州，历史悠久，古迹众多，有名重天下的赵州桥、香火鼎盛的柏林寺、被誉为“华夏第一塔”的陀罗尼经幢等，欢迎各界朋友光临惠顾，我们将竭诚与您携手合作、共创美好明天！

石家庄办事处：河北省石家庄市裕华东路223号
邮编：050011
电话：0311-6067173、6051052
传真：0311-6049404

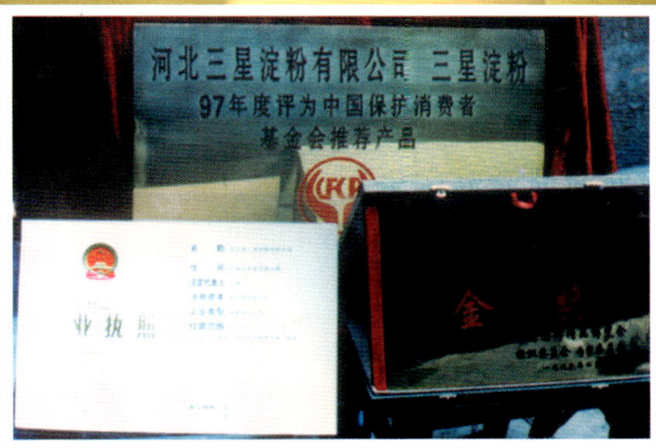

石家庄市人民政府

机关事务管理局

以干部职工“放心满意”为出发点和落脚点，在全局范围开展了“放心满意活动”，郑重做出承诺。（图为承诺大会现场）。

为加强领导班子和领导干部自身建设，深入扎实开展“三讲”教育活动。

局领导重视机关大院安全消防工作，图为局领导对职工宿舍进行安全检查。

局领导十分关心基层工作和生活，经常深入基层处室、单位调研指导工作。图为局领导视察市直第一幼儿园。

全力提高餐饮服务质量，定期组织炊事人员进行业务培训。

积极投身全民绿化，图为局领导组织参加义务植树。

局领导班子高度重视反腐倡廉、廉洁自律工作，积极组织党员干部观看警示教育专题片。

重视干部职工业余文化生活，定期开展丰富多彩的文体活动。

石家庄煤矿机械有限责任公司

公司场景

石家庄煤矿机械有限责任公司经过多年发展，经营规模、科技开发、品牌效应、市场经营都达到了相当的水平，并跻身国家大二型企业之列，拥有自营进出口权。产品行销全，远销18个国家和地区。

公司领寻思想解放、勇于开拓，能从容应对市场变化。公司与清华大学、北京理工大学等有着良好的合作关系，技术力量雄厚，现有各类专业人员642人，其中高级职称104人，中级职称215人，营销师、高级营销师80多人，公司现有1个科技中心、2个子公司、7个分厂、6个主要生产车间，并在1996年与德国合资成立了石家庄贝克采矿运输设备有限公司，具有引进的数控加工中心、完善的科研、加工计量、检测等综合实力，是目前国内最大的煤矿井下辅助运输设备、工程钻探设备、锚杆钻机、随车起重运输车等产品的生产基地，并在这些领域具有强劲的科研开发能力。

多年来，公司以其优质的产品、真诚周到的营销服务、可靠的信誉，博得了用户的认可和支持，树立了良好的企业形象。

2000年公司开发生产的新产品－液压锚杆钻机、蓄电池运输车、600M探水钻机、3000M工程钻机已开始推向市场，以满足广大用户的急需。在新的世纪里，公司愿与国内外朋友真诚合作、共创辉煌！

600~3000m系列石油/水井钻机
TEL：0311－5053893

3~5吨直臂卷扬式起重运输车
TEL：0311－5054839

摆线齿轮马达及齿轮油泵
TEL：0311－5055079

50/1．5MPa~
1200L/10MPa系列泥浆机
TEL：0311－5053893

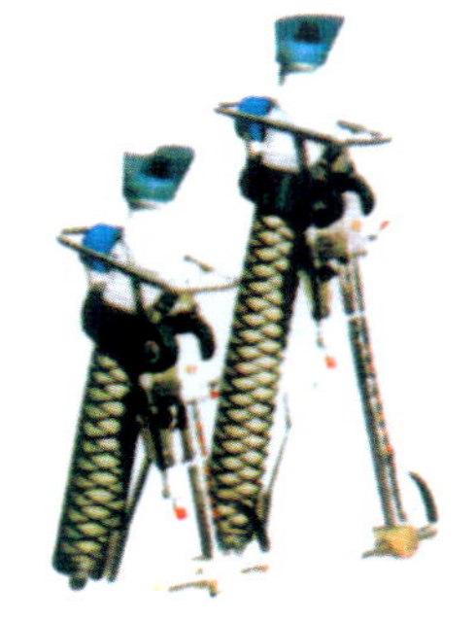
MQT系列气动锚杆钻机
及MYT系列液压锚杆钻
机BMZ系列边坡锚杆钻机

TXU－75A及TXLL－150煤矿井下
安全钻机

邮编：050031 传真：03115053656
公司地址：河北省石家庄市跃进路111号　业务电话：0311－5055665　电子邮件：sjzmj@public.he.cn

石家庄市国税局

税务人员在企业了解生产经营情况

石家庄市国税局党组书记局长许建斌（中）在基层了解“金税工程”进展情况

石家庄市国税局在省局和市委、市政府的正确领导下，以“三讲”、“三个代表”为指导思想，坚决贯彻落实国务院“加强征管、堵塞漏洞、惩治腐败、清缴欠税”的税收工作方针，以提高征管质量为税收工作核心，严格执行税收政策，全面加强征管，大力组织收入，狠抓班子建设、队伍建设，干部队伍整体素质进一步提高，“两个文明”建设取得了可喜的成果，圆满地完成了以组织收入为中心的各项工作。经过全局上下的共同努力，我局在充分发挥税收职能、确保完成税收收入、加强领导班子建设，队伍建设，党风廉政建设等方面取得了可喜的成绩，得到了各级领导的充分肯定。

开展以“税收与未来”为主题的税收宣传月活动。

石家庄三九啤酒有限责任公司

现代化微机控制中心

石家庄三九啤酒有限责任公司是三九企业集团骨干企业之一，具有近三十年的啤酒生产历史，拥有高素质的员工队伍、雄厚的生产技术力量和先进的生产设备。现有总资产3亿元，年产销啤酒近15万吨，年利税近6000万元。

石家庄三九啤酒有限责任公司实行先进的“三九管理机制”，秉乘“品质领先、追求卓越”的企业经营理念，公司领导班子富于远见卓识，勇于创新，使公司经济效益连年创新高，公司先后多次被评为“河北省明星企业”、全国食品行业质量效益型先进企业。

我公司生产的“999嘉禾”系列啤酒，因其质量好，口感佳，畅销华北地区，尤其深受河北人民的喜爱，并多次荣获省、部优称号、“中国食品博览会银奖”、“巴黎博览会金奖”。

一九九九年，我公司全套引进KHS、AFLFAVAL等公司的纯生啤酒设备。于二000年初，成功生产出国际流行的“嘉禾纯生啤酒”，一经上市，深受广大消费者的青睐，同年九月，成功试制出PET瓶装纯生啤酒，其市场潜力巨大，前景非常广阔。

三九啤酒 您永远的朋友！

纯生啤酒PET瓶灌装现场

SJZMSFZ

石家庄棉三纺织股份有限公司

董事长 总经理：张锡民

石家庄棉三纺织股份有限公司前身为国营石家庄第三棉纺织厂，始建于1955年，改制于1993年12月，现有职工8452人，105308枚纱锭，3468台布机，年产17000吨纱，9500万米坯布。

棉三自90年代初开始，在河北省纺织系统率先进行了分配、用工、产权制度改革，初步建立了现代企业制度。公司坚持“以市场为导向，以效益为中心，以品种求发展，以质量求生存”的方针，开发和生产47＂~67＂不同系列和规格的品种30多个。“雁鸣牌”纯棉布、“冀红牌”混纺布获得“河北省质量免检产品”称号，公司拥有独立的进出口权，在深圳和常州设有办事机构。

织造车间

为增强企业实力，公司十分重视资产运作和技术进步。先后兼并和收购了三家企业，经营范围以纺织为主，兼营染整、建材、机械和第三产业。利用自有资金进行技术改造，淘汰了落后纱锭及部分老旧设备，90%的设备得到更新改造。

公司以良好的经营业绩，先后获“中国行业百强”，“中国行业（地区）50家最佳经济效益工业企业”，纺织部“企业管理奖”，“质量管理奖”，河北省“利税大户综合效益先进企业”等称号。

前纺车间

厂区花园

石家庄市建工局局长：李英波

石家庄住宅建设开发公司承建的新中国商城。

石家庄市建筑工程局

在市委、市政府的正确领导下，“九五”期间，石家庄市建筑业认真贯彻落实党的十五大精神，深化改革，加强各项管理，取得了可喜的成绩。到“九五”末，全市拥有建筑企业510家，从业人数21.4万人；2000年2全市完成建筑业总产值108亿元，房屋建筑施工面积1608万平方米 劳动生产率5.3万元/人，平均每年分别增长21.2%、16%和14.5%；生产形势逐年趋好，经济效益明显好转。2000年建筑业利润总额达2.2亿元．建筑业增加值25.3亿元，平均每年分别增长31%和27.6%工程质量总体水平稳步提高。竣工交验合格率达到100%，优良品率47.2%；科技工作得到长足发展。“九五”期间推广应用了了建设部十项新技术，共完成科研成果73项，创效益6000万元。新世纪伊始，石家庄市建筑工程局认真谋划了建筑业发展“十五”计划，决心进一步加大改革力度，强化行业管理，求真务实，开拓进取，为建筑业早日发展成为我市国民经济的支柱产业再做新贡献。

省会筑巢引凤工程——石家庄博士专家楼获国家建设部鲁班奖石家庄建工集团有限公司

由石家庄第一建筑工程有限公司承建的河北科技大厦工程

由石家庄建工集团有限公司承建的汇文大厦

河北四建承建的“河北省艺术中心” 获市优

总经理：曹辉

石家庄市大型物资运输中心

DXWZYSZX

石家庄市大型物资运输中心，是由原市第八运输公司和市 大型物资运输一公司经市经贸委批准于2001年1月合并组建的专业运输企业。主要经营项目有：大型物资运输、起重、安装、汽车修理、货物代托、配件销售、住宿、餐饮、社会车辆挂靠等。尤以特型物资的吊装运输见长。

企业的合并重组为企业今后的发展奠定了良好的基础，中心全体干部、职工有决心在市交通局的正确领导下，以“改革经营机制，调整资本结构，优化公司理财，发展多种经营”的工作思路，克服困难，积极进取，争取以优异成绩回报社会。

感谢各级政府及政府各部门和社会各界对我中心的关怀和支持，仅在此致以深深的谢意！

中心领导班子成员研究企业发展

总经理曹辉参加装车劳动

World Trade Plaza

石家庄国际大厦集团股份有限公司世贸名品商场

世贸名品

洁雅的环境 特色的服务

与世界名品相配套,世贸名品商场时尚的形象设计、洁雅的购物环境、标准的服务体系都将勾勒出新生活的蓝图、使顾客真实感受与触摸新生活的脉博。

世贸名品商场是石家庄首家具有五星级标准酒店的配套商场。她以驰名品牌、洁雅环境、优质服务竭诚为一切渴望提高生活品质,追求生活时尚的人士提供一个与众不同的购物场所。

石家庄市民政局

石家庄市民政局2000年，认真贯彻改革、发展、稳定的方针，坚持邓小平理论和江泽民总书记“三个代表”重要思想，在市委、市政府的正确领导下，全市民政干部职工努力实践全心全意为人民服务的民政工作宗旨，团结一心，无私奉献，自我加压，努力工作，开拓创新，扎实苦干，实现了民政工作“重点搞突破、整体上水平、全省争第一、全国创典型：的奋斗目标，取得了跨世纪的新成绩。我市连续荣膺”全国双拥模范城“四连冠，地名管理、社区建设、常年性救灾捐赠、殡葬设施建设等多项工作在全国处于先进水平。民间组织管理、村委会换届选举、电脑福利彩标发行、救灾低保、优抚安置、社会福利社会化、民政设施建设等方面都有了新突破，在全省处于领先地位。市民政局，连续多年被市委、市政府授予“实绩突出单位”、“文明单位”、“综合治理先进系统”，并荣获了“塑造团结务实创新廉洁高效新形象活动先进单位”光荣称号，为全市的经济建设和社会稳定做出了积极的贡献。

1、全市民政系统广大干部职工以江泽民总书记“三个代表”重要思想为指针，勇于开拓，狠抓落实，迈好“十五”计划第一步，开创民政工作新局面 。图为全市民政工作会场一瞥。

2、 我市完善了城市居民最低生活保障制度，进一步提高灾害救助能力，确保了灾区灾民和贫困群众的基本生活。图为市民政局局长陈建新为重灾区群众发放救灾粮。

3、 我市双拥、优抚与安置工作取得显著成绩，荣膺“全国双拥模范城”四连冠。认真实施了“爱心献功臣光荣工程”，切实解决了优抚对象“三难”问题。图为市民政局组织老优抚对象游北京登天安门。

4、 我市注重抓好民政基础设施建设，以社区服务中心、殡仪馆 、老人公寓、 敬老院 、光荣院、 烈士陵园和基层民政办公室建设等项目为重点，取得了显著成效。市新建殡仪馆被国家命名为“国家一级殡仪馆”。图为我市新殡仪馆全景。

石家庄电业局

局长王振清（右）与党委书记钟均奇（左）

220千伏变压器检修

石家庄电业局是国家特大型企业，担负着石家庄市区及所辖17个县（市）的供电任务，拥有35—220千伏变电站 205座，送电线4015.48千米，2000年售电量130.3亿千瓦时，位居全国供电行业前列。

改革开放以来，特别是近十多年，该局弘扬“人人敢为天下先，事事争创第一流”的企业精神，以一流意识、一流标准、一流管理推动企业全面进步，建成了以六角双环主网架为核心、5个电压等级布局合理的现代化电网；连续安全生产超过1000天；深化优质服务，用电营业窗口成为全省、全行业示范单位；大力发展多种经营，涉及电气安装、产品制造、商业、旅游服务等多个行业；加强精神文明建设，积极开展“一日三德三做”活动，促进企业两个文明建设协调发展。先后荣获国家电力公司一流供电企业、全国创建文明行业先进单位、国家电力公司双文明单位标兵等多项殊荣。

优质服务窗口－桥东营业大厅

沟通从"心"开始　携手跨进新世纪

河北移动通信有限责任公司

石家庄分公司

河北移动通信有限责任公司石家庄分公司是"中国移动通信"（139、138、137、136、135）在省会石家庄的运营企业，负责石家庄市及所辖周边18个县（市）区的移动通信网络建设、业务经营和综合管理。目前公司已在香港、纽约上市，成为外资独资企业，是省会网络规模最大、网上客户最多、资金最雄厚的移动通信运营公司。

石家庄东海房地产开发有限公司

石家庄东海房地产开发有限公司成立于1992年12月，石家庄东海置业有限公司与加拿大外商共同投资兴办，注册资金300万美元。公司经营范围：开发经营居民住宅、商业服务设施、承揽室内外装饰装修、设备安装。公司具有国家三级开发资质，现拥有总资产3.1亿多元人民币。公司经过几年的务实创业，业务领域更加广泛，下属设有医药公司、保健品公司、广告公司、中介公司、物业公司、建筑公司、贸易公司等分公司。东海开发公司实行董事会领导下的总经理负责制，有健全的经营管理体制，并拥有各类专业技术人员和专家，有丰富的房地产开发建设经验。

东海房地产开发有限公司将继续团结奋进，开拓进取，坚持平等互利、质量第一、信誉第一的宗旨，为创造美好的明天而继续奋斗。

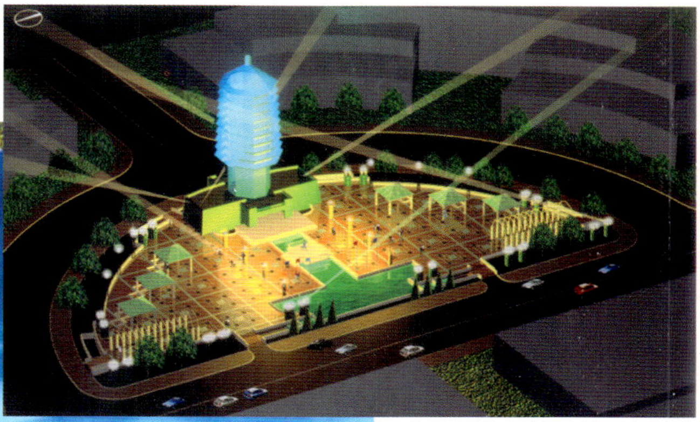

南三条城市广场工程建筑面积1.5万平方米，总投资约2000万元，为地下三层建筑。地上为城市广场，已于今年开工，预计明年9月底竣工交付使用。

河北当代纸业有限公司

HeBei DangDai Paper-making ltinited Company

该公司是石家庄开发区先进企业，地处石家庄市新石中路西段，西与二环相接，又通中华南大街，可接东西南北之宾。

公司占地30余亩，拥有在职员工300余人，固定资产800万元，销售额逾5000万元。公司是生产各类涂布纸的专业公司。

本公司拥有先进的设备，采用三段涂布工艺生产各类晒图纸。公司推行全面质量管理，有齐全的测试手段。生产晒图纸已经有九年的历史，生产的“当代牌”高级晒图纸具有色泽鲜亮、有感光速度快、呈像清晰干净的特点。另外，我公司生产的涂布箱板纸产量已达到两万余吨，品种齐全，包括单灰、双灰、灰板、白板、灰板双涂等涂布箱板纸，产品质量优良，被广大用户所认可。现又引进胶乳、复合纸、金银卡纸等先进生产线，进而又推出烫金纸，烟类包装纸等一系列高档产品，使我公司形成了可持续性发展的有利形势。

当代牌中速兰线高级晒图纸

规格：(m)0.93 × 100内装4卷

出厂日期：　年　月　日

河北当代纸业有限公司
石家庄开发区特种纸厂
出品

电话：0311-3837431

公司拥有开拓进取、拼搏实干的领导，有雄厚的技术力量，有潜心研究的管理人员，有优良、快捷的销售、售后服务，本公司以“信誉第一，质量第一，顾客第一”为宗旨，以“经受新的考验，迎接新的战斗，夺取新的胜利，开创新的局面”为企业理念，以质量赢得信誉，以服务领先市场。面向二十一世纪，我公司充分利用省会的优势和自己的条件建一个于生产、销售、服务都一流的企业，以托起纸业前程。

地址：石家庄市新石中路西段
电话：0311-3803358 3837431
传真：0311-3805331
邮编：050091

石家庄市东方热电房地产开发有限公司

石家庄市东方热电房地产开发有限公司位于石家庄市平安南大街42号，隶属于石家庄东方热电燃气集团有限公司，成立于1999年。该公司为有限（国合）企业，核定编制27人，具有独立的法人资格，注册资本1000万元，全部为实收资本，公司主要经营项目为城市房地产开发与经营。

石家庄市东方热电房地产开发有限公司是依据现代管理体制成立的新公司，公司三会（董事会、监事会、理事会）健全，行政管理设总经理1名、副经理2名，下设五部一室，即财务部、工程部、供应部、物业管理部、招商部和综合管理办公室。各部门分工明确，设置合理，人员精炼、高效，规章制度健全规范，具有良好的运行管理体系。

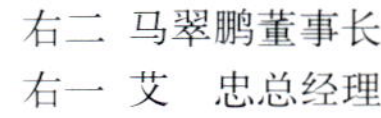

右二 马翠鹏董事长
右一 艾 忠总经理

南三条东方文化商品市场

河北凯华通信

河北省凯华通信股份有限公司(以下简称凯华公司)是集科、工、贸于一体现代高科技企业。公司以通信、信息技术为主营，同时致力于电子、软件、贸易、物业等多元领域的生产、经营和服务，已经发展成为以高科技产业为先导的、综合性的现代企业集团。公司现有六个子公司，十三个分公司，总资产1.05元，员工700人。

在通信主业上，凯华公司拥有覆盖全省的卫星信息基础网络，通过广播式发射，为寻呼系统的高标准运营创造了前提。凯华寻呼网现有二十多万用户，已发展成为省内颇具规模的专业寻呼网。同时凯华通信依托先进的基础信息网络平台，与现代因特网技术相结合，向用户提供个性化的信息服务及多种通信通信增值服务项目，如与因特网对接的网上呼、股标点播系统、股民成交回报系统等。

董事长：王玉春

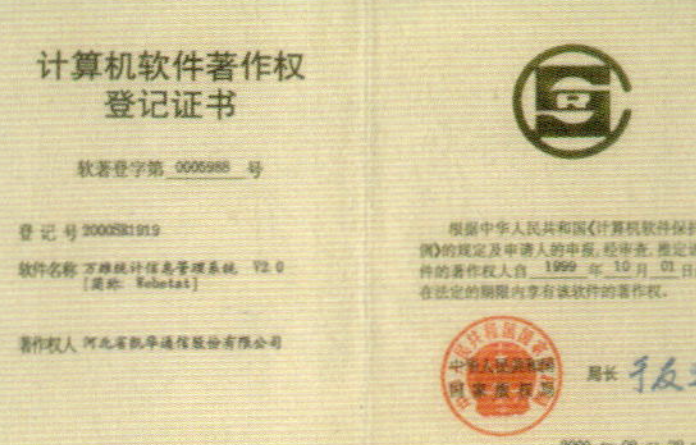

计算机软件著作权
登记证书

凯华公司在软件开发、网络经营及电子高科技产品等方面，在国内相关领域也占有一席之地。公司自行开发的企业信息保密控制系统软件、金融数据挖掘分析系统软件等深受用户好评，GPS卫星定位移动目标调度管理系统、集群移动通信系统等也具有领先水平。凯华公司以“服务大众，回报社会”为宗旨，在总裁王玉春领导下获得持续发展。基于良好的经营业绩和社会形象，公司受到政府及社会各界的广泛支持，凯华服务商标已注册，98年凯华商标评估为1001万元，“凯华”品牌在河北省具有较高的知名度和美誉度，在政府、银行、股东、合作伙伴中具有良好的商誉，1998、1999公司连续被石家庄市授予“十佳民营企业”称号，公司董事长兼总裁王玉春先生多次被评为“优秀民营企业家”，并担任石家庄市工商联副会长、市政协委员等职务。

河北省凯华通信股份有限公司
地址：石家庄市东大街副1号
电话：(0311) 6062288
电传：(0311) 6673548
邮编：050011

石家庄市妇幼保健院

石家庄市妇幼保健机构始建于一九五三年，当时的主要工作是普及新法接生，预防产妇和新生儿破伤风。文革期间，妇幼保健专门机构被取消，妇幼保健事业走向低谷。文革后期，一九七六恢复市妇幼保健所建制，乘十一届三中全会的东风，市妇幼保健事业得到了飞速发展。机构规模从当时的只有几间房，16个人的保健所发展到今天拥有257名正式职工，建筑面积1.4万平方米，180床位的妇幼保健院，业务工作从当时各科室从事简单的保健工作发展到了今天的保健与临床相结合，能防、能治、能教、能研的全市妇幼保健技术指导和服务中心。我院连续三届被国家卫生部授予“全国卫生系统先进集体”称号，多次被评为全省妇幼卫生先进单位，被市委、市政府授予“文明单位”、“先进基层党组织”和“三八”红旗集体。一九九四年被中华人民共和国卫生部、联合国儿童基金会、世界卫生组织联合授予“爱婴医院”称号，一九九八年又被评为国家级二级甲等妇幼保健院，一九九九年跨入了文明服务三星级医院的行列。

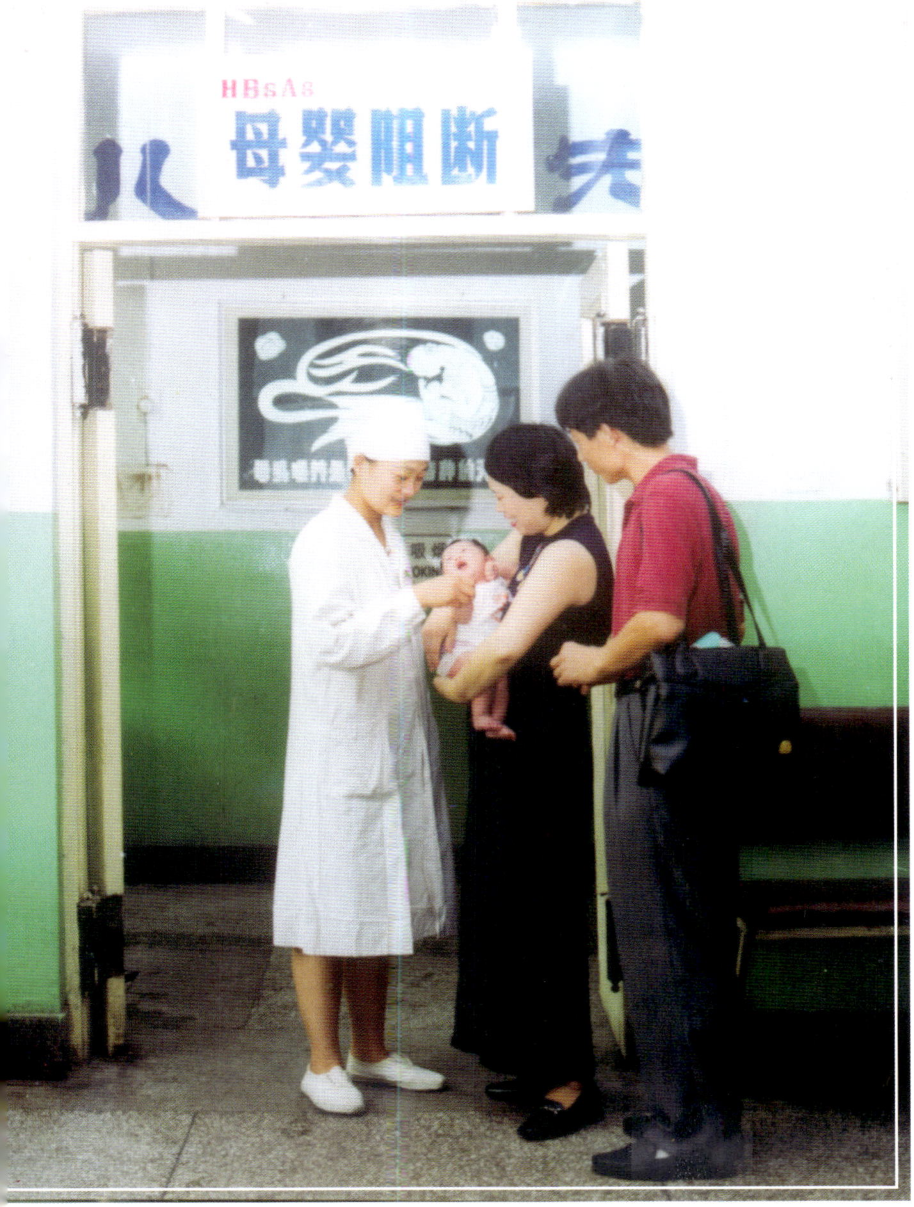

石家庄市
盐业专营公司

法人代表、总经理：殷占魁

石家庄市盐业专营公司为中一型集体所有制企业，隶属于石家庄市供销合作总社。成立于1998年12月1日。担负着市区和18个县（市）区碘盐及工业用盐的市场供应和盐业市场管理、盐政执法工作。年购销总量达7.2万吨，销售额4300万元，年利税210万元。

盐是关系到国计民生的重要生产、生活资料，国家对盐业的生产、经营、管理历来都十分重视，先后颁布了《盐业管理条例》、《食盐加碘消除碘缺乏危害管理条例》、《食盐专营办法》等一系列盐业法规和政策。并明确规定盐产品由各级盐业专营公司按计划统一组织购进供应，其他任何单位不得擅自经销。为认真贯彻落实国家盐业法规、政策，确保盐业市场稳定，公司始终坚持以社会市场需求为导向，以国家盐业法规政策为依据，服务社会，发展自己的企业经营宗旨，保证了全市碘盐供应和盐业市场稳定，取得了精神文明和物质文明稳步提高。企业被河北省法制局和省供销社命名为盐政工作和执法先进单位，被市委、市政府命名市级文明单位，结算室被团市委命名为“青年文明号”班组。

地址：石家庄市桥东区华新路36号

邮政编码：050041

石家庄市中原房地产开发有限公司

总经理：梁小建

石家庄市中原房地产开发有限公司成立于1996年，注册资本1000万人民币，经营范围：房地产开发，建筑材料、装饰材料批发零售及房屋租赁业务。

公司自成立以来，先后开发建设了裕华西路两侧环境优雅、配套齐全的雅馨苑南、北生活小区；造型独特的高层写字楼及大片旧城改造等共计十二万平方米，均已交付使用；投资在胜利大街以东商业旺地建设的南三条五金电料市场，建筑面积13000多平方米，造型独特，装潢考究，内部设施完善实用。

石家庄市公安巡警支队支队长：段小军

石家庄市公安局公安巡警

现代化的110指挥调度中心

巡警支队巡警夜间盘查

110快速出警处理突发事件

省会巡警励精图治 开拓进取 建一流110报警服务台 创一流业绩

省会110报警服务台自九六年十二月一日正式开通以来，广大巡警在支队党委的正确领导下，恪尽职守、无私奉献，用赤诚铸警徽、用服务书激情，以一曲曲爱民之歌喊响了“敬群众为父母，视形象为生命”的嘹亮口号，赢得了社会各界群众的广泛赞誉。被石家庄市政府命名为“社会治安综合治理先进单位”，97、98年被省公安厅授予“河北省优秀巡警支队称号”99年度被市政府评为“国庆保卫先进单位”。期间，队伍中涌现出了勇斗歹徒，壮烈牺牲的革命烈士，一级英模张宏飞；奋不顾身击毙公安部通缉的要犯丁棍的“特警五勇士”等战斗英雄。先后有一名干警荣获全国特级优秀人民警察称号、6名民警荣获全省优秀人民警察称号、32名民警荣获全市优秀人民警察称号、一名干警荣立一等功、6名干警荣立二等功、84名干警荣立三等功、434名干警受到嘉奖。被上级领导和广大群众誉为“能征善战，敢打敢拼”的铁军。

宝石集团

BSKJT

公司厂区鸟瞰

石家庄宝石电子集团有限责任公司（宝石集团）是原电子工业部电真空专业生产基地，全国电子百强企业之一，也是河北省电子行业国有特大型电子工业企业。公司地处石家庄高新技术产业开发区，占地面积33.84万平方米，建筑面积23万平方米，现拥有总资产31.46亿元，职工6104人。

公司下属单位有控股子公司4个（彩壳公司、玻璃股份有限公司、宝石克拉大径塑管有限公司、宝东公司）；全资子公司2个（工贸公司、进出口公司）；直属厂（公司）8个（元件厂、电子枪厂、玻管厂、能源动力厂、机加维修厂、工模具厂、无极灯厂、实业总公司）。

宝石集团将秉承“竞争、创新、务实、一流”的精神理念，努力实现“一切为了用户”的企业宗旨，在新的世纪里，把公司建成集电子、化学建材、绿色能源、环保产品为一体的高科技、跨行业现代化企业集团。

公司钢塑共挤门窗型生产线

中共中央政治局常委尉建行来公司视察听取公司董事长董庆祥汇报公司生产情况

石家庄宝石集团厂区

公司大径塑管生产线

石家庄筑业房地产开发有限公司是经石家庄工商行政管理局核准的在石家庄国家高新技术产业开发区设立的股份制公司。

公司现有员工102名，其中80%以上受过大学本科教育，大部分具有中级以上专业技术职称，有教授、研究员级的高级工程师20多名。主要经营各类经济技术项目的投资开发、代理、使用及咨询顾问服务，业务涉及房地产、建筑、城市规划建设、建筑装饰等领域。1998年公司在石家庄高新区投资2.6亿元人民币开发建设了16万m^2的集商业、住宅、办公为一体高档商住区，一期工程B、C两幢住宅于2000年5月交付使用，二期工程D、E两幢高层住宅已开工建设，已热销80%左右，三期工程F座高层住宅、A座综合商用大厦即将完成前期准备，可望年内开工建设。

凭借良好的社会信誉和人才优势，在政府、金融、社会各界及客户的支持下，公司取得良好的经济效益，现公司资产已达亿元，年内可达两亿以上。公司取得了长足的发展后，不忘回报社会，赞助支持了"希望工程"，赞助了河北省全民健身运动和省会庆澳门回归万人长跑比赛，1999年12月又投资100万元人民币与河北省体工大队合作组建了河北筑业篮球俱乐有限公司。

筑业房地产开发有限公司

石家庄筑业房地产开发有限公司，一贯坚持"以人为本，诚信立业"作为经营理念和奋斗目标，最大限度地服务于社会，服务于客户，造就出符合时代潮流和风尚的现代化企业。

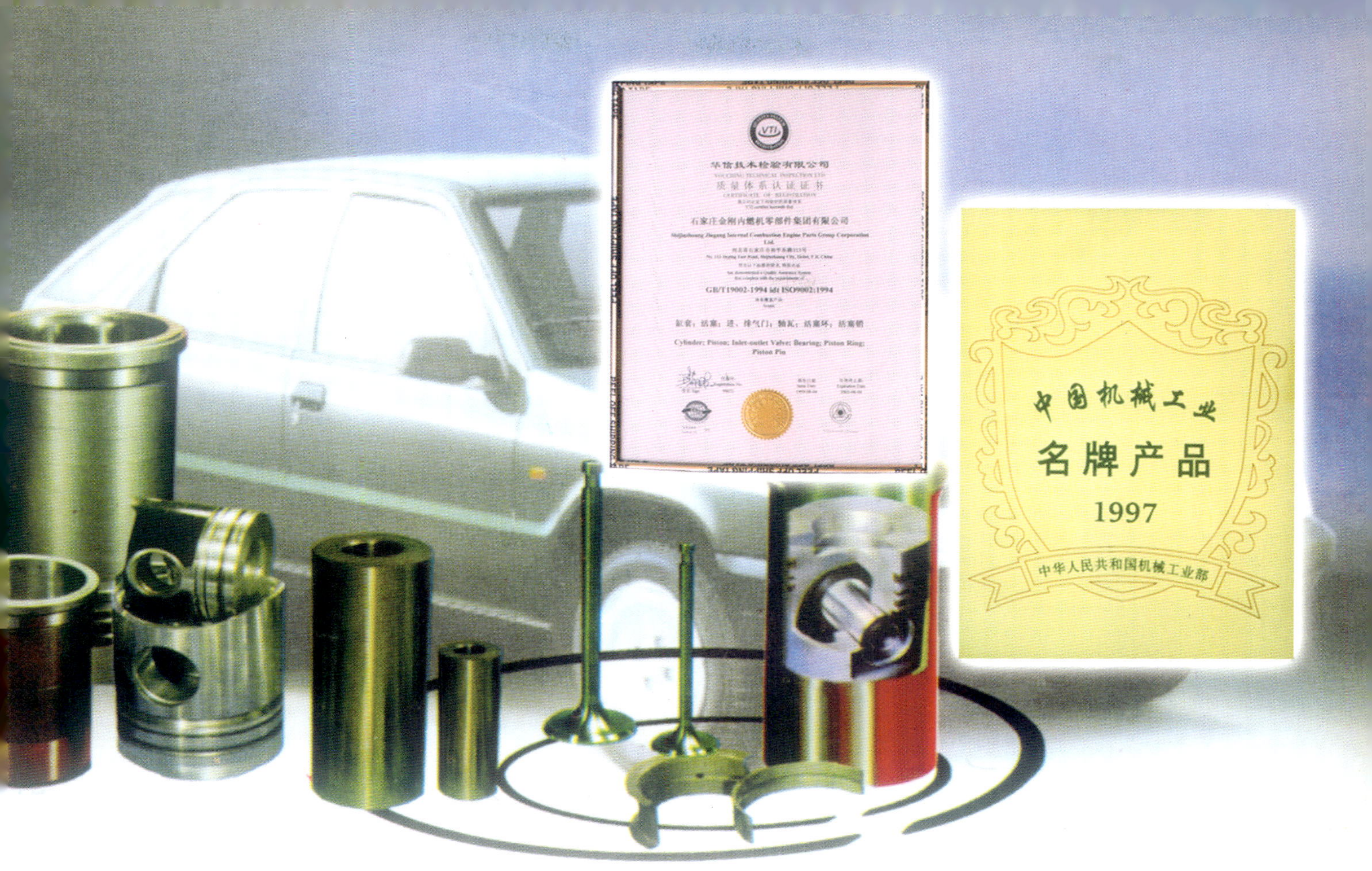

华信技术检验有限公司
质量体系认证证书
石家庄金刚内燃机零部件集团有限公司
GB/T19002-1994 idt ISO9002:1994

中国机械工业
名牌产品
1997
中华人民共和国机械工业部

石家庄内燃机配件有限公司

企业法人代表：商树荣（董事长、党委书记、总经理）

石家庄金刚内燃机零部件集团有限公司（原石家庄内燃机配件总厂）系生产内燃机零部件专业化企业，国家机械行业大型一档骨干企业，河北省著名商标企业。始建于1958年。1997年11月改制为国有独资公司。

企业占地面积54.68万平方米，其中生产占地面积40.6万平方米。总资产89897万元，现有职工4000余人，其中工程技术人员474人。集团公司下设1个股份公司、7个子公司，并设有内燃机基础件研究所和门类齐全的中央测试室。

1998年公司在中电视台信息部、《人民日报》市场信息部、《市场经济报管理周刊》联合举办的“中国市场商品质量跟踪调查发布”活动中，荣获内燃机零部件行业“十佳品牌企业”。1999年8月，公司通过ISO9002国际质量体系认证。

地　址：石家庄市和平东路313号
电　话：(0311) 5054066 5084008
邮　编：050031
传　真：(0311) 5051008 5053781

石家庄白求恩医学专修学院

学院大楼

赵院长赴加参加白求恩铜像落成揭幕，受到加拿大总督伍冰枝（前左1）的亲切接见。

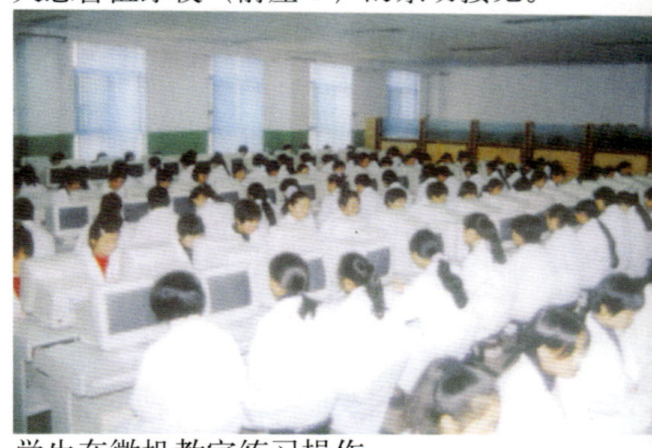

学生在微机教室练习操作。

“全国优秀民办高校”、“省社办学校管理示范校”

石家庄白求恩医学专修学院创建于1988年，是一所全日制民办高等医科院校。

从创建之日起，即以弘扬白求恩精神，光大白求恩形象，培养白求恩传人为立校之本，并制定出：“立足农村，面向基层，立足河北，面向全国”的办学方针，和“对社会负责，对家长负责，对学生负责”的办学思想，以及“从农村需要出发，培养能医能护，能西能中，能防能治，既会药物治疗，又懂心理疗法，乐回农村、山乡，全心全意为基层医疗事业服务的实用型社区医务人才”的育人目标。开设有医学临床、护理、口腔三个类别专业，层次为中西医结合大本、大专、高护和中专；现有专兼职教师537人，其中高级职称196人，教学质量可靠。目前，在校生6000余人，在毕业的6100余名学生中，就业率达90%以上，不少人已成为基层医疗单位骨干与负责人。学院占地100亩，自建校舍54000余平米，拥有实验楼、教学楼和男女宿舍楼11栋，教学医院3座，共850张床位，在80余个教室、实验室，以及多媒体、语音、微机、阶梯教室中，配置了价值1300余万元的现代教学设备、仪器等，总资产达5400余万元。学院先后荣膺“省社办学校管理示范校”、“高等教育文凭考试试点校”、“全国优秀民办高校”、自学考试“特等奖”和先进民办学校等荣誉称号。学院重质量，讲信誉，在国内外有一定影响。每年秋季招生。

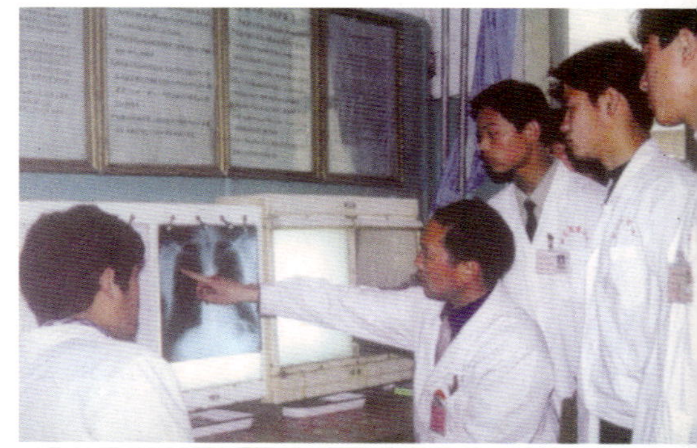

在老师指导下学生分析X光片

学生在语音室上外语课。

石家庄市计划生育委员会

市计生委担负着控制全市人口增长，稳定低生育水平，提高出生人口素质的艰巨任务。近几年来，计划生育工作取得了显著成绩。全市已连续多年圆满完成了省下达的人口计划，90年代以来，育龄妇女总和生育率已降至更替水平以下，实现了人口再生产类型从高出生、低死亡、高增长到低出生、低死亡、低增长的历史性转变。全市计划生育工作在全省考核的位次不断前移，1996、1998年获得了省委、省政府颁发的"计划生育工作进步奖"，1999年获得了"二档市计划生育先进奖"。1997年以来，市计生委机关连续三年被市委、市政府评为"实绩突出班子"、市级"文明单位"、"三计文明机关"

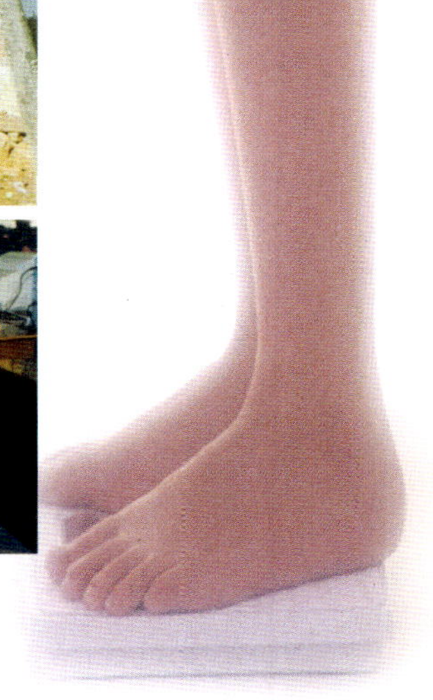

图一：市计生委党组书记、主任曲仓坤。

图二：郭广生副市长慰问计生户家庭。

图三：郭广生副市长与计生干部一起上街宣传中央《决定》。

图四：我市婚育新风进万家活动成为全省亮点。图为郭广生副市长陪同全省各市代表及中国人口报记者到我市井陉县现场参观。

图五：市计生委领导经常深入基层调研。图为曲仓坤主任在晋州市东卓宿村与村专干及育龄妇女小组长座谈。

图六：市计生委干部经常深入乡村开展摸实情调研活动，图为在赞皇县西陈家庄村调研时的情景。

图七：我市县乡已全部实现计划生育统计报表微机管理。

法人代表、总经理：孙必林

SXYYTYYXGS

河北圣雪医药糖业有限责任公司

- 注射级无水葡萄糖、
- 口服无水葡萄糖、
- Vc级山梨醇、
- 结晶木糖醇、
- 注射级结晶山梨醇、
- 工业淀粉、
- 食品淀粉、
- 精炼玉米油、
- 肌醇、
- 土霉素碱、
- 硫酸链霉锌素、
- 功能性饮料

河北圣雪医药糖业有限责任公司是核工业军转民现代化医药企业，在以人为本，科学管理、技术领先、造福人类的企业宗旨下逐渐壮大。公司有资产6亿元，占地面积180000平方米，有70000平方米环境优美的现代化厂房。

公司拥有国际先进，国内领先的工艺技术和设备，生产经营注射级无水葡萄糖、口服无水葡萄糖、Vc级山梨醇、结晶木糖醇、注射级结晶山梨醇、工业淀粉、食品淀粉、精炼玉米油、肌醇、土霉素碱、硫酸链霉锌素、功能性饮料6大系列50多种产品。主产品圣雪牌注射级无水葡萄糖属国际换代产品，现年产量15000－20000吨，质量符合BP93、USP23、CHP95版药典标准，并通过中国方圆委质量认证中心ISO9002质量认证，荣获“1996年国家级新产品”“河北省优秀新产品”、“市长特别奖”、“省长特别奖”、“河北省著名商标”等荣誉称号。圣雪系列产品畅销全国，并销往欧洲、美洲、非洲、东南亚等国家和地区，深得国内外用户信赖。

在适应市场经济发展的形势下，为实现规模经济，公司正积极加快技改步伐并计划在2001年启动40000t/年无水葡萄糖生产线的技改工程，预计2003年即可竣工投产，届时圣雪牌无水葡萄糖将占有国内60－70%的市场，可实现产值由1.3亿增至4.3亿元，利税6000万元以上，成为亚洲乃至世界上最大的注射糖生产企业之一。

地　　址：河北省石家庄市翟营大街339号
邮　　编：050031
电　　话：0311－8031577
传　　真：0311－8032474
E－mail：ShengXue@gm.net.cm
http://WWW.ShengXue.com

总经理：常士骞

石家庄阿尔达阳光板有限公司

对过去取得的成绩我们感到欣慰，同时也感到了压力，公司全体员工一定要戒骄戒躁，不断提高企业的技术水平，生产出更好的让用户满意的产品。

石家庄阿尔达阳光板有限公司是生产聚碳酸酯（PC）空心板的中外合资企业，年产量达75万平方米。PC板具有质轻、抗拉力强、防紫外线透射性及透光、隔音效果好、耐温差大、冷弯曲径大等特点。主要适用于：现代汽车站、火车站、航空港、轮渡码头等候厅及通道顶棚的遮盖和装饰，园林、农用温室及室内养鱼大棚，天窗、地窖、拱型屋顶及商用大棚顶，隔音屏障，高档装板、壁、顶、路牌广告、灯箱广告及展示展览布置等。

公司引进意大利与德国最先进的生产设备和技术，加上先进的管理机制，以及拥有大批高素质且充满活力的员工，使我们能生产出品质优异、质量稳定的产品。在同行业中率先通过ISO9002质量体系认证；唯一通过国家建设部鉴定，并由建设部指定为行业标准制订单位；被河北省科委认定为“高新技术产品和高新技术企业”；产品被国家住宅办公室评为“2000年小康住宅建设推荐产品”；企业商标被国家统计局授予“改革开放二十年最具影响力著名品牌”；2000年被河北省用户委员会授予“河北省用户满意产品”称号；国家科学技术部、技术监督局、税务总局、环境保护局、对外贸易经济合作部给我公司颁发了“国家重点新产品”证书。

石家庄市桥东区

区委书记：李顺琦

区长：陈秀娥

桥东区位于石家庄市中部，辖区东西窄，南北长，宛如镌绣在“天下第一庄”的一条玉带。全区总面积17.62平方公里，人口27万。富有开拓精神的桥东区人民在区委、区政府的正确领导下，以经济建设为中心，坚持“依法治区、科技兴区、商贸强区”的发展方针，抢抓机遇，开拓进取，经济和各项社会事业蓬勃发展。2000年，全区完成国内生产总值6.6亿元，实现财政收入15235万元。

商贸根基扎实，市场发展前景广阔。辖区中山东路是商品贸易的精华荟萃之地，被誉为省会“王府井”。位于市中心南三条市场成为华北地区最大的小商品集散地，2000年，市场成交额达152亿元，税费收入达1.4亿元，曾三次跻身全国十大市场之列，以南三条市场为龙头，以各种小专业市场补充大商贸格局已初步形成，成为全区经济的重要支柱。

工业基础稳固，区属企业健康发展。集中发展了机电、化工两大优势行业，培育了一批高市场容量优势产品，综合效益指数在全国同行业列居前位的三环冶金装备集团发展迅速，资产规模已达到亿元以上，正逐步成为全省机电、阀门行业的龙头企业。

桥东区将大力实施“外向带动”战略，积极开展全方位的招商引资，努力为广大客商提供优质、高效的服务。竭诚欢迎中外客商来桥东区投资合作，共谋大业，共同发展。

石家庄市新华区

2000年，石家庄市新华区在市委、市政府的正确领导下，坚持以邓小平理论为指导，以“三讲”教育为动力，认真贯彻落实党的十五大及十五届四中、五中全会精神，团结和带领全区广大干部职工，发扬团结、务实、苦干、争先的新华精神，抢抓机遇，开拓进取，发奋图强，圆满完成“九五”计划。全年完成国内生产总值10.6亿元，比上年增长11.6%，其中二、三产业增加值分别完成3.1亿元和7.5亿元，分别比上年增长16.8%和 8.6%；财政收入完成21568万元，比上年增长12.52%；区属企业利税完成1.69亿元，比上年增长21.73%。国内生产总值与“八五”末相比，接近翻一番，财政收入是“八五”来的2.24倍，区属企业利税是“八五”来的3.04倍，全区经济和社会各项指标都完成了市考核任务。

2001年是新世纪的起始年，也是“十五”计划的第一年。新华人为加快发展，全面开创新局面。在新世纪的开局之年，明确提出了，坚持以发展为主题，以结构调整为主线，以改革开放和科技进步为动力，以提高人民生活水平为根本出发点，牢牢把握深化改革、扩大开放，推进科技进步和繁荣区域经济四个基本问题，全力抓住工业经济、第三产业、居民经济发展、社区工作、城区管理、就业和社会保障六个工作重点，切实抓好民主法制和政府机关建设，确保社会稳定，促进全区经济持续快速健康发展和社会全面进步，向经济强区、开放大区，文明城区的宏伟目标迈出坚实步伐，实现“十五”计划的良好开局。在区域经济发展上，进一步解放思想，切实转变观念，努力做到三个破除、三个强化，创造区域经济发展的优良环境；在工业经济发展上，进一步优化工业经济结构，加强企业管理，逐步形成的三鹿集团乳品研发生产基地和机械、食品、服装、肠衣加工、化工设备制造、电子及通信设备“一个基地、六大产业”为主体的工业经济新格局；在第三产业上，进一步提高规模效益，突出特色，加快发展，努力形成以一市（新华集贸中心市场）、一网（以骨干商贸企业为主体、以星罗棋布的三产网点为基础、以新兴的第三产业为增长点的三产网络）、一业（房地产业）、四个特色中心（新华科贸中心、石岗商贸中心、穆斯林饮食文化中心、 服务中心）为载体的第三产业新格局。同时，在改革开放和科技进步方面推出新举措，在新区工作、城区管理、就业和社会保障上实现新突破，努力做到“两个文明”一起抓，两手抓，两手都要硬，确保社会稳定，为全区经济创造良好的发展环境，实现全区新世纪经济和社会工作的新跨越。

区委书记 蔡建星

区长 赵顺法

中兴集团

中兴集团公司位于和平西路80号，融营业办公、物业管理为一体，是华北地区最大的化工专营企业。

三鹿集团

石家庄高新技术产业开发区

SJZGXJSCYKFQ

石家庄高新技术产业开发区成立于1991年3月，短短几年内，在9.8平方公里的土地上，矗立起一座集高科技产业、外向型经济和文化教育为一体的新城区，成为石家庄市对外开放的窗口和新的经济增长点。

石家庄高新技术产业开发区总规划面积18万平方公里，分东区、西区、和良村园区。西区位于石家庄市西南部，目前已投产的大部分企业集中于此。这里科研院所、高等院校众多，具有十分雄厚的科技开发能力。东区位于石家庄市东部，是高新区管委会所在地。全区地势平坦，基础设施完善，具有广阔的发展前景。良村园区与东区毗邻，是以医药、化工、食品为主的工业园区。

通讯、电子、软件产业已经成为高新区的支柱产业。

高新区目前已有高新技术企业286家，充分发挥了高新技术成果的示范作用。

石家庄高新区东区鸟瞰

石家庄珍极酿造集团

珍极是一个以酿造调味品为主业的现代化调味品企业集团。年产量7万多吨，资产1.83亿。

早在七十年代，珍极就已攻下"液态深层发酵酿醋"工艺，并被国家科委确定为该成果技术推广依托单位。1989年，珍极独自酿出了中国第一罐现代工艺高品质酱油－珍极酱油。以此为基料的系列产品现已远销美国、俄罗斯、新加坡、希腊、土耳其、香港等国家和地区。1999年5月珍极的珍极和田宽食品有限公司通过了GB/T19002-ISO9002质量体系认证。多年来，珍极坚持以发展凝聚人才，以人才提高集团产品科技含量并不断推动集团现代化、国际化的人才战略。至今，先后获得国家科技进步奖1项，部省级科技进步奖7项；并已向全国20多个省、市、自治区输出技术，服务20多项。2000年受国家国内贸易局委托，珍极起草的"酿造酱油、食醋，配制酱油、食醋以及酸水解植物蛋白调味液"5个国家行业标准经批准并已陆续实施。2000年1月，珍极投资400万美元在美国密苏里州兴建"美国珍极调味品有限公司"的国内审批手续全部办理完毕，迈出了珍极境外投资的第一步。2000年2月18日，珍极推出的《珍极酱油抢滩美国》策划案，被四家国家级报刊联合评为"99中国十大策划经典个案之一。

珍极坚信，中国的调味文化会因为属于中国文化而海纳百川。珍极坚信，吸入世界优秀调味文化，会使中国百姓的生活更丰富，相信您的慧手结缘珍极，定会缘出您最满意的色、香、味。

公司董事长兼总经理：张林

市领导在珍极视察

珍极产品全家福

石家庄人民防空办公室

石家庄人民防空工作在各级党、政、军领导和机关的关怀、支持下，全市人防系统干部、职工以强烈的事业心和责任感，抢抓机遇，负重奋进，认真贯彻中央、省有关人防建设的方针、政策、不断深化改革。目前，已修建了各类人防工程，平时利用率50%以上，开发利用工程达380余处，每年创产值和营业额近2.7亿元，利税6000余万元，解决从业人员6000余人；建设了现代化的人防指挥中心；人防专业队平时训练有素，快速反应能力得到增强，疏散地域建立一户一卡制度；通信警报建设更上台阶，警报覆盖面达100%；防空知识教育实现了规范化、制度化，每年84所中学的2万余学生接受防空知识教育。受教育率和考试合格率均达100%；人防宣传教育成效显著，每年在市以上报刊、杂志、电台、电视台刊稿100余篇，连续10年被省人防办评为宣传报道先进集体，分别在“八五”、“九五”和2000年在全国第四次人民防空会议上被国家评为人民防空先进城市。

石门地下城

刘华清

原中央政治局常委、中央军委副主席刘华清为火车站前人防二期工程题词--石门地下城

北方明珠商乐城中央大厅

市领导视察火车站前人防二期工程

2000年石家庄人防在原有42台防空警报器的基础上又下大力，新增92台，使全市防空音响覆盖率达100%。

石家庄市人民防空办公室主任　梁俊科

藁城，这座素有“冀中明珠”之称的新兴城市，紧靠河北省省会石家庄，全市总面积836平方公里，耕地83亩，总人口74.2万，辖13个镇、1个回民乡、1个省级经济技术开发区，240个行政村。1990年4月被国家列为对外开放城市和河北省15个综合改革试验县（市）之一。

藁城自然条件优越，属北温带亚湿润季风性气候，全境概为平原，地势平坦，地下水资源丰富，素有“河北粮仓”、“燕赵天府”之美誉。

藁城投资环境良好，作为对外开放城市，紧邻石家庄，近靠京、津，地理位置优越。

藁城经济蓬勃发展。农业是藁城市传统优势。全市已形成粮食、禽蛋、蔬菜、果品四大产业，肉类总产量位居全国第九位，农业综合实力名列河北省第一。全市工业初具规模。初步形成了以化工、建材、轻纺、食品为主体，结构较为合理的工业发展体系。1998年，全市社会消费品零售额达18亿元。

我们将做好农业稳市、工业强市、三产活市、科技兴市四篇文章，推动农业实现产业化、工业实现规模化、市场实现专业化，使整体经济实力再上新台阶。藁城人民欢迎国内外有识之士走访藁城，开发藁城，建设藁城，愿与各界朋友建立更加广泛的经济技术合作，共同谱写经济和社会发展的新篇章。

冀中明珠：藁城市

藁城市供电局

藁城市供电局现有干部职工212名，辖110KV变电站4座，主变8台/29.9万KVA，35KV变电站13座，主变25台/13.815万KVA，担负着全市240个行政村，73万人口的生活用电和工农业生产用电的供电任务。市局誉为“先进单位”，藁城市委、市政府命名为“实绩突出单位”。

右三局长：张均成　左三党委书记：王发臣
右一副局长：王双玉　左一副局长：许明生

交通局局长：武吉永

藁城市交通局

藁城市交通局，有公路管理站、运输管理站、养路费稽征站、搬运公司等4个基层单位，主要工作任务是：公路建设、养护、交通规费征收、汽车运输行业管理和搬运装卸。

藁城市邮政局

我局认真贯彻石家庄市邮政局工作安排布置，深入开展“以管理促发展，向管理要效益”活动。自觉围绕生产经营展开工作，并把提高企业生产经营效益和效率作为工作的出发点和落脚点，强化经营管理，积极推进专业化管理，在全局开展了“创大户，争十强”活动。经过全局干部职工的努力拼搏，使我局的各项工作保持了良好的发展势头。

邮政局局长：宋振元

质量技术监督局局长：刘同肖

藁城市质量技术监督局

藁城市质量技术监督局为一级行政局。1999年机构体制改革实行系统垂直管理。现有干部职工92人。大中专毕业生70余名，各类专业技术人员50人。局机关内设办公室、综合管理科、人财科、法规科、稽查大队等6个科室。局还下设产品质量监督检验所，标准计量测试所两个技术服务机构。

林业局局长：刘吉录

藁城市林业局

在市委、市政府的正确领导下和上级主管部门的大力支持下，站在“三讲”的高度，以实践“三个代表”为出发点和落脚点，坚持物质文明和精神文明两手抓，两手都要硬的原则，经过全体干部、职工上下团结一致，共同努力，使各项工作实现了新的突破，取得了较好成绩。

GAOCHENG

厂长：李学杰

石家庄宝石联合泡沫塑料厂

石家庄宝石联合泡沫厂隶属河北冀兴集团公司，厂区面积19980平方米，建筑面积5500平方米，资产总额1000万元，（其中固定资产550万元，流动资金450万元），拥有1000KV高压配电室，无塔供水设备及电厂蒸汽管道设施，是生产泡沫软包装及其制品的专业厂家。

98年，韩国合资成立了我市 第一家卫生纸杯生产企业－中外合资冀星柢杯有限公司，采用韩国先进工艺和先进生产设备及国内外优质全木棉纸制作制成的一次性纸杯及其它纸质容器，产品美观大方，质优价廉卫生，属绿色环保产品。

我厂自86年建厂以来，一直被评为“重合同守信用”单位，创建先进单位，被各级领导及同仁赞誉为花园式工厂。本厂处我市三大主干道之一的和平东路东段，西邻二环路，东靠京深高速公路，交通运输十分便利。

在新的世纪里，为谋求更大发展，我厂愿与各界朋友，优势互补，强强合作，共创大业。

石家庄市第九棉纺织厂是1986年建厂的纺织全能企业，总占地面积为66.69亩，建筑面积为21000平方米，拥有固定资产2900万元，现有职工1000余人。生产规模为15000枚纱锭，采用A513型细纱机，240台宽幅（56”）布机，年产棉纱2000余吨，品种有21支、32支、20支等，除自用外还共单织、针织、合线厂使用，年产棉布680万米。品种有20X16纱卡、16X12纱卡、21X21纱卡、20X20大鹏平布，21/2X10帆布，产品质量稳定。主要出口港澳、日本，还远销德国、比利时，企业的经济效益连年增长。

该厂地处河北省会石家庄东邻开发区距京石高速公路仅1000米，通信和交通方便，能源有保证，欢迎有意向者与我单位协调洽谈。

地址：石市槐中路371号

邮编：050031

电话：0311－5054158

石家庄市
第九棉纺织厂

企业法人：孙不闻

石家庄经济学院主楼前广场

学院党委书记、院长：郝东恒教授

SJZJJXY 石家庄经济学院

从右至左：国地资源部科技司司长左汝强、卢耀如（院士）、张宗祜（两院院士）、刘健生副省长、郝东恒院长、陈梦雄（院士）、国土资源部人教司司长薛平、省教育厅副厅长杨建锋等。

石家庄经济学院，始建于1953年9月，座落在石家庄市东南高教区槐南路302号。占地面积25万平方米，建筑面积15余万平方。在近50年的办学历史中，形成了经、管、理、工、文、法多学科相互交叉渗透的鲜明办学特色，成为培养经济学家、地质学家、企业家、会计师、律师的摇篮。郝东恒教授为学院现任党委书记、院长。

面向21世纪，任重道远，我院教职工将认真贯彻落实李岚清副总理给我院的题词："全面贯彻党的教育方针，认真实施教育改革，培养优秀的跨世纪人才，为我国经济和社会发展事业作贡献。"用我们辛勤的双手托起明天的太阳。

石家庄市桥东区 东风路街道办事处

石家庄市桥东区东风路街道办事处位于桥东区平安南大街133号，管辖面积1.82平方公里，人口3.59万，辖15个居家（委）会，驻区机关企事业单位33个。几年来，办事处始终围绕"发展社区经济，深化社区改革，巩固社区建设，维护社区稳定"，抓班子，强队伍，夯基础，树立了"一个中心四个特色"，即突出社区经济特色，经济收入超过百万；突出社区服务特色，逐步形成社区服务网络；突出群众文化特色，成立了1100余人参加的36支文艺团队；突出安全文明小区特色，对东风小区进行了综合整治，辖区星级文明家庭6988户，占总户数的90%；突出形象建设特色，办事处开展了"内强素质，外树形象"，树立了机关新形象。办事处连续被评为市级文明单位，街道党委多次被评为实绩突出领导班子。

卫生局副局长兼中西医结合医院院长：韩虎辰

GCZXYJHYY

藁城市
中西医结合医院

文明服务树新风活动
导医护士送病人去病房

藁城市中西医结合医院位于市区廉州路西端，是一所集医疗、教学、科研、急救、康复、预防保健等多功能为一体的具有中西医结合特色的（县）市级医院。它始建于1990年8月，1992年10月开诊。占地面积21105M²，建筑面积15278M²，开放床位240张，现有正式职工360人 医技人员300人，其中高级职称15人，中级职称96人，设有临床科室14个，医技科室7个，职能科室8个，固定资产1500万元。其规模、技术、设备在全省中西医系列排行第二。

GCZXYJHY

经天纬地 织就锦绣前程

石家庄市第二毛纺织厂

石家庄市第二毛纺织厂始建于1985年，是纺织工业部批准的石家庄市唯一的生产精纺呢绒面料的中型企业。占地面积七万平方米，拥有全套引自德、法、意、瑞士、西班牙、香港等国家和地区的染色、纺纱、后整理设备以及检测仪器。总资产1.3亿，毛纺纱锭5136锭，年产120万纯毛、混纺各种精纺毛料。

九四年与韩国罗田株式会社合资经营后，企业吸收了当今世界先进的美、日管理模式和技术成果，提升了企业整体素质，产品远销世界几十个国家和地区。

石家庄市第二毛纺织厂全体领导班子成员谒诚欢迎各界朋友来我三进行多种形式的广泛的考察与合作。

引进的德国细纱机

外国同行来厂参观

河北省石家庄市国防教育办公室

全民国防教育在我市开展已十年有余并取得了长足发展。广大干部群众通过各种形式接受国防教育，增强了国防观念。各级党政领导重视并加强对全民国防教育工作的组织指导，各县（市）、区普遍建立了国防教育领导和办事机构，积极开展了丰富多彩的以爱国主义为核心的国防教育活动；党校成为对广大干部、党员进行国防教育的主渠道；阵地建设形成了遍布全市的市、县、乡、村的国防教育基地、活动中心、活动站、活动室的教育网络；全市 中小学校认真落实＜小学、初中国防教育纲要＞，普遍开设了国防教育课，业余少年军校活动广泛开展，逐步做到了经常、制度化和规范化；国防教育与各项思想政治工作紧密结合，对于调动干部群众的积极性，推动社会各项事业的发展，起到了很大的促进作用。

图为市领导带队组织全市文化系统干部到陆军指挥学院元氏分院开展“军事一日”活动。

校长：和惠民

石家庄市回民小学

回民小学创建于1931年，是石家庄市唯一一所少数民族学校。现有学生570人，其中少数民族203人，13个教学班，在35名教师中，少数民族教师12名，高级教师13名，大专以上学历24名，中师9名，并拥有省市区级优秀教师，模范班班主任，教育系统劳动模范等一批出类拔萃的教师。

长期以来，学校形成了一支无私奉献，教风严谨，教导有方的教师队伍。学校以教育科学理论为指导，以教育科研为途径，狠抓教师业务素质的提高和课堂教学改革，被命为“全国反馈教学实验学校”。教师撰写的教育、教学论文分别获国家，省市区级一、二、三等奖。学校开展了东西部手拉手书信来往活动，收到来信约100封左右，学生到北京参观升旗仪式，登北京城楼，参观毛主席纪念堂，海底世界等一系列活动。学生在各级各类比赛获国家级奖76个，体育比赛获市级第二名，区级第一名，文艺比赛获市级“百人大合唱”特等奖。

作为反馈教学实验基地，回民小学正以坚实的步伐迈进了二十一世纪。

学生们参加文艺汇演

教师们正在交流教学经验

石家庄新华集贸中心市场位于河北省会石家庄市中心，是石家庄结合旧城改造纳入城市建设总体规划的第一个专业批发市场。市场由20个分市场组成，总占地面积28万平方米，经营面积18万平方米，拥有摊位1万3千多个，经营者3万余人，日客流量达20万人次。整个市场以经营服装、布匹、电子为主，兼营鞋帽、日用百货、床上用品、副食餐饮等8大行业，5万多个花色品种，商品远销全国29个省、市、自治区及俄罗斯、蒙古、韩国、越南等国。

石家莊新華 集貿中心市場

石家庄新华集贸中心市场连续多次被评为全国、省、市文明市场，并被誉为“中国服装第一市”。99年在国家统计局和国家经贸委进行的建国以来首次全国商品市场快速调查中以成交额154亿元名列全国第一。

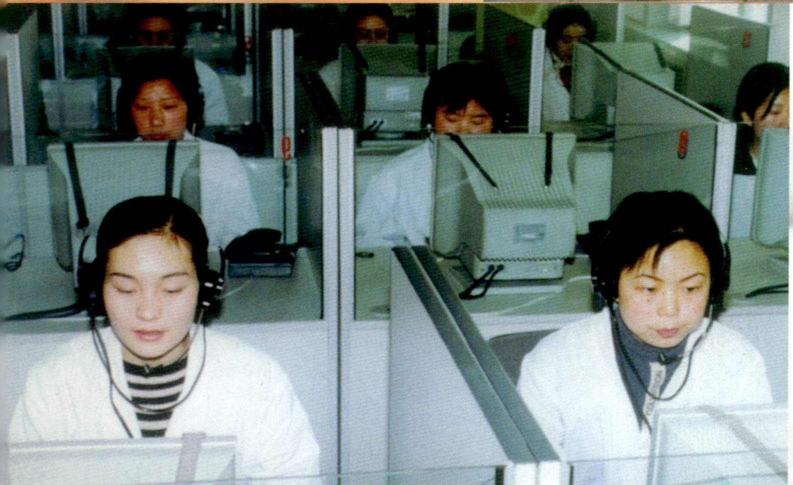

战友寻呼，愿与军内外各界朋友协手共进，共创辉煌

战友寻呼台

石家庄战友寻呼台是北京军区通信部建立的，华北地区部队最大的寻呼专用网。根据“平战结合，军民结合”的原则，在保障部队通信指挥的前提下，积极向社会提供全方位的优质服务。

战友寻呼台，继承和发扬通信兵的光荣传统，始终保持军队通信“迅速、准确、保密、不间断”的原则，实施科学化、军事化的管理。为用户提供多手段，全方位的立体化服务。

石家庄战友寻呼台业务电话：

第一销售部：中山西路237号 3610003 7997700

第二销售部：平安南大街46号 6075974 6100191

第三销售部：西大街1号 7988755

客房服务部：中山西路506号 3617088 7990777

石家庄市地税局

书记、局长：王儒

2000年，市地税局在市委、市政府和省地税局的正确领导下，努力克服多项经济税收政策调整造成的减收因素，以组织收入为中心，努力提高四个质量（收入质量、征管质量、执法质量、内部管理质量）狠抓三项建设（班子队伍建设、基层建设、党风廉政建设），制定并实施了执法过错责任追究办法，全面开展争先创优活动，严肃认真地开展了市局领导班子、领导干部“三讲”教育和基层思想政治教育活动，圆满完成了税收任务，为石家庄市经济发展提供了强有力的财力保证。该局被市委、市政府、省地税局评为“实绩突出”单位和“行风评议”优秀单位，荣获文明执法杯第一名，被省委、省政府命名为“文明单位”，被省委、市委分别授予“先进基层党组织”称号。该局追究执法过错责任的经验以及民主评议涉农税收的做法，得到市委、市政府和省局主要领导的较高评价，并在全省地税系统推广，在社会上产生了良好反响。

石家庄市地税局认真推行执法过错责任追究制度、不断提高税收执法水平，图为该局领导班子正在研究分析执法过错追究的形势和任务。

石家庄市医药管理局

石家庄市医药管理局是市政府管理全市医药企业的行政管理职能部门，成立于80年代初期。1999年3月13日，根据市编（1999）3号文件精神，成功增挂了石家庄市药品监督管理局的牌子，成为具有行业管理和药品监督管理双重职能的医药行政监督管理机构。近几年来，石家庄市医药管理局先后被国家人事部、原国家医药管理局联合评为“全国医药行业先进集体”，连续四年被市委、市政府评为“实迹突出先进单位”，连续两年被市委评为“三讲文明机关”等荣誉称号。

石家庄市医药经济迅速发展，同时全市药品监督管理工作也迈出了新步伐，特别是石家庄市药品监督管理局挂牌运转以来，进一步加大了全市药品的监管力度，严厉打击和依法查处各种制售假冒伪劣药品等违法活动，不断规范药品生产经营秩序，净化药品市场，认真纠正医药购销中的不正之风，为全市医药经济的健康发展创造了良好的外部环境和发展空间。

面对中国加入WTO带来的机遇和挑战，石家庄市医药行业将坚定不移地高举邓小平理论伟大旗帜，深入贯彻落实党的十五大精神，进一步抓住机遇，深化改革，奋力拼搏，开拓进取，在新的世纪里，努力开创全市医药事业新局面，创造更加美好的明天。

电话：0311—6035406

地址：中山东路161号

党组书记、局长：王银川

开拓进取、团结务实的局领导班子

石家庄市计划委员会

2000年，在市委、市政府的正确领导下，市计委党组带领全委干部职工认真贯彻落实邓小平理论和江泽民“三个代表”要求，以“三讲”集中教育和“回头看”活动为动力，认真履行职责，发挥职能作用，集中精力抓投入，增后劲，抓谋划，出战略，抓调整，促发展，圆满完成了年初确定的各项目标任务，较好地发挥了市委、市政府的参谋助手作用，为全市经济快速健康发展和社会事业全面进步做出了贡献。截止目前，已有重点建设、市场建设、信息、区划等工作被评为全省先进。继前三年被评为先进之后，今年又被评为全省计划工作先进单位。

计划委员会主任：张发旺

经理：张琦

石家庄市出租汽车公司是隶属石家庄市交通局的中二型交通运输企业，是目前石家庄市成立最早，规模最大，管理最具建制的集体所有制出租汽车公司。在成立以来的十多年里，公司牢牢把握发展主旋律，坚持以经济建设为中心，始终贯彻服务人民群众，服务经济建设，精诚奉献社会的经营宗旨，面向市场，深化改革，加强管理，多年来一直被评为“纳税先进单位”，获得石家庄市“重合同守信用单位”、石家庄市出租汽车行业“争做文明使者”先进单位、交通部“全国交通出租汽车客运优质服务百日竞赛先进企业”，九八、九九年度河北省“明星企业”等先进称号。

石家庄市出租汽车公司

河北省

明星企业

河北省人民政府

一九九九年四月

石家庄市公安消防支队隶属武警河北省消防总队，同时接受石家庄市公安局领导。下设消防大队17个，消防科7个，特勤大队1个（辖2个特勤中队），消防执勤中队8个，警勤口队1个。现有执勤车辆53部，其中50米博浪涛举高车1部，德国产多功能抢险救援车1部，法国产化学抢险救援车1部，举高喷射车1部 ，曲臂登高平台车1部，照明车1部，器材车1部，救护车1部，指挥车2部，大型水罐车10部。担负着全市火灾扑救、抢险救援及处置毒气、化学危险品的泄漏、爆炸等突发性灾害事故的艰巨任务。

在多年的血与火的洗礼中，支队涌现出了大批先进集体和先进人物。正定县消消防中队连续三年被共青团省委，公安厅授予“青年文明号”先进集体。在扑救1998年9月5日市供销社果品公司大火时英勇牺牲的魏魁同志被公安部授予“革命烈士”、被市政府授予“灭火英雄”荣誉称号。有3名警官被评为“全国优秀人民警察”，有多名官兵荣立一、二、三等功。英勇的消防官兵们，用自己的鲜血和生命，在省会描绘了一幅幅动人的画卷，塑造了一座座不朽的丰碑。

领导作战指挥

“3.16”抢险救援

石家庄市公安消防支队

扑救特大火灾现场

省、市领导视察我市环境空气质量自动监测站

监测中心工作人员进行水质分析

石家庄市环境监测中心成立于1974年，隶属于石家庄市环境保护局，是从事环境监测与科研、具有环境监督管理职能的公益性科学技术单位，属国家环境监测网络站成员单位，是河北省省会石家庄市环境监测系统的网络中心、技术中心、信息中心和培训中心。

石家庄市环境监测中心经过二十多年的发展历程，队伍不断壮大，监测能力不断增强，技术水平不断提高，工作不断深入。1992年首次通过河北省技术监督局组织的计量认证评审，获河北省技术监督局颁发的计量认证合格证，1992年被国家环境保护局授予“国家环境监测优质实验室”称号，1997年被中国环境监测总站评选为“全国百强环境监测站”。

石家庄市环境监测中心

石家庄蓝天集团公司

LANTIANJITUAN

石家庄蓝天集团公司是近年来新崛起的一家集食品、百货、服装鞋帽、五金交电、黄金、医药、餐饮娱乐、家具装饰、物资贸易、房产地产、物业管理等为一体的多元化全方位发展经营的经济实体。蓝天集团公司成立于一九九四年十月，公司座落在光华路105号。蓝天集团公司创业八年来，高起点，快起步，超常规发展，跨越式前进，企业总资产增加到1.4亿，是过去的8倍；固定资产增加到5819万元，是过去的38倍；年营业额增加到1.6亿元 是过去的7倍，创业八年来，净资产增加到4000多万元，是过去的31倍；企业由区属小型企业发展成为国家大二型企业。1996--1999年连续四年作为省会商业“利税大户”、“综合效益最佳企业”受到市委、市政府的表彰，被评为省级文明单位，河北省最佳形象单位、全国内贸系统劳动模范、全国“百城万店无假货”示范店。同时，蓝天集团公司成功地实行了股份制，通过规范企业行为，建立起新的经营机制，即参加国内外市场竞争的营销机制；使企业拥有强大后劲的发展机制；有效调动广大股东积极性的激励机制；正确处理企业发展与股东利益的约束机制；以现代化管理促进生产要素合理配置的运行机制；使企业改制步入“自主约束、自我积累、自我改造、自我发展、自我约束、自我完善”的良性循环，经营运作沿着健康的道路稳定发展。

石家庄市市政建设管理处

省、市领导视察裕华西路工程工地 左起第四位为管理处、主任：王亚军

石家庄市市政管理处成立于1986年7月，主要负责石家庄市市政公用事业基础设施的征地、拆迁等前期准备工作，负责工程项目的招、投标的预决算审批，施工组织、管理与协调，质量的监督、检查，工程的验收、移交和质量等级的初评工作。

目前，全处共有职工30人，下设办公室、财务科、质监站、工程科、征迁科、计划科6个直属科室。多年来，全处干部职工坚持以服务市政工程建设为中心，以抓思想政治工作和市政工程建设为着入点，圆满完成了市委、市政府及局党组交办的各项工作。截止目前，管理处共完成了中山路、裕华路、建华大街、和平路、体育大街、红旗大街等137条道路和裕华路东明渠桥、石纺路地道桥、吴家庄地道桥、师大天桥等15座桥梁的修建工作。共拓宽或新建市政道路60余万平米，埋设排水管道249.7千米，铺设便道33.55万平方米，累计完成市政工程投资近10亿元。质监站自1989年成立以来，共核验工程560项，其中优质工程330项，单位公程优良率59%；合格工程224项，单位工程合格率99%。质监工作累计完成工作量28.9亿元。

在市政建设管理处负责管理的工作中，共有25项工程获省优，6项工程获部优。管理处多次立功授奖，其中1996年被石家庄市委、市政府授予支援五桥一环工程建设模范单位，被中国市政工程协会授予市政工程金奖，九八、九九年，连续两年被评先进单位、实绩突出单位及规范化管理先进单位。质监站1997年被授予全国市政系统先进质监站称号等。

地址：石家庄市建设南大街35号
电话：0311-6672161

局领导与管理处领导班子及职工代表在三讲教育动员大会上合影留念

石家庄信托投资股份公司

石家庄信托投资投份公司成立于1988年7月1日，是经中国人民银行批准设立的地方性非银行金融机构。该公司注册资本金20175万元，办理信托、委托存、贷款业务、融资租赁、投资业务，担保见证，代理收付款业务，证券发行、兑付、代保管业务，代理证券买卖、自营业务和保管箱租赁等20多种业务。

公司自成立以来，以服务地方经济建设为己任，以提高经济效益为目标，注重突出信托特色，努力扩大业务范围，经过十多年的不懈努力，公司已成为一个有较强资金实力，在同业中享有较高声誉的金融信托机构。目前，公司资产总额达16.7亿元，累计实现利润2.6亿元，年人均创利润20多万元。公司曾连续多年位列"全国500家最大服务企业"，为繁荣我市金融市场，促进地方经济发展起到积极的推动作用。连续两年被中国诚信评估公司评定为"AA+"级信用单位，曾多次被授予"支持技改先进单位"和"文明单位"等荣誉称号。

以增创效益为中心，抢抓机遇拓展证券业务。2000年，我国证券市场得到空前发展，面对这一难得发展机遇，公司坚持以市场为导向，紧紧围绕经济效益这个中心，加快调整业务结构，集中人力物力不失时机地加大了证券业务发展力度。一是加大资金投入，进一步改善了营业部硬件环境，为给客户创造良好的投资环境，以满足投资者投资需求，公司进一步挖掘经营资源，扩大证券经营规模，及时对办公楼办公用房进行了调整，为平安和栗康两个营业部新增营业面积600多平方米，上百个交易席位。另外，为改善客户分析、交易环境，增设电话委托线路50条、交易设备80多台套等等，基本满足了投资的需求。二是提升服务理念，强化营业部理财服务功能，营业部在做好日常服务的同时，着力加强了理财服务功能。一方面继续开展股市沙龙，每日股评等日常咨询服务，另一方面又根据股民实际需求，新推出其他项目。

以盘活存量资产为重点，下大力清收不良资产。根据国家清理整顿信托业的政策要求，全面开展清理整顿信贷资产工作的基础上，采取多种措施，集中力量，展开新一轮清欠攻坚战。一是调整完善激励机制，充分调动员工积极性，对清贷小组进行调整，进一步强化清收队伍，明确清收任务，适度加大清收奖励力度，各清收小组将收贷任务分解到组、落实到人，每季严格考核，及时兑现，调动了清欠人员的工作积极性。二是加强组织协调，领导率先垂范，对重点客户，公司领导及清收小组负责人身先士卒，带头深入企业开展说服解释工作，为清收人员树立了榜样。三是采取一户一策，多法并举的灵活措施，打开了清欠工作局面。各清欠小组深入企业，摸清情况，并将这些企业分类排队，抓大户、攻难户、先易后难，集中人力，突出重点，采取多种手段逐个突破，2000年收回本息6000多万元。

以稳定为大局，统一思想，强化管理。公司把员工队伍稳定放在十分重要的位置来抓，从思想、组织、管理等方面统一行动，齐抓共管，保持稳定，促进经营。一是加强民主监督与管理，实行司务公开，降低费用开支，通过采取强化项目论证、严格审批和民主监督等形式，大力压缩开支，节支增效。同时进一步加强了计划和财务核算管理，严格了费用审批制度，二是抓班子，抓党员队伍，发挥模范带头作用，组织党员干部认真学习党的一系列方针政策，公司班子成员以身作则，严格自律，一心扑在工作上，与员工同舟共济，为全体员工做出了表率。三是积极开展思想教育活动，开展业务法规培训，组织形式多样的文体活动，增强了公司的凝聚力和向心力。

石家庄市体育运动委员会

2000年是本世纪最后一年，也是石家庄市体育战线实现历史性突破、创造世纪末辉煌的一年，石家庄市体委在市委，市政府的领导下，以党的十五大精神和邓小平建设有中国特色社会主义理论为指导，全面实施全民健身计划和奥运争光计划，团结拼搏，锐意进取，各项工作都取得了显著成就。

2000年竞技体育成绩突出，群众体育发展迅速，社会体育成效显著，体育设施建设有了新的发展，年内建成23处全民健身路径和体育训练中心。尤其是竞技体育，参加并承办了本世纪末河北省最后一次体育盛会—河北省第十届运动会，运动会开幕式在石家庄市裕彤国际体育中心举行。省长钮茂生出席并宣布“河北省第十届运动会开幕”。在开幕式上，7000多人表演了大型团体操《十运礼赞》，3万多名观众现场目睹了开幕式盛况。闭幕式在河北会堂举行省委书记王旭东等领导亲临大会并为获奖单位颁奖。

在本届运动会上，石家庄市体育代表团获得青少年组比赛团体总分和金牌总数两个第一名，并荣获“社会组优秀组织奖”，实现了历史性突破。石家庄市委，市政府授予市体委“特别贡献奖”并记集体二等功。

石家庄市教育委员会

石家庄市教育委员会始终把“两基”作为工作中的重中之重，紧紧围绕“发展”这一主题，坚持把德育放在首位，深化教育改革、全面推进素质教育。重点抓了以下工作：

一、抓好各类教育协调发展，全面提高教育质量。基础教育：“普九”迎国检工作。针对“普九”中存在的问题，先后三次以市政府的名义召开调度会和现场会，去年10月，我市代表河北接受了国家检查，高质量、高标准通过了国家验收；四县“两基”复查也通过了省政府验收。职业教育；加大了中职学校与高校联办力度；实施了学生职业技能鉴定工作；狠抓了专业教师技能提高工作。藁城、新乐和石家庄市职教中心被国家教育部批准为国家级重点职校，二职专等6所职业学校被评为省级重点职校。成人教育：狠抓了扫除青壮年文盲和扫盲后的继续教育工作。去年共扫除青壮年文盲3197人，全市青壮年非文盲率达到了98.5%；师范教育：加强了中小学教师继续教育和师资培训工作。高等教育：围绕“为经济服务”这一宗旨，加强高校实习基地建设，促进了产、学、研进一步结合。石家庄市师范专科学校去年发表学术论文254篇，6篇获省级以上奖励，5篇获市社科优秀成果一、二、三等奖；并获得“全国学校艺术教育先进单位”和“全省思想政治工作先进单位”称号。

二、深化教育改革，全面推进素质教育。一是积极推进应试教育向素质教育转轨。以中小学减负为突破口，在全市小学取消了百分制，全面推进综合评价制度：成立了创新教育实验研究机构，制定了“石家庄市创新教育实验研究方案”。二是对教育管理体制、办学体制、办学模式进行了改革。通过改革，增强了教育与区域经济紧密结合，拓宽了教育的融资渠道，增强了教育的针对性和实效性。三是对学校内部管理机制进行改革。学校普遍推行了校长负责制、教师聘任制、教育目标责任制和校内结构工资制等。四是对考试制度进行了改革。取消了小学毕业生升初中入学考试，在中考中增加了英语听力、体育测试和理化实验、特长生专业测试项目。五是进行招生制度的改革，进一步扩大招生学校的自主权。

三、抓好热点工作，让百姓放心满意。全面推行了政务公开和校务公开，制定了政务、校务公开“八项制度”。加大治理中小学乱收费的力度；做好城镇教师对口支教工作。去年在全国中小学德育工作会议上，石市教育委员会关于开展心理健康教育的发言受到了教育部领导的充分肯定；《人民教育》杂志2001年第一期用六个版面介绍了石家庄市教育委员会的经验。

南高营镇人民政府

二〇〇〇年，我镇在区委、区政府的正确领导下，高举邓小平理论伟大旗帜，认真贯彻江总书记“三个代表”的重要论述，全面落实党的十五届五中全会和区委五届三次全会精神，以创建全国一流强镇为目标，大力推进两个根本性转变，稳中求进，强力改革，争先进位，保持稳定，继续发展，经过全镇广大干部群众的团结协作，克服了种种困难，较好地完成了区下达的各项任务。预计今年全镇实现社会总产值 59.8 亿元，社会总收入 58.1 亿元，国内生产总值 17.4 亿元，财政收入 5935.3 万元，农民人均纯收入可达 5500 元，分别比上年增长 10.9%、11.1%、11.5%、21.2%、4.9%。全镇综合实力进一步增强，党的建设、社会进步各项事业都迈出了新步伐，创出了新成绩。

中国联通石家庄分公司

中国联通石家庄分公司是中国联通河北分公司在省会石家庄的分支机构，由原联通石家庄移动局与国信石家庄分公司融合组建而成，是目前省会唯一一家经营综合电信业务的电信运营公司。该公司坚持“以发展为中心，以效益为目的，以技术为依托，以管理为基础，以人才为根本”的指导方针，经过五年多的发展，网络规模迅速扩大，技术含量明显提高，在利用新技术、开发新业务、改善服务质量方面取得了长足的进步。近年来，移动交换容量迅速增加，明年6月底可达40.5万门；GSM用户每年成倍数增长，市场占有率迅速提高；公司还拥有一个由世界先进技术、设备组成的寻呼网络，覆盖整个石家庄及所属18个县、市(区)，使用全国统一特服号码：127、126、198、199、329、328、928，高速寻呼为客户提供更为方便、快捷的寻呼服务，网上用户达20余万；今年以来，先后在全省开通了数据业务、长途193业务、IP电话业务以及165互联网业务。与此同时，公司还建成了由数字、微波、光缆传输系统组成的覆盖全国的传输网，为发展多种电信业务创造了良好的网络条件。

与其他电信运营企业相比，联通公司具有以下优势：

国家政策扶持 随着电信体制改革的深化，国家在资费、经营业务种类等方面给予了联通很多优惠的政策，目前联通公司是唯一能够提供全面综合电信业务的公司。

资金有保障 今年6月份，河北分公司作为联通首期在海外成功上市的十二个分公司之一，在资金筹措方面得到了有力的保障。

现代化的企业制度 作为上市公司，先进的企业经营理念奠定了公司良性发展的基础。同时，企业内部“岗位靠竞争、薪酬凭贡献”的完善用人机制，为每位员工提供了充分施展才能的机会。

重视人才培训 健全的人才开发、培训制度和充实的培训机会为员工提供更广阔的发展空间。每年公司都选派大批优秀的技术人才赴国内、国外知名电信设备厂家培训。面对挑战，我们始终认为高素质的人才是公司持续发展与创新的原动力，人才是企业最大的财富。

中国联通石家庄分公司将进一步完善国家高速宽带传输网络，加快用户接入网建设，扩大利用互联网，促进电信、电视、计算机三网融合。联通石家庄分公司将抓住机遇，乘势而上，取得持续、快速、健康的发展。

公司地址：中华南大街493号

公司网址：WWW.hesj.cnuninet.com

石家庄卫星通信有限公司

石家庄卫星通信有限公司是由信息产业部电子第五十四研究所与石家庄国家高新技术产业开发区共同投资建立的高新技术企业。公司主要业务是从事卫星通信网络、卫星通信地球站及相关产品的研究、设计、生产和建设,并为用户设计、制造车载(包括动中通)和可搬移式以及船载卫星通信地球站。

公司自九一年创建以来,先后为国家八大部局和集团公司建设、开通了数百座不同类型的卫星通信地球站,并长期为这些用户提供技术咨询和维护服务。

公司在卫星通信领域与多家国际著名厂商确立了良好的合作关系,为它们的产品在国内提供系统设计、安装建设、设备维修等技术保障和设备配套服务。

公司积极投入资金进行卫星通信新技术及其它相关信息技术的研究与开发。多点会议电视系统、计算机多媒体通信系统、楼宇安全监控系统的研制成功,为公司产品及服务的多元化奠定了基础。

中国河北吉励食品有限公司

我公司系中外合资企业，具有自营出口权，公司基地设在中国河北省，为大型食品生产、进出口企业，主要以生产冷冻、脱水、保鲜果菜为主，魔芋为辅，二者相辅相成。公司总资产5000万人民币。

中国河北吉励食品有限公司于97年6月正式投产。生产厂房约为7000平方米，并具有高技术及先进生产设备，两台四吨快装炉，配有水电器，独立水井，双电源设备及自有变电站，因此可以在多种环境下正常操作，保证订单和按时完成。对于运输方面，公司设有独立车队，可以完全承担陆运业务。

我公司冷冻厂房为大型生产机构，主要为加工各种果菜，并进行保鲜、冷冻。厂房具有现代化冷冻设备。包括两条全自动速冻流水线与先进的热风烘干线。为配合日高产量，公司配备了2500吨冷藏库及4000吨保鲜库。产品名目大体为：冷冻；洋葱、胡萝卜、绿菜花、黄白桃、菠菜、玉兰片、青豆等，也可保鲜装、干燥装等等。为顺应各地需求不同，公司还配备了广阔的种植基地，可依据货主的要求从国外进购菜种，自行种植，采摘，上线生产。产品的包装可分保鲜罐头制、冷冻块、盘制，散装干燥蔬菜制等。具体包装可根据货主要求配制。

我公司生产魔芋的原料经过精心筛选，主要来源于中国四川、贵州两地，确保品质优越。产品分魔芋成品和魔芋粉两种，其中：魔芋粉又分为精粉和微粉两种。产品远销世界各地，有一定的声誉。并且针对货主的需求，魔芋的形状可以依要求设定，例如：块状、丝状等。货主如需要，还可办理美国FDA商品检验，确保质量在国际市场上的地位。包装分18立升铁桶等，120～250克塑料托盘装。塑料托盘装外大包装为耐磨、耐损纸箱，也可制成散装塑料袋装，将随具体要求实施包装。

我公司现努力扩大经营市场，以求建立更为完善、牢固的合作关系，外商如对于产品确有兴趣，我方尽可提供样品及报价，并应外商要求来河北实地考察，以促成友好的合作。

石家庄市房地产协会

石家庄市房地产业协会成立于1986年4月15日。

英文名称:CIHA HEBEI SHIJIA ZHUAMG
REAL ESTATE ASSOCIATON

缩　　写:CHSREA

现有会员145个

石家庄房协由市辖区内从事房产行政管理、房地产开发及经营、物业管理、房产市场交易、产权管理、经纪中介、住宅设计、建筑公司等企事业单位和有关部门自愿参加组成的全市性行业组织。是依照法律规定,经政府社团管理机关注册登记的具有法人资格的社会团体,是中国房协、河北省房协、石家庄市科学技术协会、石家庄市社会科学界联合会团体会员。业务主管部门石家庄市房产管理局。

石家庄房协的宗旨是:在经济建设中,围绕建立社会主义市场经济体制,推动房地产业的深化改革,促进企业经营机制转换,建立现代化企业制度,为改善和提高城市人民的住房水平,加快城市建设,发挥房地产业在国民经济中的重要作用服务。在工作中坚持为政府、为行业双向服务的方针,积极协助政府加强行业管理,开展调查研究,制定行规行约,宣传政策法规,搞好专业培训,收集传播信息,开展学术交流和理论研讨,促进本地房地产业的发展。

石家庄房协成立16年来,多次被中国房协、中国科协评为先进协会,连续15年被市科协评为先进协会。编辑培训教材4部,140万字。编辑论文集2本,80万字。出版专业书籍2本,50万字。获市以上优秀论文评选一等奖4项,二等奖12项,三等奖28项。积极参与省市住房制度改革的调查摸底和改革方案的研究制定,并推动了房改方案的实施。举办各类专业培训班40余期,培训人员12000余人次。协助政府部门研讨房地产业法规政策,并提出建议,有12项建议被政府部门所采纳。开展行业调研,撰写调研报告14个,受到政府部门的好评,向市政协提交提案7个,全部立案,受到政府部门的重视。

这些年来,石家庄房协坚持协会宗旨,积极为政府法规政策的贯彻,为本地行业改革和发展做出了应有的贡献。

地址:石家庄市平安北大街49号
电话:0311—6034883
邮编:050011

河北威远集团有限公司

河北威远集团有限公司是以生物工程、精细化工为主导产业，建材、电器、医用电子产品为辅助产业，集科、工、贸为一体的现代企业集团。2000 年底集团总资产 10.3 亿元、净资产 3.3 亿元，年销售收入 3.2 亿元，利润 1158 万元，是石家庄市十大企业集团之一。

目前集团主要企业包括：河北威远生物化工股份有限公司，石家庄威远高压开关制造公司、河北威远医用电子仪器有限公司、河北威远晋州市化肥厂、河北威远房地产开发公司等。其中，上市公司——河北威远生物化工股份有限公司（简称威远生化）是集团的核心企业和效益中心。它有五个分公司（威远化工厂、建材厂、生物药业一厂、二厂、三厂），三个控股子公司（深圳威圣生物技术创业中心、北京京威生物药业有限公司、海南威远宏昶生物药业公司、两个参股子公司（北京中农大生物技术股份有限公司、威远亨迪生物化工股份有限公司）。

自 97 年 8 月 5 日集团公司成立以来，以生物工程为主导产业，有强大发展后劲的优秀企业。威远生化于 99 年顺利实现了首次配股，融资 8000 万元，主要用于生物工程产品的开发及扩产改造，为企业今后的持续高速增长提供了有力的保证。同时，99 年股份公司被河北省科技厅认证为高新技术企业。目前，上市公司拥有总资产 6.2 亿元，净资产 3.4 亿元，总股本为 11822 万股（其中国家股 5213 万股，社会流通股 6609 万股），增长了一倍多，市值增加了 31 倍。由于企业具有良好的发展前景，中行和工行于 2000 年给予公司综合授信额度 10 亿元信贷规模。

公司主营范围为“精细化工、生物农药”。主导产品有阿维菌素，吡虫啉、除虫脲、水胺硫磷、磷酸等三十多个系列化工、农药产品；四氟苯甲酸系列医药中间体；325 #、425 #、525 #、矿渣水泥，复合硅酸盐水泥、特种水泥等。其中阿维菌素、甲胺基阿维菌素、除虫脲、吡虫啉等高效、低毒、无公害的环保农药，分别获国家、省、市优质产品称号，是目前国家大力推广使用的产品。有机氟系列医药中间体产品有多种填补了国家空白，其生产技术已达到国际领先水平。

威远集团有限公司始终坚持以经济效益为中心，实施产品经营、资本经营、技术创新、市场营销四轮驱动方针，紧紧围绕成本管理和资金管理两条主线加强企业管理，根据国内外情况及自身优势，确立了以生物工程和精细化工为主要产业，以生物农药、生物兽药、生物制药，即“药业”为主导产品的发展战略，并以上市公司为载体实施。经过三年多的努力，威远已成为国内最大的生物农药、生物兽药开发生产基地，生物工程等高新技术产品的销售收入逐年提高，发展前景十分广阔。

石家庄市交通局

石家庄市交通局是市政府主管公路交通的职能部门。主要负责全市公路的规划建设,公路养护和路政管理,负责交通规费征收,道路运输和运输市场行业管理工作。

2000年是“九五”计划的最后一年,也是我市交通事业取得突出成绩的一年。**公路建设**。共完成新改建工程12项,120.3公里,大中桥7座,2118.48延米,累计完成投资3.35亿元。完成地方道路新改建208.18公里,投资1.04亿元。**公路养护与路政管理**。完成大中修工程27项,284公里,优良品率达100%;全市县以上好路率达71.1%,干线公路达75.3%;公路绿化投资1000万元,绿化里程162.5公里;查处各类路政案件346起,结案率达99%,收取赔(补)偿费611万元;治理超限运输车辆100余辆(次),卸载货物3000余吨;公路养护工作两年迈了两大步,进入了全省先进行列,迎部检工作受到检查团的好评;在全省公路小修挖补技术比赛中获得第一名。**公路主枢纽建设**。完成了白佛、南焦、留营三个客运站的可研、方案设计和初步设计等前期工作,待组织完成征地拆迁后,即可开工。**交通规费征收**。汽车养路费完成4.45亿元,占年计划的101.3%;车辆购置附加费完成1.73亿元,占年计划的128.8%;运管费完成2618万元,占年计划的109%;客附费完成2416万元,占年计划的100.6%;货附费完成1657万元,占年计划的106.3%;通行费完成1.77亿元,占年计划的113.8%。**运输行业管理**。加大了对出租车和长途客运市场违章行为的稽查和处罚力度,市场秩序明显改善。按照市政府的统一部署,对于全市14个客运站点、792条营运线路进行了调整,调整营运客车4303辆,撤消客运站5个;在创建全国优秀旅游城市和全国糖酒展销会期间,出租车以优质、文明的服务,赢得了各级领导和与会客商的一致好评。**运输企业生产**。全局运输企业营业总收入完成2.88亿元,实现出口创汇887万美元;职工人均收入6668元,比上年高5.27%;保持了全行业不亏损。**精神文明建设**。深入开展了创建文明单位、文明行业和星级窗口活动,全市交通系统省市级文明单位达到31个,其中省级文明单位12个,所属17个县(市)局全部建成市级以上文明单位,一、二、三星级窗口单位分别达到120个、70个、40个,“争先进位”活动、“优质规范服务”活动、“文明执法,文明服务”活动和“百姓百事放心满意”活动均取得明显成效,受到了社会各界的好评。截止目前,全局已获得2000年度各种先进33项。其中,被交通部表彰为“公路水路运输全行业统计工作先进单位”,被北京军区表彰为“九五”交通战备先进单位,被交通部、财政部表彰为“车辆购置附加费征收管理工作先进单位”,被省委、省政府评为行政执法文明单位、老干部工作先进单位,被省审计厅评为内部审计工作先进单位,局团委被团省委命名为首批“五四红旗团委”;市局还被市委、市政府表彰为“社会治安综合治理先进系统”,被省交通厅评为“治理公路‘三乱’先进单位”,被市政府表彰为“对外开放先进单位”,还获得全市“优质服务杯竞赛”第一名等荣誉,交通工会被市总工会评为先进工会。

海南长荣房地产开发有限公司石家庄分公司

海南长荣房地产开发有限公司石家庄分公司经市建委、经委、工商局等部门批准，于一九九七年六月四日注册成立，开发资质贰级。海南总公司集房地产开发、餐饮服务、种植，养殖等行业为一体，具有雄厚的资金和人才资源。公司的经营宗旨是：以人为本，讲求实效，注重社会效益与经济效益并举。

依托总公司，石家庄分公司已在槐北路395号开发建设高品位，高质量的长荣小区。小区占地面积百余亩，建筑面积约10万m^2。整个小区布局合理，设计新颖，超前，交通便利，水、电、暖、煤气等配套设施一应俱全，具有完善的物业管理，业主入住长荣小区真正体验到安居乐业的享受。

公司全体员工，在石家庄市行业主管部门的统一领导下，以科学的管理方式，严谨的工作态度，优良周到的服务，为石家庄的城市建设和经济繁荣作出更大的贡献。

北新建材集团石家庄分公司

北新建材集团石家庄分公司是北新建材集团在石家庄设立的唯一分公司。强大的集团后盾，素质过硬的员工队伍，雄厚的资金，一切从客户利益出发的企业精神，科学的管理，坚强的领导核心，组成了这个充满活力，蒸蒸日上的企业公司。

公司位于和平西路389号，主要经营装饰、装修、建筑材料及系列产品，其中“龙”牌建筑用轻钢龙骨系列，“龙”牌高中档纸面石膏板，以及耐擦洗内墙涂料和外墙平光乳胶漆均顺利通过国家建材局装饰装修建材质量监督检测中心的鉴定，确保产品的过硬质量，确保用户的至上利益。

我公司奉行“用户至上，质量第一”的经营宗旨，热诚欢迎您的惠顾。

好利来实业管理有限公司

好利来诞生于一九九二年，为民营独资。创始人为公司现任总裁罗红先生。好利来人在罗红先生的带领下，经过多年的艰苦奋斗和不懈努力，由起初十几个人的个体小作坊迅速发展成为现在拥有上亿元固定资产、近二千名员工的西式糕点专营连锁企业集团。到目前为止，好利来已在全国四十五个大中城市开设了一百多家连锁店，并建立了庞大的连锁经营体系。

好利来连锁店以现场订作，即刻销售为经营模式，并因此而赢得了广大消费者的认可与青睐。好利来经过长期以来对产品、技术的创新与追求，采用最优质的原料，并在制作工艺上融汇了东西方绘画与雕刻艺术及欧亚审美情趣，现已开发出十余种系列，二百多个花色品种的蛋糕和西式糕点，以及深受顾客喜爱与信赖的广式月饼系列与面包系列，代表着当今国内的最高制作水平。

好利来始终以顾客满意为最高宗旨，诉求最优质的产品、101%的服务以及高标准的卫生管理。无论任何一家好利来连锁店，都以统一明亮的店面、优雅清新的购物环境、热情温馨的服务和精益求精的产品，充分展示着好利来独具魅力的企业形象与产品特色。

花山文艺出版社

花山文艺出版社成立于1982年1月，是河北省的一家具有一定实力、规模与影响的出版文艺类图书的专业出版社。建社以来，出版图书近3000种，发行1.5亿余册。其中《艾青全集》、《俞平伯全集》获国家图书奖提名奖，《一千零一夜》、《远离尘嚣》、《老船长外传》、《爱情的牧师》获全国外国文字优秀图书奖，《曹禺全集》《郑振铎全集》获国家图书奖荣誉奖，《修道院纪事》获全国首届鲁迅文学奖等，历年来荣获省级以上奖励200余种。社办双月刊《名家》以讲究品位、追求大气饮誉海内外。另还有部分图书远销新加坡、泰国、香港、台湾等国家和地区。在出版茅盾、巴金、艾青、曹禺、郑振铎、俞平伯、吴祖光等老一辈著名作家的文集、专集的同时，也团结了一批优秀的中青年作家。出版社在做好出版、印刷、发行工作的同时，培养了一支有较高水平的编、印、发队伍。

今后，花山文艺出版社将继续坚持正确的出版方向，策划优秀选题，出版精品图书，创造双效益，为繁荣出版事业做出积极努力。

地　　址：河北省石家庄市和平西路新文里8号
电　　话：(0311)7837506
传　　真：(0311)7837506
邮　　编：050071
电子信箱：hswycbs@public.sj.he.cn
网　　址：//WWW.hspul.com

石家庄铁路运输学校

石家庄铁路运输学校是铁道部属中等专业学校，受北京铁路局领导，国家级重点专业学校。学校创建于一九四九年七月，占地面积180339m^2，校舍建筑面积100975m^2，现有教职工508名，其中专任教师219名，讲师94名，高讲59名。在校生3605名，开设的专业有铁道运输、铁道客运、铁道财务会计、内燃机车乘务员、电力机车乘务员、铁道车辆、空调与制冷、机械、工业企业计划与统计、工业企业劳动管理；为社会经济开设专业有空调与制冷、计算机应用、机电一体化、交通运输与经济(高职)、信息处理与自动化(高职)、企业经济管理、市场营销。学校分东西两院，环境优美，教育设施先进，为铁路和地方经济培养了3万余名合格人才。

校　　长：田　革
电　　话：7923259

石家庄市地震局

石家庄市地震局是隶属于石家庄市人民政府直属行政事业局，由石家庄市人民政府直接管理，同时接受河北省地震局业务指导。

由市政府投资建设的“石家庄市防震减灾决策指挥中心”已经建成，涵盖京、津、冀地区的“首都圈”防震减灾示范区系统工程进入了具体实施阶段，这是我市地震系统有史以来投入最大一次，总投资700余万元，该系统预计2001年底完成，到时我市将形成科技含量较高的现代化的地震监测预报及快速响应技术系统，我市所有地震台站与市地震台网中心实现联网，建成石家庄数字化地震台网中心，强震台网中心，前兆台网中心，尤其是地震重点监视防御区的抗震和应急救助能力以及减灾实效有较大幅度提高，为我市的经济建设和社会稳定发挥更大的作用。

石家庄工程技术学校

石家庄工程技术学校，是集工程、财经、师范为一体，汇职教、高教于一身的省部级重点综合性学校。现有教授级高工1人，高级讲师68人，讲师72人。开设专业33人。在校生达到5700多人。建有实验室28个，语音室3个。设有家电、电气焊等国家级技能鉴定所八个。586计算机450余台，建成校园网，是省公务员定点培训单位。图书馆3000平方米，藏书15万册，杂志300余种。

办学方针是“以严治校、以德育人”。以完全学分制、弹性学制、综合素质教育为重点的教学改革，走在了同行的前列。

以食堂为龙头的后勤社会化改革成果显著，设有8个食堂和16个饮食摊位，饭菜品种丰富，价格低廉，服务周到，受到同行的青睐。

人事制度改革成绩突出，以责定岗，以责定薪；教师优教优酬；津贴在工资总额中的比重，已占到60%多。改革职称评聘制度，实行“低职高聘、高职低聘”。

短短几年，办学规模扩大5倍；职工人均收入翻了一番；职工人均住房达64平方米；新增校舍34133平方米，固定资产增值1900多万元。

是石家庄市政府命名的“花园式庭院”；省公安厅命名的“安全防范先进单位”；河北省直工委命名的“精神文明单位”和“红旗团委”。建校48年来，共为社会输送毕业生1.5万余人，各类管理人员2万余人。

地址：石家庄市新华区西三庄街95号
电话：0311—7752642　0311—7752644
邮编：050061

石家庄化肥集团有限责任公司

石家庄化肥集团有限责任公司(原河北省石家庄化肥厂)始建于1957年,是河北省第一座中型氮肥厂,是我国第一家自行设计、制造、安装的全循环尿素生产样板厂,是我国首家研制成功并工业化生产多孔粒状硝酸铵的厂家,是国家大型一档企业。

公司主要从事化肥、化工原料的生产与开发,产品广泛应用于冶金、化工、印染、造纸、医药、种植以及食品加工等领域。经过多次技术改造合成氨年生产能力扩大到24万吨,其中多项工艺技术在国内外处于领先地位。产品种类增加到20个,其中主导产品的年生产能力为尿素11.4万吨、硝酸钠2.5万吨、亚硝酸钠2.5万吨、结晶硝酸铵10万吨、多孔粒状硝酸铵5万吨、甲醇4万吨、浓硝酸2万吨、纯碱4万吨、氯化铵4万吨、甲醛2万吨、复混肥3万吨及氨水1.5万吨等。现有资产12.28亿元,年销售收入5亿元。

公司依靠创新的工艺技术和良好的销售信誉,生产出高质量的产品,吸引了众多国内外客户,得到了社会各界的好评。"太行山"牌商标被评为河北省著名商标,公司连续10年被评为河北省和石家庄市重合同守信用企业。相继荣获"全国五一劳动奖状"、"中国化工百强企业"、"全国环境保护先进企业"等荣誉称号。1993年获自营进出口权,1999年通过了ISO9002质量保证体系认证。

为顺应市场经济的发展和加入WTO带来的挑战,公司不断加大改革和技术创新力度。首先,以"厂务公开"为突破口,依靠职工办企业,通过对职工比较关注的热点、难点问题的公开,为职工自觉参与企业管理和决策提供了广阔的空间。管理是企业发展的基础,只有严格管理,实现管理制度化、规范化、科学化,才能为企业的发展创造良好的基础。公司进行的一系列改革探索,已初具成效。

由于新工艺、新技术的广泛应用,使资源配置更加合理,竞争优势日益加强。另外,我们正在积极调研市场,开展研制适销对路的产品,以高科技为核心,以市场为导向走多元化发展之路,努力寻求和培育新的经济增长点。

企业的发展源于上下一致的强大凝聚力,靠的是严格的管理和勇于开拓、锐意创新的精神。公司强化管理,稳步推行ISO9002质量体系,时刻牢记以满足用户需求为己任,广泛与各界朋友密切合作,创造更加美好的未来。

石家庄市高级技工学校

石家庄市高级技工学校是在原石家庄市劳动技工学校的基础上,经国家劳动和社会保障部批准发展起来的,是石家庄市唯一一所高级技工学校。

学校占地面积200亩,建筑面积6万平方米,有教职工员工236人,专职工教师114人。设有4个专业的高级技工班,13个专业的中级技工班。学校共有在校学生2000余人。在全省属于规模最大、专业设置最广、在校生人数最多、社会影响最大的高级技工学校。学校环境优雅,教学设施完备,师资队伍雄厚。事实证明,本校培养的毕业生确实在社会上叫得响,过得硬,无愧于国家重点的光荣称号。为把学校建设成为河北第一、全国一流多功能、多层次、多学科、高标准、高水平、高效益、大容量的综合性职业技能培训基地而努力奋斗。

石家庄市农村信用合作社联合社

石家庄市农村信用合作社联合社，经中国人民银行总行批准于二〇〇〇年十一月十七日设立，是地、市级合作金融组织，内设七处二室，辖19个县级农村信用合作社联合社、380家农村信用合作社、76家信用分社，信用社员工5700余人。石家庄市农村信用联社机构遍布城乡，是农村金融主力军，是当地人民自己的银行。目前石家庄市农村信用联社资产总额达278亿元。存款余额227亿元，贷款139亿元，存贷款业务量在石家庄市级金融单位名列第二。

经中国人民银行总行核准，石家庄市农村信用合作社联合社的业务范围为：

履行对社员的行业管理职能；组织社员社之间的资金调剂；经中国人民银行批准参加资金市场，为社员社融通资金；办理或代理社员社的资金清算和结算业务；经中国人民银行批准的其他业务。

石家庄市邮政局

石家庄市邮政局是河北省邮政业务龙头局，该局坚持以用户满意为标准，努力提高邮政服务水平。2000年正式开通了集业务咨询、业务受理、邮件查询、用户投诉、网上支付等多功能于一体的185客户服务系统。通过投递体制改革，市区6月份、县区9月份实行了城区包裹投递到户。市局和部分县局还根据用户要求实行了报刊投递上楼和农村包裹投递到户。并主动提高服务标准，本地出版(或分印)的部分报纸实现当日补送。对具备通邮条件的居民楼房2日内安排通邮，比国家局要求提前了5天。严格执行邮件查验赔偿制度，办结率达到100%。该局大力推进户箱工程建设，在市区建成集群式邮政信报箱10万格口，进一步方便了居民用邮。

该局十分注重能力建设和科技投入。自主开发的邮政营业新软件，实现了市区邮政营业联网运行；引进的报刊发行新软件，实现了报刊同城通订和跨年度订阅，邮政通信能力进一步提高。

该局精神文明建设再结硕果。今年又有62个窗口被省邮政局认证为星级窗口，全局星级窗口达142个。市局继荣获1997—1999年度“全国用户满意服务单位”称号后，今年再次获此殊荣。继续保持了河北省文明单位、河北省用户服务满意单位、河北省服务质量管理示范单位等称号。辛集、行唐、鹿泉、深泽、井陉等5个县局被评为市级文明单位。

河北省石家庄金实机械总厂

河北省石家庄金实机械总厂始建于1954年，占地面积64万平方米，注册资本3620万元。

总厂下设九个分厂，其中石家庄新生机械厂是国家机械部定点生产分离机械骨干企业，主要生产离心机、压滤机、转鼓真空过滤机，产品广泛用于化工、医药、食品、冶金、酿造和污水处理等行业。三十多年来，有多种产品分获省、部优和国家银质奖，享有很高的声誉，产品畅销国内外。近年新开发的XMZ200—500M^2 压滤机、GF10—30M^2 预敷型转鼓真空过滤机、GD5—45M^2 折带（刮刀）转鼓真空过滤机可完全替代进口产品，已陆续投放市场。金实动力传动件厂生产各种规格锥套，产品全部外销。金实铸钢厂生产各类铸钢件。石家庄雪燕时装有限公司加工各种棉毛制品。金实服装厂加工各式服装。

总厂技术力量雄厚，设备齐全，检测手段完备，遵循“质量第一，用户至上”的宗旨，愿为国内外客户竭诚服务。

厂　　址：河北省石家庄仓安路218号（原52号）
法人代表：宋辰良
邮　　编：050091　　电　　挂：6993
传　　真：（0311）3835660、3826354
电　　话：（0311）3831916、3824373

南三条市场管委会

在市场管理过程中“内抓管理，外树形象，规范市场，改善环境，提高效益，确保稳定，持续繁荣”的工作原则，促进了市场的稳定、健康发展。一是：理顺管理体制，建立党团组织，进一步健全市场管理机构。二是：实行了“两图三帐四分离”的管理模式，开展了税费统一征收“一表四票制”改革试点工作，并正在积极推广。三是：在市场成立了综合执法队，加强了对市场卫生、消防、治安、税费稽查等全方位管理。四是：认真组织开展市场“打假扶优”系列活动，建立了市场重点商品准入制度，同时与全国500多家名优企业建立了联系，仅食品、日化行市就有全国的200多个厂家在此设立了总代理或总经销。五是：积极探索市场企业化管理的有效途径，在市场内成立了卫生保洁公司、物业管理中心、餐饮服务中心，使市场管理正在稳步向企业化过渡。六是：针对市场房屋租赁价格过高，商户负担沉重的问题，积极争取上级物价部门支持，对南三条这一特定区域实行了政府对房屋租赁价格的干预，制定了《南三条市场设施租赁价格管理办法》，并加大了执法监督力度，有效地平抑了价格，今年市场房屋租赁价格同比下降26%。七是：配合市场整体开发改造，积极开展招商宣传和组织管理工作。

99年在国家经委、内贸局联合举办的首届重点联系批发市场总裁会上，南三条市场列全国小商品批发市场五强，是我省唯一获此殊荣的小商品批发市场。今年，在省、市市场工作会上荣获“河北省工业消费品十大市场”、“河北省百强市场”、“石家庄市工业消费品五大市场”的荣誉称号。

河北石家庄国家粮食储备库

河北石家庄国家粮食储备库，位于石家庄市工人街10号，库区占地面积67000平方米，仓容总量1.8亿斤。

储备库在完成国家储备任务的前提下，常年经营粮食饲料、油脂、油料、粮油制品及各种粮油包装，批零兼营。遵守“坦诚交易、互惠互利”的原则，深受广大用户、客户的信赖与好评，1999年被省粮食局评为“合格粮食购销企业”。

储备库经济实力雄厚，地理位置优越，交通运输便利，仓储设备齐备，储粮技术先进，具有广阔发展前景。为扩大与各企业间的经济联系，热忱欢迎海内外各界有志之士来电、来函洽谈业务，以促进彼此间贸易合作，共同发展。

法人代表：魏国富
联 系 人：赵宜洪
地　　址：河北省石家庄市工人街10号
电话：(0311)6977284、6972544
邮　　编：050000
传　　真：(0311)6974176E－Mail：

石家庄市中南颜料化工厂

我厂成立于1975年，位于石家庄市中华南大街新石中路，是一个以生产铁兰为主的化工企业，铁兰又名华兰或密罗里兰，可分为A101、A102、A103，三个品种，年生产能力200吨，曾在全国颜料行业评比中荣获第三名，和市优质产品称号。

我厂产品畅销湖南、湖北、河北、四川、江西、广东等省及北京市各大油漆、油墨厂，远销东南亚、欧美等国家。

我厂拥有多年生产历史，产品质量稳定，信守合同，供货及时，愿为广大用户提供优质服务。

厂　　址：中华南大街新石中路
电　　话：3832167、3832019
传　　真：3832787

石家庄饮食(服务)集团公司

石家庄饮食(服务)集团公司是以经营餐饮、旅店、照相、洗浴、洗涤以及商贸批发、房地产、人才鉴定培训为一体的国有大一型企业。以经营北京挂炉烤鸭、京菜而闻名的国家特级酒家、全国餐饮五十强企业—燕风楼烤鸭店。以经营鲁菜、川菜和高档燕翅鲍为主,集吃、住、娱乐、休闲为一体的国家特级酒家、旅游涉外酒店—金豪大酒店。汇集大众小吃、家常小炒、自助火锅、宴席包桌,不同档次,不同风格、口味各异的佳肴的现代化综合酒店—福满楼。以特色涮肉火锅和高档清真炒菜颇受顾客青睐的特级酒家—北京东来顺石家庄分店。以经营江浙菜肴、海鲜粤菜、京津风味小吃博得赞誉的特级酒家—富豪大酒店。拥有经营河北名菜的老字号红星大酒店和营业面积一千五百平方米汇聚全国各地千余个风味特色小吃千品府的餐饮联合体—石家庄饭店。具有八十多年历史以中华名小吃“中和轩蒸饺”闻名遐尔的清真老字号—中和轩。

燕风楼的红肠、包子、烤鸭,东来顺的涮肉,中和轩的蒸饺,红星的包子,千品府小吃,东兴的香河肉饼等150余个品种分获国家、省市“风味名吃”、“优质品种”、“全国名小吃”称号。独特的口味,放心的质量,优质的服务使餐饮企业各领风骚,呈现旺盛活力的同时也感染和带动了其他行业的发展。河北彩色摄影服务中心、名人婚纱影楼,豪华典雅,设备先进,技术一流,是省会照相业的常青树。家家净洗涤中心和旅店分公司,老字号企业龙泉池也都焕发了青春活力。

石家庄饮食(服务)集团公司先后被评为“全国商业系统先进单位”、“全国巾帼建功立业先进单位”、“升级明星企业”、“省再就业工程先进单位”。连续十二年被评为“市级文明单位”,连续六年被评为“最佳综合效益企业”,“利税大户”。

正祥会计师事务所有限责任公司

河北正祥会计师事务所有限责任公司具有河北省财政厅颁发的准予执行注册会计师法定业务的执业证书;河北省注册会计师协会颁发的具有承办国有企业及大型国有企业年度会计报表审计资格,具有财政部颁发的资产评估资格证书,可对整体资产、单项资产进行评估(包括房地产、机器设备、流动资产、无形资产);同时还具有河北省工程建设造价管理总站颁发的可在本省各地承担各类建设项目的可行性研究投资估算、项目经济评价、工程概预算、工程预算标底、投标报价的编制和审核等资格,是河北省实力较雄厚的会计师事务所之一。

目前本公司拥有各类人才50余人。其中注册会计师25人、注册税务师10人、注册资产评估师10人、注册造价工程师6人、高级工程师3人、工程师3人。本公司的工作坚持“独立、客观、公正、廉洁”的原则。依法公正执业。热诚欢迎各行各业的新老朋友与我们合作。

石家庄墙体改革办公室

市墙改办负责全市的粉煤灰综合利用，墙材革新与建筑节能工作，在发展新型墙材料，建设节能建筑，限制实心粘土砖，节能利废方面做出了较大贡献，相继荣获国家墙改办，国家建设部和省三办，省墙改办，省经贸委，颁发的"墙改先进单位"、"建筑节能先进单位"、"墙改建筑节能先进办公室"、"资源综合利用先进单位"等荣誉称号，以及市建工委、市建委"建筑工程管理先进单位"称号。各项工作在全省名列前茅，被国家墙改办列为全国十五个墙改重点发展城市，是全国2005年前淘汰实心粘土砖的城市之一。

"九五"期间共应用新墙材折标砖18亿块，新墙材应用面积320万平方米，粉煤灰利用量57.5万吨。完成节能住宅210万平方米。墙改、建筑节能、粉煤灰工作，逐步深入人心，人们的环境意识逐渐增强，对住房的结构和功能不断有更高的要求，我们的工作也向使人们住上冬暖夏凉的智能住宅而迈进。

石家庄人民广播电台

石家庄人民广播电台，1950年6月8日开播，是我国建台较早的地方人民广播电台。石家庄人民广播电台办有四套广播节目，第一套为综合节目，第二套为经济节目，第三套为调频立体声文艺节目，第四套为交通信息节目。节目播出时间也由最早的几个小时，增加到了现在的几十个小时，节目播出形式也发生了很大变化，由原来的单一录播发展到目前既有录播又兼容直播、联播的多种播出形式。

石家庄人民广播电台始终不移地坚持正确的舆论导向，不断提高舆论引导水平，当好党和政府的喉舌，同时为经济建设和人民群众竭诚服务。一套节目创办的"882特别寻呼"节目从1996年初创办以来，充分发挥舆论监督作用，为党和政府分忧，为群众解难，受到广大听众好评，1997年被市委、市政府命名为全市"十佳服务窗口"，之后，又于1998年被省委宣传部作为省内新闻单位的一面旗帜在全省宣传推广。广播剧《热血英魂》在第七届全国"五个一工程"评选过程中被评为"五个一工程"获奖作品，实现了我台50年来"零"的突破，广播剧《菊坛雅韵》和《鸟语心香》去年荣获全省"五个一工程"奖。并准备参加今年全国"五个一工程"奖的评比。

石家庄人民广播电台的发射系统正在逐步向现代化发展。1997年，我台在高新技术开发区新建的120米自立式中波发射台正式投入使用，其发射机性能在全国省会市台具领先水平，去年6月份，我台二、三套的两个调频主讯道又上了200多米的广播电视塔，不仅大大提高了广播的覆盖率，还提高了广播的发射质量。几年来，我台在全省安全优质播出联评中均获得了好名次。

目前，石家庄人民广播电台的领导班子和全体职工正乘党的十五届五中全会的东风和"三讲"教育焕然发出的精神，内强素质，外树形象，准备在新世纪到来的今天和明天，为石家庄的广播事业的发展再做新的贡献。

目　录

石家庄市二〇〇〇年国民经济和社会发展统计公报 …… (1)

一　综　合

1—1　行政组织机构及土地面积 …… (1)
1—2　人口及其变动情况 …… (2)
1—3　人口自然增长率 …… (3)
1—4　市辖镇人口情况 …… (4)
1—5　县辖镇人口情况 …… (6)
1—6　全市人口年龄情况 …… (9)
1—7　市区人口年龄情况 …… (11)
1—8　人口分民族情况 …… (13)
1—9　计划生育基本情况 …… (14)
1—10　初婚及领取独生子女证情况 …… (15)
1—11　节育措施情况 …… (16)
1—12　国内生产总值构成项目 …… (17)
1—13　总产出、国内生产总值 …… (19)
1—14　分县(市)国内生产总值 …… (20)

二　单位从业人员和劳动报酬

2—1　全市单位从业人员和劳动报酬 …… (23)
2—2　全市国有经济单位从业人员和劳动报酬 …… (29)
2—3　全市城镇及集体经济单位从业人员和劳动报酬 …… (35)
2—4　市区单位从业人员和劳动报酬 …… (41)
2—5　市区国有经济单位从业人员和劳动报酬 …… (47)
2—6　市区城镇及集体经济单位从业人员和劳动报酬 …… (53)
2—7　分县(市)区单位从业人员 …… (59)
2—8　分县(市)区单位从业人员劳动报酬 …… (61)

三　固定资产投资　建筑业

3—1　全社会固定资产投资情况 …… (65)
3—2　全市基本建设更新改造投资情况 …… (66)
3—3　全市地方基本建设更新改造投资情况 …… (68)
3—4　市区基本建设更新改造投资情况 …… (70)
3—5　市区地方基本建设更新改造投资情况 …… (72)
3—6　全市房地产开发情况 …… (74)
3—7　农村非农户固定资产投资情况 …… (86)
3—8　全市主营建筑业企业生产情况 …… (87)
3—9　市区主营建筑业企业生产情况 …… (93)
3—10　全市主营建筑业企业财务情况 …… (99)
3—11　市区主营建筑业企业财务情况 …… (105)
3—12　全市主营建筑业主要指标分析情况 …… (111)
3—13　市区主营建筑业主要指标分析情况 …… (117)

3—14　分县(市)区主营建筑业主要经济指标 …………………… (123)

四　能　源　消　费

4—1　全市工业企业能源购进、消费及库存 …………………… (127)
4—2　市区工业企业能源购进、消费及库存 …………………… (128)
4—3　全市主要能源按工业行业分组消费量 …………………… (129)
4—4　市区主要能源按工业行业分组消费量 …………………… (131)
4—5　全市主要能源调出调入情况 …………………… (133)
4—6　市区主要能源调出调入情况 …………………… (133)
4—7　全市有关行业能源消费量 …………………… (134)
4—8　市区有关行业能源消费量 …………………… (134)

五　财政　保险　金融

5—1　财政收入情况 …………………… (137)
5—2　财政支出情况 …………………… (139)
5—3　保险业务情况 …………………… (141)
5—4　金融机构基本情况 …………………… (141)
5—5　分县(市)金融机构信贷、现金收支情况 …………………… (142)

六　物　价

6—1　居民消费价格指数 …………………… (145)
6—2　商品零售价格指数 …………………… (147)
6—3　农业生产资料价格指数 …………………… (149)
6—4　工业产品出厂价格指数 …………………… (149)
6—5　工业企业原材料购进价格指数 …………………… (150)
6—6　城市房地产价格指数 …………………… (150)

七　城市居民生活

7—1　城市住户调查基本情况 …………………… (153)
7—2　城市平均每百户家庭主要耐用消费品拥有量 …………………… (154)
7—3　城市住户人均现金收支情况 …………………… (155)
7—4　城市住户人均消费支出情况 …………………… (156)
7—5　城市住户不同收入水平家庭调查情况 …………………… (159)

八　城市公用设施

8—1　城市公用事业 …………………… (167)
8—2　工业“三废”排放及处理利用情况 …………………… (169)

九　农村经济

9—1　农村基本情况及农业生产条件 …………………… (173)
9—2　农业主要产品生产情况 …………………… (190)
9—3　干鲜果生产情况 …………………… (202)
9—4　林业生产情况 …………………… (204)
9—5　畜牧业生产情况 …………………… (206)
9—6　渔业生产情况 …………………… (211)
9—7　农林牧渔业总产值 …………………… (212)
9—8　农林牧渔业增加值 …………………… (218)

9—9　农林牧渔业商品产值 …………（224）
9—10　农村非农行业总产值 …………（228）
9—11　农村住户调查基本情况 …………（232）
9—12　农村居民家庭平均百户耐用消费品拥有量 …………（233）
9—13　农村住户粮食收支情况 …………（233）
9—14　农村住户总收支情况 …………（234）
9—15　农村住户现金收支情况 …………（235）
9—16　农村住户生活消费总支出 …………（236）
9—17　分县(市)区农民人均纯收入 …………（237）
9—18　全市乡镇企业基本情况 …………（238）
9—19　全市乡镇企业出口情况 …………（239）
9—20　分县(市)区乡镇企业主要经济指标 …………（240）

十　工业　交通

10—1　全市工业企业主要产品产量 …………（245）
10—2　全市工业企业主要经济指标 …………（252）
10—3　市区工业企业主要经济指标 …………（272）
10—4　分县(市)区工业企业主要经济指标 …………（292）
10—5　分县(市)区国有工业企业主要经济指标 …………（301）
10—6　分县(市)区集体工业企业主要经济指标 …………（307）
10—7　全市行业用电分类情况 …………（313）
10—8　铁路运输情况 …………（314）

十一　贸易　外经

11—1　限额以上餐饮业销售情况 …………（317）
11—2　限额以下餐饮业销售情况 …………（317）
11—3　商品交易市场基本情况 …………（317）
11—4　限额以上批发零售贸易、餐饮业基本情况 …………（318）
11—5　全市限额以上批发零售贸易业商品购销存总额 …………（319）
11—6　市区限额以上批发零售贸易业商品购销存总额 …………（321）
11—7　分县(市)区限额以上批发零售贸易业商品购销存总额 …………（323）
11—8　全市限额以上批发零售贸易企业财务状况 …………（324）
11—9　市区限额以上批发零售贸易企业财务状况 …………（342）
11—10　分县(市)区限额以上批发零售贸易企业财务状况 …………（358）
11—11　社会消费品零售总额 …………（360）
11—12　分县(市)区出口及实际利用外资情况 …………（364）
11—13　外国和港澳台地区在石投资情况 …………（365）
11—14　外国和港澳台地区在石投资企业主要经济指标 …………（368）
11—15　经济技术开发区主要经济指标 …………（372）
11—16　全市涉外旅游情况 …………（372）

十二　教育　科技　文化

12—1　普通高等学校基本情况 …………（375）
12—2　中等专业学校基本情况 …………（376）
12—3　技工学校基本情况 …………（378）
12—4　普通中学基本情况 …………（380）
12—5　职业中学基本情况 …………（381）
12—6　小学基本情况 …………（382）

12—7　全市人才资源调查情况 …… (383)
12—8　分县(市)区人才资源调查情况 …… (385)
12—9　分县(市)区科技经费支出情况 …… (386)
12—10　大中型工业企业科技活动情况 …… (387)
12—11　大中型工业企业科技活动经费筹集情况 …… (388)
12—12　大中型工业企业科技活动经费支出情况 …… (389)
12—13　大中型工业企业新产品工程准备和产出情况 …… (390)
12—14　大中型工业企业科技项目和专利情况 …… (391)
12—15　大中型工业企业办科技机构情况 …… (392)
12—16　文化事业基本情况 …… (393)
12—17　无线广播基本情况 …… (395)
12—18　无线电视基本情况 …… (395)
12—19　广播电视覆盖情况 …… (396)

十三　体育　卫生　民政

13—1　裁判员、运动员发展情况 …… (399)
13—2　举办运动会情况 …… (399)
13—3　《国家体育锻炼标准》施行情况 …… (400)
13—4　传统项目布局基本情况 …… (400)
13—5　全市卫生机构、床位和人员情况 …… (401)
13—6　分县(市)区卫生事业情况 …… (405)
13—7　婚姻登记情况 …… (407)
13—8　国有收养性单位情况 …… (408)
13—9　农村老年福利机构情况 …… (409)
13—10　光荣院情况 …… (410)

石家庄市二〇〇〇年
国民经济和社会发展统计公报

石家庄市统计局

2001年1月

二〇〇〇年，在市委、市政府的正确领导下，全市人民认真贯彻落实党中央、国务院扩大内需、调整结构和深化改革、扩大开放等一系列政策措施，加大经济结构调整力度，使全市国民经济继续保持了一个较平稳的运行态势。农村经济全面发展，农业结构调整和产业化经营取得了新的进展；工业整体经济运行质量提高，经济效益明显好转；固定资产投资保持了一定规模；财政金融形势稳定；消费品市场稳中见旺，价格水平有积极的变化；城乡居民生活水平继续改善；科、教、文、卫、体各项事业都取得了新成绩。国民经济和社会发展中存在的主要问题是：社会有效需求仍然不足，投资需求减弱；国民经济整体素质和效益不高，经济结构不合理的矛盾仍很突出；利用外资下降；农民收入增长缓慢。

一、综　合

随着扩大内需、调整结构和国企改革的不断深入，经济运行出现了一些积极的变化，企业效益有了明显提高，走出了一条实实在在的“内在质量型”的路子。全年实现国内生产总值1001.2亿元，按可比价计算，比上年增长10.5%。一、二、三产业全面发展，产业结构更加合理。第一产业实现增加值146.9亿元，增长5.0%；第二产业实现增加值464.3亿元，比上年增长11.8%；第三产业实现增加值390.0亿元，增长10.2%。第三产业所占比重为38.95%，比上年提高了1.19个百分点。“九五”期间，国内生产总值年平均增长13.3%，超额完成了“九五”计划目标，国内生产总值首次突破千亿元，“九五”计划其他主要目标也都基本实现，为“十五”开好局、起好步奠定了坚实的基础。

二、农　业

全面落实党在农村的各项基本政策，加大农业增产、农民增收工作力度，合理调整农业内部结构，加大科技兴农力度，农业产业化水平不断提高，绿色农业、特色农业发展加快；农村经济继续保持了良好的发展势头。

种植业结构进一步优化，粮经比由上年的48.6:51.4调整为46:54，粮食面积调减，油料、蔬菜等种植面积扩大。全年粮食总产量485.03万吨，降低5.31%；小麦平均亩产442公斤，居北方冬麦区之首；油料总产量25.38万吨，增长14.28%；棉花总产量1.06万吨，增长73.63%；蔬菜总产量904.22万吨，增长15.48%。

林业生产继续发展，全年新造林面积42496公顷，年末果园面积为127186公顷，比上年增加8110公顷。全年共生产干鲜果品126.1万吨，比上年增长1.62%。

畜牧业和渔业继续保持发展势头。肉、蛋、奶供应充裕，全年共生产各种肉类87.06万吨，增长3.51%；禽蛋79.05万吨，增长4.96%；奶类29.53万吨，增长

16.73%。农业水利基础设施进一步改善，农业机械化、电气化水平有所提高。年末机井数12.98万眼，已配套12.88万眼，均比上年有所增加。全市农村拥有各类农业机械总动力1647万千瓦，增长4.55%；农村用电量399366万千瓦时，增长2.81%。大兴农田水利建设，有效灌溉面积比上年有所增加。

三、工业和建筑业

工业、建筑业作为我市国民经济的主体产业，全年实现增加值464.3亿元，比上年增长11.8%，占国内生产总值比重为46.4%。

(一)工业

全市工业战线努力适应市场需求，狠抓结构调整，加快国有企业改革步伐，国有企业改革和脱困的三年目标基本实现；大中型骨干企业初步建立现代企业制度，大型企业集团进一步完善，扶优扶强和实施名牌战略成效明显，效益有较大提高；资产重组和资本运营力度加大，强化企业管理，加快技术改造和新产品开发力度，狠抓重点企业和重点行业的扭亏增盈工作，提高了企业的竞争力，整体效益有较大提高。

全年国有及年销售产值500万元以上的非国有工业企业实现增加值247.22亿元，同比增长14.81%。其中国有及国有控股企业实现增加值130.41亿元，同比增长12.25%；实现利税87.69亿元，同比增长16.92%。市属及以下国有企业亏损额降低47.51%；产品产销率达到97.14%。结构调整取得成效，加快了传统支柱产业更新改造步伐，加大了高新技术产业的投资力度，一批项目建成投产，并发挥效益。

(二)建筑业

建筑业生产平稳增长，经济效益进一步好转。年末全市建筑企业个数达到249家，全年完成总产值90.47亿元，施工面积1211.19万平方米，当年竣工面积598.09万平方米。建筑业全员劳动生产率达6.48万元/人。

四、固定资产投资

全市继续贯彻落实扩大内需政策，加大工作力度，狠抓项目的谋划、跑办和建设，积极争取国债资金、银行贷款及其它方面的资金支持，使固定资产投资保持一定规模。重点项目建设力度加大，城市基础设施建设取得新进展。全年全社会固定资产投资完成361.1亿元，同比增长3.78%，其中地方固定资产投资完成294.2亿元，比上年增长7.0%。投资结构继续改善，在国有及其它经济类型投资中，第一产业完成投资3.1亿元，第二产业完成投资85.4亿元，第三产业完成投资242.1亿元，基本建设投资完成125.1亿元，更新改造投资70.0亿元，房地产开发投资23.2亿元。全年基本建设施工项目943个，其中新开工639个，新增固定资产87.91亿元；更新改造项目1313个，其中新开工项目427个，新增固定资产56.57亿元。重点项目建设进展顺利，宝石集团彩壳二期工程、石黄高速公路、西柏坡电厂等重点项目年内建成投产或即将建成投产。

五、国内贸易和市场物价

在国家实行积极的财政政策、增加中低居民收入、扩大消费信贷等政策因素作用下，消费品市场呈现出稳中见旺的态势。市场规模继续扩大，货源充裕，品种丰富。商业基础设施和销售服务网络进一步完善，连锁、超市等新型行业发展迅速，各类专业批发市场发展加快，城乡市场开拓力度加大。全市实现社会消费品零售总额330.88亿元，比上年增长11.5%。城市消费品零售额183.15亿元，比上年增长11.0%，农村消费品零售额147.73亿元，同比增长12.1%，农村市场发展快于城市市场。

年末商品交易市场总数为669个，其中消费品市场591个，生产资料市场78个。全市商品交易市场成交额为765.91亿元，比上年增长19.25%，其中消费品市场成交额为653.54亿元，增长13.66%，生产资料市场成交额112.37亿元，增长67.12%。

全市认真贯彻国家积极的财政政策，扩大投资，促进消费，增加出口，有效遏制了通货紧缩的发展趋势，价格水平出现了积极的变化。居民消费品价格总指数为100.6，比上年上升0.6个百分点，工业品出厂价格上升3.13个百分点，原材料价格上升6.95个百分点，房地产价格上升1.8个百分点。

六、对外经济

全市积极有效地做好外资外贸工作，使对外贸易和利用外资保持了一定规模。全年协议利用外资额3633万美元，实际利用外资14841万美元，其中外商直接投资11491万美元。年末全市注册三资企业701家，实际投产435家。全年外贸进出口总额7.6亿美元，其中出口总额为5.1亿美元。

全年我市共接待旅游人数35354人次，比上年增长131.28%，其中接待外国人29670人次，增长158.92%。旅游外汇收入812万美元，增长94.26%。

七、财政、金融、保险业

财政收入保持平稳增长，通过进一步加大财源建设和强化税收征管力度，严格依法治税，堵漏增收，全年财政收入完成61.70亿元，比上年增长6.17%，其中一般预算收入完成37.71亿元，增长7.04%。全年财政支出49.06亿元，增长8.91%，其中教育事业费支出10.62亿元，同比增长15.34%，社会保障补助支出1.92亿元，增长103.06%，支出结构更加合理，保证了国家各项政策的落实。

金融继续发挥对经济的支撑作用，贷款投入力度加大。年末全市金融机构各项存款余额1313.15亿元，比年初减少25.40%，年末金融机构各项贷款余额973.83亿元，比年初增长52.01%；城乡居民储蓄存款余额751.49亿元，比年初减少60.45%；全市银行现金收入2598.35亿元，现金支出2417.85亿元，全年货币回笼180.5亿元。

保险业继续发展，全年保险公司保险金额达1514.09亿元，保费收入12.71亿元。

八、教　育

教育战线全面推进素质教育，提高教育质量和办学效益，实施“普九”后再提高工程，加速人才培养，取得显著成就。全市15所普通高校，在校学生73997人，研究生在校人数1245人；成人高校5所，在校学生33185人；中等专业学校50所，在校学生53212人；普通中学672所，在校学生73.26万人；职业中学98所，在校学生9.27万人；小学4519所，在校学生114.82万人，幼儿园入园幼儿12.97万人。

九、文化、卫生、体育

文化事业进一步发展。年末全市共有专业艺术表演团体26个，群艺馆、文化馆(站)25个，公共图书馆21个，藏书量276万册；广播电视工作日趋活跃，年末全市广播和电视综合覆盖率分别达99.08%和98.7%，卫星地球站达761座；各类电影放映单位17个，放映2.4万场，观众达109万人次。

卫生事业继续加强，城乡医疗卫生条件有所改善。年末全市有医疗卫生机构700个，床位24088张，卫生技术人员30157人，其中医生14449人，比上年有所增长。

体育事业蓬勃发展，体育技能比赛和全民健身活动全面展开。全年我市运动员在省级以上比赛共获金牌131枚，银牌140

枚，铜牌103枚。全市举办运动会420次，参加运动会的运动员21.56万人。

十、人口与就业

年末全市总人口889.8万人，比上年增长1.64%，其中市区人口166.7万人，增长3.57%，非农业人口213.5万人，增长4.61%，全市人口自然增长率10.8‰。

就业结构有所调整，年末职工人数为102.28万人，减少3.7%，职工年平均货币工资8702元，增长17.3%。

十一、居民生活与环境

城市居民收入增加，居民生活质量继续提高，居住环境有所改善，据抽样调查，城市居民人均可支配收入6443.46元，增长5.1%；人均消费性支出5246.74元，增长4.9%，支出结构发生变化，用于食品方面的支出比重继续减少，用于家庭设备及服务、交通与通讯、医疗保健、住房、杂项商品与服务等方面的支出比重大幅增长。农村居民人均纯收入3158元，增长2.83%。城乡居民耐用品拥有量进一步提高，年末城市居民百户拥有摩托车21辆，冰柜17.5台，组合音响23套，空调器56.5台，家用电脑也已步入城市家庭；农村居民百户耐用品拥有量也有所增加。

环境保护受到重视，居住环境得到一定改善。重点烟尘污染企业实现达标排放，机动车尾气治理开始起步，农作物秸杆焚烧现象得到有效控制。城市市政公用设施更加完善，年末道路长度达554.4公里，道路面积715.18万平方米，桥梁158座，下水道长度722.09公里。我市目前有水厂8座，日产水能力88万立方米，管线总长度1042公里，全年供水量20868万立方米。城市公用事业继续发展，城市煤气供应总量为12662万立方米，煤气管道长度275公里，液化气供气总量32098吨；城市集中供热面积达1076万平方米，供热管道总长度161公里。城市公共汽车营运线路达71条，营运车辆1298辆，营运线路长度1004.55公里，年客运总量16999.8万人次，居民出行更加方便。城市基础建设迈出新步伐，市容市貌有明显改观。全年清扫面积达1200万平方米，清运生活垃圾54万吨。绿化工作力度加大，年末城市公园达26个，公园面积260.01公顷，城市园林绿地面积3576.7公顷。园林绿化覆盖面积4115.6公顷，建成区绿化覆盖率达33.5%，人均公共绿地面积5.68平方米。

一　综　　合

行政组织机构及土地面积

1—1　　(2000 年)

行政单位	镇政府(个)	乡政府(个)	街道办事处(个)	居民委员会(个)	村民委员会(个)	城镇社区服务设施(个)	土地面积(平方公里)
全市总计	114	108	43	646	4 481	4 242	15 848
市区合计	4	7	43	541	116	3 587	307
#长安区	—	—	9	131	—	291	—
桥东区	—	—	8	118	—	1 090	—
桥西区	—	—	8	83	—	1 171	—
新华区	—	—	9	108	—	753	—
郊区	3	4	7	51	75	281	—
矿区	1	2	2	50	32	1	—
井陉县	10	7	—	—	318	1	1 381
正定县	7	5	—	13	213	—	585
栾城县	5	3	—	9	194	3	379
行唐县	4	11	—	—	330	—	1 025
灵寿县	6	9	—	—	279	—	1 546
高邑县	1	4	—	9	107	—	211
深泽县	2	4	—	—	125	—	286
赞皇县	2	9	—	—	212	—	1 210
无极县	6	5	—	1	213	—	524
平山县	10	13	—	2	713	—	2 951
元氏县	6	9	—	2	208	—	849
赵县	7	4	—	1	281	6	714
辛集市	8	7	—	31	341	41	1 100
藁城市	13	1	—	11	239	441	836
晋州市	8	2	—	16	224	95	716
新乐市	8	3	—	1	160	68	625
鹿泉市	7	5	—	9	208	—	603

人口及其变动情况

1—2　　(2000年)　　计量单位:人

行政单位	总户数(户)	年末总人口	男	总人口中:非农业人口	年出生人口	年死亡人口
石家庄市	2 445 009	8 898 004	4 500 788	2 185 154	150 163	54 808
市区合计	460 523	1 667 979	844 483	1 451 409	20 867	10 127
长安区	112 046	434 546	220 537	434 381	4 992	2 116
桥东区	74 606	270 235	138 097	270 219	3 123	1 532
桥西区	66 957	258 020	130 199	258 020	3 194	1 286
新华区	95 024	342 972	177 148	342 929	3 990	1 625
郊区	81 761	264 732	126 726	91 560	3 918	2 042
矿区	90 099	97 474	51 776	54 300	1 650	1 476
井陉县	102 074	330 964	170 375	36 792	7 282	2 285
正定县	158 608	578 688	286 902	67 515	9 303	3 875
栾城县	96 698	366 853	183 604	27 814	8 072	2 207
行唐县	116 235	410 525	206 353	35 816	7 871	2 535
灵寿县	90 863	313 822	159 023	39 324	4 876	2 010
高邑县	46 855	176 917	90 250	18 616	2 032	888
深泽县	70 238	250 431	126 639	31 012	8 550	1 567
赞皇县	62 307	229 578	118 828	19 734	2 626	1 400
无极县	134 462	485 069	245 380	37 180	7 376	2 614
平山县	128 567	456 649	236 201	36 182	10 767	2 922
元氏县	88 545	387 351	197 023	28 869	7 558	2 034
赵县	144 275	552 616	281 126	36 918	9 069	4 165
辛集市	180 298	620 163	311 373	77 028	10 948	3 631
藁城市	200 325	752 453	377 197	65 837	12 038	5 178
晋州市	135 440	510 383	258 885	36 367	6 937	2 986
新乐市	118 979	444 545	223 810	40 216	7 320	2 250
鹿泉市	110 215	363 018	183 336	48 575	7 615	2 334

人口自然增长率

1—3

(2000年)

行政单位	平均人口（人）	出生率（‰）	死亡率（‰）	自然增长率（‰）
石家庄市	8 825 981	17.01	6.21	10.80
市区合计	1 638 749	12.73	6.18	6.55
长安区	426 849	11.70	4.96	6.74
桥东区	266 089	11.74	5.95	5.79
桥西区	248 871	12.83	5.17	7.67
新华区	338 103	11.80	4.81	6.99
郊区	261 574	14.98	7.81	7.17
矿区	97 264	16.96	15.18	1.79
井陉县	329 543	22.10	6.93	15.16
正定县	575 392	16.18	6.39	9.79
栾城县	364 066	22.17	6.06	16.11
行唐县	408 064	18.06	6.21	11.85
灵寿县	313 379	13.96	6.41	7.55
高邑县	175 775	11.56	5.04	6.52
深泽县	249 805	34.23	6.27	27.95
赞皇县	225 809	11.63	6.20	5.43
无极县	481 068	15.33	5.43	9.90
平山县	452 246	23.81	6.46	17.35
元氏县	384 005	19.68	5.30	14.39
赵县	550 326	16.48	7.57	8.91
辛集市	619 640	17.67	5.86	11.81
藁城市	749 692	16.06	6.91	9.15
晋州市	508 191	13.75	5.88	7.87
新乐市	439 742	16.65	5.12	11.53
鹿泉市	360 494	21.12	6.47	14.65

市辖镇人口情况

1—4　　(2000年)　　计量单位:人

行政单位	总户数(户)	总人口	男	非农业人口 人数	非农业人口 占总人口%
石家庄市	647 439	2 303 458	1 159 065	271 434	11.77
郊　　区	20 948	68 928	33 391	15 184	22.03
大郭镇	6 348	22 042	10 904	7 505	34.05
赵陵铺镇	5 669	18 671	8 938	2 991	16.02
桃园镇	8 996	28 215	13 549	4 688	16.62
井陉矿区	7 424	24 609	12 377	4 950	20.11
贾庄镇	7 424	24 609	12 377	4 950	20.11
辛集市	118 217	392 524	197 365	72 322	18.42
旧城镇	10 993	42 468	21 517	1 483	3.49
张古庄镇	8 513	30 891	15 408	504	1.63
位伯镇	11 034	39 783	19 991	967	2.43
新城镇	7 670	24 419	12 066	1 078	4.41
南智丘镇	10 953	39 010	19 601	1 025	2.63
王口镇	11 071	40 680	20 262	1 138	2.80
辛集镇	46 484	132 690	67 255	65 238	49.17
新垒头镇	11 490	42 583	21 265	889	2.09
藁城市	185 627	700 499	351 469	63 009	8.99
廉州镇	35 552	112 929	56 338	54 120	47.92
邱头镇	12 443	46 071	23 128	1 042	2.26
常安镇	12 436	52 069	26 646	563	1.08
岗上镇	13 298	49 043	24 280	986	2.01
梅花镇	15 114	58 815	30 070	724	1.23
贾市庄镇	11 842	48 523	24 426	595	1.23
南董镇	11 185	42 904	21 300	721	1.68
南孟镇	11 177	44 289	21 972	782	1.77
西关镇	11 158	42 159	21 036	521	1.24
南营镇	10 834	43 560	22 074	619	1.42
兴安镇	12 908	50 658	25 592	698	1.38

1—4 续表　　(2000 年)　　计量单位:人

行政单位	总户数(户)	总人口	男	非农业人口 人数	非农业人口 占总人口 %
张家庄镇	13 479	52 634	26 150	746	1.42
增村镇	14 206	56 845	28 457	892	1.57
晋州市	121 467	449 125	227 782	35 586	7.92
晋州镇	34 340	109 414	55 072	30 205	27.61
马于镇	11 446	43 264	21 947	718	1.66
小樵镇	14 655	58 458	29 589	1 009	1.73
总十庄镇	12 885	50 326	25 618	1 230	2.44
营里镇	8 338	33 467	17 022	378	1.13
东卓宿镇	11 814	44 221	22 412	659	1.49
桃元镇	13 282	53 214	27 172	652	1.23
槐树镇	14 707	56 761	28 950	735	1.29
新乐市	100 406	367 444	185 352	39 108	10.64
承安镇	18 614	70 875	35 842	3 207	4.52
长寿镇	36 988	112 431	56 489	33 701	29.97
邯邰镇	15 674	67 198	33 979	927	1.38
东王镇	6 658	28 025	14 196	192	0.69
化皮镇	5 236	20 934	10 542	326	1.56
正莫镇	5 240	20 086	10 233	169	0.84
大岳镇	4 808	19 746	9 981	232	1.17
杜固镇	7 193	28 149	14 090	354	1.26
鹿泉市	93 350	303 329	151 329	41 275	18.61
获鹿镇	26 028	64 751	31 488	33 255	51.36
寺家庄镇	9 686	35 777	17 718	1 174	3.28
铜冶镇	15 327	54 361	27 184	2 254	4.15
黄壁庄镇	5 052	17 144	8 774	645	3.76
李村镇	9 470	33 549	17 019	1 042	3.11
宜安镇	7 908	27 707	14 039	874	3.15
上庄镇	9 024	31 044	15 547	944	3.04
大河镇	10 855	38 996	19 565	1 087	2.79

县辖镇人口情况

1—5　　(2000年)　　计量单位:人

行政单位	总户数(户)	总人口	男	女	总人口中:非农业人口
石家庄市	722 662	2 526 026	1 281 334	1 244 692	384 215
井陉县	79 243	252 264	129 922	122 342	34 874
天长镇	13 830	42 639	21 351	21 288	4 812
微水镇	20 900	60 006	31 295	28 711	22 895
威州镇	7 393	27 154	18 898	18 256	788
南障成镇	8 961	12 903	6 751	6 152	578
测鱼镇	4 488	15 409	8 161	7 248	451
南峪镇	4 593	15 740	8 173	7 567	362
上安镇	6 842	23 029	11 904	11 185	801
秀林镇	8 549	25 978	18 885	12 598	2 934
小作镇	5 789	18 981	9 562	9 419	1 568
苍岩山镇	2 948	10 365	5 442	4 928	235
正定县	99 821	351 905	173 664	178 241	62 136
正定镇	40 370	132 055	64 972	67 083	51 461
南村镇	8 589	34 444	16 990	17 514	716
新城铺镇	9 010	33 222	16 555	16 667	835
新安镇	11 239	40 054	19 953	20 101	3 533
诸福屯镇	8 978	34 447	17 247	17 200	663
西兆通镇	8 985	31 665	15 474	16 191	1 139
廿里铺镇	12 350	46 018	22 533	23 485	3 789
栾城县	71 715	261 112	130 241	130 871	27 814
栾城镇	22 639	64 388	31 984	32 404	20 388
窦妪镇	11 817	48 148	24 368	23 780	2 149
冶河镇	10 924	45 451	22 928	22 528	1 481
郄马镇	6 761	25 149	12 620	12 529	654
方村镇	19 574	77 976	38 346	39 630	3 142

1—5 续表 1　　(2000 年)　　计量单位:人

行政单位	总户数(户)	总人口	男	女	总人口中:非农业人口
行唐县	42 868	135 748	68 230	67 518	30 615
龙头镇	23 304	82 918	31 376	31 542	28 700
口头镇	6 648	23 819	12 222	11 597	895
南桥镇	8 310	31 913	16 038	15 875	550
上碑镇	4 606	17 098	8 594	8 504	470
灵寿县	50 696	163 987	83 384	80 603	35 283
灵寿镇	19 525	55 698	28 316	27 382	29 995
慈峪镇	9 108	31 850	16 135	15 715	1 634
陈庄镇	6 907	22 223	11 423	10 800	1 588
南青同镇	7 315	25 982	13 117	12 865	1 057
塔上镇	3 188	11 147	5 654	5 493	405
西岔头镇	4 658	17 087	8 739	8 348	604
高邑县	15 437	47 295	24 775	22 520	18 616
高邑镇	15 437	47 295	24 775	22 520	18 616
深泽县	27 200	90 551	46 244	44 907	26 998
深泽镇	15 094	48 344	25 025	23 219	25 947
铁杆镇	12 106	42 207	21 219	20 988	1 051
赞皇县	23 078	74 775	39 271	35 504	19 734
赞皇镇	17 356	53 336	28 178	25 158	19 099
院头镇	5 722	21 489	11 093	10 346	635
无极县	82 562	288 724	146 139	142 585	34 256
无极镇	26 503	76 467	38 708	37 764	30 381
七汲镇	10 493	42 075	21 345	20 730	587
大陈镇	8 126	31 412	15 927	15 485	651
北苏镇	14 768	54 708	27 612	27 091	1 063
郭庄镇	11 709	42 777	21 651	21 126	966
张段固镇	10 963	41 290	20 901	20 389	608

1—5 续表 2　　(2000 年)　　计量单位:人

行政单位	总户数(户)	总人口	男	女	总人口中:非农业人口
平山县	82 773	284 540	146 517	138 023	32 241
平山镇	30 702	101 169	50 889	50 280	22 952
古月镇	5 785	19 504	10 667	9 187	1 152
小觉镇	4 858	18 828	9 978	8 850	791
回舍镇	11 391	35 987	18 567	17 420	3 372
温塘镇	5 579	21 176	10 873	10 303	624
南甸镇	6 119	21 798	11 248	10 555	748
岗南镇	8 231	30 119	15 613	14 506	1 378
孟家庄镇	2 407	8 649	4 593	4 056	340
蛟潭庄镇	2 428	8 725	4 497	4 228	332
下槐镇	5 278	18 585	9 397	8 688	557
元氏县	45 894	205 286	103 953	101 333	25 875
槐阳镇	14 070	69 081	34 905	34 176	22 689
南佐镇	4 044	15 451	7 878	7 578	772
因村镇	6 949	29 095	14 796	14 299	821
南因镇	7 802	34 409	17 549	16 860	473
宋曹镇	7 029	31 619	15 996	15 633	751
姬村镇	6 000	25 631	12 894	12 737	369
赵县	101 375	369 839	188 994	180 845	35 773
赵州镇	35 091	101 269	52 488	48 781	33 425
范庄镇	18 911	72 757	37 102	35 655	720
沙河店镇	8 036	34 475	17 492	16 983	338
南柏舍镇	9 461	38 578	19 647	18 931	275
韩村镇	11 652	48 033	24 446	23 587	396
北王里镇	10 063	48 277	21 951	21 326	280
新宅店镇	8 161	31 450	15 868	15 582	339

全市人口年龄情况

1—6　　(2000 年)　　计量单位:人

年　龄	人口数	男	年　龄	人口数	男
总　计	8 898 004	4 500 788			
不满 1 岁	73 297	38 307	28	154 479	77 532
1	73 751	38 686	29	165 069	83 188
2	75 277	39 378	30	176 085	89 083
3	77 444	40 327	31	157 353	79 407
4	84 636	44 067	32	168 529	85 089
5	94 851	49 412	33	140 799	71 587
6	108 040	56 267	34	156 106	78 894
7	122 574	63 437	35	164 210	82 996
8	131 513	68 144	36	163 836	82 590
9	137 007	71 544	37	197 250	99 434
10	173 419	89 503	38	140 690	71 563
11	195 590	99 664	39	91 187	45 923
12	205 287	104 101	40	116 279	59 883
13	219 154	111 483	41	123 503	62 819
14	192 063	97 638	42	142 984	73 293
15	157 448	80 367	43	147 357	75 536
16	148 494	75 839	44	147 482	75 104
17	153 625	77 951	45	145 198	74 608
18	176 495	89 696	46	140 401	71 521
19	162 895	83 128	47	133 811	68 175
20	138 108	70 359	48	131 862	67 048
21	129 370	65 210	49	122 960	61 933
22	125 138	63 404	50	116 372	59 395
23	114 113	58 493	51	109 697	55 846
24	112 835	57 557	52	98 246	49 728
25	115 635	58 091	53	95 304	48 491
26	119 231	59 570	54	90 734	46 339
27	136 013	67 755	55	84 541	43 501

1—6 续表　　(2000 年)　　计量单位:人

年龄	人口数	男	年龄	人口数	男
56	72 222	36 465	84	9 018	3 467
57	68 733	35 278	85	7 816	3 140
58	71 000	35 625	86	6 629	2 622
59	68 802	34 685	87	5 267	1 995
60	65 753	33 138	88	4 016	1 563
61	62 228	31 133	89	3 254	1 213
62	65 151	33 161	90	2 697	927
63	65 498	33 265	91	1 924	621
64	60 841	30 823	92	1 293	453
65	61 872	30 527	93	964	295
66	55 402	27 279	94	640	198
67	56 720	28 098	95	490	141
68	54 985	26 973	96	288	73
69	50 418	24 864	97	187	55
70	50 920	24 757	98	116	34
71	44 657	21 348	99	74	17
72	42 593	20 259	100	54	12
73	39 174	18 416	101	12	3
74	34 414	16 097	102	11	3
75	33 475	15 231	103	3	—
76	29 158	13 243	104	2	—
77	26 119	11 671	105	3	—
78	23 176	10 087	106	2	1
79	18 501	8 157	107	—	—
80	17 177	7 467	108	1	—
81	14 911	6 211	109	—	—
82	12 288	5 071	110	—	—
83	11 429	4 740	…	1	—

市区人口年龄情况

1—7　　(2000年)　　计量单位:人

年　龄	人口数	男	年　龄	人口数	男
总　计	1 667 979	844 483			
不满1岁	13 723	7 134	28	35 324	17 677
1	14 574	7 446	29	35 209	17 750
2	14 070	7 123	30	36 586	18 344
3	14 302	7 327	31	30 906	15 598
4	14 561	7 464	32	34 670	17 406
5	14 128	7 173	33	24 456	12 628
6	15 570	7 968	34	28 241	14 334
7	14 843	7 459	35	30 333	15 638
8	15 014	7 584	36	34 700	18 199
9	12 866	6 597	37	45 909	23 974
10	18 768	9 515	38	31 437	16 776
11	22 185	11 408	39	16 382	8 654
12	24 162	12 186	40	24 295	12 810
13	24 638	12 710	41	24 515	12 585
14	21 809	11 225	42	29 909	15 704
15	18 724	9 463	43	29 473	15 280
16	18 385	9 057	44	28 835	15 108
17	27 406	12 830	45	27 901	14 591
18	39 878	18 862	46	27 757	14 461
19	39 688	19 228	47	25 283	13 115
20	36 807	18 253	48	24 287	12 713
21	36 238	18 431	49	23 189	11 974
22	34 221	17 434	50	21 740	11 883
23	29 086	14 955	51	20 565	10 922
24	27 358	13 722	52	17 962	9 303
25	26 716	12 994	53	18 053	9 461
26	27 782	13 827	54	17 816	9 693
27	31 810	15 773	55	16 207	8 747

1—7续表　　(2000年)　　计量单位:人

年龄	人口数	男	年龄	人口数	男
56	13 629	7 236	84	1 026	359
57	13 273	6 942	85	836	291
58	15 022	7 488	86	794	312
59	14 559	7 191	87	664	236
60	14 703	7 069	88	519	185
61	14 618	6 784	89	405	129
62	15 749	7 376	90	356	93
63	15 618	7 413	91	252	58
64	14 529	6 995	92	217	66
65	13 992	6 633	93	173	45
66	12 797	6 163	94	121	29
67	12 294	6 085	95	105	25
68	10 725	5 295	96	63	11
69	9 268	4 788	97	55	11
70	9 223	4 648	98	41	6
71	7 705	3 792	99	17	2
72	6 959	3 396	100	21	4
73	5 954	2 898	101	4	—
74	5 281	2 624	102	3	1
75	4 869	2 354	103	2	—
76	4 188	1 956	104	—	—
77	3 563	1 607	105	2	—
78	3 107	1 393	106	2	1
79	2 591	1 209	107	—	—
80	2 064	847	108	1	—
81	1 803	803	109	—	—
82	1 524	606	110	—	—
83	1 342	552	…	1	—

人口分民族情况

1—8

(2000年)

计量单位:人

民族	全市	市区	民族	全市	市区
总计	8 898 004	1 667 979	东乡族	1	1
汉族	8 830 961	1 635 168	纳西族	145	22
蒙古族	1 885	1 542	景颇族	5	5
回族	47 423	16 874	柯尔克孜族	4	—
藏族	324	286	土族	21	1
维吾尔族	51	39	达尔斡族	51	37
苗族	497	184	仫佬族	8	7
彝族	262	68	羌族	20	7
壮族	763	302	布朗族	1	—
布依族	137	64	仡佬族	10	4
朝鲜族	467	415	锡伯族	108	100
满族	13 404	12 223	塔吉克族	2	1
侗族	130	88	普米族	1	—
瑶族	78	46	怒族	3	2
白族	224	61	俄斯罗族	21	4
土家族	498	290	鄂温克族	6	6
哈尼族	23	6	保安族	1	—
哈萨克族	9	3	裕固族	1	—
傣族	41	9	京族	3	2
黎族	120	45	塔塔尔族	1	—
傈僳族	181	4	鄂伦春族	5	2
佤族	5	—	赫哲族	9	8
畲族	14	13	门巴族	6	6
高山族	5	5	基诺族	4	1
拉祜族	23	8	未识别民族	20	8
水族	7	6	外国人加入中国籍	5	5

计划生育基本情况

1—9　　(2000年)　　计量单位:人

行政单位	一孩人数	计划内	二孩人数	计划内	多孩人数	计划内	计划生育率(%)
石家庄市	58 450	57 754	26 236	22 819	1 290	490	94.29
市区合计	15 138	15 015	1 679	1 477	29	16	97.99
#长安区	4 266	4 246	190	151	3	1	98.63
桥东区	2 461	2 430	148	99	4	1	96.82
桥西区	2 380	2 356	136	100	3	2	97.58
新华区	3 364	3 338	176	114	6	2	97.41
郊区	1 968	1 962	616	608	6	5	99.42
矿区	547	531	313	306	3	2	97.22
高新区	152	152	100	99	4	3	99.22
井陉县	2 024	1 906	1 944	1 779	92	30	91.50
正定县	3 795	3 775	1 917	1 734	57	36	96.12
栾城县	2 061	2 046	885	779	57	26	94.94
行唐县	2 948	2 865	1 796	1 543	152	52	91.09
灵寿县	1 882	1 850	1 058	946	62	23	93.90
高邑县	980	955	705	646	31	11	93.94
深泽县	1 391	1 382	660	469	54	13	88.55
赞皇县	1 336	1 290	884	813	87	30	92.46
无极县	3 132	3 089	1 427	1 297	64	32	95.57
平山县	2 586	2 543	1 809	1 637	143	18	92.51
元氏县	2 360	2 360	1 582	1 322	89	21	91.86
赵县	3 049	3 049	1 564	1 300	57	27	93.70
辛集市	3 345	3 288	1 710	1 360	78	22	90.98
藁城市	4 188	4 173	2 151	1 910	85	47	95.42
晋州市	2 781	2 769	1 922	1 687	56	38	94.43
新乐市	3 271	3 271	1 218	965	55	25	93.77
鹿泉市	2 183	2 128	1 325	1 155	42	23	93.13

初婚及领取独生子女证情况

1—10　　(2000年)　　计量单位:人

行政单位	育龄妇女人数	已婚育龄妇女人数	女性初婚人数	男性初婚人数	晚婚率(%)		领证人数
					男	女	
石家庄市	2 232 917	1 778 762	50 588	50 451	31.38	44.45	293 435
市区合计	478 438	328 635	12 533	12 004	57.59	69.35	227 121
#长安区	136 759	82 140	3 996	3 883	71.36	85.24	67 272
桥东区	82 766	48 587	1 679	1 622	66.83	75.22	39 632
桥西区	44 270	37 746	1 773	1 615	75.79	78.85	27 682
新华区	104 382	72 099	2 980	2 912	76.03	84.26	59 319
郊区	78 212	61 024	1 513	1 328	30.42	42.96	26 944
矿区	22 729	18 964	444	497	59.56	66.22	5 436
高新区	9 320	8 075	148	147	11.56	26.35	836
井陉县	82 032	66 966	1 725	1 643	46.38	55.01	2 661
正定县	140 120	115 055	3 553	3 553	18.32	33.69	10 753
栾城县	92 375	74 459	1 397	1 423	16.44	23.55	3 759
行唐县	102 912	79 098	2 297	2 361	36.47	65.35	3 569
灵寿县	75 416	61 575	1 536	1 553	42.50	64.39	3 215
高邑县	44 489	35 812	918	925	20.86	30.61	632
深泽县	65 435	50 788	1 501	1 505	14.95	29.71	5 654
赞皇县	52 037	43 688	1 367	1 393	18.95	26.99	34
无极县	118 133	101 445	3 010	3 024	11.77	30.63	3 825
平山县	104 414	87 325	2 162	2 275	34.29	35.89	104
元氏县	87 610	71 600	1 325	1 327	17.78	26.49	2 154
赵县	134 347	108 869	3 355	3 253	7.84	16.93	1 830
辛集市	153 300	129 975	2 855	2 917	17.04	24.31	13 854
藁城市	172 931	151 605	3 379	3 470	13.78	29.83	1 288
晋州市	131 408	105 395	2 716	2 768	12.14	28.35	5 136
新乐市	113 806	93 139	3 102	3 145	15.39	33.59	2 036
鹿泉市	83 714	73 333	1 857	1 912	28.61	39.53	5 810

节育措施情况

1—11　　(2000年)　　计量单位:人

行政单位	采取各种节育措施人数	男性绝育	女性绝育	放置宫内节育器	打针服药	外用药	综合节育率(%)
石家庄市	1 644 436	252 899	724 057	571 693	27 194	3 274	92.45
市区合计	301 727	2 014	41 282	224 093	4 021	1 441	92.82
#长安区	76 860	144	3 605	59 256	1 267	650	93.57
桥东区	45 125	70	2 390	38 863	403	319	92.87
桥西区	35 245	62	1 474	29 061	553	92	93.37
新华区	66 392	159	3 342	54 985	1 104	258	92.08
郊区	54 034	571	21 153	29 730	472	17	88.55
矿区	16 702	161	6 904	8 682	148	97	88.07
高新区	7 369	847	2 414	3 516	74	8	91.26
井陉县	57 746	5 786	32 675	17 254	513	44	86.23
正定县	107 944	16 274	52 943	33 277	1 286	111	93.82
栾城县	69 802	717	50 862	15 488	982	35	93.75
行唐县	73 279	28 404	20 810	19 721	1 101	219	92.64
灵寿县	57 496	9 765	30 095	14 583	1 197	287	93.38
高邑县	32 726	12 938	9 862	8 241	560	9	91.38
深泽县	47 322	372	31 840	12 997	953	31	93.18
赞皇县	39 391	20 761	7 488	9 607	557	27	90.16
无极县	94 950	5 576	60 174	24 134	2 543	166	93.60
平山县	79 200	2 318	56 825	18 495	762	29	90.70
元氏县	67 165	25 011	26 524	13 418	1 350	13	93.81
赵县	100 170	45 099	26 720	23 242	2 998	186	92.01
辛集市	121 441	9 585	65 524	39 148	2 823	313	93.43
藁城市	139 512	26 038	78 589	31 816	1 303	60	92.02
晋州市	99 992	12 455	55 005	26 680	2 038	180	94.87
新乐市	87 039	27 689	34 512	20 030	559	97	93.45
鹿泉市	67 534	2 097	42 327	19 469	1 648	26	92.09

国内生产总值构成项目

1—12　　(2000 年)　　计量单位:万元

行业名称	增加值	劳动者报酬	生产税净额	补贴	固定资产折旧	营业盈余
国内生产总值	10 031 119	5 388 119	1 188 866	40 387	1 554 420	1 899 714
第一产业	1 468 842	1 158 089	28 211	3 964	84 897	197 645
农业	958 862	755 503	18 218	3 500	55 614	129 447
林业	25 836	20 359	491	464	1 421	3 565
畜牧业	471 554	371 584	8 959	—	27 350	63 661
渔业	12 590	10 563	543	—	512	972
第二产业	4 662 157	2 041 893	705 685	29 552	743 805	1 170 774
工业	4 073 442	1 657 463	620 910	29 552	689 055	1 106 014
按规模划分						
规模以上	2 472 202	968 098	379 249	29 552	457 188	667 667
规模以下	1 601 240	609 365	241 661	—	231 867	438 347
按行业划分						
采掘业	71 580	27 319	26 920	6 644	3 725	13 608
制造业	3 581 588	1 580 330	489 285	16 693	525 412	986 591
电力、煤气及水的生产和供应业	420 274	49 814	104 727	6 215	159 918	105 815
建筑业	588 715	384 430	84 775	—	54 750	64 760
第三产业	3 900 120	2 188 137	454 970	6 871	725 718	531 295
农林牧渔服务业	42 649	36 805	768	—	2 856	2 220
地质勘查业、水利管理业	32 843	18 392	1 806	—	4 598	8 047
交通运输、仓储及邮电通信业	900 839	514 931	171 354	1 843	148 526	66 028

1—12 续表　　(2000 年)　　计量单位:万元

行业名称	增加值	劳动者报酬	生产税净额	补贴	固定资产折旧	营业盈余
交通运输和仓储业	756 231	482 250	107 455	1 843	138 098	28 428
邮电通信业	144 608	32 681	63 899	—	10 428	37 600
批发和零售贸易、餐饮业	898 167	513 597	157 920	3 828	134 588	92 062
批发和零售贸易业	707 175	380 248	128 739	3 828	114 505	83 683
餐饮业	190 992	133 349	29 181	—	20 083	8 379
金融保险业	447 576	105 224	58 632	—	34 084	249 636
金融业	130 784	90 030	53 217	—	31 538	44 001
保险业	53 814	15 194	5 415	—	2 546	30 659
其他	262 978	—	—	—	—	262 978
房地产业	220 055	10 645	8 627	—	195 389	5 394
房地产管理业	5 564	2 977	278	—	456	1 853
房地产开发与经营业	23 818	7 668	8 349	—	4 260	3 541
城镇居民自有住房	47 730	—	—	—	47 730	—
农村居民自有住房	142 943	—	—	—	142 943	—
社会服务业	404 317	303 206	39 772	1 200	51 681	9 658
卫生、体育和社会福利业	203 698	158 767	629	—	24 346	19 956
教育、文艺及广播电影电视业	272 752	190 276	3 854	—	46 480	32 142
科学研究和综合技术服务业	104 287	66 322	6 043	—	14 789	17 133
国家机关、政党机关和社会团体	291 048	223 295	1 471	—	57 735	8 547
其他行业	81 889	46 677	4 094	—	10 646	20 472

总产出、国内生产总值

1—13　　(2000年)　　计量单位:万元、%

行业名称	总产出		国内生产总值	
	绝对数	速度(以上年同期为100)	绝对数	速度(以上年同期为100)
总计	27 056 061	113.4	10 031 119	110.5
第一产业	2 934 472	105.0	1 468 842	105.0
农业	1 641 387	106.0	958 862	105.8
林业	41 746	104.6	25 836	103.0
畜牧业	1 226 227	104.4	471 554	104.4
渔业	25 112	74.4	12 590	75.8
第二产业	17 133 502	114.1	4 662 157	111.5
工业	14 778 642	115.4	4 073 442	112.6
采掘业	215 507	74.1	71 580	88.5
制造业	13 835 036	116.1	3 581 588	110.6
电力、煤气及水的生产和供应业	728 099	113.6	420 274	171.6
建筑业	2 354 860	100.4	588 715	99.2
第三产业	6 988 087	115.5	3 900 120	111.0
农林牧渔服务业	72 287	115.7	42 649	115.7
地质勘查业、水利管理业	51 530	111.0	32 843	116.6
交通运输、仓储及邮电通信业	1 868 893	120.0	900 839	121.9
交通运输和仓储业	1 609 002	120.2	756 231	125.6
邮电通信业	259 091	119.2	144 608	119.2
批发和零售贸易、餐饮业	1 782 790	110.7	898 167	110.5
金融保险业	432 548	149.9	447 576	95.1
房地产业	248 103	101.4	220 055	99.6
社会服务业	863 160	112.0	404 317	116.6
卫生、体育和社会福利业	344 910	112.8	203 690	114.3
教育、文艺及广播电影电视业	455 346	115.0	272 752	114.7
科学研究和综合技术服务业	175 863	114.3	104 287	113.9
国家机关、政党机关和社会团体	568 016	110.1	291 048	113.3
其他行业	124 641	118.2	81 889	116.8

分县(市)国内生产总值

1—14　　(2000 年)　　计量单位:万元、%

行政单位	国内生产总值	比上年增长	第一产业	第二产业	工业	第三产业
全市总计	**10 031 119**	**10.5**	**1 468 842**	**4 662 157**	**4 073 442**	**3 900 120**
市区	4 177 309	11.2	49 404	1 959 882	1 689 634	2 168 023
#郊区	1 000 268	11.7	41 916	525 921	409 597	432 431
井陉县	274 053	10.0	37 602	148 545	136 701	87 826
正定县	712 977	7.0	146 892	314 303	271 553	251 782
栾城县	473 415	12.4	118 100	197 342	173 031	157 973
行唐县	228 367	12.5	50 280	90 224	87 169	71 863
灵寿县	179 829	7.8	40 648	84 613	71 724	54 568
高邑县	167 265	13.0	48 977	65 149	55 001	53 139
深泽县	157 621	10.6	43 891	61 210	53 154	52 520
赞皇县	116 080	7.0	37 346	48 230	32 074	38 504
无极县	337 381	2.7	84 689	148 404	141 867	104 288
平山县	304 941	5.0	70 857	128 411	114 536	105 673
元氏县	314 926	10.0	67 147	137 882	125 325	109 897
赵县	371 930	0.3	106 000	139 970	131 370	125 960
辛集市	709 349	-5.6	207 220	257 122	241 194	245 007
藁城市	810 749	-8.0	185 812	329 104	291 106	295 833
晋州市	522 305	4.5	112 101	224 221	198 917	185 983
新乐市	516 563	2.0	118 073	243 405	219 194	155 085
鹿泉市	679 408	9.4	84 773	381 504	340 827	213 131

二　单位从业人员和劳动报酬

全市单位从业人员和劳动报酬

2—1 (2000年) 计量单位:人、千元、个、元

行业名称	年末人数				
	单位从业人员	女性	使用的农村劳动力	1.在岗职工	专业技术人员
总计	935 374	377 576	95 117	921 815	287 586
一、按企业、事业机关分组					
(一)企业	609 679	237 639	80 002	602 127	127 650
(二)事业	236 517	116 944	13 190	230 713	148 540
(三)机关	89 178	22 993	1 925	88 975	11 396
二、按国民经济行业分组					
(一)农、林、牧、渔业	5 979	2 063	542	5 961	3 319
(二)采掘业	6 613	2 230	529	6 608	1 871
(三)制造业	320 623	136 282	50 239	318 356	49 174
(四)电力、煤气及水的生产和供应业	21 577	6 520	1 281	21 544	5 400
(五)建筑业	62 206	10 075	18 782	60 426	15 915
(六)地质勘查业、水利管理业	8 347	2 198	453	8 316	3 184
(七)交通运输、仓储及邮电通信业	57 948	15 376	2 032	57 575	10 856
(八)批发和零售贸易、餐饮业	87 208	42 717	5 838	86 752	19 625
(九)金融、保险业	29 688	13 357	1 148	27 823	15 537
(十)房地产业	3 580	1 342	74	3 526	1 287
(十一)社会服务业	35 148	14 652	2 358	33 989	5 125
(十二)卫生、体育和社会福利业	36 237	21 005	1 214	36 099	25 676
(十三)教育、文化艺术及广播电影电视业	139 971	77 897	8 275	134 968	104 722
(十四)科学研究和综合技术服务业	18 642	6 155	193	18 518	12 145
(十五)国家机关、政党机关和社会团体	95 369	23 681	2 001	95 147	11 694
(十六)其他行业	6 238	2 026	158	6 207	2 056

2—1 续表 1 （2000年） 计量单位：人、千元、个、元

行业名称	年末人数(续)			
	单位从业人员(续)			离开本单位仍保留劳动关系的职工
	按用工期限分		2. 其他从业人员	
	长期职工	临时职工		
总计	879 609	42 206	13 559	103 336
一、按企业、事业机关分组				
(一)企业	570 192	31 985	7 552	98 461
(二)事业	222 096	8 617	5 804	2 234
(三)机关	87 321	1 654	203	2 641
二、按国民经济行业分组				
(一)农、林、牧、渔业	5 757	204	18	475
(二)采掘业	6 587	21	5	5 090
(三)制造业	303 869	14 487	2 267	55 948
(四)电力、煤气及水的生产和供应业	20 294	1 250	33	297
(五)建筑业	49 091	11 335	1 780	5 797
(六)地质勘查业、水利管理业	8 211	105	31	669
(七)交通运输、仓储及邮电通信业	56 401	1 174	373	6 181
(八)批发和零售贸易、餐饮业	85 648	1 104	456	22 443
(九)金融、保险业	27 515	308	1 865	1 173
(十)房地产业	3 483	43	54	124
(十一)社会服务业	30 511	3 478	1 159	959
(十二)卫生、体育和社会福利业	34 040	2 059	138	227
(十三)教育、文化艺术及广播电影电视业	131 069	3 899	5 003	384
(十四)科学研究和综合技术服务业	18 212	306	124	297
(十五)国家机关、政党机关和社会团体	93 020	2 127	222	2 804
(十六)其他行业	5 901	306	31	468

2—1 续表 2　　（2000年）　　计量单位：人、千元、个、元

行业名称	单位从业人员平均人数	在岗职工	其他从业人员	离开本单位仍保留劳动关系的职工平均人数
总计	947 574	931 939	15 635	98 213
一、按企业、事业机关分组				
(一)企业	622 671	614 048	8 623	93 877
(二)事业	236 198	229 354	6 844	2 064
(二)机关	88 705	88 537	168	2 272
二、按国民经济行业分组				
(一)农、林、牧、渔业	6 030	5 995	35	404
(二)采掘业	7 187	7 182	5	4 692
(三)制造业	325 082	322 734	2 348	53 681
(四)电力、煤气及水的生产和供应业	21 367	21 337	30	288
(五)建筑业	66 701	63 667	3 034	5 884
(六)地质勘查业、水利管理业	8 365	8 339	26	627
(七)交通运输、仓储及邮电通信业	57 883	57 634	249	5 402
(八)批发和零售贸易、餐饮业	90 238	89 824	414	21 900
(九)金融、保险业	30 223	28 332	1 891	583
(十)房地产业	3 671	3 581	90	131
(十一)社会服务业	35 382	34 352	1 030	934
(十二)卫生、体育和社会福利业	36 135	35 692	443	173
(十三)教育、文化艺术及广播电影电视业	139 405	133 764	5 641	365
(十四)科学研究和综合技术服务业	18 868	18 687	181	297
(十五)国家机关、政党机关和社会团体	94 840	94 653	187	2 432
(十六)其他行业	6 197	6 166	31	420

2—1续表3　　(2000年)　　计量单位:人、千元、个、元

行业名称	单位从业人员劳动报酬合计	在岗职工工资总额	其他从业人员劳动报酬	离开本单位仍保留劳动关系职工的生活费
总计	8 456 271	8 361 136	95 135	284 839
一、按企业、事业机关分组				
(一)企业	5 414 011	5 353 153	60 858	263 054
(二)事业	2 137 671	2 104 590	33 081	7 950
(三)机关	904 589	903 393	1 196	13 835
二、按国民经济行业分组				
(一)农、林、牧、渔业	41 661	41 577	84	491
(二)采掘业	44 427	44 402	25	15 533
(三)制造业	2 672 210	2 649 877	22 333	164 940
(四)电力、煤气及水的生产和供应业	303 688	303 395	293	1 779
(五)建筑业	570 359	558 237	12 122	14 144
(六)地质勘查业、水利管理业	74 038	73 892	146	1 809
(七)交通运输、仓储及邮电通信业	607 492	602 783	4 709	23 906
(八)批发和零售贸易、餐饮业	602 512	600 383	2 129	32 226
(九)金融、保险业	364 157	344 338	19 819	7 602
(十)房地产业	36 398	36 011	387	1 153
(十一)社会服务业	290 433	287 048	3 385	1 608
(十二)卫生、体育和社会福利业	342 345	339 465	2 880	449
(十三)教育、文化艺术及广播电影电视业	1 243 002	1 218 498	24 504	2 645
(十四)科学研究和综合技术服务业	226 700	225 900	800	695
(十五)国家机关、政党机关和社会团体	975 161	973 895	1 266	14 524
(十六)其他行业	61 688	61 435	253	1 335

2—1 续表 4　　　　（2000年）　　　　计量单位：人、千元、个、元

行业名称	单位数	单位人员	职工	中专及以上学历人员	单位人员报酬	职工工资
总计	12 970	1 038 710	1 025 151	412 857	8 741 110	8 645 975
一、按企业、事业机关分组						
（一）企业	4 009	708 140	700 588	178 168	5 677 065	5 616 207
（二）事业	7 194	238 751	232 947	165 179	2 145 621	2 112 540
（二）机关	1 767	91 819	91 616	69 510	918 424	917 228
二、按国民经济行业分组						
（一）农、林、牧、渔业	255	6 454	6 436	3 357	42 152	42 068
（二）采掘业	12	11 703	11 698	2 381	59 960	59 935
（三）制造业	1 008	376 571	374 304	67 159	2 836 150	2 814 817
（四）电力、煤气及水的生产和供应业	53	21 874	21 841	7 411	305 467	305 174
（五）建筑业	105	68 003	66 223	14 916	584 503	572 381
（六）地质勘查业、水利管理业	98	9 016	8 985	3 291	75 847	75 701
（七）交通运输、仓储及邮电通信业	252	64 129	63 756	26 102	631 398	626 689
（八）批发和零售贸易、餐饮业	1 748	109 651	109 195	30 838	634 738	632 609
（九）金融、保险业	523	30 861	28 996	19 208	371 759	351 940
（十）房地产业	75	3 704	3 650	1 617	37 551	37 164
（十一）社会服务业	479	36 107	34 948	8 305	292 041	288 656
（十二）卫生、体育和社会福利业	524	36 464	36 326	23 261	342 794	339 914
（十三）教育、文化艺术及广播电影电视业	5 457	140 355	135 352	113 740	1 245 647	1 221 143
（十四）科学研究和综合技术服务业	247	18 939	18 815	13 671	227 395	226 595
（十五）国家机关、政党机关和社会团体	1 983	98 173	97 951	73 914	989 685	988 419
（十六）其他行业	151	6 706	6 675	3 686	63 023	62 770

2—1 续表 5　　(2000年)　　计量单位:人、千元、个、元

行　业　名　称	单位人员平均报酬	职工平均工资	单位从业人员平均报酬	在岗职工平均报酬	其他从业人员报酬
总　　计	8 358	8 393	8 924	8 972	6 085
一、按企业、事业机关分组					
(一)企　业	7 923	7 933	8 695	8 718	7 058
(二)事　业	9 005	9 129	9 050	9 176	4 834
(三)机　关	10 095	10 101	10 198	10 204	7 119
二、按国民经济行业分组					
(一)农、林、牧、渔业	6 551	6 574	6 090	6 935	2 400
(二)采　掘　业	5 048	5 048	6 182	6 182	5 000
(三)制　造　业	7 491	7 478	8 220	8 211	9 511
(四)电力、煤气及水的生产和供应业	14 106	14 112	14 213	14 219	9 767
(五)建　筑　业	8 053	8 230	8 551	8 768	3 995
(六)地质勘查业、水利管理业	8 435	8 443	8 851	8 861	5 615
(七)交通运输、仓储及邮电通信业	9 977	9 942	10 495	10 459	18 912
(八)批发和零售贸易、餐饮业	5 660	5 662	6 677	6 684	5 143
(九)金融、保险业	12 068	12 172	12 049	12 154	10 481
(十)房地产业	9 877	10 012	9 915	10 056	4 300
(十一)社会服务业	8 042	8 180	8 208	8 356	3 286
(十二)卫生、体育和社会福利业	9 441	9 478	9 474	9 511	6 501
(十三)教育、文化艺术及广播电影电视业	8 912	9 104	8 916	9 109	4 344
(十四)科学研究和综合技术服务业	11 865	11 936	12 015	12 089	4 420
(十五)国家机关、政党机关和社会团体	10 174	10 181	10 282	10 289	6 770
(十六)其他行业	9 524	9 531	9 954	9 964	8 161

全市国有经济单位从业人员和劳动报酬

2—2　　(2000年)　　计量单位:人、千元、元、个

行业名称	年末人数				
	单位从业人员	女性	使用的农村劳动力	1.在岗职工	专业技术人员
总计	690 791	275 667	48 060	680 637	245 934
一、按隶属关系分组					
1.中央	144 206	44 463	6 673	141 397	44 886
2.地方	546 585	231 204	41 387	539 240	201 048
二、按企业、事业、机关分组					
(一)企业	369 435	137 695	33 542	365 264	88 107
1.中央	128 916	39 705	6 405	126 146	38 174
2.地方	240 519	97 990	27 137	239 118	49 938
(二)事业	232 464	115 030	12 604	226 684	146 485
1.中央	9 621	3 027	149	9 582	6 196
2.地方	222 843	112 003	12 455	217 102	140 289
(三)机关	88 892	22 942	1 914	88 689	11 342
1.中央	5 669	1 731	119	5 669	516
2.地方	83 223	21 211	1 795	83 020	10 826
三、按国民经济行业分组					
(一)农、林、牧、渔业	5 649	2 016	497	5 631	3 115
(二)采掘业	6 522	2 214	529	6 517	1 863
(三)制造业	159 900	65 081	19 972	158 952	28 401
(四)电力、煤气及水的生产和供应业	16 268	5 096	842	16 241	4 759
(五)建筑业	44 893	8 648	7 980	43 381	11 647
(六)地质勘查业、水利管理业	7 923	2 074	395	7 892	3 134
(七)交通运输、仓储及邮电通信业	51 966	13 473	1 656	51 603	10 126
(八)批发和零售贸易、餐饮业	57 187	27 447	2 456	56 941	13 285
(九)金融、保险业	17 921	7 505	226	17 206	10 518
(十)房地产业	3 108	1 161	71	3 083	1 072
(十一)社会服务业	27 394	12 125	2 097	26 606	4 184
(十二)卫生、体育和社会福利业	35 096	20 317	840	34 968	24 686
(十三)教育、文化艺术及广播电影电视业	138 803	77 383	8 191	133 814	104 023
(十四)科学研究和综合技术服务业	18 506	6 122	189	18 392	12 089
(十五)国家机关、政党机关和社会团体	94 991	23 589	1 981	94 769	11 547
(十六)其他行业	4 664	1 416	138	4 641	1 485

2—2 续表 1　　(2000年)　　计量单位:人、千元、个、元

行业名称	年末人数(续)			
	单位从业人员(续)			离开本单位仍保留劳动关系的职工
	按用工期限分		2.其他从业人员	
	长期职工	临时职工		
总计	653 670	26 967	10 154	68 515
一、按隶属关系分组				
1.中央	132 357	9 040	2 809	10 936
2.地方	521 313	17 927	7 345	57 579
二、按企业、事业、机关分组				
(一)企业	348 264	17 000	4 171	63 722
1.中央	117 387	8 759	2 770	10 761
2.地方	230 877	8 241	1 401	52 961
(二)事业	218 371	8 313	5 780	2 153
1.中央	9 387	195	39	175
2.地方	208 984	8 118	5 741	1 978
(三)机关	87 035	1 654	203	2 640
1.中央	5 583	86	—	—
2.地方	81 452	1 568	203	2 640
三、按国民经济行业分组				
(一)农、林、牧、渔业	5 435	196	18	475
(二)采掘业	6 496	21	5	5 090
(三)制造业	149 245	9 707	948	32 405
(四)电力、煤气及水的生产和供应业	15 629	612	27	281
(五)建筑业	38 917	4 464	1 512	4 998
(六)地质勘查业、水利管理业	7 787	105	31	666
(七)交通运输、仓储及邮电通信业	50 510	1 093	363	4 764
(八)批发和零售贸易、餐饮业	56 222	719	246	14 132
(九)金融、保险业	16 931	275	715	1 021
(十)房地产业	3 048	35	25	109
(十一)社会服务业	25 512	1 094	788	705
(十二)卫生、体育和社会福利业	32 937	2 031	128	217
(十三)教育、文化艺术及广播电影电视业	129 936	3 878	4 989	366
(十四)科学研究和综合技术服务业	18 088	304	114	297
(十五)国家机关、政党机关和社会团体	92 642	2 127	222	2 795
(十六)其他行业	4 335	306	23	194

2—2 续表 2 （2000年） 计量单位:人、千元、个、元

行业名称	单位从业人员平均人数	在岗职工	其他从业人员	离开本单位仍保留劳动关系的职工平均人数
总计	697 841	687 146	10 695	65 284
一、按隶属关系分组				
1.中央	148 191	145 626	2 565	9 833
2.地方	549 650	541 520	8 130	55 451
二、按企业、事业、机关分组				
（一）企业	377 401	373 699	3 702	61 029
1.中央	132 906	130 378	2 528	9 671
2.地方	244 495	243 321	1 174	51 358
（二）事业	232 039	225 214	6 825	1 984
1.中央	9 684	9 647	37	162
2.地方	222 355	215 567	6 788	1 822
（三）机关	88 401	88 233	168	2 271
1.中央	5 601	5 601	—	—
2.地方	82 800	82 632	168	2 271
三、按国民经济行业分组				
（一）农、林、牧、渔业	5 694	5 659	35	404
（二）采掘业	7 096	7 091	5	4 680
（三）制造业	162 097	161 198	899	31 263
（四）电力、煤气及水的生产和供应业	16 281	16 257	24	272
（五）建筑业	48 580	47 186	1 394	5 149
（六）地质勘查业、水利管理业	7 944	7 918	26	624
（七）交通运输、仓储及邮电通信业	51 893	51 652	241	4 116
（八）批发和零售贸易、餐饮业	58 195	58 007	188	14 098
（九）金融、保险业	18 451	17 710	741	482
（十）房地产业	3 150	3 128	22	111
（十一）社会服务业	27 555	26 890	665	697
（十二）卫生、体育和社会福利业	34 998	34 564	434	163
（十三）教育、文化艺术及广播电影电视业	138 238	132 598	5 640	347
（十四）科学研究和综合技术服务业	18 731	18 560	171	297
（十五）国家机关、政党机关和社会团体	94 456	94 269	187	2 423
（十六）其他行业	4 482	4 459	23	158

2—2 续表 3　　(2000年)　　计量单位:人、千元、个、元

行业名称	单位从业人员劳动报酬合计	在岗职工工资总额	其他从业人员劳动报酬	离开本单位仍保留劳动关系职工的生活费
总计	6 566 457	6 506 603	59 854	210 664
一、按隶属关系分组				
1.中央	1 758 962	1 742 585	16 377	56 139
2.地方	4 807 495	4 764 018	43 477	154 525
二、按企业、事业、机关分组				
(一)企业	3 555 487	3 529 852	25 635	188 924
1.中央	1 560 419	1 544 218	16 201	55 506
2.地方	1 995 068	1 985 634	9 434	133 418
(二)事业	2 107 737	2 074 714	33 023	7 905
1.中央	132 911	132 735	176	633
2.地方	1 974 826	1 941 979	32 847	7 272
(三)机关	903 233	902 037	1 196	13 835
1.中央	65 632	65 632	—	—
2.地方	837 601	836 405	1 196	13 835
三、按国民经济行业分组				
(一)农、林、牧、渔业	40 277	40 193	84	491
(二)采掘业	44 080	44 055	25	15 533
(三)制造业	1 420 595	1 412 294	8 301	102 652
(四)电力、煤气及水的生产和供应业	235 195	234 930	265	1 779
(五)建筑业	488 430	482 283	6 147	13 698
(六)地质勘查业、水利管理业	71 618	71 472	146	1 800
(七)交通运输、仓储及邮电通信业	561 167	556 638	4 529	21 615
(八)批发和零售贸易、餐饮业	419 810	418 804	1 006	24 520
(九)金融、保险业	211 832	204 553	7 279	6 688
(十)房地产业	31 897	31 808	89	1 113
(十一)社会服务业	230 953	228 497	2 456	1 221
(十二)卫生、体育和社会福利业	334 053	331 225	2 828	443
(十三)教育、文化艺术及广播电影电视业	1 231 789	1 207 291	24 498	2 626
(十四)科学研究和综合技术服务业	224 732	224 006	726	695
(十五)国家机关、政党机关和社会团体	972 162	970 896	1 266	14 521
(十六)其他行业	47 867	47 658	209	1 269

2—2 续表 4　　(2000年)　　计量单位:人、千元、个、元

行业名称	单位数	单位人员	职工	中专及以上学历人员	单位人员报酬	职工工资
总计	**10 750**	**759 306**	**749 152**	**361 369**	**6 777 121**	**6 717 267**
一、按隶属关系分组						
1.中央	448	155 142	152 333	69 582	1 815 101	1 798 724
2.地方	10 302	604 164	596 819	291 787	4 962 020	4 918 543
二、按企业、事业、机关分组						
(一)企业	2 016	433 157	428 986	128 434	3 744 411	3 718 776
1.中央	345	139 677	136 907	58 278	1 615 925	1 599 724
2.地方	1 671	293 480	292 079	70 156	2 128 486	2 119 052
(二)事业	6 977	234 617	228 837	163 515	2 115 642	2 082 619
1.中央	44	9 796	9 757	6 732	133 544	133 368
2.地方	6 933	224 821	219 080	156 783	1 982 098	1 949 251
(三)机关	1 757	91 532	91 329	69 420	917 068	915 872
1.中央	59	5 669	5 669	4 572	65 632	65 632
2.地方	1 698	85 863	85 660	64 848	851 436	850 240
三、按国民经济行业分组						
(一)农、林、牧、渔业	211	6 124	6 106	3 240	40 768	40 684
(二)采掘业	10	11 612	11 607	2 357	59 613	59 588
(三)制造业	365	192 305	191 357	39 560	1 523 247	1 514 946
(四)电力、煤气及水的生产和供应业	40	16 549	16 522	6 267	236 974	236 709
(五)建筑业	54	49 891	48 379	11 489	502 128	495 981
(六)地质勘查业、水利管理业	90	8 589	8 558	3 185	73 418	73 272
(七)交通运输、仓储及邮电通信业	208	56 730	56 367	24 716	582 782	578 253
(八)批发和零售贸易、餐饮业	1 003	71 319	71 073	23 347	444 330	443 324
(九)金融、保险业	196	18 942	18 227	12 651	218 520	211 241
(十)房地产业	59	3 217	3 192	1 347	33 010	32 921
(十一)社会服务业	345	28 099	27 311	7 029	232 174	229 718
(十二)卫生、体育和社会福利业	412	35 313	35 185	22 703	334 496	331 668
(十三)教育、文化艺术及广播电影电视业	5 438	139 169	134 180	113 143	1 234 415	1 209 917
(十四)科学研究和综合技术服务业	242	18 803	18 689	13 599	225 427	224 701
(十五)国家机关、政党机关和社会团体	1 971	97 786	97 564	73 713	986 683	985 417
(十六)其他行业	106	4 858	4 835	3 023	49 136	48 927

2—2 续表 5　　(2000年)　　计量单位:人、千元、个、元

行　业　名　称	单位人员平均报酬	职工平均工资	单位从业人员平均报酬	在岗职工平均报酬	其他从业人员报酬
总　　计	**8 881**	**8 927**	**9 410**	**9 469**	**5 596**
一、按隶属关系分组					
1.中　央	11 486	11 570	11 870	11 966	6 385
2.地　方	8 200	8 239	8 746	8 797	5 348
二、按企业、事业、机关分组					
(一)企　业	8 540	8 554	9 421	9 446	6 925
1.中　央	11 334	11 423	11 741	11 844	6 409
2.地　方	7 194	7 191	8 160	8 161	8 036
(二)事　业	9 040	9 167	9 084	9 212	4 839
1.中　央	13 563	13 596	13 725	13 759	4 757
2.地　方	8 842	8 967	8 881	9 009	4 839
(三)机　关	10 114	10 120	10 217	10 223	7 119
1.中　央	11 718	11 718	11 718	11 718	—
2.地　方	10 009	10 014	10 116	10 122	7 119
三、按国民经济行业分组					
(一)农、林、牧、渔业	6 685	6 710	7 074	7 102	2 400
(二)采　掘　业	5 062	5 062	6 212	6 213	5 000
(三)制　造　业	7 878	7 871	8 764	8 761	9 234
(四)电力、煤气及水的生产和供应业	14 316	14 321	14 446	14 451	11 042
(五)建　筑　业	9 346	9 477	10 054	10 221	4 410
(六)地质勘查业、水利管理业	8 569	8 578	9 015	9 027	5 615
(七)交通运输、仓储及邮电通信业	10 405	10 369	10 814	10 777	18 793
(八)批发和零售贸易、餐饮业	6 146	6 148	7 214	7 220	5 351
(九)金融、保险业	11 542	11 612	11 481	11 550	9 823
(十)房地产业	10 123	10 164	10 126	10 169	4 045
(十一)社会服务业	8 218	8 327	8 382	8 497	3 693
(十二)卫生、体育和社会福利业	9 513	9 551	9 545	9 583	6 516
(十三)教育、文化艺术及广播电影电视业	8 907	9 101	8 911	9 105	4 344
(十四)科学研究和综合技术服务业	11 847	11 916	11 998	12 069	4 246
(十五)国家机关、政党机关和社会团体	10 185	10 191	10 292	10 299	6 770
(十六)其他行业	10 590	10 597	10 680	10 688	9 087

全市城镇及集体经济单位从业人员和劳动报酬

2—3　　(2000年)　　计量单位:人、千元、个、元

行业名称	年末人数				
	单位从业人员	女性	使用的农村劳动力	1. 在岗职工	专业技术人员
城镇及集体经济单位合计	102 308	38 096	20 935	100 864	19 181
一、按企业、事业机关分组					
(一)企　业	97 969	36 131	20 338	96 549	17 072
(二)事　业	4 053	1 914	586	4 029	2 055
(三)机　关	286	51	11	286	54
二、按国民经济行业分组					
(一)农、林、牧、渔业	330	47	45	330	204
(三)制 造 业	46 549	20 039	6 816	45 862	5 736
(四)电力、煤气及水的生产和供应业	421	166	134	421	28
(五)建 筑 业	14 273	1 284	8 745	14 087	3 386
(六)地质勘查业、水利管理业	424	124	58	424	50
(七)交通运输、仓储及邮电通信业	3 612	846	362	3 612	391
(八)批发和零售贸易、餐饮业	19 769	9 063	3 102	19 576	3 594
(九)金融、保险业	5 870	2 583	922	5 870	2 702
(十)房地产业	178	79	3	178	72
(十一)社会服务业	6 647	1 983	261	6 307	598
(十二)卫生、体育和社会福利业	1 141	688	374	1 131	990
(十三)教育、文化艺术及广播电影电视业	1 128	503	69	1 114	690
(十四)科学研究和综合技术服务业	58	11	4	52	26
(十五)国家机关、政党机关和社会团体	378	92	20	378	147
(十六)其他行业	1 530	588	20	1 522	567

2—3 续表 1　　(2000年)　　计量单位:人、千元、个、元

行业名称	年末人数(续)			
	单位从业人员(续)			离开本单位仍保留劳动关系的职工
	按用工期限分		2.其他从业人员	
	长期职工	临时职工		
城镇及集体经济单位合计	89 652	11 212	1 444	19 338
一、按企业、事业机关分组				
(一)企　业	85 641	10 908	1 420	19 256
(二)事　业	3 725	304	24	81
(三)机　关	286	—	—	1
二、按国民经济行业分组				
(一)农、林、牧、渔业	322	8	—	—
(三)制 造 业	42 474	3 388	687	10 118
(四)电力、煤气及水的生产和供应业	418	3	—	16
(五)建 筑 业	8 953	5 134	186	789
(六)地质勘查业、水利管理业	424	—	—	3
(七)交通运输、仓储及邮电通信业	3 575	37	—	1 243
(八)批发和零售贸易、餐饮业	19 348	228	193	6 616
(九)金融、保险业	5 869	1	—	37
(十)房 地 产 业	178	—	—	—
(十一)社会服务业	3 936	2 371	340	205
(十二)卫生、体育和社会福利业	1 103	28	10	10
(十三)教育、文化艺术及广播电影电视业	1 102	12	14	18
(十四)科学研究和综合技术服务业	50	2	6	—
(十五)国家机关、政党机关和社会团体	378	—	—	9
(十六)其他行业	1 522	—	8	274

2—3续表2　　(2000年)　　计量单位:人、千元、个、元

行　业　名　称	单位从业人员平均人数	在岗职工	其他从业人　员	离开本单位仍保留劳动关系的职工平均人数
城镇及集体经济单位合计	105 667	104 147	1 520	18 981
一、按企业、事业机关分组				
(一)企　　业	101 204	99 703	1 501	18 900
(二)事　　业	4 159	4 140	19	80
(三)机　　关	304	304	—	1
二、按国民经济行业分组				
(一)农、林、牧、渔业	336	336	—	—
(三)制　造　业	47 925	47 154	771	10 211
(四)电力、煤气及水的生产和供应业	419	419	—	16
(五)建　筑　业	15 293	15 130	163	726
(六)地质勘查业、水利管理业	421	421	—	3
(七)交通运输、仓储及邮电通信业	3 629	3 629	—	1 128
(八)批发和零售贸易、餐饮业	20 460	20 249	211	6 371
(九)金融、保险业	5 909	5 909	—	27
(十)房地产业	195	178	17	—
(十一)社会服务业	6 723	6 389	334	200
(十二)卫生、体育和社会福利业	1 137	1 128	9	10
(十三)教育、文化艺术及广播电影电视业	1 125	1 124	1	18
(十四)科学研究和综合技术服务业	59	53	6	—
(十五)国家机关、政党机关和社会团体	384	384	—	9
(十六)其他行业	1 652	1 644	8	262

2—3 续表 3　　(2000年)　　计量单位:人、千元、个、元

行业名称	单位从业人员劳动报酬合计	在岗职工工资总额	其他从业人员劳动报酬	离开本单位仍保留劳动关系职工的生活费
城镇及集体经济单位合计	605 657	599 053	6 604	31 910
一、按企业、事业机关分组				
(一)企　业	574 367	567 821	6 546	31 865
(二)事　业	29 934	29 876	58	45
(三)机　关	1 356	1 356	—	—
二、按国民经济行业分组				
(一)农、林、牧、渔业	1 384	1 384	—	—
(三)制　造　业	261 331	258 450	2 881	24 097
(四)电力、煤气及水的生产和供应业	2 437	2 437	—	—
(五)建　筑　业	69 808	68 186	1 622	429
(六)地质勘查业、水利管理业	2 420	2 420	—	9
(七)交通运输、仓储及邮电通信业	19 958	19 958	—	2 065
(八)批发和零售贸易、餐饮业	107 839	106 840	999	4 682
(九)金融、保险业	50 563	50 563	—	156
(十)房地产业	1 858	1 773	85	—
(十一)社会服务业	52 077	51 202	875	378
(十二)卫生、体育和社会福利业	8 292	8 240	52	6
(十三)教育、文化艺术及广播电影电视业	10 807	10 801	6	19
(十四)科学研究和综合技术服务业	588	548	40	—
(十五)国家机关、政党机关和社会团体	2 999	2 999	—	3
(十六)其他行业	13 296	13 252	44	66

2—3 续表 4　　(2000年)　　计量单位:人、千元、个、元

行业名称	单位数	单位人员	职工	中专及以上学历人员	单位人员报酬	职工工资
城镇及集体经济单位合计	1 844	121 646	120 202	21 093	637 567	630 963
一、按企业、事业机关分组						
(一)企业	1 617	117 225	115 805	19 339	606 232	599 686
(二)事业	217	4 134	4 110	1 664	29 979	29 921
(三)机关	10	287	287	90	1 356	1 356
二、按国民经济行业分组						
(一)农、林、牧、渔业	44	330	330	117	1 384	1 384
(三)制造业	407	56 667	55 980	6 780	285 428	282 547
(四)电力、煤气及水的生产和供应业	9	437	437	72	2 437	2 437
(五)建筑业	42	15 062	14 876	3 190	70 237	68 615
(六)地质勘查业、水利管理业	8	427	427	106	2 429	2 429
(七)交通运输、仓储及邮电通信业	34	4 855	4 855	420	22 023	22 023
(八)批发和零售贸易、餐饮业	689	26 385	26 192	4 231	112 521	111 522
(九)金融、保险业	306	5 907	5 907	3 065	50 719	50 719
(十)房地产业	5	178	178	107	1 858	1 773
(十一)社会服务业	110	6 852	6 512	965	52 455	51 580
(十二)卫生、体育和社会福利业	112	1 151	1 141	558	8 298	8 246
(十三)教育、文化艺术及广播电影电视业	18	1 146	1 132	587	10 826	10 820
(十四)科学研究和综合技术服务业	4	58	52	33	588	548
(十五)国家机关、政党机关和社会团体	12	387	387	201	3 002	3 002
(十六)其他行业	44	1 804	1 796	661	13 362	13 318

2—3 续表 5　　(2000年)　　计量单位:人、千元、个、元

行　业　名　称	单位人员平均报酬	职工平均工资	单位从业人员平均报酬	在岗职工平均报酬	其他从业人员报酬
城镇及集体经济单位合计	5 115	5 124	5 732	5 752	4 345
一、按企业、事业机关分组					
(一)企　业	5 048	5 056	5 675	5 695	4 361
(二)事　业	7 072	7 090	7 197	7 216	3 053
(三)机　关	4 446	4 446	4 461	4 461	—
二、按国民经济行业分组					
(一)农、林、牧、渔业	4 119	4 119	4 119	4 119	—
(三)制　造　业	4 910	4 925	5 453	5 481	3 737
(四)电力、煤气及水的生产和供应业	5 602	5 602	5 816	5 816	—
(五)建　筑　业	4 385	4 327	4 565	4 507	9 951
(六)地质勘查业、水利管理业	5 729	5 729	5 748	5 748	—
(七)交通运输、仓储及邮电通信业	4 630	4 630	5 500	5 500	—
(八)批发和零售贸易、餐饮业	4 194	4 189	5 271	5 276	4 735
(九)金融、保险业	8 544	8 544	8 557	8 557	—
(十)房地产业	9 528	9 961	9 528	9 961	5 000
(十一)社会服务业	7 577	7 828	7 746	8 014	2 620
(十二)卫生、体育和社会福利业	7 235	7 246	7 293	7 305	5 778
(十三)教育、文化艺术及广播电影电视业	9 472	9 475	9 606	9 609	6 000
(十四)科学研究和综合技术服务业	9 966	10 340	9 966	10 340	6 667
(十五)国家机关、政党机关和社会团体	7 639	7 639	7 810	7 810	—
(十六)其他行业	6 981	6 987	8 048	8 061	5 500

市区单位从业人员和劳动报酬

2—4

(2000年)

计量单位:人、千元、个、元

行业名称	年末人数				
	单位从业人员	女性	使用的农村劳动力	1. 在岗职工	专业技术人员
总计	591 610	242 130	33 600	583 070	166 331
一、按企业、事业机关分组					
(一)企业	444 844	181 119	29 788	437 880	100 429
(二)事业	108 963	49 790	3 271	107 513	62 010
(三)机关	37 803	11 221	541	37 677	3 892
二、按国民经济行业分组					
(一)农、林、牧、渔业	2 122	852	154	2 107	1 187
(二)采掘业	5 927	2 026	459	5 922	1 780
(三)制造业	229 376	102 406	19 371	227 326	38 489
(四)电力、煤气及水的生产和供应业	18 801	5 593	493	18 770	5 011
(五)建筑业	45 582	8 989	7 343	43 834	13 133
(六)地质勘查业、水利管理业	5 273	1 457	168	5 244	2 491
(七)交通运输、仓储及邮电通信业	47 556	12 941	811	47 183	9 334
(八)批发和零售贸易、餐饮业	56 258	29 938	1 002	55 858	14 275
(九)金融、保险业	17 655	8 784	199	16 067	9 658
(十)房地产业	2 560	963	3	2 507	935
(十一)社会服务业	28 787	12 096	1 211	27 634	3 961
(十二)卫生、体育和社会福利业	19 996	12 345	557	19 896	15 348
(十三)教育、文化艺术及广播电影电视业	50 089	25 835	1 041	49 362	34 768
(十四)科学研究和综合技术服务业	16 946	5 519	154	16 825	11 316
(十五)国家机关、政党机关和社会团体	39 409	10 578	498	39 292	2 859
(十六)其他行业	5 273	1 808	136	5 243	1 786

2—4 续表 1　　(2000年)　　计量单位:人、千元、个、元

行业名称	年末人数(续)			
	单位从业人员(续)			离开本单位仍保留劳动关系的职工
	按用工期限分		2.其他从业人员	
	长期职工	临时职工		
总计	561 781	21 289	8 540	73 203
一、按企业、事业机关分组				
(一)企业	421 533	16 347	6 964	71 235
(二)事业	103 352	4 161	1 450	1 409
(三)机关	36 896	781	126	559
二、按国民经济行业分组				
(一)农、林、牧、渔业	1 954	153	15	200
(二)采掘业	5 922	—	5	5 074
(三)制造业	219 442	7 884	2 050	41 225
(四)电力、煤气及水的生产和供应业	17 749	1 021	31	166
(五)建筑业	40 104	3 730	1 748	5 573
(六)地质勘查业、水利管理业	5 170	74	29	427
(七)交通运输、仓储及邮电通信业	46 579	604	373	5 597
(八)批发和零售贸易、餐饮业	55 284	574	400	11 734
(九)金融、保险业	15 934	133	1 588	877
(十)房地产业	2 494	13	53	104
(十一)社会服务业	24 301	3 333	1 153	620
(十二)卫生、体育和社会福利业	19 148	748	100	146
(十三)教育、文化艺术及广播电影电视业	47 674	1 688	727	178
(十四)科学研究和综合技术服务业	16 546	279	121	263
(十五)国家机关、政党机关和社会团体	38 528	764	117	581
(十六)其他行业	4 952	291	30	438

2—4 续表 2　　(2000年)　　计量单位:人、千元、个、元

行业名称	单位从业人员平均人数	在岗职工	其他从业人员	离开本单位仍保留劳动关系的职工平均人数
总计	603 014	594 196	8 818	69 698
一、按企业、事业机关分组				
(一)企业	455 917	449 178	6 739	67 860
(二)事业	109 133	107 196	1 937	1 315
(三)机关	37 964	37 822	142	523
二、按国民经济行业分组				
(一)农、林、牧、渔业	2 127	2 113	14	162
(二)采掘业	6 479	6 474	5	4 664
(三)制造业	233 420	231 223	2 197	39 544
(四)电力、煤气及水的生产和供应业	18 750	18 722	28	161
(五)建筑业	49 141	47 514	1 627	5 658
(六)地质勘查业、水利管理业	5 291	5 265	26	423
(七)交通运输、仓储及邮电通信业	47 425	47 176	249	4 879
(八)批发和零售贸易、餐饮业	58 903	58 562	341	11 570
(九)金融、保险业	18 174	16 530	1 644	425
(十)房地产业	2 641	2 552	89	111
(十一)社会服务业	28 762	27 736	1 026	610
(十二)卫生、体育和社会福利业	19 965	19 560	405	111
(十三)教育、文化艺术及广播电影电视业	50 164	49 337	827	174
(十四)科学研究和综合技术服务业	17 185	17 008	177	272
(十五)国家机关、政党机关和社会团体	39 443	39 310	133	544
(十六)其他行业	5 144	5 114	30	390

2—4 续表 3　　(2000年)　　计量单位:人、千元、个、元

行业名称	单位从业人员劳动报酬合计	在岗职工工资总额	其他从业人员劳动报酬	离开本单位仍保留劳动关系职工的生活费
总计	6 230 873	6 156 123	74 750	248 891
一、按企业、事业机关分组				
(一)企业	4 549 493	4 496 898	52 595	237 444
(二)事业	1 207 194	1 186 092	21 102	5 097
(三)机关	474 186	473 133	1 053	6 350
二、按国民经济行业分组				
(一)农、林、牧、渔业	19 037	18 953	84	108
(二)采掘业	41 767	41 742	25	15 533
(三)制造业	2 232 630	2 211 300	21 330	147 152
(四)电力、煤气及水的生产和供应业	285 109	284 816	293	1 676
(五)建筑业	492 670	484 381	8 289	13 725
(六)地质勘查业、水利管理业	51 781	51 635	146	1 122
(七)交通运输、仓储及邮电通信业	522 393	517 684	4 709	22 674
(八)批发和零售贸易、餐饮业	464 610	462 609	2 001	28 058
(九)金融、保险业	254 201	237 658	16 543	5 976
(十)房地产业	28 429	28 046	383	1 097
(十一)社会服务业	250 636	247 286	3 350	1 428
(十二)卫生、体育和社会福利业	224 257	221 656	2 601	359
(十三)教育、文化艺术及广播电影电视业	589 953	576 980	12 973	1 742
(十四)科学研究和综合技术服务业	212 014	211 253	761	593
(十五)国家机关、政党机关和社会团体	507 156	506 143	1 013	6 553
(十六)其他行业	54 230	53 981	249	1 095

2—4 续表 4　　(2000年)　　计量单位:人、千元、个、元

行业名称	单位数	单位人员	职工	中专及以上学历人员	单位人员报酬	职工工资
总计	3 457	664 813	656 273	247 252	6 479 764	6 405 014
一、按企业、事业机关分组						
(一)企业	1 712	516 079	509 115	144 907	4 786 937	4 734 342
(二)事业	1 201	110 372	108 922	70 425	1 212 291	1 191 189
(三)机关	544	38 362	38 236	31 920	480 536	479 483
二、按国民经济行业分组						
(一)农、林、牧、渔业	59	2 322	2 307	1 317	19 145	19 061
(二)采掘业	4	11 001	10 996	2 224	57 300	57 275
(三)制造业	527	270 601	268 551	53 291	2 379 782	2 358 452
(四)电力、煤气及水的生产和供应业	19	18 967	18 936	6 921	286 785	286 492
(五)建筑业	59	51 155	49 407	11 710	506 395	498 106
(六)地质勘查业、水利管理业	25	5 700	5 671	2 480	52 903	52 757
(七)交通运输、仓储及邮电通信业	112	53 153	52 780	23 513	545 067	540 358
(八)批发和零售贸易、餐饮业	647	67 992	67 592	24 440	492 668	490 667
(九)金融、保险业	91	18 532	16 944	12 405	260 177	243 634
(十)房地产业	43	2 664	2 611	1 163	29 526	29 143
(十一)社会服务业	308	29 407	28 254	6 564	252 064	248 714
(十二)卫生、体育和社会福利业	166	20 142	20 042	14 404	224 616	222 015
(十三)教育、文化艺术及广播电影电视业	492	50 267	49 540	37 983	591 695	578 722
(十四)科学研究和综合技术服务业	185	17 209	17 088	12 547	212 607	211 846
(十五)国家机关、政党机关和社会团体	613	39 990	39 873	33 188	513 709	512 696
(十六)其他行业	107	5 711	5 681	3 102	55 325	55 076

2—4 续表 5　　(2000年)　　计量单位:人、千元、个、元

行业名称	单位人员平均报酬	职工平均工资	单位从业人员平均报酬	在岗职工平均报酬	其他从业人员报酬
总计	9 632	9 648	10 333	10 360	8 477
一、按企业、事业机关分组					
(一)企业	9 139	9 157	9 979	10 011	7 805
(二)事业	10 976	10 978	11 062	11 065	10 894
(三)机关	12 486	12 504	12 490	12 509	7 415
二、按国民经济行业分组					
(一)农、林、牧、渔业	8 364	8 378	8 950	8 970	6 000
(二)采掘业	5 142	5 142	6 447	6 448	5 000
(三)制造业	8 718	8 710	9 565	9 563	9 709
(四)电力、煤气及水的生产和供应业	15 165	15 172	15 206	15 213	10 464
(五)建筑业	9 241	9 368	10 026	10 194	5 095
(六)地质勘查业、水利管理业	9 258	9 275	9 787	9 807	5 615
(七)交通运输、仓储及邮电通信业	10 421	10 381	11 015	10 973	18 912
(八)批发和零售贸易、餐饮业	6 991	6 996	7 888	7 899	5 868
(九)金融、保险业	13 989	14 369	13 987	14 377	10 063
(十)房地产业	10 729	10 944	10 764	10 990	4 303
(十一)社会服务业	8 582	8 774	8 714	8 916	3 265
(十二)卫生、体育和社会福利业	11 188	11 286	11 233	11 332	6 422
(十三)教育、文化艺术及广播电影电视业	11 754	11 689	11 760	11 695	15 687
(十四)科学研究和综合技术服务业	12 179	12 260	12 337	12 421	4 299
(十五)国家机关、政党机关和社会团体	12 847	12 864	12 858	12 876	7 617
(十六)其他行业	9 997	10 007	10 542	10 556	8 300

市区国有经济单位从业人员和劳动报酬

2—5 (2000年) 计量单位:人、千元、元、个

行业名称	年末人数				
	单位从业人员	女性	使用的农村劳动力	1.在岗职工	专业技术人员
国有经济单位合计	425 594	165 201	17 158	420 355	137 521
一、按隶属关系分组					
1.中央	129 611	39 667	5 812	127 085	40 035
2.地方	295 983	125 534	11 346	293 270	97 486
二、按企业、事业、机关分组					
(一)企业	281 343	105 519	13 438	277 657	72 674
1.中央	117 537	35 661	5 638	115 049	33 977
2.地方	163 806	69 858	7 800	162 608	38 697
(二)事业	106 462	48 475	3 179	105 035	60 958
1.中央	9 030	2 843	122	8 992	5 788
2.地方	97 432	45 632	3 057	96 043	55 170
(三)机关	37 789	11 207	541	37 663	3 889
1.中央	3 044	1 163	52	3 044	270
2.地方	34 745	10 044	489	34 619	3 619
三、按国民经济行业分组					
(一)农、林、牧、渔业	2 028	826	144	2 013	1 178
(二)采掘业	5 927	2 026	459	5 922	1 780
(三)制造业	112 768	47 654	4 890	111 975	23 178
(四)电力、煤气及水的生产和供应业	14 064	4 368	296	14 039	4 397
(五)建筑业	42 313	8 461	6 561	40 803	11 091
(六)地质勘查业、水利管理业	5 273	1 457	168	5 244	2 491
(七)交通运输、仓储及邮电通信业	43 387	11 331	797	43 024	8 750
(八)批发和零售贸易、餐饮业	36 721	18 910	497	36 520	9 395
(九)金融、保险业	10 943	4 973	56	10 505	6 784
(十)房地产业	2 125	799	—	2 101	748
(十一)社会服务业	21 214	9 678	951	20 432	3 [illegible]21
(十二)卫生、体育和社会福利业	19 493	11 972	541	19 402	14 935
(十三)教育、文化艺术及广播电影电视业	49 215	25 491	1 022	48 502	34 216
(十四)科学研究和综合技术服务业	16 825	5 488	150	16 714	11 263
(十五)国家机关、政党机关和社会团体	39 307	10 525	498	39 190	2 859
(十六)其他行业	3 991	1 242	128	3 969	1 335

2—5 续表 1　　(2000年)　　计量单位:人、千元、个、元

行业名称	年末人数(续)			
	单位从业人员(续)			离开本单位仍保留劳动关系的职工
	按用工期限分		2.其他从业人员	
	长期职工	临时职工		
国有经济单位合计	404 754	15 601	5 239	47 872
一、按隶属关系分组				
1.中　央	118 726	8 359	2 526	10 352
2.地　方	286 028	7 242	2 713	37 520
二、按企业、事业、机关分组				
(一)企　业	266 707	10 950	3 686	45 980
1.中　央	106 880	8 169	2 488	10 204
2.地　方	159 827	2 781	1 198	35 776
(二)事　业	101 165	3 870	1 427	1 333
1.中　央	8 826	166	38	148
2.地　方	92 339	3 704	1 389	1 185
(三)机　关	36 882	781	126	559
1.中　央	3 020	24	—	—
2.地　方	33 862	757	126	559
三、按国民经济行业分组				
(一)农、林、牧、渔业	1 860	153	15	200
(二)采　掘　业	5 922	—	5	5 074
(三)制　造　业	106 053	5 922	793	22 691
(四)电力、煤气及水的生产和供应业	13 655	384	25	166
(五)建　筑　业	37 448	3 355	1 510	4 900
(六)地质勘查业、水利管理业	5 170	74	29	427
(七)交通运输、仓储及邮电通信业	42 425	599	363	4 406
(八)批发和零售贸易、餐饮业	36 185	335	201	7 470
(九)金融、保险业	10 404	101	438	752
(十)房地产业	2 096	5	24	89
(十一)社会服务业	19 483	949	782	381
(十二)卫生、体育和社会福利业	18 682	720	91	136
(十三)教育、文化艺术及广播电影电视业	46 830	1 672	713	175
(十四)科学研究和综合技术服务业	16 437	277	111	263
(十五)国家机关、政党机关和社会团体	38 426	764	117	574
(十六)其他行业	3 678	291	22	168

2—5续表2　　(2000年)　　计量单位:人、千元、个、元

行业名称	单位从业人员平均人数	在岗职工	其他从业人员	离开本单位仍保留劳动关系的职工平均人数
国有经济单位合计	433 312	427 932	5 380	45 698
一、按隶属关系分组				
1.中　央	133 587	131 274	2 313	9 448
2.地　方	299 725	296 658	3 067	36 250
二、按企业、事业、机关分组				
(一)企　业	288 754	285 435	3 319	43 935
1.中　央	121 529	119 252	2 277	9 312
2.地　方	167 225	166 183	1 042	34 623
(二)事　业	106 608	104 689	1 919	1 240
1.中　央	9 081	9 045	36	136
2.地　方	97 527	95 644	1 883	1 104
(三)机　关	37 950	37 808	142	523
1.中　央	2 977	2 977	—	—
2.地　方	34 973	34 831	142	523
三、按国民经济行业分组				
(一)农、林、牧、渔业	2 031	2 017	14	162
(二)采掘业	6 479	1 181	14	4 664
(三)制造业	115 078	114 260	818	21 829
(四)电力、煤气及水的生产和供应业	14 236	14 214	22	161
(五)建筑业	45 719	44 327	1 392	5 051
(六)地质勘查业、水利管理业	5 291	5 265	26	423
(七)交通运输、仓储及邮电通信业	43 229	42 988	241	3 809
(八)批发和零售贸易、餐饮业	37 503	37 362	141	7 556
(九)金融、保险业	11 496	11 002	494	351
(十)房地产业	2 157	2 136	21	91
(十一)社会服务业	21 115	20 454	661	388
(十二)卫生、体育和社会福利业	19 465	19 068	397	101
(十三)教育、文化艺术及广播电影电视业	49 285	48 459	826	171
(十四)科学研究和综合技术服务业	17 063	16 896	167	272
(十五)国家机关、政党机关和社会团体	39 352	39 219	133	537
(十六)其他行业	3 813	3 791	22	132

2—5 续表 3　　(2000年)　　计量单位:人、千元、个、元

行　业　名　称	单位从业人员劳动报酬合计	在岗职工工资总额	其他从业人员劳动报酬	离开本单位仍保留劳动关系职工的生活费
国有经济单位合计	**4 727 230**	**4 683 355**	**43 875**	**182 070**
一、按隶属关系分组				
1.中　央	1 610 311	1 597 242	13 069	53 393
2.地　方	3 116 919	3 086 113	30 806	128 677
二、按企业、事业、机关分组				
(一)企　业	3 066 346	3 044 573	21 773	170 651
1.中　央	1 451 146	1 438 241	12 905	52 872
2.地　方	1 615 213	1 606 332	8 868	117 779
(二)事　业	1 186 783	1 165 734	21 049	5 069
1.中　央	126 993	126 829	164	521
2.地　方	1 059 790	1 038 905	20 885	4 548
(三)机　关	474 101	473 048	1 053	6 350
1.中　央	32 172	32 172	—	—
2.地　方	441 929	440 876	1 053	6 350
三、按国民经济行业分组				
(一)农、林、牧、渔业	18 649	18 565	84	108
(二)采　掘　业	41 767	41 742	25	15 533
(三)制　造　业	1 200 581	1 192 743	7 838	91 113
(四)电力、煤气及水的生产和供应业	219 414	219 149	265	1 676
(五)建　筑　业	470 902	464 769	6 133	13 483
(六)地质勘查业、水利管理业	51 781	51 635	146	1 122
(七)交通运输、仓储及邮电通信业	483 780	479 251	4 529	20 504
(八)批发和零售贸易、餐饮业	324 331	323 411	920	20 932
(九)金融、保险业	141 086	137 083	4 003	5 218
(十)房地产业	24 204	24 119	85	1 057
(十一)社会服务业	191 833	189 412	2 421	1 041
(十二)卫生、体育和社会福利业	219 561	217 007	2 554	353
(十三)教育、文化艺术及广播电影电视业	580 371	567 404	12 967	1 731
(十四)科学研究和综合技术服务业	210 138	209 451	687	593
(十五)国家机关、政党机关和社会团体	506 228	505 215	1 013	6 553
(十六)其他行业	42 604	42 399	205	1 053

2—5 续表 4　　(2000年)　　计量单位:人、千元、个、元

行 业 名 称	单位数	单位人数	职 工	中专及以上学历人员	单位人员报 酬	职工工资
国有经济单位合计	2 462	473 466	468 227	209 711	4 909 300	4 865 425
一、按隶属关系分组						
1.中 央	218	139 963	137 437	61 965	1 663 704	1 650 635
2.地 方	2 244	333 503	330 790	147 746	3 245 596	3 214 790
二、按企业、事业、机关分组						
(一)企 业	811	327 323	323 637	108 473	3 236 997	3 215 224
1.中 央	171	127 741	125 253	53 138	1 504 018	1 491 113
2.地 方	640	199 582	198 384	55 335	1 732 979	1 724 111
(二)事 业	1 109	107 795	106 368	69 321	1 191 852	1 170 803
1.中 央	32	9 178	9 140	6 340	127 514	127 350
2.地 方	1 077	98 617	97 228	62 981	1 064 338	1 043 453
(三)机 关	542	38 348	38 222	31 917	480 451	479 398
1.中 央	15	3 044	3 044	2 487	32 172	32 172
2.地 方	527	35 304	35 178	29 430	448 279	447 226
三、按国民经济行业分组						
(一)农、林、牧、渔业	54	2 228	2 213	1 302	18 757	18 673
(二)采 掘 业	4	11 001	10 996	2 224	57 300	57 275
(三)制 造 业	154	135 459	134 666	31 692	1 291 694	1 283 856
(四)电力、煤气及水的生产和供应业	15	14 230	14 205	5 831	221 090	220 825
(五)建 筑 业	37	47 213	45 703	11 068	484 385	478 252
(六)地质勘查业、水利管理业	25	5 700	5 671	2 480	52 903	52 757
(七)交通运输、仓储及邮电通信业	94	47 793	47 430	22 315	504 284	499 755
(八)批发和零售贸易、餐饮业	336	44 191	43 990	18 432	345 263	344 343
(九)金融、保险业	68	11 695	11 257	8 361	146 304	142 301
(十)房地产业	28	2 214	2 190	924	25 261	25 176
(十一)社会服务业	181	21 595	20 813	5 333	192 874	190 453
(十二)卫生、体育和社会福利业	123	19 629	19 538	14 109	219 914	217 360
(十三)教育、文化艺术及广播电影电视业	480	49 390	48 677	37 470	582 102	569 135
(十四)科学研究和综合技术服务业	181	17 088	16 977	12 484	210 731	210 044
(十五)国家机关、政党机关和社会团体	610	39 881	39 764	33 122	512 781	511 768
(十六)其他行业	72	4 159	4 137	2 564	43 657	43 452

2—5 续表 5　　　　(2000年)　　　　计量单位:人、千元、个、元

行　业　名　称	单位人员平均报酬	职工平均工资	单位从业人员平均报酬	在岗职工平均报酬	其他从业人员报酬
国有经济单位合计	10 249	10 273	10 910	10 944	8 155
一、按隶属关系分组					
1.中　央	11 631	11 730	12 054	12 167	5 650
2.地　方	9 660	9 657	10 399	10 403	10 044
二、按企业、事业、机关分组					
(一)企　业	9 730	9 762	10 619	10 666	6 560
1.中　央	11 495	11 598	11 941	12 061	5 668
2.地　方	8 586	8 586	9 659	9 666	8 511
(二)事　业	11 051	11 053	11 132	11 135	10 969
1.中　央	13 835	13 871	13 984	14 022	4 556
2.地　方	10 791	10 785	10 867	10 862	11 091
(三)机　关	12 488	12 507	12 493	12 512	7 415
1.中　央	10 807	10 807	10 807	10 807	—
2.地　方	12 629	12 650	12 636	12 658	7 415
三、按国民经济行业分组					
(一)农、林、牧、渔业	8 553	8 570	9 182	9 204	6 000
(二)采　掘　业	5 142	5 142	6 447	6 448	5 000
(三)制　造　业	9 435	9 434	10 433	10 439	9 582
(四)电力、煤气及水的生产和供应业	15 357	15 362	15 413	15 418	12 045
(五)建　筑　业	9 541	9 686	10 300	10 485	4 406
(六)地质勘查业、水利管理业	9 258	9 275	9 787	9 807	5 615
(七)交通运输、仓储及邮电通信业	10 721	10 679	11 191	11 148	18 793
(八)批发和零售贸易、餐饮业	7 662	7 666	8 648	8 656	6 525
(九)金融、保险业	12 349	12 534	12 273	12 460	8 103
(十)房地产业	11 237	11 305	11 221	11 292	4 048
(十一)社会服务业	8 970	9 138	9 085	9 260	3 663
(十二)卫生、体育和社会福利业	11 240	11 339	11 280	11 381	6 433
(十三)教育、文化艺术及广播电影电视业	11 770	11 703	11 776	11 709	15 699
(十四)科学研究和综合技术服务业	12 156	12 235	12 315	12 396	4 114
(十五)国家机关、政党机关和社会团体	12 855	12 873	12 864	12 882	7 617
(十六)其他行业	11 066	11 076	11 173	11 184	9 318

市区城镇及集体经济单位从业人员和劳动报酬

2—6　　(2000年)　　计量单位:人、千元、个、元

行业名称	年末人数				
	单位从业人员	女性	使用的农村劳动力	1.在岗职工	专业技术人员
城镇及集体经济单位合计	55 387	24 751	2 782	54 003	9 798
一、按企业、事业机关分组					
1.企业	52 872	23 422	2 690	51 511	8 743
2.事业	2 501	1 315	92	2 478	1 052
3.机关	14	14	—	14	3
二、按国民经济行业分组					
(一)农、林、牧、渔业	94	26	10	94	9
(三)制造业	30 663	14 490	1 736	29 994	3 396
(四)电力、煤气及水的生产和供应业	114	51	4	114	13
(五)建筑业	2 143	467	187	1 987	1 279
(七)交通运输、仓储及邮电通信业	1 904	567	—	1 904	247
(八)批发和零售贸易、餐饮业	10 212	5 289	407	10 030	2 247
(九)金融、保险业	815	542	143	815	557
(十)房地产业	141	62	3	141	44
(十一)社会服务业	6 581	1 945	260	6 241	580
(十二)卫生、体育和社会福利业	503	373	16	494	413
(十三)教育、文化艺术及广播电影电视业	834	333	4	820	543
(十四)科学研究和综合技术服务业	43	9	4	37	23
(十五)国家机关、政党机关和社会团体	102	53	—	102	—
(十六)其他行业	1 238	544	8	1 230	447

2—6续表1　　(2000年)　　计量单位:人、千元、个、元

行业名称	年末人数(续)			
	单位从业人员(续)			离开本单位仍保留劳动关系的职工
	按用工期限分		2.其他从业人员	
	长期职工	临时职工		
城镇及集体经济单位合计	50 283	3 720	1 384	13 240
一、按企业、事业机关分组				
1.企　业	48 082	3 429	1 361	13 164
2.事　业	2 187	291	23	76
3.机　关	14	—	—	—
二、按国民经济行业分组				
(一)农、林、牧、渔业	94	—	—	—
(三)制　造　业	28 882	1 112	669	8 339
(四)电力、煤气及水的生产和供应业	112	2	—	—
(五)建　筑　业	1 880	107	156	664
(七)交通运输、仓储及邮电通信业	1 901	3	—	1 017
(八)批发和零售贸易、餐饮业	9 942	88	182	2 716
(九)金融、保险业	815	—	—	10
(十)房地产业	141	—	—	—
(十一)社会服务业	3 870	2 371	340	204
(十二)卫生、体育和社会福利业	466	28	9	10
(十三)教育、文化艺术及广播电影电视业	813	7	14	3
(十四)科学研究和综合技术服务业	35	2	6	—
(十五)国家机关、政党机关和社会团体	102	—	—	7
(十六)其他行业	1 230	—	8	270

2—6续表2 （2000年） 计量单位：人、千元、个、元

行业名称	单位从业人员平均人数	在岗职工	其他从业人员	离开本单位仍保留劳动关系的职工平均人数
城镇及集体经济单位合计	57 030	55 560	1 470	13 168
一、按企业、事业机关分组				
1.企业	54 491	53 039	1 452	13 093
2.事业	2 525	2 507	18	75
3.机关	14	14	—	—
二、按国民经济行业分组				
(一)农、林、牧、渔业	96	96	—	—
(三)制造业	31 278	30 525	753	8 451
(四)电力、煤气及水的生产和供应业	112	112	—	—
(五)建筑业	2 480	2 322	158	601
(七)交通运输、仓储及邮电通信业	1 943	1 943	—	912
(八)批发和零售贸易、餐饮业	10 751	10 566	185	2 727
(九)金融、保险业	815	815	—	—
(十)房地产业	158	141	17	—
(十一)社会服务业	6 657	6 323	334	199
(十二)卫生、体育和社会福利业	500	492	8	10
(十三)教育、文化艺术及广播电影电视业	837	836	1	3
(十四)科学研究和综合技术服务业	44	38	6	—
(十五)国家机关、政党机关和社会团体	91	91	—	7
(十六)其他行业	1 268	1 260	8	258

2—6续表3　　(2000年)　　计量单位:人、千元、个、元

行业名称	单位从业人员劳动报酬合计	在岗职工工资总额	其他从业人员劳动报酬	离开本单位仍保留劳动关系职工的生活费
城镇及集体经济单位合计	389 359	382 941	6 418	29 891
一、按企业、事业机关分组				
1.企　业	368 863	362 498	6 365	29 863
2.事　业	20 411	20 358	53	28
3.机　关	85	85	—	—
二、按国民经济行业分组				
(一)农、林、牧、渔业	388	388	—	—
(三)制　造　业	199 568	196 811	2 757	23 110
(四)电力、煤气及水的生产和供应业	1 151	1 151	—	—
(五)建　筑　业	15 433	13 826	1 607	242
(七)交通运输、仓储及邮电通信业	12 624	12 624	—	1 944
(八)批发和零售贸易、餐饮业	68 955	67 998	957	4 158
(九)金融、保险业	11 353	11 353	—	—
(十)房地产业	1 582	1 497	85	—
(十一)社会服务业	51 908	51 033	875	378
(十二)卫生、体育和社会福利业	4 696	4 649	47	6
(十三)教育、文化艺术及广播电影电视业	9 176	9 170	6	11
(十四)科学研究和综合技术服务业	496	456	40	—
(十五)国家机关、政党机关和社会团体	928	928	—	—
(十六)其他行业	11 101	11 057	44	42

2—6续表4 (2000年) 计量单位:人、千元、个、元

行业名称	单位数	单位人数	职工	中专及以上学历人员	单位人员报酬	职工工资
城镇及集体经济单位合计	779	68 627	67 243	11 978	419 250	412 832
一、按企业、事业机关分组						
1.企　业	685	66 036	64 675	10 871	398 726	392 361
2.事　业	92	2 577	2 554	1 104	20 439	20 386
3.机　关	2	14	14	3	85	85
二、按国民经济行业分组						
(一)农、林、牧、渔业	5	94	94	15	388	388
(三)制　造　业	267	39 002	38 333	5 246	222 678	219 921
(四)电力、煤气及水的生产和供应业	1	114	114	43	1 151	1 151
(五)建　筑　业	15	2 807	2 651	516	15 675	14 068
(七)交通运输、仓储及邮电通信业	10	2 921	2 921	264	14 568	14 568
(八)批发和零售贸易、餐饮业	275	12 928	12 746	2 897	73 113	72 156
(九)金融、保险业	2	825	825	552	11 353	11 353
(十)房地产业	4	141	141	76	1 582	1 497
(十一)社会服务业	106	6 785	6 445	945	52 286	51 411
(十二)卫生、体育和社会福利业	43	513	504	295	4 702	4 655
(十三)教育、文化艺术及广播电影电视业	11	837	823	503	9 187	9 181
(十四)科学研究和综合技术服务业	3	43	37	24	496	456
(十五)国家机关、政党机关和社会团体	3	109	109	66	928	928
(十六)其他行业	34	1 508	1 500	536	11 143	11 099

2—6续表5 （2000年） 计量单位：人、千元、个、元

行业名称	单位人员平均报酬	职工平均工资	单位从业人员平均报酬	在岗职工平均报酬	其他从业人员报酬
城镇及集体经济单位合计	5 972	6 007	6 827	6 892	4 366
一、按企业、事业分组					
1.企业	5 900	5 933	6 769	6 835	4 384
2.事业	7 861	7 895	8 084	8 120	2 944
3.机关	6 071	6 071	6 071	6 071	—
二、按国民经济行业分组					
(一)农、林、牧、渔业	4 042	4 042	4 042	4 042	—
(三)制造业	5 605	5 642	6 380	6 448	3 661
(四)电力、煤气及水的生产和供应业	10 277	10 277	10 277	10 277	—
(五)建筑业	5 088	4 813	6 223	5 954	10 171
(七)交通运输、仓储及邮电通信业	5 103	5 103	6 497	6 497	—
(八)批发和零售贸易、餐饮业	5 425	5 428	6 414	6 436	5 173
(九)金融、保险业	13 930	13 930	13 930	13 930	—
(十)房地产业	10 013	10 617	10 013	10 617	5 000
(十一)社会服务业	7 626	7 883	7 798	8 071	2 620
(十二)卫生、体育和社会福利业	9 220	9 273	9 392	9 449	5 875
(十三)教育、文化艺术及广播电影电视业	10 937	10 943	10 963	10 969	6 000
(十四)科学研究和综合技术服务业	11 273	12 000	11 273	12 000	6 667
(十五)国家机关、政党机关和社会团体	9 469	9 469	10 198	10 198	—
(十六)其他行业	7 302	7 312	8 755	8 775	5 500

分县(市)区单位从业人员

2—7　　(2000年)　　计量单位:人、个

行政单位	单位数	单位人员年末数	职工	中专及以上学历人员
全市总计	12 970	1 038 710	1 025 151	412 857
市区合计	3 457	664 813	656 273	247 252
#长安区	259	12 004	10 381	4 816
桥东区	202	9 416	9 349	4 159
桥西区	123	11 024	10 977	4 206
新华区	166	13 738	13 615	5 934
郊区	259	8 347	8 320	5 967
矿区	161	7 824	7 750	2 770
高新区	71	6 198	6 015	3 378
井陉县	618	24 963	24 709	9 577
正定县	509	35 523	35 472	15 672
栾城县	496	19 040	18 084	9 627
行唐县	693	19 737	19 669	8 700
灵寿县	554	12 946	12 766	7 228
高邑县	277	13 669	13 183	5 490
深泽县	274	8 600	8 539	3 377
赞皇县	421	14 083	14 083	5 328
无极县	458	21 087	21 087	10 354
平山县	1 130	23 636	23 590	10 850
元氏县	552	17 873	17 796	7 114
赵县	623	23 191	23 164	11 520
辛集市	750	38 092	38 077	15 299
藁城市	612	33 483	31 135	14 003
晋州市	557	26 744	26 728	10 270
新乐市	436	18 702	18 701	9 752
鹿泉市	553	22 528	22 095	11 444

2—7 续表 (2000年) 计量单位:人、个

行政单位	单位从业人员年末数	在岗职工	专业技术人员	单位从业人员年平均人数	在岗职工
全市总计	**935 374**	**921 815**	**287 586**	**947 574**	**931 939**
市区合计	591 610	583 070	166 331	603 014	594 196
#长安区	10 413	8 790	3 337	10 373	8 769
桥东区	8 076	8 009	2 591	8 920	8 849
桥西区	9 457	9 410	2 526	9 943	9 883
新华区	13 310	13 187	4 933	12 989	12 747
郊区	8 182	8 155	3 991	8 190	8 164
矿区	7 434	7 360	1 582	7 427	7 354
高新区	6 175	5 992	2 629	6 436	6 254
井陉县	22 961	22 707	6 079	22 994	22 564
正定县	30 665	30 614	10 551	30 351	30 298
栾城县	17 043	16 087	7 136	16 970	16 019
行唐县	17 573	17 505	7 843	17 673	17 658
灵寿县	11 859	11 679	5 177	14 816	14 628
高邑县	12 118	11 632	3 805	11 660	11 174
深泽县	7 870	7 809	4 164	7 694	7 633
赞皇县	12 725	12 725	1 495	12 741	12 720
无极县	20 221	20 221	5 054	20 067	20 067
平山县	21 765	21 719	8 742	21 522	21 476
元氏县	17 094	17 017	6 592	17 240	17 140
赵县	22 181	22 154	9 691	21 838	21 836
辛集市	33 093	33 078	11 125	32 975	32 959
藁城市	32 693	30 345	12 464	32 622	28 946
晋州市	24 669	24 653	7 088	24 077	24 050
新乐市	17 626	17 625	7 264	17 285	17 284
鹿泉市	21 608	21 175	6 985	22 035	21 291

分县(市)区单位从业人员劳动报酬

2—8　　(2000年)　　计量单位:千元、元

行政单位	单位人员劳动报酬	职工工资	单位从业人员劳动报酬	在岗职工工资
全市总计	8 741 110	8 645 975	8 456 271	8 361 136
市区合计	6 479 764	6 405 014	6 230 873	6 156 123
#长安区	90 934	82 872	88 634	80 572
桥东区	77 743	77 198	76 049	75 504
桥西区	75 900	75 543	73 734	73 377
新华区	117 705	117 121	117 027	116 443
郊区	87 399	87 175	86 830	86 606
矿区	42 662	42 511	41 793	41 642
高新区	66 372	64 998	66 336	64 962
井陉县	171 396	168 333	168 334	165 271
正定县	221 218	220 768	213 695	213 245
栾城县	121 511	117 878	118 491	114 858
行唐县	98 042	97 932	97 710	97 600
灵寿县	86 149	84 885	85 458	84 194
高邑县	70 474	69 845	70 056	69 427
深泽县	54 817	54 574	54 351	54 108
赞皇县	61 461	61 461	61 181	61 181
无极县	132 292	132 292	129 861	129 861
平山县	138 012	137 720	134 122	133 830
元氏县	103 302	102 999	103 062	102 759
赵县	133 929	133 923	131 783	131 777
辛集市	233 727	233 632	228 066	227 971
藁城市	203 944	196 477	203 149	195 682
晋州市	143 599	143 453	141 327	141 181
新乐市	129 500	129 496	128 292	128 288
鹿泉市	157 973	155 293	156 460	153 780

2—8 续表　　（2000年）　　计量单位：千元、元

行政单位	单位人员平均报酬	职工平均工资	单位从业人员平均报酬	在岗职工平均工资
全市总计	8 358	8 393	8 924	8 972
市区合计	9 632	9 648	10 333	10 360
#长安区	7 643	8 051	8 545	9 188
桥东区	7 885	7 887	8 526	8 532
桥西区	6 650	6 653	7 416	7 425
新华区	8 802	8 920	9 010	9 135
郊区	10 459	10 465	10 602	10 608
矿区	5 442	5 473	5 627	5 662
高新区	10 295	10 375	10 307	10 387
井陉县	6 881	6 876	7 321	7 325
正定县	6 293	6 290	7 041	7 038
栾城县	6 488	6 631	6 982	7 170
行唐县	5 107	5 105	5 529	5 527
灵寿县	5 433	5 417	5 768	5 756
高邑县	5 334	5 489	6 008	6 213
深泽县	6 524	6 542	7 064	7 089
赞皇县	4 406	4 413	4 802	4 810
无极县	6 333	6 333	6 471	6 471
平山县	5 878	5 877	6 232	6 232
元氏县	5 735	5 750	5 978	5 995
赵县	5 874	5 874	6 035	6 035
辛集市	6 162	6 162	6 916	6 917
藁城市	6 109	6 614	6 227	6 760
晋州市	5 552	5 552	5 870	5 870
新乐市	7 022	7 022	7 422	7 422
鹿泉市	6 910	7 021	7 101	7 223

三　固定资产投资　建筑业

全社会固定资产投资

3—1

(2000 年)

计量单位:万元

行政单位	全社会固定资产投资额	基本建设	更新改造	房地产开发	城镇工矿区私人建房	农村个人
全市合计	**3 619 406**	**1 251 554**	**701 041**	**232 623**	**105 281**	**305 035**
市区合计	1 617 379	793 845	365 302	201 279	525	21 201
#长安区	436 525	236 132	121 537	63 812	225	—
桥东区	341 679	134 623	116 626	73 660	—	—
桥西区	191 453	77 217	68 657	14 413	—	—
新华区	178 725	100 759	26 799	39 141	—	—
郊区	279 839	87 566	13 087	8 960	—	20 231
矿区	15 698	3 116	3 300	325	305	970
高新区	98 757	79 724	15 296	968	—	—
井陉县	81 064	20 975	21 390	—	1 402	9 665
正定县	15 994	18 728	23 805	405	27 214	7 562
栾城县	142 712	36 594	25 025	18 000	12 209	9 079
行唐县	74 149	12 177	17 219	—	4 380	11 088
灵寿县	64 461	31 026	18 166	—	3 593	3 615
高邑县	60 477	10 273	12 010	—	600	8 484
深泽县	44 771	9 351	5 865	246	1 898	5 843
赞皇县	66 195	6 069	10 582	—	3 600	25 304
无极县	60 683	8 978	16 485	—	2 741	9 890
平山县	103 192	29 179	18 572	—	440	12 028
元氏县	80 049	11 876	20 795	—	592	18 528
赵县	91 777	16 320	18 130	—	1 500	20 239
辛集市	196 000	77 429	19 921	2 713	7 280	56 097
藁城市	255 984	69 595	29 732	2 067	3 000	32 662
晋州市	136 663	13 705	30 744	837	7 500	16 886
新乐市	149 835	22 220	22 613	7 000	2 759	26 407
鹿泉市	209 158	63 214	24 685	76	562	9 026

全市基本建设更新改造投资情况

3—2　　(2000 年)　　计量单位:万元

指标名称	总计	基本建设	更新改造	其他投资	城镇集体
自开始建设至本年底累计完成投资	3 134 483	2 167 236	815 796	151 451	126 850
自开始建设至本年底累计新增固定资产	2 043 708	1 305 312	631 749	106 647	84 546
本年完成投资	2 071 022	1 251 554	701 041	118 427	98 176
#住　宅	163 966	146 971	1 092	15 903	15 903
按登记注册类型分					
内　资	2 000 771	1 209 582	672 762	118 427	98 176
港澳台商投资	32 677	22 214	10 463	—	—
外商投资	37 574	19 758	17 816	—	—
按建设性质分					
新　建	897 651	740 689	69 374	87 588	71 637
扩　建	480 315	243 889	222 257	14 169	12 369
改　建	463 510	138 515	315 699	9 296	7 296
单纯建造生活设施	67 295	63 224	520	3 551	3 551
迁　建	34 184	22 006	11 544	634	634
恢　复	7 995	2 200	5 795	—	—
单纯购置	120 072	41 031	75 852	3 189	2 689
按开发区分					
国务院批准的	84 947	21 957	62 940	50	50
省批准的	46 960	12 575	34 335	50	50
省以下批准的	37 987	9 382	28 605	—	—
不属于开发区的项目	134 152	69 728	64 347	77	77
按国民经济行业分					
农、林、牧、渔业	76 232	57 269	16 633	2 330	2 330
采掘业	5 516	300	5 216	—	—

3—2 续表　　(2000 年)　　计量单位:万元

指　标　名　称	总　计	基本建设	更新改造	其他投资	城镇集体
制　造　业	603 156	183 066	395 452	24 638	23 538
电力、煤气及水生产和供应业	205 647	139 448	66 199	—	—
建　筑　业	23 540	19 899	2 666	975	975
地质勘查业、水利管理业	84 288	72 617	11 671	—	—
交通运输、仓储及邮电通讯业	336 859	190 825	144 669	1 365	1 365
批发和零售贸易、餐饮业	166 681	93 251	19 967	53 463	49 163
金融、保险业	28 123	25 280	1 300	1 543	1 043
房地产业	33 961	33 961	—	—	—
社会服务业	245 044	213 576	21 312	10 156	3 006
卫生、体育和社会福利业	35 194	27 427	2 187	5 580	5 180
教育、文化艺术和广播影视业	99 709	82 503	9 461	7 745	944
科学研究和综合技术服务业	11 102	11 102	—	—	—
国家、政党机关和社会团体	65 348	57 871	1 478	5 999	5 999
其 他 行 业	50 622	43 159	2 830	4 633	4 633
本年新增固定资产	1 485 022	821 177	566 410	97 444	79 693
本年施工房屋面积	7 142 721	5 915 718	496 468	730 535	684 435
#住　　宅	2 448 939	2 082 379	14 836	351 724	351 724
本年竣工房屋面积	3 855 370	2 948 586	384 869	521 915	475 815
#住　　宅	1 406 854	1 197 544	4 200	205 110	205 110
本年竣工房屋价值	315 299	248 275	26 696	39 328	34 178
#住　　宅	109 477	97 238	293	11 946	11 946
施工项目个数	1 688	910	596	182	172
#本年新开工	1 136	560	426	150	146
本年投产项目个数	940	499	328	113	111
本年各项应付款	183 942	169 600	10 618	3 724	3 724
#工　程　款	131 421	126 871	3 656	894	894

全市地方基本建设更新改造投资情况

3—3　　(2000年)　　计量单位:万元

指标名称	总计	基本建设	更新改造	其他投资	城镇集体
自开始建设至本年底累计完成投资	2 477 170	1 668 038	658 144	150 988	126 387
自开始建设至本年底累计新增固定资产	1 504 804	913 772	484 848	106 184	84 083
本年完成投资	1 789 842	1 111 468	560 415	17 964	97 713
#住　宅	135 118	118 586	1 092	15 440	15 440
按登记注册类型分					
内　资	1 724 834	1 073 045	533 825	117 964	97 713
港澳台商投资	32 677	22 214	10 463	—	—
外商投资	32 331	16 204	16 127	—	—
按建设性质分					
新　建	809 496	656 141	65 767	87 588	71 637
扩　建	384 389	224 849	145 371	14 169	12 369
改　建	402 846	121 046	272 504	9 296	7 296
单纯建造生活设施	57 616	54 008	520	3 088	3 088
迁　建	34 184	22 006	11 544	634	634
恢　复	7 995	2 200	5 795	—	—
单纯购置	93 316	31 213	58 914	3 189	2 689
按开发区分					
国务院批准的	80 447	21 957	58 440	50	50
省批准的	42 460	12 575	29 835	50	50
省以下批准的	37 987	9 382	28 605	—	—
不属于开发区的项目	132 463	69 728	62 658	77	77
按国民经济行业分					
农、林、牧、渔业	76 236	57 269	16 633	2 330	2 330
采掘业	5 516	300	5 216	—	—

3—3 续表　　(2000 年)　　计量单位:万元

指标名称	总计	基本建设	更新改造	其他投资	
					城镇集体
制　造　业	561 807	173 839	363 330	24 638	23 538
电力、煤气及水生产和供应业	131 066	81 736	49 330	—	—
建　筑　业	22 679	19 038	2 666	975	975
地质勘查业、水利管理业	84 288	72 617	11 671	—	—
交通运输、仓储及邮电通讯业	212 737	157 263	54 109	1 365	1 365
批发和零售贸易、餐饮业	158 271	84 841	19 967	53 463	49163
金融、保险业	12 368	10 888	400	1 080	580
房地产业	33 961	33 961	—	—	—
社会服务业	245 044	213 576	21 312	10 156	3 006
卫生、体育和社会福利业	34 634	26 867	2 187	5 580	5 180
教育、文化艺术和广播影视业	97 674	80 468	9 461	7 745	944
科学研究和综合技术服务业	8 198	8 198	—	—	—
国家、政党机关和社会团体	62 369	55 067	1 303	5 999	5 999
其他行业	42 998	35 535	2 830	4 633	4 633
本年新增固定资产	1 277 979	722 796	458 202	96 981	79 230
本年施工房屋面积	6 326 050	5 119 438	481 957	724 655	678 555
#住　　宅	2 052 763	1 692 083	14 836	345 844	345 844
本年竣工房屋面积	3 613 904	2 714 820	383 049	516 035	469 935
#住　　宅	1 284 722	1 081 292	4 200	199 230	199 230
本年竣工房屋价值	286 498	220 107	27 526	38 865	33 715
#住　　宅	96 565	84 789	293	11 483	11 483
施工项目个数	1 553	817	555	181	171
#本年新开工	1 062	512	401	149	145
本年投产项目个数	876	460	304	112	110
本年各项应付款	182 105	167 895	10 486	3 724	3 724
#工　程　款	130 161	125 611	3 656	894	894

市区基本建设更新改造投资情况

3—4　　　　　　　　（2000 年）　　　　　　　　计量单位：万元

指　标　名　称	总　　计	基本建设	更新改造	其他投资	城镇集体
自开始建设至本年底累计完成投资	1 876 844	1 298 152	450 476	128 216	103 615
自开始建设至本年底累计新增固定资产	1 002 740	599 379	318 946	84 415	62 314
本年完成投资	1 207 462	747 228	364 302	95 932	75 681
#住　　宅	100 353	88 455	770	11 128	11 128
按登记注册类型分					
内　　资	1 164 414	713 696	354 786	95 932	75 681
港澳台商投资	23 710	16 944	6 766	—	—
外 商 投 资	19 338	16 588	2 750	—	—
按建设性质分					
新　　建	461 029	366 440	18 179	76 410	60 459
扩　　建	296 555	181 461	105 987	9 107	7 307
改　　建	294 469	96 760	192 130	5 579	3 579
单纯建造生活设施	53 428	51 908	—	1 520	1 520
迁　　建	29 100	21 636	6 830	634	634
恢　　复	869	—	869	—	—
单 纯 购 置	72 012	29 023	40 307	2 682	2 182
按开发区分					
国务院批准的	66 227	17 937	48 290	—	—
省 批 准 的	31 445	10 280	21 165	—	—
省以下批准的	34 782	7 657	27 125	—	—
不属于开发区的项目	106 011	61 612	44 322	77	77
按国民经济行业分					
农、林、牧、渔业	16 450	13 230	1 590	1 630	1 630
采　掘　业	348	—	348	—	—
制　造　业	333 844	104 178	212 649	17 017	15 917
电力、煤气及水生产和供应业	113 116	82 660	30 456	—	—
建　筑　业	14 409	13 388	216	805	805

3—4 续表　　（2000 年）　　计量单位：万元

指　标　名　称	总　计	基本建设	更新改造	其他投资	城镇集体
地质勘查业、水利管理业	61 178	58 553	2 625	—	—
交通运输、仓储及邮电通讯业	169 843	69 885	98 691	1 267	1 267
批发和零售贸易、餐饮业	123 142	65 324	14 045	43 773	39 473
金融、保险业	23 495	22 148	847	500	—
房 地 产 业	10 577	10 577	—	—	—
社会服务业	177 022	166 126	800	10 096	2 946
卫生、体育和社会福利业	26 550	20 028	1 492	5 030	4 630
教育、文化艺术和广播影视业	61 343	53 955	313	7 075	274
科学研究和综合技术服务业	10 847	10 847	—	—	—
国家、政党机关和社会团体	29 056	24 020	230	4 806	4 806
其 他 行 业	36 242	32 309	—	3 933	3 933
本年新增固定资产	781 754	433 299	272 807	75 648	57 897
本年施工房屋面积	3 987 526	3 295 767	161 086	530 673	484 573
#住　　宅	1 468 617	1 199 224	10 516	258 877	258 877
本年竣工房屋面积	1 441 013	994 233	69 925	376 855	330 755
#住　　宅	608 974	462 707	—	146 267	146 267
本年竣工房屋价值	145 383	107 720	5 991	31 672	26 522
#住　　宅	51 083	42 845	—	8 238	8 238
施工项目个数(个)	618	334	190	94	84
#本年新开工	317	144	104	69	65
本年投产项目个数	203	84	67	52	50
本年资金来源	1 244 278	760 612	383 542	100 124	78 873
本年各项应付款	12 095	114 251	5 464	3 380	3 380
#工　程　款	78 785	76 690	1 530	565	565

市区地方基本建设更新改造投资情况

3—5　　(2000 年)　　计量单位:万元

指　标　名　称	总　　计	基本建设	更新改造	其他投资	城镇集体
自开始建设至本年底累计完成投资	1 625 785	1 168 746	328 823	128 216	103 615
自开始建设至本年底累计新增固定资产	851 759	567 941	199 403	84 415	62 314
本年完成投资	1 025 417	672 921	256 564	95 932	75 681
#住　　宅	74 251	62 353	770	11 128	11 128
按登记注册类型分					
内　　资	987 612	642 943	248 737	95 932	75 681
港澳台商投资	23 710	16 944	6 766	—	—
外 商 投 资	14 095	13 034	1 061	—	—
按建设性质分					
新　　建	416 407	322 145	17 852	76 410	60 459
扩　　建	222 606	172 021	41 478	9 107	7 307
改　　建	258 921	90 168	163 174	5 579	3 579
单纯建造生活设施	45 712	44 192	—	1 520	1 520
迁　　建	29 100	21 636	6 830	634	634
恢　　复	869	—	869	—	—
单 纯 购 置	51 802	22 759	26 361	2 682	2 182
按开发区分					
国务院批准的	66 227	17 937	48 290	—	—
省 批 准 的	31 445	10 280	21 165	—	—
省以下批准的	34 782	7 657	27 125	—	—
不属于开发区的项目	104 322	61 612	42 633	77	77
按国民经济行业分:					
农、林、牧、渔业	16 450	13 230	1 590	1 630	1 630
采　掘　业	348	—	348	—	—
制　造　业	294 226	95 374	181 835	17 017	15 917
电力、煤气及水生产和供应业	103 463	73 460	30 003	—	—
建　筑　业	13 548	12 527	216	805	805

3—5 续表　　(2000 年)　　计量单位:万元

指标名称	总计	基本建设	更新改造	其他投资	城镇集体
地质勘查业、水利管理业	61 178	58 553	2 625	—	—
交通运输、仓储及邮电通讯业	74 230	49 896	23 067	1 267	1 267
批发和零售贸易、餐饮业	114 732	56 914	14 045	43 773	39 473
金融、保险业	10 498	9 998	—	500	—
房地产业	10 577	10 577	—	—	—
社会服务业	177 022	166 126	800	10 096	2 946
卫生、体育和社会福利业	26 200	19 678	1 492	5 030	4 630
教育、文化艺术和广播影视业	59 308	51 920	313	7 075	274
科学研究和综合技术服务业	7 943	7 943	—	—	—
国家、政党机关和社会团体	27 076	22 040	230	4 806	4 806
其他行业	28 618	24 685	—	3 933	3 933
本年新增固定资产	672 172	404 667	191 857	75 648	57 897
本年施工房屋面积	3 332 848	2 654 200	147 975	530 673	484 573
#住宅	1 135 246	865 853	10 516	258 877	258 877
本年竣工房屋面积	1 316 223	869 863	69 505	376 855	330 755
#住宅	537 647	391 380	—	146 267	146 267
本年竣工房屋价值	125 100	87 537	5 891	31 672	26 522
#住宅	41 199	32 961	—	8 238	8 238
施工项目个数(个)	566	296	176	94	84
#本年新开工	294	127	98	69	65
本年投产项目个数	189	76	61	52	50
本年资金来源	1 033 621	665 442	268 055	100 124	78 873
本年各项应付款	121 476	112 696	5 400	3 380	3 380
#工程款	77 675	75 580	1 530	565	565

全市房地产开发情况

3—6　　(2000年)　　计量单位:万元

指标名称	总计	1.按经济类型分		
		国有经济	集体经济	其他经济
企业(单位)个数(个)	82	27	5	50
#亏损企业个数	46	11	3	32
自开始建设累计完成投资	439 485	91 168	19 281	329 036
自开始建设累计新增固定资产	207 888	59 011	8 346	140 531
本年完成投资	232 623	56 208	8 797	167 618
#商品房建设投资额	183 166	38 657	7 497	137 012
土地开发投资额	38 427	7 821	1 000	29 606
按构成分				
建筑工程	148 526	31 836	3 077	113 613
安装工程	12 430	2 906	2 100	7 424
设备工器具购置	5 288	102	—	5 186
其他费用	66 379	21 364	3 620	41 395
#土地购置费	38 755	16 146	—	22 609
按工程用途分				
住宅	138 045	36 456	4 533	97 056
办公楼	6 982	896	1 144	4 942
商业营业用房	33 326	3 609	—	29 717
其他	54 270	15 247	3 120	35 903
本年新增固定资产	145 958	54 236	8 346	83 376
本年完成开发土地面积(平方米)	534 060	186 111	—	347 949
正在开发的土地面积(平方米)	393 624	36 666	80 000	276 958
待开发土地面积(平方米)	405 176	6 776	—	398 400
本年购置土地面积(平方米)	400 192	166 630	—	233 562
本年资金来源	342 178	84 043	16 378	241 757

3—6 续表 1　　(2000 年)　　计量单位:万元

指 标 名 称	总 计	1.按经济类型分(续)		
		国有经济	集体经济	其他经济
本年各项应付款合计	48 415	4 572	422	43 421
#工　程　款	40 657	1 761	422	38 474
设备、器材款	1 948	369	—	1 579
竣工房屋住宅套数(套)	7 792	3 660	632	3 500
年平均从业人员数(人)	4 641	1 559	169	2 913
年末从业人员数(人)	4 754	1 539	173	3 042
全年从业人员劳动报酬(万元)	4 571	1 518	169	2 884
空置面积中:空置一年以下	190 981	97 395	3 519	90 067
空置一年以上	32 159	849	11 405	19 905
实收资本合计	104 356	25 378	8 358	70 620
年末资产负债情况				
资 产 总 计	634 058	212 729	40 010	381 319
固定资产累计折旧	7 955	3 892	1 763	2 300
#本 年 折 旧	1 823	736	344	743
负 债 总 计	504 550	179 168	31 355	294 027
所有者权益合计	129 508	33 561	8 655	87 292
损 益 情 况				
经营收入总计	214 854	95 626	4 721	114 507
土地转让收入	3 511	3 511	—	—
商品房屋销售收入	179 058	78 905	4 411	95 742
#销售给个人	61 411	22 302	1 656	37 453
商品住宅销售收入	169 588	70 455	4 411	94 722
#销售给个人	61 411	22 302	1 656	37 453
房屋出租收入	1 243	779	43	421

3—6 续表 2　　(2000 年)　　计量单位:万元

指标名称	总计	1.按经济类型分(续)		
		国有经济	集体经济	其他经济
其他收入	31 042	12 431	267	18 344
经营成本	179 467	85 734	3 025	90 708
销售费用	7 114	1 846	398	4 870
经营税金及附加	8 349	1 965	556	5 828
其他业务利润	－6	185	—	－191
管理费用及财务费用	16 377	6 667	734	8 976
投资收益及营业外收入	675	603	—	72
营业外支出	3 033	1 993	4	1 036
利润总额	1 183	－1 791	4	2 970
施工房屋面积(平方米)	3 262 015	830 996	258 424	2 172 595
住宅	2 703 437	765 773	253 424	1 684 240
办公楼	105 961	11 588	5 000	89 373
商业营业用房	388 741	34 486	—	354 255
其他	63 876	19 149	—	44 727
本年新开工房屋面积(平方米)	1 437 238	444 032	163 023	830 183
住宅	1 271 689	399 441	163 023	709 225
办公楼	30 218	3 300	—	26 918
商业营业用房	96 744	31 396	—	65 348
其他	38 587	9 895	—	28 692
竣工房屋面积(平方米)	1 100 703	569 758	76 201	454 744
住宅	992 448	545 008	76 201	371 239
办公楼	20 177	10 632	—	9 545
商业营业用房	76 670	4 864	—	71 806
其他	11 408	9 254	—	2 154
竣工房屋价值	137 576	51 068	8 346	78 162
住宅	117 206	48 566	8 346	60 294

3—6 续表 3　　(2000 年)　　计量单位:万元

指标名称	总计	1.按经济类型分(续)		
		国有经济	集体经济	其他经济
办公楼	2 609	1 153	—	1 456
商业营业用房	16 215	539	—	15 676
其他	1 546	810	—	736
商品房实际销售面积(平方米)	691 268	311 191	61 892	318 185
#个人	359 063	185 978	14 199	158 886
住宅	663 714	303 107	61 422	299 185
#个人	348 387	185 978	14 199	148 210
商业营业用房	27 084	8 084	—	19 000
其他	470	—	470	—
商品房预售面积(平方米)	357 920	167 070	27 265	163 585
#个人	179 171	99 936	15 920	63 315
住宅	344 350	167 070	27 265	150 015
#个人	172 236	99 936	15 920	56 380
商业营业用房	13 270	—	—	13 270
其他	300	—	—	300
商品房空置面积(平方米)	223 140	98 244	14 924	109 972
住宅	160 492	87 364	8 007	65 121
商业营业用房	53 903	4 100	6 500	43 303
其他	3 535	2 980	417	138
商品房出租面积(平方米)	58 600	39 833	1 303	17 464
住宅	26 875	21 475	—	5 400
商业营业用房	31 725	18 358	1 303	12 064
其他	—	—	—	—
商品房实际销售额	119 159	37 956	13 000	68 203
住宅	111 835	35 674	12 958	63 203
#个人	61 089	21 630	3 282	36 177
商业营业用房	7 282	2 282	—	5 000
其他	42	—	42	—

3—6 续表 4　　(2000 年)　　计量单位:万元

指标名称	2.按隶属关系分				
	中央	省	地区	县	其他
企业(单位)个数(个)	1	9	31	30	11
#亏损企业个数	1	4	18	14	9
自开始建设累计完成投资	718	144 789	144 222	98 609	51 147
自开始建设累计新增固定资产	—	97 154	54 209	47 687	8 838
本年完成投资	718	45 265	93 730	69 717	23 193
#商品房建设投资额	435	41 812	63 656	56 443	20 820
土地开发投资额	283	2 153	20 344	13 274	2 373
按构成分					
建筑工程	668	38 424	54 591	40 007	14 836
安装工程	—	2 100	5 225	5 105	—
设备工器具购置	—	200	2 307	2 781	—
其他费用	50	4 541	31 607	21 824	8 357
#土地购置费	—	2 692	26 380	8 383	1 300
按工程用途分					
住宅	668	36 467	53 326	27 979	19 605
办公楼	—	1 144	1 849	2 777	1 212
商业营业用房	—	2 437	10 734	20 150	5
其他	50	5 217	27 821	18 811	2 371
本年新增固定资产	—	55 294	50 775	31 262	8 627
本年完成开发土地面积(平方米)	22 085	255 333	123 298	124 245	9 099
正在开发的土地面积(平方米)	—	230 000	105 571	6 666	51 387
待开发土地面积(平方米)	—	350 000	45 176	—	10 000
本年购置土地面积(平方米)	—	48 983	208 544	136 239	6 426
本年资金来源	1 215	73 976	140 889	80 860	45 238

3—6 续表 5　　(2000 年)　　计量单位:万元

指 标 名 称	2.按 隶 属 关 系 分(续)				
	中 央	省	地 区	县	其 他
本年各项应付款	206	7 771	20 705	11 817	7 916
#工 程 款	151	5 859	18 871	9 309	6 467
设备、器材款	55	220	1 641	32	—
竣工房屋住宅套数(套)	—	2 786	2 765	1 623	618
年平均从业人员数(人)	17	1 116	1 840	1 177	491
年末从业人员数(人)	17	1 136	1 888	1 177	536
全年从业人员劳动报酬(万元)	23	1 163	1 773	1 165	447
空置面积中:空置一年以下	—	23 826	94 502	63 286	9 367
空置一年以上	—	11 039	5 307	15 813	—
实收资本合计	500	27 091	42 557	21 433	12 775
年末资产负债情况					
资 产 总 计	2 141	163 214	262 265	148 711	57 727
固定资产累计折旧	2	1 235	3 450	3 001	267
#本 年 折 旧	1	374	711	649	88
负 债 总 计	2 120	120 668	217 417	117 261	47 084
所有者权益合计	21	42 546	44 848	31 450	10 643
损 益 情 况					
经营收入总计	—	71 122	95 593	39 960	8 179
土地转让收入	—	—	—	3 511	—
商品房屋销售收入	—	69 410	82 719	19 970	6 959
#销售给个人	—	16 569	25 636	14 078	5 128
商品住宅销售收入	—	69 410	73 551	19 668	6 959
#销售给个人	—	16 569	25 636	14 078	5 128
房屋出租收入	—	96	716	431	—

3—6 续表 6　　(2000 年)　　计量单位:万元

指标名称	2.按隶属关系分(续)				
	中央	省	地区	县	其他
其他收入	—	1 616	12 158	16 048	1 220
经营成本	—	56 237	83 349	33 396	6 485
销售费用	13	3 946	1 445	1 306	404
经营税金及附加	—	4 043	2 531	1 199	576
其他业务利润	—	-183	168	9	—
管理费用及财务费用	226	4 673	6 607	3 797	1 074
投资收益及营业外收入	—	69	503	102	1
营业外支出	—	310	2 251	371	101
利润总额	-239	1 799	81	2	-460
施工房屋面积(平方米)	31 589	754 055	1 248 271	822 009	406 091
住宅	31 589	695 940	1 093 160	507 758	374 990
办公楼	—	5 000	24 118	59 425	17 418
商业营业用房	—	16 168	109 424	254 786	8 363
其他	—	36 947	21 569	40	5 320
本年新开工房屋面积(平方米)	31 589	454 347	334 778	435 226	181 298
住宅	31 589	428 578	296 151	350 811	164 560
办公楼	—	—	2 200	16 600	11 418
商业营业用房	—	2 397	26 532	67 815	—
其他	—	23 372	9 895	—	5 320
竣工房屋面积(平方米)	—	320 184	425 849	289 640	65 030
住宅	—	311 920	410 833	212 938	56 757
办公楼	—	—	8 742	3 300	8 135
商业营业用房	—	3 268	—	73 402	—
其他	—	4 996	6 274	—	138
竣工房屋价值	—	50 837	47 535	30 577	8 627
住宅	—	48 665	46 119	15 142	7 280

3—6 续表 7　　　　(2000 年)　　　　计量单位:万元

指标名称	2.按隶属关系分(续)				
	中央	省	地区	县	其他
办公楼	—	—	914	396	1 299
商业营业用房	—	1 176	—	15 039	—
其他	—	996	502	—	48
商品房实际销售面积(平方米)	—	178 707	272 351	181 661	58 549
#个人	—	32 356	134 218	144 540	47 949
住宅	—	178 707	265 067	161 391	58 549
#个人	—	32 356	134 218	144 540	37 273
商业营业用房	—	—	7 284	19 800	—
其他	—	—	—	470	—
商品房预售面积(平方米)	—	149 195	139 912	38 657	30 156
#个人	—	50 850	68 478	31 348	28 495
住宅	—	148 895	135 612	31 348	28 495
#个人	—	50 850	61 543	31 348	28 495
商业营业用房	—	—	4 300	7 309	1 661
其他	—	300	—	—	—
商品房空置面积(平方米)	—	34 865	99 809	79 099	9 367
住宅	—	31 885	86 899	32 479	9 229
商业营业用房	—	2 980	11 000	42 903	—
其他	—	5 400	—	417	138
商品房出租面积(平方米)	—	5 400	28 817	24 383	—
住宅	—	—	21 475	—	—
商业营业用房	—	—	7 342	24 383	—
其他	—	39 622	—	—	—
商品房实际销售额	—	39 622	43 616	24 806	11 115
住宅	—	39 622	40 616	20 482	11 115
#个人	—	10 447	24 443	17 131	9 068
商业营业用房	—	—	3 000	4 282	—
其他	—	—	—	42	—

3—6 续表 8　　(2000 年)　　计量单位:万元

指标名称	3.资质等级分				
	一级	二级	三级	四级	无级
企业(单位)个数(个)	1	6	26	45	4
# 亏损企业个数	—	2	18	24	2
自开始建设累计完成投资	2 383	83 026	169 799	128 909	55 368
自开始建设累计新增固定资产	2 149	48 474	46 109	76 300	34 856
本年完成投资	2 124	34 726	89 569	83 459	22 745
# 商品房建设投资额	2 124	23 226	75 322	59 749	22 745
土地开发投资额	—	1 500	14 247	22 680	—
按构成分					
建筑工程	2 124	21 616	58 341	44 092	22 353
安装工程	—	800	5 361	6 269	—
设备工器具购置	—	200	3 463	1 573	52
其他费用	—	12 110	22 404	31 525	340
# 土地购置费	—	11 500	12 021	15 234	—
按工程用途分					
住宅	673	20 876	60 382	45 158	10 956
办公楼	—	486	3 531	1 899	1 066
商业营业用房	—	1 349	10 973	11 162	9 842
其他	1 451	12 015	14 683	25 240	881
本年新增固定资产	1 135	30 874	31 893	71 460	10 596
本年完成开发土地面积(平方米)	—	200 000	140 262	193 798	—
正在开发的土地面积(平方米)	—	200 000	117 100	76 524	—
待开发土地面积(平方米)	—	350 000	45 176	10 000	—
本年购置土地面积(平方米)	—	72 556	129 307	198 329	—
本年资金来源	4 598	74 496	132 453	108 334	—

3—6 续表 9　　(2000 年)　　计量单位:万元

指标名称	3.按资质等级分(续)				
	一级	二级	三级	四级	无级
本年各项应付款合计	98	4 200	28 914	10 833	4 370
#其中:工程款	98	4 200	25 379	6 810	4 370
设备、器材款	—	200	1 382	366	—
竣工房屋住宅套数(套)	84	1 480	2 039	3 809	380
年平均从业人员数(人)	146	1 144	1 519	1 596	136
年末从业人员数(人)	147	1 137	1 601	1 733	136
全年从业人员劳动报酬(万元)	167	1 228	1 424	1 543	209
空置面积中:空置一年以下	—	35 133	16 998	131 718	7 132
空置一年以上	—	7 000	849	21 120	3 190
实收资本合计	5 000	26 416	34 407	32 254	6 279
年末资产负债情况					
资产总计	58 506	151 745	215 871	180 548	27 388
固定资产累计折旧	2 118	1 685	1 294	2 682	176
#本年折旧	446	387	328	626	36
负债总计	49 849	106 231	181 404	145 765	21 301
所有者权益合计	8 657	45 514	34 467	34 783	6 087
损益情况					
经营收入总计	9 769	75 184	42 939	74 450	12 512
土地转让收入	—	3 119	392	—	—
商品房屋销售收入	8 187	68 764	31 553	58 048	12 506
#销售给个人	1 922	5 834	28 018	14 962	10 675
商品住宅销售收入	8 178	60 505	31 553	56 846	12 506
#销售给个人	1 922	5 834	28 018	14 962	10 675
房屋出租收入	382	157	120	584	—
其他收入	1 200	3 144	10 874	15 818	6
经营成本	6 852	62 857	33 375	66 907	9 476

3—6 续表 10　　(2000 年)　　计量单位:万元

指标名称	3.按资质等级分(续)				
	一级	二级	三级	四级	无级
销售费用	81	2 136	2 153	1 894	850
经营税金及附加	276	3 500	2 525	1 459	589
其他业务利润	—	- 183	11	178	- 12
管理费用及财务费用	954	4 410	4 870	5 317	826
投资收益及营业外收入	40	560	73	1	1
营业外支出	1 600	561	786	83	3
利润总额	46	2 097	- 686	- 1 031	757
施工房屋面积(平方米)	33 977	564 692	1 418 474	997 368	247 504
住宅	20 435	530 628	1 199 107	816 643	136 624
办公楼	—	3 300	63 825	25 536	13 300
商业营业用房	—	13 464	142 842	142 683	89 752
其他	13 542	17 300	12 700	12 506	7 828
本年新开工房屋面积(平方米)	24 507	442 092	499 943	346 950	123 746
住宅	17 239	416 628	444 720	296 876	96 226
办公楼	—	3 300	9 171	4 447	13 300
商业营业用房	—	4 864	41 732	42 000	8 148
其他	7 268	17 300	4 320	3 627	6 072
竣工房屋面积(平方米)	14 183	160 164	265 272	622 205	38 879
住宅	7 909	151 700	254 019	544 925	33 895
办公楼	—	3 300	8 135	8 742	—
商业营业用房	—	4 864	—	68 538	3 268
其他	6 274	300	3 118	—	1 716
竣工房屋价值	1 135	29 359	29 334	67 152	10 596
住宅	633	28 354	27 679	51 738	8 802
办公楼	—	396	1 299	914	—
商业营业用房	—	539	—	14 500	1 176
其他	502	70	356	—	618

3—6 续表 11 (2000 年) 计量单位:万元

指标名称	3.按资质等级分(续)				
	一级	二级	三级	四级	无级
商品房实际销售面积(平方米)	18 037	138 824	198 380	309 717	26 310
#个人	18 037	29 243	145 381	150 692	15 710
住宅	18 037	138 824	198 380	282 163	26 310
#个人	18 037	29 243	145 381	140 016	15 710
商业营业用房	—	—	—	27 084	—
其他	—	—	—	470	—
商品房预售面积(平方米)	2 979	92 000	93 139	159 157	10 645
#个人	—	5 000	75 833	87 693	10 645
住宅	2 979	91 700	87 178	151 848	10 645
#个人	—	5 000	75 833	80 758	10 645
商业营业用房	—	—	5 961	7 309	—
其他	—	300	—	—	—
商品房空置面积(平方米)	—	42 133	17 847	152 838	10 322
住宅	—	34 733	14 729	100 708	10 322
商业营业用房	—	4 100	—	49 803	—
其他	—	—	3 118	417	—
商品房出租面积(平方米)	9 964	16 066	1 138	31 432	—
住宅	3 922	5 400	—	17 553	—
商业营业用房	6 042	10 666	1 138	13 879	—
其他	—	—	—	—	—
商品房实际销售额	2 155	27 385	39 603	41 294	8 722
住宅	2 155	27 385	39 603	33 970	8 722
#个人	2 155	5 151	30 247	16 651	6 885
商业营业用房	—	—	—	7 282	—
其他	—	—	—	42	—

农村非农户固定资产投资情况

3—7 (2000年) 计量单位:万元

指标名称	总计	非农户固定资产投资	集体	联营	行政事业及社会群众团体
一、本年新增固定资产原值	882 651	841 336	510 366	179 551	41 315
二、本年固定资产投资完成额	905 445	862 639	522 881	181 915	42 806
(一)按投资来源分					
国内贷款	100 475	98 660	58 946	17 197	1 815
群众集资	79 948	76 636	45 852	13 392	3 312
国家资金	23 432	21 776	17 438	1 940	1 656
利用外资	11 814	11 814	7 809	60	—
自筹资金	689 776	653 753	392 836	149 326	36 023
(二)按投资构成分					
建筑工程	321 202	298 457	181 040	62 555	22 745
#住宅	22 644	21 394	17 882	1 958	1 250
安装工程	55 753	54 945	39 445	6 245	808
设备工器具购置	376 864	370 739	210 003	87 567	6 125
其它	151 626	138 498	92 393	25 548	13 128
(三)按投资行业分					
农业	114 400	110 408	69 898	21 614	3 992
采掘业	17 115	16 997	7 541	3 966	118
制造业	412 719	412 719	218 398	113 298	—
电力煤气及水的生产和供应业	25 558	21 378	17 408	490	4 180
建筑业	39 286	38 309	31 348	3 790	977
交通运输业	42 260	36 728	26 294	6 681	5 532
邮电通讯业	5 120	4 690	3 970	610	430
批发零售贸易餐饮业	115 698	115 010	72 262	16 886	688
社会服务业	56 943	50 830	38 660	5 137	6 113
文化教育事业	17 796	10 516	7 550	1 535	7 280
卫生体育社会福利事业	6 571	4 356	4 056	300	2 215
三、本年施工房屋面积(平方米)	4 866 210	4 666 784	3 660 591	596 558	199 426
#住宅	1 370 193	1 343 843	1 198 144	112 822	26 350
四、本年竣工房屋面积	4 236 806	4 066 060	3 0790 197	593 858	170 746
#住宅	1 843 813	1 821 813	1 681 424	112 372	22 000
五、本年竣工房屋投资完成额	434 963	426 064	221 212	179 661	8 899
#住宅	149 049	147 799	97 533	48 660	1 250

全市主营建筑业企业生产情况

3—8

(2000 年)

指标名称	计量单位	总计	按经济类型分组		
			国有经济	集体经济	其他经济
建筑企业个数	个	230	60	111	59
建筑业总产值	千元	9 913 749	6 386 239	1 357 828	2 169 682
1.建筑工程	千元	8 404 652	5 049 108	1 258 937	2 096 607
2.安装工程	千元	1 421 331	1 279 910	78 648	62 773
3.房屋构筑物修理	千元	28 226	270	19 854	8 102
4.非标准设备制造	千元	59 540	56 951	389	2 200
本年竣工工程产值	千元	7 686 050	5 616 579	832 261	1 237 210
单位工程施工个数	个	4 748	2 740	963	1 045
#本年新开工个数	个	2 629	1 460	643	526
#投标承包个数	个	3 645	1 950	736	959
#本年新开工	个	2 066	1 136	458	472
单位工程竣工个数	个	2 238	1 154	598	486
#竣工优良工程个数	个	1 225	761	186	278
房屋建筑施工面积	平方米	1 310 745	4 352 448	3 730 905	5 018 392
#本年新开工面积	平方米	642 164	2 009 869	1 819 936	2 590 359
#投标承包面积	平方米	11 347 159	4 220 820	2 629 282	4 497 057
#本年新开工	平方米	5 905 032	1 918 267	1 607 521	2 379 244
房屋建筑竣工面积	平方米	5 630 544	1 931 823	1 444 812	2 253 909
1.厂房	平方米	428 473	240 575	94 107	93 791
2.住宅	平方米	3 548 076	1 169 596	963 211	1 415 269
3.办公用房	平方米	477 293	150 806	141 610	184 877
4.商业、居民服务业用房	平方米	432 610	126 110	74 717	231 783
5.文化教育用房	平方米	278 528	78 654	100 071	99 803
6.医疗用房	平方米	106 430	3 228	19 941	83 261
7.科研用房	平方米	4 460	4 295	—	165
8.其他用房	平方米	354 674	158 559	51 155	144 960
#优良房屋工程竣工面积	平方米	3 123 025	1 114 505	543 162	1 465 358
自有机械设备年末总台数	台	58 187	25 745	19 333	13 109
自有机械设备年末总功率	千瓦	800 652	375 782	183 506	241 364
#施工机械功率	千瓦	636 956	281 511	149 730	205 715
自有机械设备净值	千元	1 211 889	866 172	192 807	152 910
计算劳动生产率的平均人数	人	153 087	72 332	41 196	39 559
企业年末从业人数	人	140 708	64 024	40 384	36 300
#工程技术人员	人	25 114	11 335	3 857	9 922
企业总产值	千元	10 184 975	6 580 197	1 364 391	2 240 387
期末累计拖欠工程款	千元	2 036 584	1 290 577	209 970	536 037
#竣工拖欠	千元	818 611	433 769	127 653	257 189
一次交验合格的竣工个数	个	1 909	904	556	449
一次交验合格的竣工面积	平方米	5 233 739	1 861 212	1 384 638	1 987 889

3—8 续表 1

(2000 年)

指标名称	计量单位	按国民经济行业分组			
		土木工程建筑业	房屋	线路管道安装及设备安装业	装修装饰业
建筑企业个数	个	197	175	20	13
建筑业总产值	千元	8 604 163	5 628 558	1 072 238	237 348
1.建筑工程	千元	7 780 323	5 463 123	389 990	234 339
2.安装工程	千元	780 743	136 641	637 579	3 009
3.房屋构筑物修理	千元	28 226	27 956	—	—
4.非标准设备制造	千元	14 871	838	44 669	—
本年竣工工程产值	千元	6 842 618	3 765 585	751 712	91 720
单位工程施工个数	个	3 693	2 896	1 055	—
#本年新开工个数	个	2 091	1 570	538	—
#投标承包个数	个	3 254	2 598	391	—
#本年新开工	个	1 807	1 371	259	—
单位工程竣工个数	个	1 863	1 534	375	—
#竣工优良工程个数	个	1 039	771	186	—
房屋建筑施工面积	平方米	13 079 984	12 791 119	21 761	—
#本年新开工面积	平方米	6 413 211	6 299 321	6 953	—
#投标承包面积	平方米	11 332 482	11 088 099	14 677	—
#本年新开工	平方米	5 898 079	5 797 889	6 953	—
房屋建筑竣工面积	平方米	5 616 251	5 464 842	14 293	—
1.厂房	平方米	426 123	309 372	2 350	—
2.住宅	平方米	3 541 162	3 533 048	6 914	—
3.办公用房	平方米	477 273	477 273	20	—
4.商业、居民服务业用房	平方米	427 601	426 823	5 009	—
5.文化教育用房	平方米	278 528	268 636	—	—
6.医疗用房	平方米	106 430	103 202	—	—
7.科研用房	平方米	4 460	4 460	—	—
8.其他用房	平方米	354 674	342 028	—	—
#优良房屋工程竣工面积	平方米	3 120 825	3 005 540	2 200	—
自有机械设备年末总台数	台	52 941	41 889	4 488	758
自有机械设备年末总功率	千瓦	728 744	521 646	65 092	6 816
#施工机械功率	千瓦	594 603	422 483	37 305	5 048
自有机械设备净值	千元	1 113 233	461 327	67 256	31 400
计算劳动生产率的平均人数	人	136 626	109 501	15 015	1 446
企业年末从业人数	人	127 523	103 505	11 848	1 337
#工程技术人员	人	21 708	17 926	3 073	333
企业总产值	千元	8 787 297	5 767 777	1 160 330	237 348
期末累计拖欠工程款	千元	1 673 593	1 417 850	332 193	30 798
#竣工拖欠	千元	686 032	525 592	109 109	23 470
一次交验合格的竣工个数	个	1 580	1 325	329	—
一次交验合格的竣工面积	平方米	5 219 616	5 069 507	14 123	—

3—8 续表 2　　(2000 年)

指标名称	计量单位	按隶属关系分组			
		中央	地方	省属	市属
建筑企业个数	个	19	211	23	19
建筑业总产值	千元	2 865 546	7 048 203	2 971 727	1 300 374
1.建筑工程	千元	1 857 603	6 547 049	2 640 453	1 270 891
2.安装工程	千元	1 003 233	418 098	278 763	21 499
3.房屋构筑物修理	千元	270	27 956	—	7 984
4.非标准设备制造	千元	4 440	55 100	52 511	—
本年竣工工程产值	千元	3 139 250	4 546 800	2 008 186	793 874
单位工程施工个数	个	1 484	3 264	1 083	594
#本年新开工个数	个	728	1 901	611	272
#投标承包个数	个	749	2 896	1 041	540
#本年新开工	个	457	1 609	577	242
单位工程竣工个数	个	569	1 669	460	245
#竣工优良工程个数	个	428	797	317	171
房屋建筑施工面积	平方米	941 929	12 159 816	2 925 047	2 680 094
#本年新开工面积	平方米	361 647	6 058 517	1 394 698	1 125 139
#投标承包面积	平方米	868 994	10 478 165	2 887 646	2 520 790
#本年新开工	平方米	357 705	5 547 327	1 387 972	1 060 240
房屋建筑竣工面积	平方米	333 982	5 296 562	1 094 948	938 594
1.厂房	平方米	93 810	334 663	108 737	7 860
2.住宅	平方米	116 361	3 431 715	728 307	596 272
3.办公用房	平方米	35 974	441 319	114 803	49 790
4.商业、居民服务业用房	平方米	5 787	426 823	27 205	155 730
5.文化教育用房	平方米	8 103	270 425	24 965	34 417
6.医疗用房	平方米	3 228	103 202	—	27 781
7.科研用房	平方米	—	4 460	4 460	—
8.其他用房	平方米	70 719	283 955	86 471	66 744
#优良房屋工程竣工面积	平方米	243 021	2 880 004	801 512	624 904
自有机械设备年末总台数	台	7 854	50 333	11 052	5 518
自有机械设备年末总功率	千瓦	136 485	664 167	206 486	104 318
#施工机械功率	千瓦	92 484	544 482	164 582	83 717
自有机械设备净值	千元	348 355	863 534	442 640	91 632
计算劳动生产率的平均人数	人	28 377	124 710	32 037	24 502
企业年末从业人数	人	23 762	116 946	30 213	20 445
#工程技术人员	人	4 943	20 171	5 488	3 230
企业总产值	千元	3 024 519	7 160 456	2 980 693	1 396 521
期末累计拖欠工程款	千元	259 324	1 777 260	983 965	418 610
#竣工拖欠	千元	152 045	666 566	233 823	208 975
一次交验合格的竣工个数	个	418	1 491	407	217

3—8 续表 3　　(2000 年)

指标名称	计量单位	按企业资质等级分组			
		一级	二级	三级	四级
建筑企业个数	个	24	61	60	85
建筑业总产值	千元	6 006 963	2 937 443	542 720	426 623
1.建筑工程	千元	4 711 875	2 831 103	468 626	393 048
2.安装工程	千元	1 234 273	94 164	61 614	31 280
3.房屋构筑物修理	千元	3 864	9 587	12 480	2 295
4.非标准设备制造	千元	56 951	2 589	—	—
本年竣工工程产值	千元	5 009 835	1 961 084	414 084	301 047
单位工程施工个数	个	2 410	1 373	429	536
#本年新开工个数	个	1 192	734	293	410
#投标承包个数	个	1 808	1 210	313	314
#本年新开工	个	986	648	205	227
单位工程竣工个数	个	810	728	309	391
#竣工优良工程个数	个	634	468	63	60
房屋建筑施工面积	平方米	4 569 307	6 399 506	1 101 385	1 031 547
#本年新开工面积	平方米	1 860 204	3 254 742	662 513	632 705
#投标承包面积	平方米	4 540 979	5 037 897	907 868	860 415
#本年新开工	平方米	1 870 204	2 932 727	584 381	517 720
房屋建筑竣工面积	平方米	1 447 493	2 964 470	719 528	500 053
1.厂房	平方米	206 484	187 341	16 986	17 662
2.住宅	平方米	815 831	1 829 343	570 916	331 986
3.办公用房	平方米	140 151	272 929	22 980	41 233
4.商业、居民服务业用房	平方米	54 474	318 278	18 569	41 289
5.文化教育用房	平方米	51 792	156 353	46 683	23 700
6.医疗用房	平方米	27 781	50 165	28 484	—
7.科研用房	平方米	4 295	165	—	—
8.其他用房	平方米	146 685	148 896	14 910	44 183
#优良房屋工程竣工面积	平方米	1 130 874	1 720 765	163 739	107 647
自有机械设备年末总台数	台	17 460	24 045	9 705	6 977
自有机械设备年末总功率	千瓦	298 965	343 833	85 178	72 676
#施工机械功率	千瓦	212 714	285 074	76 382	62 786
自有机械设备净值	千元	784 470	301 040	77 926	48 453
计算劳动生产率的平均人数	人	59 640	62 700	16 983	13 764
企业年末从业人数	人	49 197	59 421	16 338	15 752
#工程技术人员	人	9 298	8 988	1 789	5 039
企业总产值	千元	6 223 065	2 989 863	545 422	426 625
期末累计拖欠工程款	千元	1 476 083	450 595	53 123	56 783
#竣工拖欠	千元	484 098	266 819	37 568	30 126
一次交验合格的竣工个数	个	733	568	256	352
一次交验合格的竣工面积	平方米	1 362 750	2 781 697	611 296	477 996

3—8 续表 4　　(2000 年)

指标名称	计量单位	按企业规模(大中小)类型分组		
		大型	中型	小型
建筑企业个数	个	13	28	189
建筑业总产值	千元	4 429 340	2 976 591	2 507 818
1.建筑工程	千元	3 244 924	2 820 307	2 339 421
2.安装工程	千元	1 136 788	140 800	143 743
3.房屋构筑物修理	千元	270	5 502	22 454
4.非标准设备制造	千元	47 358	9 982	2 200
本年竣工工程产值	千元	4 592 943	1 474 480	1 618 627
单位工程施工个数	个	1 671	1 409	1 668
#本年新开工个数	个	692	821	1 116
#投标承包个数	个	1 184	1 199	1 262
#本年新开工	个	608	645	813
单位工程竣工个数	个	689	484	1 065
#竣工优良工程个数	个	569	324	332
房屋建筑施工面积	平方米	2 964 896	4 742 415	5 394 434
#本年新开工面积	平方米	1 161 583	2 072 114	3 186 467
#投标承包面积	平方米	2 935 181	3 502 550	4 909 428
#本年新开工	平方米	1 161 583	1 836 168	2 907 281
房屋建筑竣工面积	平方米	999 534	1 817 454	2 813 556
1.厂房	平方米	202 547	89 921	136 005
2.住宅	平方米	521 013	1 260 019	1 767 044
3.办公用房	平方米	121 841	78 564	276 888
4.商业、居民服务业用房	平方米	25 501	159 080	248 029
5.文化教育用房	平方米	29 445	93 894	155 189
6.医疗用房	平方米	—	11 770	94 660
7.科研用房	平方米	4 295	—	165
8.其他用房	平方米	94 892	124 206	135 576
#优良房屋工程竣工面积	平方米	769 299	1 133 570	1 220 156
自有机械设备年末总台数	台	11 067	19 294	27 826
自有机械设备年末总功率	千瓦	191 456	280 162	329 034
#施工机械功率	千瓦	130 203	236 132	270 621
自有机械设备净值	千元	575 416	402 914	233 559
计算劳动生产率的平均人数	人	40 411	51 195	61 481
企业年末从业人数	人	33 147	47 416	60 145
#工程技术人员	人	5 660	7 535	11 919
企业总产值	千元	4 587 358	3 068 324	2 529 293
期末累计拖欠工程款	千元	1 068 914	541 051	426 619
#竣工拖欠	千元	270 006	294 056	254 549
一次交验合格的竣工个数	个	528	444	937
一次交验合格的竣工面积	平方米	984 803	1 743 470	2 505 466

3—8 续表 5

(2000 年)

指标名称	计量单位	按登记注册类型分组				
		内资企业	国有企业	集体企业	港澳台商投资企业	外商投资企业
建筑企业个数	个	227	59	106	2	1
建筑业总产值	千元	9 863 078	5 635 598	1 326 905	25 491	25 180
1.建筑工程	千元	8 359 501	4 298 467	1 228 014	25 491	19 660
2.安装工程	千元	1 415 811	1 279 910	78 648	—	5 520
3.房屋构筑物修理	千元	28 226	270	19 854	—	—
4.非标准设备制造	千元	59 540	56 951	389	—	—
本年竣工工程产值	千元	7 652 380	4 879 404	810 752	26 560	7 110
单位工程施工个数	个	4 713	2 712	934	13	22
# 本年新开工个数	个	2 607	1 447	621	7	15
# 投标承包个数	个	3 620	1 924	707	13	12
# 本年新开工	个	2 047	1 123	442	7	12
单位工程竣工个数	个	2 224	1 133	579	6	8
# 竣工优良工程个数	个	1 217	740	186	3	5
房屋建筑施工面积	平方米	12 967 162	4 352 448	3 647 717	74 684	59 899
# 本年新开工面积	平方米	6 336 324	2 009 869	1 761 871	34 852	48 988
# 投标承包面积	平方米	11 223 811	4 220 820	2 556 576	74 684	48 664
# 本年新开工	平方米	5 821 516	1 918 267	1 549 456	34 852	48 664
房屋建筑竣工面积	平方米	5 595 331	1 931 823	1 391 585	25 833	9 380
1.厂房	平方米	428 473	240 575	94 107	—	—
2.住宅	平方米	3 514 131	1 169 596	926 114	25 054	8 891
3.办公用房	平方米	477 293	150 806	138 311	—	—
4.商业、居民服务业用房	平方米	432 286	126 110	74 717	—	324
5.文化教育用房	平方米	277 749	78 654	99 487	779	—
6.医疗用房	平方米	106 430	3 228	14 814	—	—
7.科研用房	平方米	4 295	4 295	—	—	165
8.其他用房	平方米	354 674	158 559	44 035	—	—
# 优良房屋工程竣工面积	平方米	3 110 245	1 114 505	543 162	8 791	3 989
自有机械设备年末总台数	台	57 811	25 019	18 494	305	71
自有机械设备年末总功率	千瓦	797 976	339 482	176 241	2 499	177
# 施工机械功率	千瓦	636 596	245 211	143 907	183	177
自有机械设备净值	千元	1 209 686	629 018	189 834	1 640	563
计算劳动生产率的平均人数	人	152 069	66 449	40 205	416	602
企业年末从业人数	人	139 744	60 115	39 509	444	520
# 工程技术人员	人	24 870	10 994	3 650	94	150
企业总产值	千元	10 134 304	5 828 679	1 333 468	1 500	25 180
期末累计拖欠工程款	千元	2 018 847	1 290 577	203 127	25 491	16 237
# 竣工拖欠	千元	808 664	433 769	121 010	800	9 147
一次交验合格的竣工个数	个	1 896	904	537	5	8
一次交验合格的竣工面积	平方米	5 199 305	1 861 212	1 346 059	25 054	9 380

市区主营建筑业企业生产情况

3—9

（2000 年）

指标名称	计量单位	总计	1.按经济类型分组		
			国有经济	集体经济	其他经济
建筑企业个数	个	94	38	29	27
建筑业总产值	千元	7 780 185	5 907 835	343 050	1 529 300
1.建筑工程	千元	6 384 385	4 592 806	318 277	1 473 302
2.安装工程	千元	1 327 390	1 257 808	21 686	47 896
3.房屋构筑物修理	千元	11 070	270	2 698	8 102
4.非标准设备制造	千元	57 340	56 951	389	—
本年竣工工程产值	千元	6 252 437	5 180 600	257 508	814 329
单位工程施工个数	个	3 398	2 488	255	655
#本年新开工个数	个	1 754	1 268	190	296
#投标承包个数	个	2 482	1 748	119	615
#本年新开工	个	1 362	1 002	81	279
单位工程竣工个数	个	1 430	966	195	269
#竣工优良工程个数	个	953	714	47	192
房屋建筑施工面积	平方米	8 325 457	3 499 246	1 260 232	3 565 979
#本年新开工面积	平方米	3 311 447	1 415 522	235 860	1 660 065
#投标承包面积	平方米	6 818 657	3 415 807	307 030	3 095 820
#本年新开工	平方米	3 111 058	1 407 920	217 688	1 485 450
房屋建筑竣工面积	平方米	2 925 722	1 277 705	264 065	1 383 952
1.厂房	平方米	278 475	229 592	34 537	14 346
2.住宅	平方米	1 753 791	631 328	191 700	930 763
3.办公用房	平方米	226 966	130 747	9 413	86 806
4.商业、居民服务业用房	平方米	305 308	108 862	15 786	180 660
5.文化教育用房	平方米	79 956	47 094	—	32 862
6.医疗用房	平方米	31 009	3 228	—	27 781
7.科研用房	平方米	4 460	4 295	—	165
8.其他用房	平方米	245 757	122 559	12 629	110 569
#优良房屋工程竣工面积	平方米	1 935 144	893 755	48 485	992 904
自有机械设备年末总台数	台	28 380	19 715	3 643	5 022
自有机械设备年末总功率	千瓦	512 085	332 103	41 496	138 486
#施工机械功率	千瓦	389 689	241 190	36 575	111 924
自有机械设备净值	千元	945 259	821 286	55 539	68 434
计算劳动生产率的平均人数	人	93 660	61 045	9 378	23 237
企业年末从业人数	人	80 485	52 606	8 907	18 972
#工程技术人员	人	15 075	10 078	795	4 202
企业总产值	千元	8 047 141	6 101 793	347 263	1 598 085
期末累计拖欠工程款	千元	1 756 350	1 264 437	44 819	447 094
#竣工拖欠	千元	646 616	411 181	29 590	205 845
一次交验合格的竣工个数	个	1 160	754	164	242
一次交验合格的竣工面积	平方米	2 657 527	1 256 044	244 507	1 156 976

3—9 续表 1　　(2000 年)

指标名称	计量单位	2.按国民经济行业分组			
		土木工程建筑业	房屋	线路管道安装及设备安装业	装修装饰业
建筑企业个数	个	69	52	14	11
建筑业总产值	千元	6 496 862	3 556 215	1 047 369	235 954
1.建筑工程	千元	5 760 530	3 478 288	389 990	233 865
2.安装工程	千元	710 391	66 289	614 910	2 089
3.房屋构筑物修理	千元	11 070	10 800	—	—
4.非标准设备制造	千元	14 871	838	42 469	—
本年竣工工程产值	千元	5 434 831	2 389 609	726 944	90 662
单位工程施工个数	个	2 423	1 667	975	—
# 本年新开工个数	个	1 290	807	464	—
# 投标承包个数	个	2 111	1 472	371	—
# 本年新开工	个	1 123	702	239	—
单位工程竣工个数	个	1 131	838	299	—
# 竣工优良工程个数	个	767	503	186	—
房屋建筑施工面积	平方米	8 303 696	8 023 931	21 761	—
# 本年新开工面积	平方米	3 304 494	3 195 404	6 953	—
# 投标承包面积	平方米	6 803 980	6 564 397	14 677	—
# 本年新开工	平方米	3 104 105	3 008 715	6 953	—
房屋建筑竣工面积	平方米	2 911 429	2 764 520	14 293	—
1.厂房	平方米	276 125	159 374	2 350	—
2.住宅	平方米	1 746 877	1 738 763	6 914	—
3.办公用房	平方米	226 946	226 946	20	—
4.商业、居民服务业用房	平方米	300 299	299 521	5 009	—
5.文化教育用房	平方米	79 956	70 064	—	—
6.医疗用房	平方米	31 009	27 781	—	—
7.科研用房	平方米	4 460	4 460	—	—
8.其他用房	平方米	245 757	237 611	—	—
# 优良房屋工程竣工面积	平方米	1 932 944	1 817 659	2 200	—
自有机械设备年末总台数	台	23 895	13 236	3 759	726
自有机械设备年末总功率	千瓦	453 352	252 409	52 066	6 667
# 施工机械功率	千瓦	359 197	192 642	25 593	4 899
自有机械设备净值	千元	852 076	208 747	62 293	30 890
计算劳动生产率的平均人数	人	77 850	51 590	14 451	1 359
企业年末从业人数	人	67 908	44 756	11 293	1 284
# 工程技术人员	人	11 865	8 206	2 890	320
企业总产值	千元	6 675 726	3 691 164	1 135 461	235 954
期末累计拖欠工程款	千元	1 395 340	11 151 577	330 212	30 798
# 竣工拖欠	千元	515 518	367 058	107 628	23 470
一次交验合格的竣工个数	个	907	668	253	—
一次交验合格的竣工面积	平方米	2 643 404	2 497 795	14 123	—

3—9 续表 2　　(2000 年)

指 标 名 称	计量单位	总 计	3.按隶属关系分组			
			中 央	地 方		
					省 属	市 属
建筑企业个数	个	94	19	75	23	19
建筑业总产值	千元	7 780 185	2 865 546	4 914 639	2 971 727	1 300 374
1.建 筑 工 程	千元	6 384 385	1 857 603	4 526 782	2 640 453	1 270 891
2.安 装 工 程	千元	1 327 390	1 003 233	324 157	278 763	21 499
3.房屋构筑物修理	千元	11 070	270	10 800	—	7 984
4.非标准设备制造	千元	57 340	4 440	52 900	52 511	—
本年竣工工程产值	千元	6 252 437	3 139 250	3 113 187	2 008 186	793 874
单位工程施工个数	个	3 398	1 484	1 914	1 083	594
#本年新开工个数	个	1 754	728	1 026	611	272
#投标承包个数	个	2 482	749	1 733	1 041	540
#本年新开工	个	1 362	457	905	577	242
单位工程竣工个数	个	1 430	569	861	460	245
#竣工优良工程个数	个	953	428	525	317	171
房屋建筑施工面积	平方米	8 325 457	941 929	7 383 528	2 925 047	2 680 094
#本年新开工面积	平方米	3 311 447	361 647	2 949 800	1 394 698	1 125 139
#投标承包面积	平方米	6 818 657	868 994	5 949 663	2 887 646	2 520 790
#本年新开工	平方米	3 111 058	357 705	2 753 353	1 387 972	1 060 240
房屋建筑竣工面积	平方米	2 925 722	333 982	2 591 740	1 094 948	938 594
1.厂　　房	平方米	278 475	93 810	184 665	108 737	7 860
2.住　　宅	平方米	1 753 791	116 361	1 637 430	728 307	596 272
3.办 公 用 房	平方米	226 966	35 974	190 992	114 803	49 790
4.商业、居民服务业用房	平方米	305 308	5 787	299 521	27 205	155 730
5.文化教育用房	平方米	79 956	8 103	71 853	24 965	34 417
6.医 疗 用 房	平方米	31 009	3 228	27 781	—	27 781
7.科 研 用 房	平方米	4 460	—	4 460	4 460	—
8.其 他 用 房	平方米	245 757	70 719	175 038	86 471	66 744
#优良房屋工程竣工面积	平方米	1 935 144	243 021	1 692 123	801 512	624 904
自有机械设备年末总台数	台	28 380	7 854	20 526	11 052	5 518
自有机械设备年末总功率	千瓦	512 085	136 485	375 600	206 486	104 318
#施工机械功率	千瓦	389 689	92 484	297 205	164 582	83 717
自有机械设备净值	千元	945 259	348 355	596 904	442 640	91 632
计算劳动生产率的平均人数	人	93 660	28 377	65 283	32 037	24 502
企业年末从业人数	人	80 485	23 762	56 723	30 213	20 445
#工程技术人员	人	15 075	4 943	10 132	5 488	3 230
企业总产值	千元	8 047 141	3 024 519	5 022 622	2 980 693	1 396 521
期末累计拖欠工程款	千元	1 756 350	259 324	1 497 026	983 965	418 610
#竣工拖欠	千元	646 616	152 045	494 571	233 823	208 975
一次交验合格的竣工个数	个	1 160	418	742	407	217

3—9 续表 3　　(2000 年)

指标名称	计量单位	4.按企业资质等级分组			
		一级	二级	三级	四级
建筑企业个数	个	24	31	23	16
建筑业总产值	千元	6 006 963	1 511 242	180 856	81 124
1.建筑工程	千元	4 711 875	1 466 208	143 228	63 074
2.安装工程	千元	1 234 273	38 347	37 628	17 142
3.房屋构筑物修理	千元	3 864	6 298	—	908
4.非标准设备制造	千元	56 951	389	—	—
本年竣工工程产值	千元	5 009 835	1 004 201	154 072	84 329
单位工程施工个数	个	2 410	674	153	161
#本年新开工个数	个	1 192	324	102	136
#投标承包个数	个	1 808	551	93	30
#本年新开工	个	986	293	56	27
单位工程竣工个数	个	810	359	115	146
#竣工优良工程个数	个	634	272	22	25
房屋建筑施工面积	平方米	4 569 307	3 332 037	347 155	76 958
#本年新开工面积	平方米	1 870 204	1 222 216	167 479	51 548
#投标承包面积	平方米	4 540 979	2 058 539	181 433	37 706
#本年新开工	平方米	1 870 204	1 117 601	89 347	33 906
房屋建筑竣工面积	平方米	1 447 493	1 182 599	243 450	52 180
1.厂　　房	平方米	206 484	71 841	—	150
2.住　　宅	平方米	815 831	671 416	232 524	34 020
3.办公用房	平方米	140 151	77 368	2 927	6 520
4.商业、居民服务业用房	平方米	54 474	239 535	1 509	9 790
5.文化教育用房	平方米	51 792	28 164	—	—
6.医疗用房	平方米	27 781	3 228	—	—
7.科研用房	平方米	4 295	165	—	—
8.其他用房	平方米	146 685	90 882	6 490	1 700
#优良房屋工程竣工面积	平方米	1 130 874	783 407	10 173	10 690
自有机械设备年末总台数	台	17 460	7 770	2 117	1 033
自有机械设备年末总功率	千瓦	298 965	183 157	18 799	11 164
#施工机械功率	千瓦	212 714	151 562	15 529	9 884
自有机械设备净值	千元	784 470	135 430	19 314	6 045
计算劳动生产率的平均人数	人	59 640	27 017	5 126	1 877
企业年末从业人数	人	49 197	25 190	4 400	1 698
#工程技术人员	人	9 298	4 895	623	259
企业总产值	千元	6 223 065	1 559 692	183 258	81 126
期末累计拖欠工程款	千元	1 476 083	248 525	28 352	3 390
#竣工拖欠	千元	484 098	140 851	19 377	2 290
一次交验合格的竣工个数	个	733	223	86	118
一次交验合格的竣工面积	平方米	1 362 750	1 092 195	151 872	50 710

3—9 续表 4 （2000 年）

指 标 名 称	计量单位	5.按企业规模(大中小)类型分组		
		大 型	中 型	小 型
建筑企业个数	个	13	16	65
建筑业总产值	千元	4 429 340	2 174 689	1 176 156
1.建 筑 工 程	千元	3 244 924	2 058 965	1 080 496
2.安 装 工 程	千元	1 136 788	100 240	90 362
3.房屋构筑物修理	千元	270	5 520	5 298
4.非标准设备制造	千元	47 358	9 982	—
本年竣工工程产值	千元	4 592 943	868 972	790 522
单位工程施工个数	个	1 671	1 042	685
#本年新开工个数	个	692	606	456
#投标承包个数	个	1 184	849	449
#本年新开工	个	608	469	448
单位工程竣工个数	个	689	293	285
#竣工优良工程个数	个	569	224	160
房屋建筑施工面积	平方米	2 964 896	3 193 910	2 166 651
#本年新开工面积	平方米	1 161 583	938 000	1 211 864
#投标承包面积	平方米	2 935 181	2 024 740	1 858 736
#本年新开工	平方米	1 161 583	909 454	1 040 021
房屋建筑竣工面积	平方米	999 534	791 126	1 135 062
1.厂 房	平方米	202 547	46 075	29 853
2.住 宅	平方米	521 013	473 889	758 889
3.办 公 用 房	平方米	121 841	32 321	72 804
4.商业、居民服务业用房	平方米	25 501	116 071	163 736
5.文化教育用房	平方米	29 445	25 702	24 809
6.医 疗 用 房	平方米	—	6 770	24 239
7.科 研 用 房	平方米	4 295	—	165
8.其 他 用 房	平方米	94 892	90 298	60 567
#优良房屋工程竣工面积	平方米	769 299	639 808	526 037
自有机械设备年末总台数	台	11 067	9 335	7 978
自有机械设备年末总功率	千瓦	191 456	204 278	116 351
#施工机械功率	千瓦	130 203	167 893	91 593
自有机械设备净值	千元	575 416	277 862	91 981
计算劳动生产率的平均人数	人	40 411	28 743	24 506
企业年末从业人数	人	33 147	24 795	22 543
#工程技术人员	人	5 660	5 035	4 380
企业总产值	千元	4 587 358	2 262 452	1 197 331
期末累计拖欠工程款	千元	1 068 914	467 138	220 298
#竣工拖欠	千元	270 006	259 412	117 198
一次交验合格的竣工个数	个	528	264	368
一次交验合格的竣工面积	平方米	984 803	765 186	907 538

3—9 续表 5　　(2000 年)

指标名称	计量单位	6.按登记注册类型分组				
		合计	内资企业		港澳台商投资企业	外商投资企业
			国有企业	集体企业		
建筑企业个数	个	91	37	27	2	1
建筑业总产值	千元	7 729 514	5 157 194	329 741	25 491	25 180
1.建筑工程	千元	6 339 234	3 842 165	304 968	25 491	19 660
2.安装工程	千元	1 321 870	1 257 808	21 686	—	5 520
3.房屋构筑物修理	千元	11 070	270	2 698	—	—
4.非标准设备制造	千元	57 340	56 951	389	—	—
本年竣工工程产值	千元	6 218 767	4 443 425	250 139	26 560	7 110
单位工程施工个数	个	3 363	2 460	253	13	22
#本年新开工个数	个	1 732	1 255	188	7	15
#投标承包个数	个	2 457	1 722	117	13	12
#本年新开工	个	1 343	989	79	7	12
单位工程竣工个数	个	1 416	945	194	6	8
#竣工优良工程个数	个	945	693	47	3	5
房屋建筑施工面积	平方米	8 190 874	3 499 246	1 242 743	74 684	59 899
#本年新开工面积	平方米	3 227 607	1 415 522	218 371	34 852	48 988
#投标承包面积	平方米	6 695 309	3 415 807	289 541	74 684	48 664
#本年新开工	平方米	3 027 542	1 407 920	200 199	34 852	48 664
房屋建筑竣工面积	平方米	2 890 509	1 277 705	246 576	25 833	9 380
1.厂房	平方米	278 475	229 592	34 537	—	—
2.住宅	平方米	1 719 846	631 328	177 052	25 054	8 891
3.办公用房	平方米	226 966	130 747	6 572	—	—
4.商业、居民服务业用房	平方米	304 984	108 862	15 786	—	324
5.文化教育用房	平方米	79 177	47 094	—	779	—
6.医疗用房	平方米	31 009	3 228	—	—	—
7.科研用房	平方米	4 295	4 295	—	—	165
8.其他用房	平方米	245 757	122 559	12 629	—	—
#优良房屋工程竣工面积	平方米	1 922 364	893 755	48 485	8 791	3 989
自有机械设备年末总台数	台	28 004	18 989	3 383	305	71
自有机械设备年末总功率	千瓦	509 409	295 803	37 546	2 499	177
#施工机械功率	千瓦	389 329	204 890	33 995	183	177
自有机械设备净值	千元	943 329	584 132	54 131	1 640	563
计算劳动生产率的平均人数	人	92 642	55 162	9 103	416	602
企业年末从业人数	人	79 521	48 697	8 755	444	520
#工程技术人员	人	14 831	8 737	723	94	150
企业总产值	千元	7 996 470	5 350 275	333 954	25 491	25 180
期末累计拖欠工程款	千元	1 738 613	1 264 437	41 617	1 500	16 237
#竣工拖欠	千元	636 669	411 181	26 588	800	9 147
一次交验合格的竣工个数	个	1 147	754	163	5	8
一次交验合格的竣工面积	平方米	2 623 093	1 256 044	241 666	25 054	9 380

全市主营建筑业企业财务情况

3—10　　(2000 年)　　计量单位:千元

指 标 名 称	总　计	1.按经济类型分组			
		国有经济	集体经济	镇、乡、村	其他经济
一、年末资产负债					
1.流动资产合计	7 579 850	5 907 922	587 483	83 764	1 084 445
#存　货	1 640 794	1 238 454	168 435	33 543	233 905
#在建工程	777 986	699 240	25 119	9 671	53 627
2.长期工程	335 590	292 239	18 026	3 335	25 325
3.固定资产合计	2 598 903	1 653 561	352 526	95 288	592 816
固定资产原价	3 606 031	2 465 760	432 310	118 108	707 961
#生产经营用	2 901 690	2 196 753	344 017	97 646	360 920
固定资产累计折旧	1 098 218	863 315	111 281	24 698	123 622
#本年折旧	182 785	136 638	18 940	4 356	27 207
4.专项工程	65 263	53 067	2 641	220	9 555
5.无形及递延资产合计	292 284	204 633	45 095	2 389	42 556
#无形资产	211 463	186 496	18 886	1 099	6 081
资产总计	10 903 829	8 135 037	1 011 948	185 416	1 756 844
流动负债合计	7 450 812	6 013 670	470 145	58 028	966 997
长期负债合计	225 626	181 730	26 054	1 495	17 842
负债总计	7 676 438	6 195 400	496 199	59 523	984 839
所有者权益合计	3 227 391	1 939 637	515 749	125 893	772 005
企业实收资本合计	2 103 386	1 119 309	428 751	101 587	555 326
二、损益及分配					
1.工程结算收入	8 766 848	5 709 917	1 305 062	365 685	1 751 869
2.工程结算成本	7 614 706	4 855 430	1 157 279	320 965	1 601 997
3.工程结算税金及附加	271 885	167 578	45 869	11 209	58 438
4.工程结算利润	880 257	686 909	101 914	33 511	91 434
5.其他业务收入	277 355	240 597	7 301	4 610	29 457
6.其他业务利润	34 668	24 487	1 541	930	8 640
7.管理费用	682 955	526 848	55 406	7 695	100 701
#税　金	12 699	6 937	2 209	875	3 553
财产保险费	2 869	2 284	120	38	465
劳动、待业保险费	121 092	104 417	1 384	208	15 291
8.财务费用	27 596	16 031	5 409	2 589	6 156
#利息(净)支出	21 170	13 270	3 469	1 683	4 431
9.营业利润	204 374	168 517	42 640	24 157	-6 783
10.利润总额(亏损为负)	116 747	83 965	41 750	24 060	-8 968
#应交所得税	85 368	65 869	12 933	7 864	6 566
三、工资、福利费					
本年应付工资总额	1 040 433	677 304	184 713	52 220	178 416
本年应付福利费总额	110 945	76 206	15 900	1 911	18 839

3—10 续表 1　　(2000 年)　　计量单位:千元

指 标 名 称	2.按国民经济行业分组			
	土木工程建筑业	房　屋	线路管道安装与设备安装业	装修装饰业
一、年末资产负债				
1.流动资产合计	6 316 883	3 113 973	1 167 265	95 702
#存　　货	1 502 277	681 372	108 121	30 396
#在建工程	750 707	185 304	7 506	19 773
2.长 期 工 程	316 329	85 533	18 740	521
3.固定资产合计	2 156 504	1 189 799	393 627	48 772
固定资产原价	3 003 458	1 565 392	541 546	61 027
#生产经营用	2 332 878	1 081 301	511 188	57 624
固定资产累计折旧	931 951	417 294	153 577	12 690
#本 年 折 旧	155 609	75 090	26 255	921
4.专 项 工 程	58 381	47 840	6 603	279
5.无形及递延资产合计	275 355	266 104	1 621	15 308
#无 形 资 产	201 123	197 538	1 134	9 206
资 产 总 计	9 154 280	4 727 513	1 588 709	160 840
流动负债合计	6 046 439	2 875 203	1 355 724	48 649
长期负债合计	230 252	160 405	－24 617	19 991
负 债 总 计	6 276 691	3 035 608	1 331 107	68 640
所有者权益合计	2 877 589	1 691 905	257 602	92 200
企业实收资本合计	1 829 907	1 280 683	195 390	78 089
二、损益及分配				
1.工程结算收入	7 513 926	5 137 566	1 041 079	211 843
2.工程结算成本	6 582 525	4 605 611	842 707	189 474
3.工程结算税金及附加	234 440	165 370	32 380	5 065
4.工程结算利润	696 961	366 585	165 992	17 304
5.其他业务收入	87 405	59 172	189 950	—
6.其他业务利润	19 866	14 569	14 802	—
7.管 理 费 用	549 965	302 976	121 773	11 217
#税　　金	9 385	7 949	3 170	144
财产保险费	2 330	1 027	539	—
劳动、待业保险费	98 967	59 170	21 930	195
8.财 务 费 用	24 618	26 545	1 406	1 572
#利息(净)支出	18 484	19 953	1 213	1 473
9.营 业 利 润	142 244	51 633	57 615	4 515
10.利润总额(亏损为负)	89 677	52 878	22 562	4 508
#应交所得税	66 368	22 579	18 387	613
三、工资、福利费				
本年应付工资总额	891 037	603 589	143 276	6 120
本年应付福利费总额	94 694	56 956	15 563	688

3—10续表2　　(2000年)　　计量单位:千元

指标名称	3.按隶属关系分组				
	中央	地方			
			省属	市属	县属
一、年末资产负债					
1.流动资产合计	2 206 081	5 373 769	3 253 093	1 139 789	725 784
#存　货	351 918	1 288 876	693 846	322 901	200 236
#在建工程	145 739	632 247	493 930	97 425	21 086
2.长期投资	169 853	165 737	87 096	7 146	55 591
3.固定资产合计	765 893	1 833 010	690 939	507 010	443 515
固定资产原价	1 142 616	2 463 415	1 109 582	580 878	541 303
#生产经营用	1 084 723	1 816 967	949 444	306 578	367 469
固定资产累计折旧	380 230	717 988	420 960	127 557	121 346
#本年折旧	78 759	104 026	49 139	21 308	22 635
4.专项工程	9 252	56 011	37 926	15 457	2 047
5.无形及递延资产合计	6 881	285 403	183 568	68 833	28 086
#无形资产	4 103	207 360	181 456	2 976	19 746
资产总计	3 163 931	7 739 898	4 267 953	1 739 672	1 263 389
流动负债合计	2 454 740	4 996 072	3 190 118	1 070 334	562 019
长期负债合计	86 443	139 183	59 816	44 825	31 967
负债总计	2 541 183	5 135 255	3 249 934	1 115 159	593 986
所有者权益合计	622 748	2 604 643	1 018 019	624 513	669 403
企业实收资本合计	451 182	1 652 204	575 562	268 478	556 272
二、损益及分配					
1.工程结算收入	2 861 720	5 905 128	2 216 408	1 203 414	1 817 020
2.工程结算成本	2 315 155	5 299 551	1 925 599	1 144 154	1 642 222
3.工程结算税金及附加	89 461	182 424	60 387	40 034	60 400
4.工程结算利润	457 104	423 153	230 422	19 226	114 398
5.其他业务收入	208 802	68 553	4 972	57 916	840
6.其他业务利润	14 194	20 474	667	18 131	722
7.管理费用	278 787	404 168	205 256	101 822	73 024
#税　金	3 312	9 387	3 288	1 740	2 564
财产保险费	1 453	1 416	793	393	146
劳动、待业保险费	31 206	89 886	62 374	22 296	3 743
8.财务费用	5 876	21 720	6 587	4 687	6 831
#利息(净)支出	4 196	16 974	6 433	6 191	2 165
9.营业利润	186 635	17 739	19 246	-69 152	35 265
10.利润总额(亏损为负)	110 582	6 165	11 913	-71 753	33 452
#应交所得税	56 304	29 064	9 227	1 379	7 645
三、工资、福利费					
本年应付工资总额	308 723	731 710	248 611	145 277	245 064
本年应付福利费总额	39 705	71 240	35 720	21 825	8 879

3—10 续表 3　　(2000 年)　　计量单位:千元

指 标 名 称	4.按企业资质等级分组			
	一 级	二 级	三 级	四 级
一、年末资产负债				
1.流动资产合计	6 024 953	1 181 853	244 624	128 420
#存　货	1 217 973	302 877	60 366	59 578
#在建工程	693 239	48 948	17 395	18 404
2.长 期 投 资	257 544	75 139	1 384	1 523
3.固定资产合计	1 661 458	672 526	165 869	99 050
固定资产原价	2 454 664	830 180	198 204	122 983
#生产经营用	2 102 802	545 159	153 785	99 944
固定资产累计折旧	834 568	183 388	50 492	29 770
#本 年 折 旧	131 643	37 087	8 386	5 669
4.专 项 工 程	53 982	8 141	2 596	544
5.无形及递延资产合计	200 884	67 167	21 832	2 401
#无 形 资 产	187 607	18 656	4 703	497
资 产 总 计	8 220 358	2 011 964	439 080	232 427
流动负债合计	6 168 723	1 003 977	188 937	89 175
长期负债合计	184 800	28 264	3 791	8 771
负 债 总 计	6 353 523	1 032 241	192 728	97 946
所有者权益合计	1 866 835	979 723	246 352	134 481
企业实收资本合计	1 052 012	764 977	178 181	108 216
二、损益及分配				
1.工程结算收入	5 345 290	2 521 565	497 132	402 861
2.工程结算成本	4 559 222	2 257 912	438 663	358 909
3.工程结算税金及附加	158 772	82 450	18 080	12 583
4.工程结算利润	627 296	181 203	40 389	31 369
5.其他业务收入	245 821	27 897	3 635	2
6.其他业务利润	29 583	4 433	651	1
7.管 理 费 用	509 006	129 942	28 286	15 721
#税　金	6 592	3 154	1 672	1 281
财产保险费	2 104	659	62	44
劳动、待业保险费	106 259	12 679	1 764	390
8.财 务 费 用	14 468	8 514	2 079	2 535
#利息(净)支出	15 823	2 787	1 270	1 290
9.营 业 利 润	133 405	47 180	10 675	13 114
10.利润总额(亏损为负)	45 632	46 115	11 830	13 170
#应交所得税	64 493	13 319	3 865	3 691
三、工资、福利费				
本年应付工资总额	560 780	351 051	70 580	58 022
本年应付福利费总额	72 977	32 366	3 303	2 299

3—10续表4　　(2000年)　　计量单位:千元

指标名称	5.按企业规模(大中小)类型分组		
	大型	中型	小型
一、年末资产负债			
1.流动资产合计	4 720 233	1 688 888	1 170 729
#存货	788 345	529 288	323 161
#在建工程	558 603	132 900	86 483
2.长期投资	254 325	57 940	23 325
3.固定资产合计	1 081 646	943 068	574 189
固定资产原价	1 732 209	1 160 957	712 865
#生产经营用	1 624 771	814 878	462 041
固定资产累计折旧	654 419	272 087	171 712
#本年折旧	93 483	58 455	30 847
4.专项工程	46 544	11 720	6 999
5.无形及递延资产合计	184 670	51 357	56 257
#无形资产	182 835	11 346	17 282
资产总计	6 307 792	2 758 629	1 837 408
流动负债合计	4 937 328	1 590 995	922 489
长期负债合计	116 380	82 572	26 674
负债总计	5 053 708	1 673 567	949 163
所有者权益合计	1 254 084	1 085 062	888 245
企业实收资本合计	665 131	761 093	677 162
二、损益及分配			
1.工程结算收入	3 852 883	2 865 442	2 048 523
2.工程结算成本	3 155 523	2 626 987	1 832 196
3.工程结算税金及附加	117 007	83 710	71 168
4.工程结算利润	580 353	154 745	145 159
5.其他业务收入	205 911	42 658	28 786
6.其他业务利润	14 353	7 014	13 301
7.管理费用	378 094	185 083	119 778
#税金	4 918	2 108	5 673
财产保险费	1 582	710	577
劳动、待业保险费	70 040	42 494	8 558
8.财务费用	10 199	9 807	7 590
#利息(净)支出	8 339	8 050	4 781
9.营业利润	206 413	-33 131	31 092
10.利润总额(亏损为负)	134 872	-47 983	29 858
#应交所得税	62 632	12 372	10 364
三、工资、福利费			
本年应付工资总额	421 215	339 885	279 333
本年应付福利费总额	53 619	33 702	23 624

3—10续表5　　(2000年)　　计量单位:千元

指标名称	6.按登记注册类型分组				
	内资企业			港澳台商投资企业	外商投资企业
		国有企业	集体企业		
一、年末资产负债					
1.流动资产合计	7 579 850	4 260 250	557 446	21 523	8 406
#存货	1 640 794	788 329	162 667	8 666	300
#在建工程	777 986	273 267	24 329	—	—
2.长期投资	335 590	225 189	17 506	—	—
3.固定资产合计	2 598 903	1 354 926	346 164	5 229	571
固定资产原价	3 606 031	1 991 984	424 678	6 484	1 307
#生产经营用	2 901 690	1 770 355	336 628	3 848	771
固定资产累计折旧	1 098 218	687 891	109 629	1 255	736
#本年折旧	182 785	128 862	18 559	235	—
4.专项工程	65 263	47 858	2 641	—	—
5.无形及递延资产合计	292 284	204 633	38 990	17	—
#无形资产	211 463	186 496	18 886	17	—
资产总计	10 903 829	6 116 190	968 884	26 769	8 977
流动负债合计	7 450 812	4 479 539	451 865	14 770	4 904
长期负债合计	225 626	177 719	25 654	40	367
负债总计	7 676 438	4 657 258	477 519	14 810	5 271
所有者权益合计	3 227 391	1 458 932	491 365	11 959	3 706
企业实收资本合计	2 103 386	956 095	409 160	11 675	3 384
二、损益及分配					
1.工程结算收入	8 766 848	5 483 628	1 280 015	21 945	14 122
2.工程结算成本	7 614 706	4 667 006	1 135 587	19 075	13 237
3.工程结算税金及附加	271 885	162 418	45 085	813	342
4.工程结算利润	880 257	654 204	99 343	2 057	543
5.其他业务收入	277 355	239 720	7 301	—	—
6.其他业务利润	34 668	24 292	1 541	—	—
7.管理费用	682 955	514 012	52 968	802	1 141
#税金	12 699	6 937	2 185	20	—
财产保险费	2 869	2 284	117	10	—
劳动、待业保险费	121 092	104 417	1 378	10	—
8.财务费用	27 596	16 548	5 432	20	183
#利息(净)支出	21 170	13 787	3 494	20	183
9.营业利润	204 374	147 936	42 484	1 235	-781
10.利润总额(亏损为负)	116 747	65 351	41 706	1 216	-781
#应交所得税	85 368	59 727	12 909	401	—
三、工资、福利费					
本年应付工资总额	1 040 433	642 204	180 312	1 400	4 334
本年应付福利费总额	110 945	71 292	15 404	47	606

市区主营建筑业企业财务情况

3—11　　(2000 年)　　计量单位:千元

指标名称	总计	1.按经济类型分组			
		国有经济	集体经济	镇、乡、村	其他经济
一、年末资产负债					
1.流动资产合计	6 901 447	5 781 959	194 414	33 662	925 074
#存　货	1 464 423	1 181 840	69 350	16 679	213 233
#在建工程	739 536	686 994	8 547	98	43 995
2.长期投资	277 453	256 749	1 600	195	19 104
3.固定资产合计	2 093 682	1 558 059	85 180	26 253	450 443
固定资产原价	2 989 872	2 350 947	102 853	31 287	536 072
#生产经营用	2 432 276	2 110 604	86 655	26 601	235 017
固定资产累计折旧	969 333	842 899	38 795	5 139	87 639
#本年折旧	156 771	133 073	5 457	827	18 241
4.专项工程	62 855	51 200	2 461	220	9 194
5.无形及递延资产合计	274 602	203 388	32 142	—	39 072
#无形资产	197 741	185 551	9 197	—	2 993
资产总计	9 635 690	7 874 970	315 953	60 330	1 444 767
流动负债合计	6 937 443	5 903 879	177 531	31 721	856 033
长期负债合计	192 689	178 175	1 527	344	12 987
负债总计	7 130 132	6 082 054	179 058	32 065	869 020
所有者权益合计	2 505 558	1 792 916	136 895	28 265	575 747
企业实收资本合计	1 463 314	981 167	106 887	28 804	375 260
二、损益及分配					
1.工程结算收入	6 862 271	5 258 222	323 452	102 271	1 280 597
2.工程结算成本	5 913 516	4 437 465	279 758	89 093	1 196 293
3.工程结算税金及附加	200 129	154 787	9 723	1 531	35 619
4.工程结算利润	748 626	665 970	33 971	11 647	48 685
5.其他业务收入	274 545	240 597	4 941	2 560	29 007
6.其他业务利润	33 676	24 487	961	650	8 228
7.管理费用	610 032	514 988	21 484	1 803	73 560
#税　金	8 633	6 551	104	7	1 978
财产保险费	2 649	2 274	36	—	339
劳动、待业保险费	117 311	103 393	324	—	13 594
8.财务费用	14 902	13 667	519	146	716
#利息(净)支出	15 893	12 326	414	146	3 153
9.营业利润	157 368	161 802	12 929	10 348	-17 363
10.利润总额(亏损为负)	71 437	77 577	13 629	10 411	-19 769
#应交所得税	72 203	64 732	4 425	3 460	3 046
三、工资、福利费					
本年应付工资总额	740 823	573 555	54 334	7 955	112 934
本年应付福利费总额	100 959	75 247	11 189	886	14 523

3—11 续表 1　　(2000 年)　　计量单位:千元

指 标 名 称	2.按国民经济行业分组			
	土木工程建筑业	房　屋	线路管道安装与设备安装业	装修装饰业
一、年末资产负债				
1.流动资产合计	5 652 323	2 487 215	154 881	94 243
#存　货	1 327 220	516 621	106 922	30 281
#在建工程	712 257	154 414	7 506	19 773
2.长期投资	258 292	27 496	18 640	521
3.固定资产合计	1 660 831	712 832	385 728	47 123
固定资产原价	2 398 920	986 659	531 295	59 657
#生产经营用	1 870 996	633 170	505 026	56 254
固定资产累计折旧	805 467	298 633	151 225	12 641
#本年折旧	130 096	51 021	25 777	898
4.专项工程	55 973	45 432	6 603	279
5.无形及递延资产合计	257 767	249 125	1 606	15 229
#无形资产	187 416	184 440	1 119	9 206
资产总计	7 909 726	3 540 076	1 568 311	157 653
流动负债合计	5 538 624	2 403 534	1 353 021	45 798
长期负债合计	198 349	128 612	– 25 651	19 991
负债总计	5 736 973	2 532 146	1 327 370	65 789
所有者权益合计	2 172 753	1 007 930	240 941	91 864
企业实收资本合计	1 199 167	665 483	187 528	76 619
二、损益及分配				
1.工程结算收入	5 629 186	3 287 776	1 022 300	210 785
2.工程结算成本	4 898 331	2 954 099	826 483	188 702
3.工程结算税金及附加	163 271	94 906	31 851	5 007
4.工程结算利润	567 584	238 771	163 966	17 076
5.其他业务收入	84 595	56 362	189 950	—
6.其他业务利润	18 874	13 577	14 802	—
7.管理费用	478 537	232 717	120 444	11 051
#税　金	5 507	4 073	2 986	140
财产保险费	2 110	820	539	—
劳动、待业保险费	95 249	55 470	21 874	188
8.财务费用	12 508	14 487	893	1 501
#利息(净)支出	13 791	15 269	700	1 402
9.营业利润	95 413	5 144	57 431	4 524
10.利润总额(亏损为负)	44 542	7 867	22 378	4 517
#应交所得税	53 288	9 690	18 305	610
三、工资、福利费				
本年应付工资总额	593 282	311 126	141 576	5 965
本年应付福利费总额	84 823	47 131	15 448	688

3—11 续表 2　　(2000 年)　　计量单位:千元

指标名称	3.按隶属关系分组				
	中央	地方			
			省属	市属	县属
一、年末资产负债					
1.流动资产合计	2 206 081	4 695 366	3 253 093	1 139 789	158 535
#存　货	351 918	1 112 505	693 846	322 901	58 439
#在建工程	145 739	593 797	493 930	97 425	2 044
2.长期投资	169 853	107 600	87 096	7 146	644
3.固定资产合计	765 893	1 327 789	690 939	507 010	81 962
固定资产原价	1 142 616	1 847 256	1 109 582	580 878	92 428
#生产经营用	1 084 723	1 347 553	949 444	306 578	35 501
固定资产累计折旧	380 230	589 103	420 960	127 557	20 062
#本年折旧	78 759	78 012	49 139	21 308	3 325
4.专项工程	9 252	53 603	37 926	15 457	—
5.无形及递延资产合计	6 881	267 721	183 568	68 833	15 026
#无形资产	4 103	193 638	181 456	2 976	9 206
资产总计	3 163 931	6 471 759	4 267 953	1 739 672	258 972
流动负债合计	2 454 740	4 482 703	3 190 118	1 070 334	103 175
长期负债合计	86 443	106 246	59 816	44 825	1 011
负债总计	2 541 183	4 588 949	3 249 934	1 115 159	104 186
所有者权益合计	622 748	1 882 810	1 018 019	624 513	154 786
企业实收资本合计	451 182	1 012 132	575 562	268 478	86 856
二、损益及分配					
1.工程结算收入	2 861 720	4 000 551	2 216 408	1 203 414	328 362
2.工程结算成本	2 315 155	3 598 361	1 925 599	1 144 154	304 123
3.工程结算税金及附加	89 461	110 668	60 387	40 034	3 993
4.工程结算利润	457 104	291 522	230 422	19 226	20 246
5.其他业务收入	208 802	65 743	4 972	57 916	80
6.其他业务利润	14 194	19 482	667	18 131	10
7.管理费用	278 787	331 245	205 256	101 822	14 060
#税　金	3 312	5 321	3 288	1 740	115
财产保险费	1 453	1 196	793	393	—
劳动、待业保险费	31 206	86 105	62 374	22 296	391
8.财务费用	5 876	9 026	6 587	4 687	-2 614
#利息(净)支出	4 196	11 697	6 433	6 191	-1 286
9.营业利润	186 635	-29 267	19 246	-69 152	8 810
10.利润总额(亏损为负)	110 582	-39 145	11 913	-71 753	8 872
#应交所得税	56 304	15 899	9 227	1 379	1 346
三、工资、福利费					
本年应付工资总额	308 723	432 100	248 611	145 277	14 090
本年应付福利费总额	39 705	61 254	35 720	21 825	898

3—11 续表 3　　(2000 年)　　计量单位:千元

指 标 名 称	4.按企业资质等级分组			
	一 级	二 级	三 级	四 级
一、年末资产负债				
1.流动资产合计	6 024 953	683 255	142 011	51 228
#存　货	1 217 973	179 026	39 362	28 062
#在建工程	693 239	29 176	12 283	4 838
2.长期投资	257 544	18 830	384	695
3.固定资产合计	1 661 458	360 925	52 695	18 604
固定资产原价	2 454 664	445 740	65 832	23 636
#生产经营用	2 102 802	257 914	52 357	19 203
固定资产累计折旧	834 568	102 470	26 145	6 150
#本年折旧	131 643	19 275	4 981	872
4.专项工程	53 982	6 057	2 596	220
5.无形及递延资产合计	200 884	51 994	21 708	16
#无形资产	187 607	5 423	4 703	8
资产总计	8 220 358	1 123 299	221 169	70 864
流动负债合计	6 168 723	583 676	132 412	52 632
长期负债合计	184 800	5 779	2 036	74
负债总计	6 354 523	589 455	134 448	52 706
所有者权益合计	1 866 835	533 844	86 721	18 158
企业实收资本合计	1 052 012	336 179	61 566	13 557
二、损益及分配				
1.工程结算收入	5 345 290	1 257 982	171 464	87 535
2.工程结算成本	4 559 222	1 131 700	147 304	75 290
3.工程结算税金及附加	158 772	32 609	6 037	2 711
4.工程结算利润	627 296	93 673	18 123	9 534
5.其他业务收入	245 821	25 397	3 325	2
6.其他业务利润	29 583	3 741	351	1
7.管理费用	509 006	78 091	15 776	7 159
#税　金	6 592	1 626	239	176
财产保险费	2 104	514	31	—
劳动、待业保险费	106 259	9 487	1 494	71
8.财务费用	14 468	-47	290	191
#利息(净)支出	15 823	-401	288	183
9.营业利润	133 405	19 370	2 408	2 185
10.利润总额(亏损为负)	45 632	20 762	2 307	2 736
#应交所得税	64 493	6 308	644	758
三、工资、福利费				
本年应付工资总额	560 780	150 396	20 053	9 594
本年应付福利费总额	72 977	24 773	2 271	938

3—11 续表 4　　　　(2000 年)　　　　计量单位:千元

指 标 名 称	5.按企业规模(大中小)类型分组		
	大　型	中　型	小　型
一、年末资产负债			
1.流动资产合计	4 720 233	1 417 424	763 790
#存　　货	788 345	467 772	208 306
#在建工程	558 603	130 569	50 364
2.长 期 投 资	254 325	6 824	16 304
3.固定资产合计	1 081 646	725 721	286 315
固定资产原价	1 732 209	897 404	360 259
#生产经营用	1 624 771	607 056	200 449
固定资产累计折旧	654 419	223 389	91 525
#本 年 折 旧	93 483	46 231	17 057
4.专 项 工 程	46 544	11 503	4 808
5.无形及递延资产合计	184 670	40 531	49 401
#无 形 资 产	182 835	1 810	13 096
资 产 总 计	6 307 792	2 202 759	1 125 139
流动负债合计	4 937 328	1 337 595	662 520
长期负债合计	116 380	63 582	12 727
负 债 总 计	5 053 708	1 401 177	675 247
所有者权益合计	1 254 084	801 582	449 892
企业实收资本合计	665 131	500 394	297 789
二、损益及分配			
1.工程结算收入	3 852 883	2 071 803	937 585
2.工程结算成本	3 155 523	1 923 739	834 254
3.工程结算税金及附加	117 007	53 162	29 960
4.工程结算利润	580 353	94 902	73 371
5.其他业务收入	205 911	40 158	28 476
6.其他业务利润	14 353	6 322	13 001
7.管 理 费 用	378 094	151 282	80 656
#税　　金	4 918	1 628	2 087
财产保险费	1 582	575	492
劳动、待业保险费	70 040	40 488	6 783
8.财 务 费 用	10 199	3 103	1 600
#利息(净)支出	8 339	6 113	1 441
9.营 业 利 润	206 413	-53 161	4 116
10.利润总额(亏损为负)	134 872	-68 306	4 871
#应交所得税	62 632	6 691	2 880
三、工资、福利费			
本年应付工资总额	421 215	200 663	118 945
本年应付福利费总额	53 619	30 150	17 190

3—11续表5　　(2000年)　　计量单位:千元

指标名称	6.按登记注册类型分组				
	内资企业			港澳台商投资企业	外商投资企业
		国有企业	集体企业		
一、年末资产负债					
1.流动资产合计	6 901 447	4 134 287	170 950	21 523	8 406
#存　货	1 464 423	731 715	65 492	8 666	300
#在建工程	739 536	261 021	8 517	—	—
2.长期投资	277 453	189 679	1 080	—	—
3.固定资产合计	2 093 682	1 259 424	83 436	5 229	571
固定资产原价	2 989 872	1 877 171	100 782	6 484	1 307
#生产经营用	2 432 276	1 684 206	84 584	3 848	771
固定资产累计折旧	969 333	667 475	38 178	1 255	736
#本年折旧	156 771	125 297	5 228	235	—
4.专项工程	62 855	45 991	2 461	—	—
5.无形及递延资产合计	274 602	203 388	26 037	17	—
#无形资产	197 741	185 551	9 197	17	—
资产总计	9 635 690	5 856 123	284 120	26 769	8 977
流动负债合计	6 937 443	4 369 748	163 596	14 770	4 904
长期负债合计	192 689	174 164	1 527	40	367
负债总计	7 130 132	4 543 912	165 123	14 810	5 271
所有者权益合计	2 505 558	1 312 211	118 997	11 959	3 706
企业实收资本合计	1 463 314	817 953	95 196	11 675	3 384
二、损益及分配					
1.工程结算收入	6 862 271	5 031 933	315 258	21 945	14 122
2.工程结算成本	5 913 516	4 249 041	273 719	19 075	13 237
3.工程结算税金及附加	200 129	149 627	9 461	813	342
4.工程结算利润	748 626	633 265	32 078	2 057	543
5.其他业务收入	274 545	239 720	4 941	—	—
6.其他业务利润	33 676	24 292	961	—	—
7.管理费用	610 032	502 152	19 556	802	1 141
#税　金	8 633	6 551	102	20	—
财产保险费	2 649	2 274	36	10	—
劳动、待业保险费	117 311	103 393	324	10	—
8.财务费用	14 902	14 184	563	20	183
#利息(净)支出	15 893	12 843	458	20	183
9.营业利润	157 368	141 221	12 920	1 235	-781
10.利润总额(亏损为负)	71 437	58 963	13 620	1 216	-781
#应交所得税	72 203	58 590	4 405	401	—
三、工资、福利费					
本年应付工资总额	740 823	538 455	52 918	1 400	4 334
本年应付福利费总额	100 959	70 333	11 003	47	606

全市主营建筑业主要指标分析情况

3—12

(2000 年)

指标名称	计量单位	总计	按经济类型分组		
			国有经济	集体经济	其他经济
一、人均指标					
1.建筑业劳动生产率					
按施工产值计算的	元/人	64 759	88 291	32 960	54 847
按增加值计算的	元/人	12 391	18 125	7 369	7 136
2.人均房屋面积					
人均施工面积	平方米/人	86	60	91	127
人均竣工面积	平方米/人	37	27	35	57
3.人均利润税金					
人均利润税金额	元/人	2 622	3 574	2 181	1 340
#人均利润额	元/人	763	1 161	1 013	-227
利润税金总额	千元	401 331	258 480	89 828	53 023
4.人均装备水平					
技术装备率	元/人	8 613	13 529	4 774	4 212
动力装备率	千瓦/人	6	6	5	7
二、建筑业增加值率	%	19.13	20.53	22.36	13.01
建筑业增加值	千元	1 896 879	1 310 992	303 576	282 311
三、竣工率指标					
1.按竣工产值计算的竣工率	%	77.53	87.95	61.29	57.02
2.按竣工个数计算的竣工率	%	47.14	42.12	62.10	46.51
其中:一次交验合格率	%	85.30	78.34	92.98	92.39
其中:单位工程优良品率	%	54.74	65.94	31.10	57.20
3.按竣工房屋面积计算的竣工率	%	42.98	44.38	38.73	44.91
其中:一次交验合格率	%	92.95	96.34	95.84	88.20
其中:竣工房屋优良品率	%	55.47	57.69	37.59	65.01
四、利润率指标					
施工产值利润率	%	1.18	1.31	3.07	-0.41
资本金利润率	%	5.55	7.50	9.74	-1.61
工程结算收入利润率	%	10.04	12.03	7.81	5.22
资金利润率	%	1.16	1.12	4.60	-0.54
五、利税率指标					
施工产值利税率	%	4.05	4.05	6.62	2.44
资本金利税率	%	19.08	23.09	20.95	9.55
资金利税率	%	3.98	3.44	9.89	3.18
六、建筑业资产负债情况					
资产负债率	%	70.40	76.16	49.03	56.06
流动比率	%	101.73	98.24	124.96	112.15
速动比率	%	79.71	77.65	89.13	87.96
七、建筑企业亏损面	%	16.96	23.33	14.41	15.25
企业亏损个数	个	39	14	16	9
亏损企业亏损额	千元	105 374	69 608	1 232	34 534

3—12 续表 1

(2000 年)

指 标 名 称	计量单位	按国民经济行业分组			
		土木工程建筑业	房　屋	线路管道安装及设备安装业	装修装饰业
一、人 均 指 标					
1.建筑业劳动生产率					
按施工产值计算的	元/人	62 976	51 402	71 411	164 141
按增加值计算的	元/人	11 587	9 062	19 727	12 156
2.人均房屋面积					
人均施工面积	平方米/人	96	117	1	—
人均竣工面积	平方米/人	41	50	1	—
3.人均利润税金					
人均利润税金额	元/人	2 441	2 066	3 870	6 720
# 人均利润额	元/人	656	483	1 503	3 118
利润税金总额	千元	333 502	226 197	58 112	9 717
4.人均装备水平					
技术装备率	元/人	8 730	4 457	5 677	23 485
动力装备率	千瓦/人	6	5	5	5
二、建筑业增加值率	%	18.40	17.63	27.62	7.41
建筑业增加值	千元	1 583 101	992 344	296 201	17 577
三、竣工率指标					
1.按竣工产值计算的竣工率	%	79.53	66.90	70.11	38.64
2.按竣工个数计算的竣工率	%	50.45	52.97	35.55	—
其中:一次交验合格率	%	84.81	86.38	87.73	—
其中:单位工程优良品率	%	55.77	50.26	49.60	—
3.按竣工房屋面积计算的竣工率	%	42.94	42.72	65.68	—
其中:一次交验合格率	%	92.94	92.77	98.81	—
其中:竣工房屋优良品率	%	55.57	55.00	15.39	—
四、利润率指标					
施工产值利润率	%	1.04	0.94	2.10	1.90
资本金利润率	%	4.90	4.13	11.55	5.77
工程结算收入利润率	%	9.28	7.14	15.94	8.17
资金利润率	%	1.07	1.24	1.45	3.13
五、利税率指标					
施工产值利税率	%	3.88	4.02	5.42	4.09
资本金利税率	%	18.23	17.66	29.74	12.44
资金利税率	%	3.98	5.31	3.74	6.75
六、建筑业资产负债情况					
资产负债率	%	68.57	64.21	83.79	42.68
流 动 比 率	%	104.47	108.30	86.10	196.72
速 动 比 率	%	79.63	84.61	78.12	134.24
七、建筑企业亏损面	%	15.74	14.86	30.00	15.38
企业亏损个数	个	31	26	6	2
亏损企业亏损额	千元	93 132	34 093	12 106	136

3—12 续表 2　　　　　　　　　　　　(2000 年)

指　标　名　称	计量单位	按隶属关系分组			
		中　央	地　方		
				省　属	市　属
一、人 均 指 标					
1.建筑业劳动生产率					
按施工产值计算的	元/人	100 981	56 517	92 759	53 072
按增加值计算的	元/人	25 727	9 356	14 827	6 529
2.人均房屋面积					
人均施工面积	平方米/人	33	98	91	109
人均竣工面积	平方米/人	12	42	34	38
3.人均利润税金					
人均利润税金额	元/人	7 166	1 587	2 359	－1 224
# 人均利润额	元/人	3 897	49	372	－2 928
利润税金总额	千元	203 355	197 976	75 588	－29 979
4.人均装备水平					
技术装备率	元/人	14 660	7 384	14 651	4 482
动力装备率	千瓦/人	6	6	7	5
二、建筑业增加值率	%	25.48	16.55	15.98	12.30
建筑业增加值	千元	730 064	1 166 815	475 013	159 970
三、竣工率指标					
1.按竣工产值计算的竣工率	%	109.55	64.51	67.58	61.05
2.按竣工个数计算的竣工率	%	38.34	51.13	42.47	41.25
其中:一次交验合格率	%	73.46	89.33	88.48	88.57
其中:单位工程优良品率	%	75.22	47.75	68.91	69.80
3.按竣工房屋面积计算的竣工率	%	35.46	43.56	37.43	35.02
其中:一次交验合格率	%	95.59	92.79	99.48	88.45
其中:竣工房屋优良品率	%	72.76	54.37	73.20	66.58
四、利润率指标					
施工产值利润率	%	3.86	0.09	0.40	－5.52
资本金利润率	%	24.51	0.37	2.07	－26.73
工程结算收入利润率	%	15.97	7.17	10.40	1.60
资金利润率	%	3.73	0.09	0.30	－4.50
五、利税率指标					
施工产值利税率	%	7.10	2.81	2.54	－2.31
资本金利税率	%	45.07	11.98	13.13	－11.17
资金利税率	%	6.85	2.78	1.92	－1.88
六、建筑业资产负债情况					
资产负债率	%	80.32	66.35	76.15	64.10
流 动 比 率	%	89.87	107.56	101.97	106.49
速 动 比 率	%	75.53	81.76	80.22	76.32
七、建筑企业亏损面	%	5.26	18.01	26.09	42.11
企业亏损个数	个	1	38	6	8
亏损企业亏损额	千元	4 910	100 464	22 200	76 315

3—12 续表 3　　　　(2000 年)

指　标　名　称	计量单位	按企业资质等级分组			
		一　级	二　级	三　级	四　级
一、人 均 指 标					
1.建筑业劳动生产率					
按施工产值计算的	元/人	100 720	46 849	31 957	30 996
按增加值计算的	元/人	19 201	8 758	6 622	6 551
2.人均房屋面积					
人均施工面积	平方米/人	77	102	65	75
人均竣工面积	平方米/人	24	47	42	36
3.人均利润税金					
人均利润税金额	元/人	3 538	2 101	1 860	1 964
#人均利润额	元/人	765	735	697	957
利润税金总额	千元	210 996	131 719	31 582	27 034
4.人均装备水平					
技术装备率	元/人	15 945	5 066	4 770	3 076
动力装备率	千瓦/人	6	6	5	5
二、建筑业增加值率	%	19.06	18.69	20.72	21.13
建筑业增加值	千元	1 145 153	549 108	112 453	90 165
三、竣工率指标					
1.按竣工产值计算的竣工率	%	83.40	66.76	76.30	70.57
2.按竣工个数计算的竣工率	%	33.61	53.02	72.03	72.95
其中:一次交验合格率	%	90.49	78.02	82.85	90.03
其中:单位工程优良品率	%	78.27	64.29	20.39	15.35
3.按竣工房屋面积计算的竣工率	%	31.68	46.31	65.33	48.48
其中:一次交验合格率	%	94.15	93.87	84.96	95.59
其中:竣工房屋优良品率	%	78.13	58.07	22.76	21.53
四、利润率指标					
施工产值利润率	%	0.76	1.57	2.18	3.09
资本金利润率	%	4.34	6.03	6.64	12.17
工程结算收入利润率	%	11.74	7.19	8.12	7.49
资金利润率	%	0.60	2.52	3.02	5.94
五、利税率指标					
施工产值利税率	%	3.51	4.48	5.82	6.34
资本金利税率	%	20.06	17.22	17.72	24.98
资金利税率	%	2.76	7.20	8.05	12.20
六、建筑业资产负债情况					
资产负债率	%	77.29	51.31	43.89	42.14
流 动 比 率	%	97.67	117.72	129.47	144.01
速 动 比 率	%	77.93	87.55	97.52	77.20
七、建筑企业亏损面	%	20.83	11.48	26.67	12.94
企业亏损个数	个	5	7	16	11
亏损企业亏损额	千元	99 143	4 354	1 285	592

3—12 续表 4　　(2000 年)

指 标 名 称	计量单位	按企业规模(大中小)类型分组		
		大　型	中　型	小　型
一、人 均 指 标				
1.建筑业劳动生产率				
按施工产值计算的	元/人	109 607	58 142	40 790
按增加值计算的	元/人	23 778	9 791	7 071
2.人均房屋面积				
人均施工面积	平方米/人	73	93	88
人均竣工面积	平方米/人	25	36	46
3.人均利润税金				
人均利润税金额	元/人	6 355	739	1 735
# 人均利润额	元/人	3 338	-937	486
利润税金总额	千元	256 797	37 835	106 699
4.人均装备水平				
技术装备率	元/人	17 360	8 497	3 883
动力装备率	千瓦/人	6	6	5
二、建筑业增加值率	%	21.69	16.84	17.33
建筑业增加值	千元	960 907	501 263	434 709
三、竣工率指标				
1.按竣工产值计算的竣工率	%	103.69	49.54	64.54
2.按竣工个数计算的竣工率	%	41.23	34.35	63.85
其中:一次交验合格率	%	76.63	91.74	87.98
其中:单位工程优良品率	%	82.58	66.94	31.17
3.按竣工房屋面积计算的竣工率	%	33.71	38.32	52.16
其中:一次交验合格率	%	98.53	95.93	89.05
其中:竣工房屋优良品率	%	76.97	62.37	43.37
四、利润率指标				
施工产值利润率	%	3.04	-1.61	1.19
资本金利润率	%	20.28	-6.30	4.41
工程结算收入利润率	%	15.06	5.40	7.09
资金利润率	%	2.33	-1.86	1.74
五、利税率指标				
施工产值利税率	%	5.80	1.27	4.25
资本金利税率	%	38.61	4.97	15.76
资金利税率	%	4.43	1.47	6.23
六、建筑业资产负债情况				
资产负债率	%	80.12	60.67	51.66
流 动 比 率	%	95.60	106.15	126.91
速 动 比 率	%	79.64	72.89	91.88
七、建筑企业亏损面	%	7.69	14.29	17.99
企业亏损个数	个	1	4	34
亏损企业亏损额	千元	4 910	94 233	6 231

3—12 续表 5　　　　　　　　　　（2000 年）

指 标 名 称	计量单位	按登记注册类型分组			
		内资企业	国有企业	港澳台商投资企业	外商投资企业
一、人 均 指 标					
1.建筑业劳动生产率					
按施工产值计算的	元/人	64 859	84 811	61 276	41 827
按增加值计算的	元/人	12 419	18 623	9 038	7 477
2.人均房屋面积					
人均施工面积	平方米/人	85	66	180	100
人均竣工面积	平方米/人	37	29	62	16
3.人均利润税金					
人均利润税金额	元/人	2 629	3 532	4 925	-729
#人均利润额	元/人	765	983	2 923	-1 297
利润税金总额	千元	399 721	234 706	2 049	-439
4.人均装备水平					
技术装备率	元/人	8 656	10 464	3 694	1 083
动力装备率	千瓦/人	6	6	6	—
二、建筑业增加值率	%	19.15	21.96	14.75	17.88
建筑业增加值	千元	1 888 618	1 237 461	3 760	4 501
三、竣工率指标					
1.按竣工产值计算的竣工率	%	77.59	86.58	104.19	28.24
2.按竣工个数计算的竣工率	%	47.19	41.78	46.15	36.36
其中:一次交验合格率	%	85.25	79.79	83.33	100.00
其中:单位工程优良品率	%	54.72	65.31	50.00	62.50
3.按竣工房屋面积计算的竣工率	%	43.15	44.38	34.59	15.66
其中:一次交验合格率	%	92.92	96.34	96.98	100.00
其中:竣工房屋优良品率	%	55.59	57.69	34.03	42.53
四、利润率指标					
施工产值利润率	%	1.18	1.16	4.77	-3.10
资本金利润率	%	5.57	6.84	10.42	-23.08
工程结算收入利润率	%	10.05	11.93	9.37	3.85
资金利润率	%	1.16	1.17	4.55	-8.70
五、利税率指标					
施工产值利税率	%	4.05	4.16	8.04	-1.74
资本金利税率	%	19.14	24.55	17.55	-12.97
资金利税率	%	3.98	4.22	7.66	-4.89
六、建筑业资产负债情况					
资产负债率	%	70.45	76.15	55.33	58.72
流 动 比 率	%	101.60	95.10	145.72	171.41
速 动 比 率	%	79.64	77.51	87.05	165.29
七、建筑企业亏损面	%	16.74	23.73	—	100.00
企业亏损个数	个	38	14	—	1
亏损企业亏损额	千元	104 593	69 608	—	781

市区主营建筑业主要指标分析情况

3—13

(2000年)

指　标　名　称	计量单位	总　　计	按经济类型分组		
			国有经济	集体经济	其他经济
一、人均指标					
1.建筑业劳动生产率					
按施工产值计算的	元/人	83 068	96 778	36 580	65 813
按增加值计算的	元/人	15 434	19 414	9 538	7 358
2.人均房屋面积					
人均施工面积	平方米/人	89	57	134	153
人均竣工面积	平方米/人	31	21	28	60
3.人均利润税金					
人均利润税金额	元/人	2 992	3 914	2 501	767
#人均利润额	元/人	763	1 271	1 453	-851
利润税金总额	千元	280 199	238 915	23 456	17 828
4.人均装备水平					
技术装备率	元/人	11 745	15 612	6 235	3 607
动力装备率	千瓦/人	6	6	5	7
二、建筑业增加值率	%	18.58	20.06	26.07	11.18
建筑业增加值	千元	1 445 557	1 185 144	89 446	170 967
三、竣工率指标					
1.按竣工产值计算的竣工率	%	80.36	87.69	75.06	53.25
2.按竣工个数计算的竣工率	%	42.08	38.83	76.47	41.07
其中:一次交验合格率	%	81.12	78.05	84.10	89.96
其中:单位工程优良品率	%	66.64	73.91	24.10	71.38
3.按竣工房屋面积计算的竣工率	%	35.14	36.51	20.95	38.81
其中:一次交验合格率	%	90.83	98.30	92.59	83.60
其中:竣工房屋优良品率	%	66.14	69.95	18.36	71.74
四、利润率指标					
施工产值利润率	%	0.92	1.31	3.97	-1.29
资本金利润率	%	4.88	7.91	12.75	-5.27
工程结算收入利润率	%	10.91	12.67	10.50	3.80
资金利润率	%	0.80	1.06	5.27	-1.44
五、利税率指标					
施工产值利税率	%	3.60	4.04	6.84	1.17
资本金利税率	%	19.15	24.35	21.94	4.75
资金利税率	%	3.14	3.28	9.07	1.30
六、建筑业资产负债情况					
资产负债率	%	74.00	77.23	56.67	60.15
流动比率	%	99.48	97.93	109.51	108.07
速动比率	%	78.37	77.92	70.45	83.16
七、建筑企业亏损面	%	28.72	23.68	34.48	29.63
企业亏损个数	个	27	9	10	8
亏损企业亏损额	千元	104 093	69 220	439	34 434

3—13 续表 1

(2000 年)

指　标　名　称	计量单位	按国民经济行业分组			
		土木工程建筑业	房　屋	线路管道安装及设备安装业	装修装饰业
一、人 均 指 标					
1.建筑业劳动生产率					
按施工产值计算的	元/人	83 454	68 932	72 477	173 623
按增加值计算的	元/人	14 582	10 645	20 274	12 759
2.人均房屋面积					
人均施工面积	平方米/人	107	156	2	—
人均竣工面积	平方米/人	37	54	1	—
3.人均利润税金					
人均利润税金额	元/人	2 740	2 071	3 959	7 111
# 人均利润额	元/人	572	152	1 549	3 324
利润税金总额	千元	213 320	106 846	57 215	9 664
4.人均装备水平					
技术装备率	元/人	12 548	4 664	5 516	24 058
动力装备率	千瓦/人	7	6	5	5
二、建筑业增加值率	%	17.47	15.44	27.97	7.35
建筑业增加值	千元	1 135 232	549 164	292 986	17 339
三、竣工率指标					
1.按竣工产值计算的竣工率	%	83.65	67.20	69.41	38.42
2.按竣工个数计算的竣工率	%	46.68	50.27	30.67	—
其中:一次交验合格率	%	80.19	79.71	84.62	—
其中:单位工程优良品率	%	67.82	60.02	62.21	—
3.按竣工房屋面积计算的竣工率	%	35.06	34.45	65.68	—
其中:一次交验合格率	%	90.79	90.35	98.81	—
其中:竣工房屋优良品率	%	66.39	65.75	15.39	—
四、利润率指标					
施工产值利润率	%	0.69	0.22	2.14	1.91
资本金利润率	%	3.71	1.18	11.93	5.90
工程结算收入利润率	%	10.08	7.26	16.04	8.10
资金利润率	%	0.61	0.25	1.46	3.20
五、利税率指标					
施工产值利税率	%	3.28	3.00	5.46	4.10
资本金利税率	%	17.79	16.06	30.51	12.61
资金利税率	%	2.94	3.36	3.73	6.84
六、建筑业资产负债情况					
资产负债率	%	72.53	71.53	84.64	41.73
流 动 比 率	%	102.05	103.48	85.36	205.78
速 动 比 率	%	78.09	81.99	77.45	139.66
七、建筑企业亏损面	%	31.88	32.69	28.57	9.09
企业亏损个数	个	22	17	4	1
亏损企业亏损额	千元	92 032	32 993	11 946	115

3—13续表2　　(2000年)

指标名称	计量单位	按隶属关系分组			
		中央	地方	省属	市属
一、人均指标					
1.建筑业劳动生产率					
按施工产值计算的	元/人	100 981	75 282	92 759	53 072
按增加值计算的	元/人	25 727	10 960	14 827	6 529
2.人均房屋面积					
人均施工面积	平方米/人	33	113	91	109
人均竣工面积	平方米/人	12	40	34	38
3.人均利润税金					
人均利润税金额	元/人	7 166	1 177	2 359	-1 224
#人均利润额	元/人	3 897	-600	372	-2 928
利润税金总额	千元	203 355	76 844	75 588	-29 979
4.人均装备水平					
技术装备率	元/人	14 660	105 523	14 651	4 482
动力装备率	千瓦/人	6	7	7	5
二、建筑业增加值率	%	25.48	14.56	15.98	12.30
建筑业增加值	千元	730 064	715 493	475 013	159 970
二、竣工率指标					
1.按竣工产值计算的竣工率	%	109.55	63.35	67.58	61.05
2.按竣工个数计算的竣工率	%	38.34	44.98	42.47	41.25
其中:一次交验合格率	%	73.46	86.18	88.48	88.57
其中:单位工程优良品率	%	75.22	60.98	68.91	69.80
3.按竣工房屋面积计算的竣工率	%	35.46	35.10	37.43	35.02
其中:一次交验合格率	%	95.59	90.22	99.48	88.45
其中:竣工房屋优良品率	%	72.76	65.29	73.20	66.58
四、利润率指标					
施工产值利润率	%	3.86	-0.80	0.40	-5.52
资本金利润率	%	24.51	-3.87	2.07	-26.73
工程结算收入利润率	%	15.97	7.29	10.40	1.60
资金利润率	%	3.73	-0.66	0.30	-4.50
五、利税率指标					
施工产值利税率	%	7.10	1.56	2.54	-2.31
资本金利税率	%	45.07	7.59	13.13	-11.17
资金利税率	%	6.85	1.29	1.92	-1.88
六、建筑业资产负债情况					
资产负债率	%	80.32	70.91	76.15	64.10
流动比率	%	89.87	104.74	101.97	106.49
速动比率	%	75.53	79.93	80.22	76.32
七、建筑企业亏损面	%	5.26	34.67	26.09	42.11
企业亏损个数	个	1	26	6	8
亏损企业亏损额	千元	4 910	99 183	22 200	76 315

3—13 续表 3　　(2000 年)

指标名称	计量单位	按企业资质等级分组			
		一级	二级	三级	四级
一、人均指标					
1.建筑业劳动生产率					
按施工产值计算的	元/人	100 720	55 937	35 282	43 220
按增加值计算的	元/人	19 201	9 189	7 012	8 628
2.人均房屋面积					
人均施工面积	平方米/人	77	123	68	41
人均竣工面积	平方米/人	24	44	47	28
3.人均利润税金					
人均利润税金额	元/人	3 538	2 036	1 674	2 996
#人均利润额	元/人	765	768	450	1 458
利润税金总额	千元	210 996	54 997	8 583	5 623
4.人均装备水平					
技术装备率	元/人	15 945	5 376	4 390	3 560
动力装备率	千瓦/人	6	7	4	7
二、建筑业增加值率	%	19.06	16.43	19.88	19.96
建筑业增加值	千元	1 145 153	248 264	35 946	16 194
三、竣工率指标					
1.按竣工产值计算的竣工率	%	83.40	66.45	85.19	103.95
2.按竣工个数计算的竣工率	%	33.61	53.26	75.16	90.68
其中:一次交验合格率	%	90.49	62.12	74.78	80.82
其中:单位工程优良品率	%	78.27	75.77	19.13	17.12
3.按竣工房屋面积计算的竣工率	%	31.68	35.49	70.13	67.80
其中:一次交验合格率	%	94.15	92.36	62.38	97.18
其中:竣工房屋优良品率	%	78.13	66.24	4.18	20.49
四、利润率指标					
施工产值利润率	%	0.76	1.37	1.28	3.37
资本金利润率	%	4.34	6.18	3.75	20.18
工程结算收入利润率	%	11.74	7.45	10.57	10.89
资金利润率	%	0.60	2.02	1.27	3.98
五、利税率指标					
施工产值利税率	%	3.51	3.64	4.75	6.93
资本金利税率	%	20.06	16.36	13.94	41.48
资金利税率	%	2.76	5.36	4.72	8.18
六、建筑业资产负债情况					
资产负债率	%	77.29	52.48	60.79	74.38
流动比率	%	97.67	117.06	107.25	97.33
速动比率	%	77.93	86.39	77.52	44.02
七、建筑企业亏损面	%	20.83	19.35	43.48	37.50
企业亏损个数	个	5	6	10	6
亏损企业亏损额	千元	99 143	4 334	333	283

3—13 续表 4　　(2000 年)

指　标　名　称	计量单位	按企业规模(大中小)类型分组		
		大　型	中　型	小　型
一、人 均 指 标				
1.建筑业劳动生产率				
按施工产值计算的	元/人	109 607	75 660	47 995
按增加值计算的	元/人	23 778	10 271	7 730
2.人均房屋面积				
人均施工面积	平方米/人	73	111	88
人均竣工面积	平方米/人	25	28	46
3.人均利润税金				
人均利润税金额	元/人	6 355	-470	1 506
#人均利润额	元/人	3 338	-2 376	199
利润税金总额	千元	256 797	-13 516	36 918
4.人均装备水平				
技术装备率	元/人	17 360	11 206	4 080
动力装备率	千瓦/人	6	8	5
二、建筑业增加值率	%	21.69	13.58	16.11
建筑业增加值	千元	960 907	295 224	189 426
三、竣工率指标				
1.按竣工产值计算的竣工率	%	103.69	39.96	67.21
2.按竣工个数计算的竣工率	%	41.23	28.12	65.40
其中:一次交验合格率	%	76.63	90.10	82.14
其中:单位工程优良品率	%	82.58	76.45	35.71
3.按竣工房屋面积计算的竣工率	%	33.71	24.77	52.39
其中:一次交验合格率	%	98.53	96.72	79.95
其中:竣工房屋优良品率	%	76.97	80.87	46.34
四、利润率指标				
施工产值利润率	%	3.04	-3.14	0.41
资本金利润率	%	20.28	-13.65	1.64
工程结算收入利润率	%	15.06	4.58	7.83
资金利润率	%	2.33	-3.27	0.47
五、利税率指标				
施工产值利税率	%	5.80	-0.62	3.14
资本金利税率	%	38.61	-2.70	12.40
资金利税率	%	4.43	-0.65	3.58
六、建筑业资产负债情况				
资产负债率	%	80.12	63.61	60.01
流 动 比 率	%	95.60	105.97	115.29
速 动 比 率	%	79.64	71.00	83.84
七、建筑企业亏损面	%	7.69	25.00	33.85
企业亏损个数	个	1	4	22
亏损企业亏损额	千元	4 910	94 233	4 950

3—13 续表 5　　(2000 年)

指 标 名 称	计量单位	按登记注册类型分组			
		内资企业合计	国有企业	港澳台商投资企业	外商投资企业
一、人 均 指 标					
1.建筑业劳动生产率					
按施工产值计算的	元/人	83 434	93 492	61 276	41 827
按增加值计算的	元/人	15 515	20 152	9 038	7 477
2.人均房屋面积					
人均施工面积	平方米/人	88	63	180	100
人均竣工面积	平方米/人	31	23	62	16
3.人均利润税金					
人均利润税金额	元/人	3 007	3 900	4 925	-729
#人均利润额	元/人	766	1 069	2 923	-1 297
利润税金总额	千元	278 589	215 141	2 049	-439
4.人均装备水平					
技术装备率	元/人	11 859	11 995	3 694	1 083
动力装备率	千瓦/人	6	6	6	—
二、建筑业增加值率	%	18.59	21.55	14.75	17.88
建筑业增加值	千元	1 437 296	1 111 613	3 760	4 501
三、竣工率指标					
1.按竣工产值计算的竣工率	%	80.45	86.16	104.19	28.24
2.按竣工个数计算的竣工率	%	42.11	38.41	46.15	36.36
其中:一次交验合格率	%	81.00	79.79	83.33	100.00
其中:单位工程优良品率	%	66.74	73.33	50.00	62.50
3.按竣工房屋面积计算的竣工率	%	35.29	36.51	34.59	15.66
其中:一次交验合格率	%	90.75	98.30	96.98	100.00
其中:竣工房屋优良品率	%	66.51	69.95	34.03	42.53
四、利润率指标					
施工产值利润率	%	0.92	1.14	4.77	-3.10
资本金利润率	%	4.90	7.21	10.42	-23.08
工程结算收入利润率	%	10.93	12.58	9.37	3.85
资金利润率	%	0.80	1.10	4.55	-8.70
五、利税率指标					
施工产值利税率	%	3.60	4.17	8.04	-1.74
资本金利税率	%	19.24	26.30	17.55	-12.97
资金利税率	%	3.14	4.03	7.66	-4.89
六、建筑业资产负债情况					
资产负债率	%	74.06	77.59	55.33	58.72
流 动 比 率	%	99.33	94.61	145.72	171.41
速 动 比 率	%	78.29	77.87	87.05	165.29
七、建筑业亏损面	%	28.57	24.32	—	100.00
企业亏损个数	个	26	9	—	1
亏损企业亏损额	千元	103 312	69 220	—	781

分县(市)区主营建筑业主要经济指标

3—14

(2000年)

行政单位	建筑企业个数(个)	建筑企业总产值(千元)	单位工程施工个数(个)	单位工程竣工个数(个)	企业年末从业人数(人)
全市总计	230	9 913 749	4 748	2 238	140 708
市区合计	94	7 780 185	3 398	1 430	80 485
#长安区	6	55 611	18	17	412
桥东区	1	838	8	8	34
新华区	1	7 005	—	—	46
郊区	10	143 673	87	53	2 133
矿区	1	20	1	—	80
高新区	1	263 456	33	10	429
井陉县	6	85 595	38	27	1 640
正定县	13	217 884	191	60	8 613
栾城县	4	25 700	30	17	465
行唐县	8	41 633	47	20	2 346
灵寿县	4	30 250	22	12	1 671
高邑县	3	97 643	58	31	2 554
深泽县	5	387 220	80	67	9 896
赞皇县	2	4 310	8	3	415
无极县	10	145 220	71	44	5 186
平山县	6	18 492	20	14	684
元氏县	5	39 130	31	14	1 556
赵县	8	76 464	72	44	5 265
辛集市	9	319 864	174	106	3 468
藁城市	25	375 120	222	139	9 615
晋州市	4	46 573	63	31	1 608
新乐市	6	96 565	67	53	3 159
鹿泉市	18	125 901	156	126	2 082

3—14 续表

(2000 年)

行政单位	年末流动资产（千元）	固定资产合计（千元）	固定资产累计折旧（千元）	利润总额（千元）	本年应付工资总额（千元）
全市总计	7 579 850	2 598 903	1 098 218	116 747	1 040 433
市区合计	6 901 447	2 093 682	969 333	71 437	740 823
#长安区	32 435	6 894	2 357	1 409	3 113
桥东区	772	1 158	433	—	264
新华区	1 283	108	31	－115	362
郊区	65 449	33 552	10 468	10 990	14 408
矿区	614	35	115	－8	89
高新区	96 465	60 436	4 197	7 658	4 430
井陉县	18 044	15 871	7 568	982	16 150
正定县	124 401	101 267	26 600	2 506	27 261
栾城县	11 267	3 180	972	57	2 228
行唐县	10 682	17 840	5 632	1 407	7 537
灵寿县	6 682	8 840	2 268	－200	5 218
高邑县	32 231	8 693	667	1 979	8 725
深泽县	23 533	56 803	10 641	5 968	91 550
赞皇县	5 000	435	271	－211	1 068
无极县	19 329	42 301	5 962	7 547	22 933
平山县	12 273	15 813	1 537	167	2 192
元氏县	9 740	14 395	1 372	1 544	7 484
赵县	19 021	8 899	1 765	786	6 150
辛集市	89 870	48 925	17 269	2 250	25 851
藁城市	124 981	75 282	22 518	12 908	41 189
晋州市	42 651	11 966	3 147	327	6 181
新乐市	40 115	30 055	13 410	6 258	16 556
鹿泉市	88 583	44 656	7 286	1 045	11 337

四 能源消费

全市工业企业能源购进、消费及库存

4—1

(2000 年)

能源名称	计量单位	年初库存	购进量		消费量	年末库存
			实物量	金额(万元)		
能源合计	**吨标准煤**	953 750	22 280 866	1 201 909.4	23 453 155	1 024 842
原煤	吨	940 953	15 501 736	255 114.5	15 667 995	930 656
洗精煤	吨	96 364	1 646 355	42 165.7	1 885 166	76 282
其他洗煤	吨	30	230	1.5	58 451	50
型煤	吨	—	47	1.4	47	—
焦炭	吨	77 652	922 978	32 546.3	957 446	35 350
其他焦化产品	吨	2 436	35 223	3 371.2	34 159	3 562
原油	吨	69 078	2 956 738	518 555.0	2 814 005	166 520
汽油	吨	727	25 882	7 595.6	25 735	644
煤油	吨	304	2 401	626.4	2 160	460
柴油	吨	4 170	62 592	34 409.6	62 601	4 549
燃料油	吨	747	21 778	3 056.5	58 324	2 135
液化石油气	吨	12	2 268	598.6	3 426	40
炼厂干气	吨	—	—	—	124 065	—
其他石油制品	吨	156	7 349	696.9	7 491	14
热力	百万千焦	—	16 771 417	32 249.7	19 360 179	—
电力	万千瓦时	—	774 055	290 437.9	914 093	—
其他燃料	吨标准煤	97	742	101.7	732	107

市区工业企业能源购进、消费及库存

4—2

(2000 年)

能源名称	计量单位	年初库存	购进量		消费量	年末库存
			实物量	金额（万元）		
能源合计	吨标准煤	681 523	17 529 032	975 629.0	18 653 249	742 176
原煤	吨	593 187	11 091 362	181 092.4	11 302 615	542 539
洗精煤	吨	76 998	1 592 529	41 081.4	1 820 090	68 166
其他洗煤	吨	—	—	—	58 241	—
型煤	吨	—	47	1.4	47	—
焦炭	吨	71 271	711 288	24 218.0	750 432	28 237
其他焦化产品	吨	2 436	35 223	3 371.2	34 159	3 562
原油	吨	68 348	2 952 430	518 124.0	2 809 000	166 487
汽油	吨	447	11 937	3 880.6	11 819	409
煤油	吨	295	2 169	551.3	1 920	458
柴油	吨	3 717	52 754	31 493.9	52 673	4 206
燃料油	吨	747	21 778	3 056.5	58 324	2 135
液化石油气	吨	11	2 224	595.2	3 383	38
炼厂干气	吨	—	—	—	124 065	—
其他石油制品	吨	120	7 071	609.9	7 180	11
热力	百万千焦	—	15 643 504	29 385.8	17 533 566	—
电力	万千瓦时	—	445 124	158 169.5	575 125	—
其他燃料	吨标准煤	97	742	88.7	732	107

全市主要能源按工业行业分组消费量

4—3

(2000 年)

行业名称	原煤(吨)	汽油(吨)	柴油(吨)	热力(百万千焦)	电力(万千瓦时)
总计	15 667 995	25 735	62 601	19 360 179	914 093
煤炭采选业	634 609	221	60	—	8 179
黑色金属矿采选业	1 483	331	253	—	3 160
有色金属矿采选业	2 765	42	809	—	1 038
非金属矿采选业	934	49	818	—	851
食品加工业	52 786	565	702	2 327	9 307
食品制造业	174 052	599	371	283 431	9 824
饮料制造业	23 525	99	18	432 027	2 663
烟草加工业	17 541	11	571	9 331	885
纺织业	127 507	912	1 125	3 150 462	54 793
服装及其他纤维制品制造业	43 443	365	262	489	3 243
皮革、毛皮、羽绒及其制品业	59 762	149	520	—	2 725
木材加工及竹、藤、棕、草制品业	18 810	52	55	343 167	3 069
家具制造业	3 886	281	12	—	54 912
造纸及纸制品业	137 493	794	144	58 204	16 681
印刷业	10 058	567	139	134 060	5 177
石油加工及炼焦业	149 009	727	1 093	—	31 363
化学原料及化学制品制造业	2 011 958	7 772	2 045	2 110 508	204 867

4—3 续表

(2000 年)

行业名称	原煤(吨)	汽油(吨)	柴油(吨)	热力(百万千焦)	电力(万千瓦时)
医药制造业	154 785	1 059	817	9 099 014	126 960
化学纤维制造业	110 525	201	54	—	12 386
橡胶制品业	11 105	401	31	23 604	1 378
塑料制品业	38 449	286	40	16 872	5 607
非金属矿物制品业	1 584 317	1 691	7 370	108 120	85 711
黑色金属冶炼及压延加工业	429 070	1 191	2 576	—	58 629
有色金属冶炼及压延加工业	6 625	304	196	6 029	23 355
金属制品业	44 156	479	1 123	—	7 230
普通机械制造业	74 359	1 170	1 465	117 653	19 625
专用设备制造业	72 750	957	981	86 483	9 778
交通运输设备制造业	35 474	938	330	98 931	4 607
电气机械及器材制造业	8 085	255	220	2 300	2 565
电子及通信设备制造业	6 774	885	10 676	299 454	13 169
仪器仪表及文化、办公用机械制造业	238	10	1	—	201
其他制造业	3 578	206	13	2 227	1 039
电力、蒸汽、热水的生产和供应业	9 595 308	1 777	27 627	2 908 686	118 823
煤气生产和供应业	1 520	137	28	9 539	124
自来水的生产和供应业	2 200	186	17	57 261	8 874

市区主要能源按工业行业分组消费量

4—4

(2000 年)

行业名称	原煤(吨)	汽油(吨)	柴油(吨)	热力(百万千焦)	电力(万千瓦时)
总计	11 302 615	11 819	52 673	17 533 566	575 125
煤炭采选业	555 078	199	51	—	8 135
食品加工业	18 484	127	148	7	1 203
食品制造业	40 339	233	129	—	888
饮料制造业	—	26	—	376 375	885
烟草加工业	17 541	11	571	9 331	885
纺织业	69 784	641	833	3 082 782	38 035
服装及其他纤维制品制造业	36 766	267	114	489	983
皮革、毛皮、羽绒及其制品业	12 825	123	40	—	586
木材加工及竹、藤、棕、草制品业	—	—	3	600	41
家具制造业	—	81	2	—	53 679
造纸及纸制品业	3 289	180	—	58 204	460
印刷业	9 582	487	93	134 060	4 909
石油加工及炼焦业	79 742	671	971	—	28 189
化学原料及化学制品制造业	561 849	950	1 029	1 790 381	86 083
医药制造业	130 937	906	663	9 048 907	120 747

4—4 续表　　(2000 年)

行业名称	原煤(吨)	汽油(吨)	柴油(吨)	热力(百万千焦)	电力(万千瓦时)
化学纤维制造业	54 225	80	39	—	9 486
橡胶制品业	1 142	243	28	23 604	397
塑料制品业	6 912	105	38	16 872	1 508
非金属矿物制品业	288 928	501	5 070	108 120	17 461
黑色金属冶炼及压延加工业	196 250	483	2 508	—	46 607
有色金属冶炼及压延加工业	2 688	101	31	—	1 689
金属制品业	16 154	260	504	—	2 184
普通机械制造业	50 293	796	706	117 653	9 560
专用设备制造业	63 778	473	723	86 483	7 214
交通运输设备制造业	35 182	872	306	98 931	3 671
电气机械及器材制造业	2 651	167	130	2 300	465
电子及通信设备制造业	4 149	641	10 676	299 454	12 751
仪器仪表及文化、办公用机械制造业	220	—	—	—	178
其他制造业	278	103	—	2 227	262
电力、蒸汽、热水的生产和供应业	9 020 953	1 719	27 183	2 209 986	107 393
煤气生产和供应业	1 520	137	28	9 539	124
自来水的生产和供应业	2 020	170	17	57 261	7 190

全市主要能源调出调入情况

4—5 (2000年) 计量单位:吨

指标名称	调出量	调出省外	调入量	省外调入
原煤	632 741	632 741	19 934 404	19 934 404
洗精煤	187 462	187 462	975 308	975 308
其他洗煤	—	—	320	320
焦炭	865 108	617 099	443 676	443 676
原油	—	—	1 108 961	447 360
汽油	649 614	649 614	57 494	57 494
柴油	901 796	901 796	83 716	83 716
煤油	85 194	85 194	5 009	5 009
燃料油	51 044	51 044	1 449	1 449

市区主要能源调出调入情况

4—6 (2000年) 计量单位:吨

指标名称	调出量	调出省外	调入量	省外调入
原煤	560 151	560 151	15 794 111	15 794 111
洗精煤	134 506	134 506	924 236	924 236
其他洗煤	—	—	—	—
焦炭	865 108	617 099	179 026	179 026
原油	—	—	1 104 725	443 124
汽油	649 614	649 614	41 341	41 341
柴油	901 796	901 796	55 053	55 053
煤油	85 194	85 194	5 004	5 004
燃料油	51 044	51 044	1 449	1 449

全市有关行业能源消费量

4—7

(2000 年)

指标名称	计量单位	本年消费量	农林牧渔水利业	建筑业	批发零售贸易餐饮业	公路运输
煤炭	吨	452 615	5 773	24 326	62 077	20 905
煤制品	吨	779	4	20	411	—
焦炭	吨	1 099	—	139	310	12
焦炉煤气	万立方米	69	—	—	45	—
汽油	吨	86 591	520	3 942	7 050	7 378
煤油	吨	152	—	18	30	—
柴油	吨	52 593	419	22 944	3 684	19 324
燃料油	吨	2 329	—	2 100	—	—
液化石油气	吨	2 120	—	—	1 961	—
热力	百万千焦	3 273 527	7 487	1 750	659 542	7 867
电力	万千瓦时	102 388	530	7 141	16 381	9 125

市区有关行业能源消费量

4—8

(2000 年)

指标名称	计量单位	本年消费量	农林牧渔水利业	建筑业	批发零售贸易餐饮业	公路运输
煤炭	吨	259 635	2 252	22 237	33 390	14 053
煤制品	吨	612	—	10	414	—
焦炭	吨	157	—	139	—	—
焦炉煤气	万立方米	69	—	—	45	—
汽油	吨	23 454	144	3 234	2 477	6 573
煤油	吨	123	—	18	1	—
柴油	吨	43 695	80	22 624	2 460	14 357
燃料油	吨	2 325	—	2 100	1	—
液化石油气	吨	19 117	—	—	1 954	—
热力	百万千焦	3 232 056	7 453	1 750	656 198	7 833
电力	万千瓦时	79 201	246	6 770	11 110	8 930

五 财政 保险 金融

财政收入情况

5—1 (2000年) 计量单位:万元、%

行政单位	全部财政收入		一、中央财政收入		二、一般预算收入	
	绝对值	比上年增长	绝对值	比上年增长	绝对值	比上年增长
全市总计	617 026	6.17	239 890	4.84	377 137	7.04
市区合计	376 882	9.22	176 230	7.13	200 653	11.12
#长安区	22 328	10.99	7 173	11.14	15 155	11.16
桥东区	15 237	3.46	5 252	-4.20	9 985	8.00
桥西区	14 865	1.11	4 433	-4.09	10 432	3.49
新华区	21 569	12.53	8 297	12.06	13 272	12.82
郊区	36 699	17.61	15 664	32.89	21 035	8.33
矿区	6 467	4.64	3 039	2.74	3 428	6.39
高新区	16 528	26.65	6 878	30.31	9 650	24.16
井陉县	13 685	7.54	4 578	9.08	9 107	6.79
正定县	23 667	7.57	6 492	1.17	17 175	10.21
栾城县	16 159	5.30	5 100	8.72	11 059	3.80
行唐县	8 294	7.87	1 728	-0.35	6 566	10.26
灵寿县	7 019	4.65	1 764	5.76	5 255	4.29
高邑县	6 962	6.16	1 476	-3.84	5 486	9.22
深泽县	6 916	3.24	1 690	4.71	5 226	2.77
赞皇县	3 916	2.84	1 230	4.33	2 686	2.17
无极县	10 501	4.84	2 028	11.37	8 472	3.38
平山县	11 315	-3.40	2 403	6.66	8 912	-5.79
元氏县	10 011	11.11	2 529	10.00	7 482	11.49
赵县	10 786	1.63	2 255	-7.47	8 531	4.34
辛集市	24 855	-4.20	7 619	-7.40	17 236	-2.71
藁城市	27 386	-9.58	5 930	-25.55	21 456	-3.88
晋州市	16 755	3.87	4 159	10.06	12 596	1.98
新乐市	15 781	3.23	2 847	5.72	12 934	2.70
鹿泉市	26 136	2.27	9 832	0.35	16 305	3.46

5—1 续表　　(2000 年)　　计量单位:万元、%

行政单位	一般预算收入中:					
	增值税	营业税	个人所得税	城市维护建设税	农业五税	企业收入
全市总计	68 296	85 459	33 042	26 610	23 861	40 254
市区合计	47 310	55 643	18 878	18 073	5 155	12 058
#长安区	2 386	5 669	2 381	919	—	1 335
桥东区	1 750	2 676	2 232	696	—	863
桥西区	1 476	3 908	1 315	576	—	1 502
新华区	2 746	3 514	1 478	823	1	2 738
郊区	5 164	4 116	1 250	996	1 037	4 203
矿区	1 013	461	59	337	62	679
高新区	2 290	2 409	645	523	405	2 418
井陉县	1 526	1 675	438	336	200	1 251
正定县	2 164	4 132	1 200	407	3 444	2 073
栾城县	1 699	2 257	458	481	1 633	1 289
行唐县	576	793	492	101	790	370
灵寿县	588	850	565	120	696	1 046
高邑县	492	321	425	151	720	1 124
深泽县	563	771	549	121	518	686
赞皇县	410	393	68	59	397	612
无极县	676	870	1 430	159	733	1 402
平山县	801	2 417	260	1 199	686	204
元氏县	843	1 531	346	153	570	2 087
赵县	745	1 001	818	241	2 298	709
辛集市	2 522	2 231	1 801	607	1 359	4 365
藁城市	1 957	3 967	2 508	2 639	1 386	1 704
晋州市	1 386	1 860	1 196	371	1 719	1 909
新乐市	777	1 889	689	615	869	3 154
鹿泉市	3 261	2 858	921	777	688	4 211

财 政 支 出 情 况

5—2　　(2000 年)　　计量单位:万元

行政单位	财政支出		财政支出中		
	绝对值	比上年(±%)	基本建设	支援农村生产	农林水气事业费
全市总计	501 578	11.35	44 527	8 567	12 570
市区合计	255 228	14.75	33 904	2 090	4 330
#长安区	13 484	11.74	40	—	7
桥东区	11 243	8.62	50	—	—
桥西区	10 158	4.33	8	—	—
新华区	14 593	18.20	995	—	—
郊区	21 500	7.33	2 280	334	308
矿区	4 348	12.56	54	379	149
高新区	10 810	6.57	5 720	47	—
井陉县	13 048	18.32	500	1 159	371
正定县	21 832	5.53	1 200	412	719
栾城县	13 643	4.16	14	465	310
行唐县	10 369	14.49	130	203	229
灵寿县	10 710	18.96	1 253	372	287
高邑县	7 475	10.35	45	256	168
深泽县	7 096	4.11	55	46	233
赞皇县	7 373	15.38	432	487	280
无极县	11 956	11.51	4	223	252
平山县	18 625	17.20	2 899	543	875
元氏县	10 358	14.73	96	367	566
赵县	11 368	9.16	10	136	662
辛集市	21 220	-2.54	717	210	796
藁城市	29 866	4.19	2 615	406	518
晋州市	15 898	4.03	15	293	710
新乐市	15 653	7.98	5	442	557
鹿泉市	19 860	5.12	633	457	707

5—2 续表　　(2000 年)　　计量单位:万元、%

行政单位	财政支出中(续):				
	教育事业费	社会保障补助	行政管理费	公检法司支出	其它支出
全市总计	104 646	19 127	58 486	34 582	219 073
市区合计	34 035	15 866	24 496	18 649	121 858
#长安区	3 602	50	1 044	1 842	6 899
桥东区	4 133	—	1 277	1 294	4 489
桥西区	3 267	60	1 097	1 559	4 167
新华区	5 194	162	1 417	1 666	5 159
郊区	4 197	19	4 629	1 304	8 429
矿区	1 076	73	772	426	1 419
高新区	398	—	946	620	3 079
井陉县	4 361	186	2 288	685	3 494
正定县	7 120	357	2 975	1 559	7 490
栾城县	3 603	268	1 851	1 000	6 132
行唐县	2 970	106	1 594	895	4 242
灵寿县	2 836	86	1 253	345	4 278
高邑县	2 160	76	910	480	3 380
深泽县	2 203	103	1 052	517	2 887
赞皇县	2 200	62	1 060	384	2 468
无极县	4 390	150	1 902	639	4 396
平山县	3 829	88	1 875	1 250	7 266
元氏县	3 876	78	1 574	917	2 884
赵县	4 722	240	1 810	1 071	2 717
辛集市	5 049	816	2 055	1 444	10 133
藁城市	7 670	171	4 041	1 482	12 963
晋州市	4 919	123	2 927	1 129	5 782
新乐市	3 778	159	1 939	977	7 796
鹿泉市	4 925	192	2 884	1 155	8 907

保险业务情况

5—3　　(2000年)　　计量单位:万元

行政单位	承保额	市区	保费收入	市区	已决赔款	市区
总计	16 532 680	10 735 910	107 356	69 223	62 920	32 404
中国人民保险公司财产保险	6 768 177	5 376 442	40 142	24 669	20 498	11 622
中国人民保险公司人寿保险	1 321 834	431 969	46 256	13 844	13 052	6 332
太平洋保险公司财产保险	4 138 380	1 582 980	19 894	4 201	12 155	2 585
太平洋保险公司人寿保险	2 479 709	1 519 939	13 331	3 579	7 163	1 813
平安保险公司财产保险	1 528 091	1 528 091	4 344	4 344	1 472	1 472
平安保险公司人寿保险	296 489	296 489	18 586	18 586	8 580	8 580

金融机构基本情况

5—4　　(2000年)　　计量单位:亿元

指标名称	本年余额	比年初增减数	指标名称	本年余额	比年初增减数
一、金融机构存款余额	1 313.15	102.49	有价证券收入	38.52	12.97
# 企业存款余额	468.52	43.02	四、金融机构现金支出	2 417.85	364.50
城乡居民储蓄存贮款余额	751.49	41.90	投放(+)回笼(-)	-180.50	4.27
二、金融机构贷款余额	973.83	154.37	# 工资性支出	147.47	1.00
# 短期贷款	579.36	69.72	农副产品采购支出	63.46	18.73
中期流动资金贷款	79.66	32.42	工矿及其它产品采购支出	57.14	10.52
中长期贷款	267.91	56.79	行政企事业管理费支出	122.93	25.37
三、金融机构现金收入	2 598.35	360.23	城乡个体经营支出	204.17	18.76
# 商品销售收入	345.77	43.98	储蓄存款支出	1 532.96	250.15
服务业收入	123.14	28.95	居民提取贷款支出	42.80	-1.29
税款收入	11.95	0.82	汇兑支出	31.38	8.78
城乡个体经营收入	229.64	6.12	有价证券支出	21.09	3.14
储蓄存款收入	1 558.39	224.71	其它支出	186.25	35.72
居民归还贷款收入	44.37	0.45	五、金融机构外汇存款余额(亿美元)	4.78	0.56
汇兑收入	58.79	3.38	六、金融机构外汇贷款余额(亿美元)	2.65	-0.38

分县(市)金融机构信贷、现金收支情况

5—5 (2000年) 计量单位:万元

行政单位	存款余额	城乡居民储蓄余额	城镇居民	乡村居民	贷款余额	现金收入	现金支出
全市总计	13 131 544	7 514 860	5 103 763	2 411 097	9 738 267	25 983 549	24 178 544
市区合计	8 493 818	3 929 041	3 434 459	494 582	6 939 550	14 024 943	11 847 198
井陉县	247 259	202 493	116 104	86 389	97 820	364 921	378 808
正定县	498 586	434 413	197 171	237 242	271 938	1 263 395	1 263 875
栾城县	234 016	193 949	83 862	110 087	149 602	721 013	731 966
行唐县	166 336	152 711	67 726	84 983	91 345	360 710	371 715
灵寿县	142 748	127 083	54 441	72 642	89 625	355 775	362 868
高邑县	86 579	78 389	33 137	45 252	89 803	292 739	267 291
深泽县	213 251	201 044	108 989	92 055	99 741	406 230	406 637
赞皇县	105 755	91 669	30 743	61 126	79 156	147 591	150 186
无极县	288 630	266 499	121 763	144 736	163 742	1 109 402	1 079 928
平山县	227 082	190 674	92 102	98 672	144 646	354 472	407 127
元氏县	176 546	155 133	63 382	91 751	161 580	449 385	454 796
赵县	195 676	174 653	68 555	106 098	200 388	594 509	674 799
辛集市	604 992	497 188	274 441	222 747	281 896	1 587 625	1 676 981
藁城市	441 138	382 872	156 866	226 006	307 626	1 178 868	1 295 662
晋州市	414 103	366 679	161 978	204 701	206 264	1 583 258	1 586 862
新乐市	200 580	178 555	90 522	88 034	148 917	607 496	608 366
鹿泉市	394 449	326 028	244 692	181 336	214 628	583 227	593 489

六 物 价

居民消费价格指数

6—1

(2000 年)

类别及品名	以上年同期价格为100		
	全　市	城　市	农　村
居民消费价格总指数	100.6	101.7	99.1
一、食　品	98.0	99.0	97.2
1.粮　食	89.2	89.9	91.1
(1)细　粮	88.6	89.4	90.6
(2)粗　粮	95.2	97.4	94.3
2.淀粉及薯类	96.8	97.4	93.6
3.干豆类及豆制品	113.4	112.0	112.3
4.油脂类	94.1	95.1	91.4
5.肉禽及其制品	101.3	100.2	99.0
6.蛋　类	83.6	82.9	94.5
7.水产品类	106.4	106.8	104.0
8.菜　类	103.0	102.2	103.0
(1)鲜　菜	102.7	101.9	102.8
(2)干　菜	104.9	106.2	103.5
(3)菜制品	105.2	107.4	104.0
9.调味品	101.3	97.1	104.0
10.糖　类	99.3	98.7	100.4
(1)食　糖	99.1	102.1	99.4
(2)糖　果	99.4	98.3	101.4
11.烟草类	99.1	99.0	99.0
12.酒和饮料	97.8	97.4	98.7
13.干鲜瓜果类	95.5	97.4	95.8
(1)鲜　果	93.4	96.2	94.4
(2)干　果	101.9	101.0	100.4
14.糕点类	100.3	102.8	98.1
15.奶及奶制品	102.4	104.6	100.0
16.其他食品	100.6	101.1	99.8
17.饮食业	100.0	100.4	99.7
(1)主　食	98.9	99.5	97.6
(2)炒　菜	101.2	102.3	100.9
(3)地方小吃	100.5	100.0	101.2
二、衣着类	101.4	101.7	100.5
1.服　装	102.6	102.2	101.9
2.衣着材料	99.1	100.8	98.8
(1)棉　布	100.7	101.9	99.9
(2)棉花化纤混纺布	99.3	100.1	100.2
(3)化纤布	97.8	101.9	97.2
(4)呢　绒	99.3	99.5	99.3
(5)绸　缎	100.8	100.9	101.3
(6)毛　线	99.5	99.4	99.3

6—1续表　　　　　　　　　　(2000年)

类别及品名	以上年同期价格为100		
	全　市	城　市	农　村
3.鞋袜帽及其他衣着	101.8	101.2	101.2
(1)鞋　类	102.0	100.9	102.6
(2)袜　子	99.7	106.0	95.5
(3)帽　子	102.0	106.2	99.0
(4)其他衣着	101.8	100.2	100.6
三、家庭设备及用品	98.3	97.5	99.5
1.耐用消费品	97.9	97.5	98.8
(1)家　具	100.6	100.8	100.5
(2)家庭设备	96.0	95.2	97.7
2.室内装饰品	98.0	97.1	99.7
3.床上用品	101.5	101.8	100.8
4.家庭日用杂品	98.0	96.6	100.3
5.其他日用品	99.2	97.4	100.8
四、医疗保健	102.1	103.1	101.7
1.医疗器具及保健用品	101.1	104.0	96.3
2.中药材及中成药	105.5	108.3	102.3
3.西　药	99.2	96.3	101.8
五、交通和通讯工具	98.6	99.1	96.8
1.交通工具	102.4	104.9	97.7
2.通讯工具	92.1	91.5	94.4
六、娱乐教育文化用品	96.5	96.0	97.2
1.文娱用耐用消费品	92.5	91.7	93.3
2.教材及参考书	103.7	103.5	104.7
3.文化娱乐用品	100.1	99.6	100.9
(1)文娱用品	100.2	99.3	100.9
(2)报纸杂志	100.0	100.0	100.8
七、居　住	105.7	107.8	101.7
1.住　房	101.3	102.4	99.7
(1)建筑材料	96.8	94.9	98.8
(2)房　租	116.6	120.6	104.9
2.水、电、燃料	108.8	111.1	103.7
八、服务项目	110.2	113.1	104.4
1.电　讯　费	99.3	99.6	99.4
2.邮　　费	104.8	104.2	102.3
3.交　通　费	108.8	115.0	100.6
4.洗理美容费	100.1	99.3	102.2
5.文　娱　费	113.7	115.5	109.3
6.学杂保育费	118.3	122.1	108.0
7.修理及其他服务费	102.8	102.5	103.2
8.医疗保健服务	99.8	100.0	101.1

商品零售价格指数

6—2　　　　(2000年)

类别及品名	以上年同期价格为100		
	全　市	城　市	农　村
商品零售价格总指数	99.4	99.9	98.7
一、食　品　类	97.9	99.1	96.7
1.粮　　食	90.7	91.0	91.3
(1)细　　粮	89.1	90.1	88.5
(2)粗　　粮	98.6	97.9	100.5
2.油　脂　类	94.2	95.3	93.6
3.肉　禽　蛋	97.5	97.0	98.1
4.水　产　品	108.5	110.2	105.7
5.鲜　　菜	102.7	101.7	103.9
6.干　　菜	101.8	103.0	100.2
7.鲜　　果	90.8	94.2	87.8
8.干　　果	101.8	101.1	102.6
9.其他食品类	100.3	100.8	99.7
(1)调　味　品	100.8	97.5	105.4
(2)食　　糖	100.0	101.9	98.2
(3)糖　　果	99.3	98.1	100.9
(4)糕　　点	100.6	103.0	97.9
(5)奶及奶制品	100.4	100.9	99.7
(6)罐　　头	100.2	100.8	99.8
10.饮食业	100.8	101.6	99.2
(1)主　　食	98.4	99.5	96.9
(2)炒　　菜	101.8	102.7	99.9
(3)地方小吃	100.8	100.0	102.9
二、饮料、烟酒类	98.5	98.3	98.8
1.饮　　料	101.5	103.6	100.1
2.烟　　酒	96.8	95.3	98.0
三、服装、鞋帽类	101.9	101.6	102.5
1.服　　装	102.6	102.1	103.3

6—2 续表　　(2000年)

类别及品名	以上年同期价格为100		
	全　市	城　市	农　村
2.鞋	102.0	100.7	103.4
3.其他衣着	98.6	101.3	97.7
四、纺织品类	99.8	100.7	99.1
1.棉　布	100.9	101.9	100.3
2.棉花化纤混纺布	99.5	100.1	99.1
3.化　纤　布	99.7	101.9	97.3
4.呢　绒	99.4	99.5	99.2
5.绸　缎	100.6	100.9	100.4
6.其他纺织品	99.3	99.5	99.0
五、中、西药品类	101.3	101.8	100.7
1.中　药	105.3	108.3	101.0
2.西　药	98.8	95.9	101.4
3.医疗用品	99.1	101.0	95.6
六、化妆品类	106.3	109.2	101.7
七、书报、杂志类	102.1	101.8	102.6
八、文化体育用品类	99.8	99.2	100.4
1.文化用品	99.5	98.5	100.3
2.体育用品	100.4	100.1	100.6
九、日用品类	100.0	100.6	99.4
1.一般日用品	99.9	100.6	99.4
2.家　具　类	100.4	101.2	99.1
3.日用杂品	99.5	99.4	100.4
十、家用电器类	94.3	93.5	95.7
十一、首　饰　类	93.2	92.1	97.9
十二、燃　料　类	112.6	116.5	107.9
十三、建筑装璜材料类	98.4	99.6	96.6
十四、机电产品类	98.8	99.3	96.8

农业生产资料价格指数

6—3

(2000年)

类别及品名	以上年同期价格为100	类别及品名	以上年同期价格为100
农业生产资料价格指数	99.5	六、机械化农具	98.6
一、小　农　具	100.5	七、化学肥料	93.4
二、饲　　料	87.6	八、农药及农药械	96.2
三、幼禽家畜	122.6	1.化学农药	95.6
四、大　牲　畜	99.8	2.农　药　械	101.5
五、半机械化农具	99.8	九、农用机油	119.3
		十、其　　他	99.8

工业产品出厂价格指数

6—4

(2000年)

行业名称	以上年同期为100	行业名称	以上年同期为100
全部工业品	103.13	按工业部门分	
#轻　工　业	96.75	冶　金　工　业	106.02
以农产品为原料	97.86	电　力　工　业	100.08
以非农产品为原料	94.69	煤炭及炼焦工业	111.09
重　工　业	108.50	石　油　工　业	145.32
原　　料	113.37	化　学　工　业	96.84
加　　工	96.46	机　械　工　业	98.02
#生产资料	105.79	建筑材料工业	95.29
原　　料	109.34	森　林　工　业	96.90
加　　工	97.13	食　品　工　业	93.57
生活资料	95.42	纺　织　工　业	106.04
食　　品	93.56	缝　纫　工　业	99.34
衣　　着	102.36	皮　革　工　业	101.68
一般日用品	94.93	造　纸　工　业	99.16
耐用消费品	96.25		

工业企业原材料购进价格指数

（2000年）

6—5

行　业　名　称	以上年同期为100	行　业　名　称	以上年同期为100
全部原材料	106.95	（四）化工原料类	113.99
（一）燃料、动力类	111.74	（五）木材及纸浆类	105.34
（二）黑色金属材料	101.86	（六）建筑材料及非金属矿类	100.49
其中：钢　材	105.10	（七）其它工业原材料及半成品类	105.32
其　它	96.88	（八）农副产品类	102.87
（三）有色金属材料和电线类	116.78	（九）纺织原料类	103.67

城市房地产价格指数

（2000年）

6—6

行　业　名　称	以上年同期为100	行　业　名　称	以上年同期为100
土地交易价格指数	104.8	三、公有住房	100.0
一、居民住宅用地	107.8	房地产租赁价格指数	102.2
二、工业用地	106.4	一、住　宅	119.4
三、商业、旅游、娱乐用地	105.7	（一）公　房	124.2
四、其它用地	112.1	1.直属公房	126.8
房地产销售价格指数	101.8	2.自属公房	124.2
一、商　品　房	105.2	（二）私　房	97.3
（一）住　宅	104.8	二、办公用房	95.9
1.安居工程	100.0	（一）高标准写字楼	95.5
2.普通住宅	105.5	（二）普通办公用房	96.1
3.豪华住宅	101.0	三、商业用房	95.6
（二）非　住　宅	106.5	四、厂房仓库	100.5
商业用房	106.5	（一）工业厂房	100.7
二、旧房交易	102.3	（二）仓　库	100.1
#住　宅	102.3	五、旅馆饭店客房	100.0

七　城市居民生活

城市住户调查基本情况

7—1 计量单位:人

指标名称	总计	最低收入组	中等收入组	最高收入组
一、调查户数(户)	200	20	40	20
二、调查人口	613	67	123	51
(一)就业人口	362	35	79	31
1.国有经济单位职工	287	29	61	24
2.城镇集体经济单位职工	37	5	7	2
3.其他经济单位职工	28	—	9	3
4.个体被雇者人数	6	1	—	—
5.离退休再就业者人数	2	—	—	2
6.其它就业者人数	2	—	2	—
(二)离退休者人数	48	—	6	7
三、无收入者人数	201	33	38	13
四、期末家庭人口数	611	67	122	51
五、户均人口	3.06	3.35	3.08	2.55
六、户均就业人口	1.81	1.73	1.98	1.55
七、平均每一就业者负担人数	1.69	1.94	1.56	1.65

城市平均每百户家庭主要耐用消费品拥有量

7—2

（2000 年）

指标名称	计量单位	总计	最低收入组	中等收入组	最高收入组
毛皮大衣	件	67	45	70	90
呢大衣	件	167	90	200	165
毛毯	条	145	70	177	175
地毯	方	106	205	177	15
组合家具	套	69	65	85	90
沙发床	个	48	25	55	45
沙发	个	179	120	125	180
大衣柜	个	98	70	75	120
写字台	张	81	65	72	80
自行车	辆	259	234	270	210
缝纫机	架	56	55	62	55
洗衣机	台	93	75	100	110
电风扇	台	148	120	155	115
电冰箱	台	95	90	100	95
彩色电视机	台	112	85	120	115
录音机	台	49	25	62	64
照相机	架	58	30	70	60
空调器	台	56	30	55	95
电吹具	个	51	10	37	75
淋浴热水器	台	62	40	77	60
抽排油烟机	台	57	45	60	70

城市住户人均现金收支情况

7—3　　(2000年)　　计量单位:元

指标名称	总计	最低收入组	中等收入组	最高收入组
一、期末手存现金	222	134	225	211
二、可支配收入	6 443	2 823	6 263	11 773
三、现金收入	9 106	4 336	9 450	16 031
(一)实际收入	6 477	2 842	6 285	11 834
#国有经济单位职工收入	4 418	2 434	4 240	7 316
城镇集体单位职工收入	384	253	442	162
个体被雇者收入	55	39	—	—
离退休再就业者收入	20	—	—	245
财产收入	191	28	225	405
转移收入	805	53	560	2 259
(二)借贷收入	2 628	1 494	3 166	4 196
#提取储蓄存款	1 836	430	2 370	3 302
借入款	403	313	631	302
收回借出款	41	—	11	349
兑售有价证券	89	—	99	63
购置房屋从银行贷款	82	746	—	—
四、现金支出	8 680	4 114	9 012	15 471
(一)实际支出	6 779	3 844	6 876	11 981
1.消费性支出	5 247	2 938	5 240	9 171
2.非消费性支出	1 532	906	1 636	2 810
(二)借贷支出	1 901	269	2 136	3 490
#存入储蓄款	1 340	221	1 225	2 670
归还借款	105	3	45	—
储蓄性保险支出	67	—	21	179
购买有价证券	264	—	757	53
五、期末手存现金	648	357	663	771

城市住户人均消费支出情况

(2000 年)

7—4　　　　计量单位:元

指标名称	总计	最低收入组	中等收入组	最高收入组
生活消费支出合计	5 247	2 938	5 240	9 171
一、食　　品	1 688	1 236	1 803	2 238
(一)粮　　食	195	219	192	212
(二)淀粉及薯类	15	14	14	15
(三)豆类及制品	19	12	19	26
(四)油脂类	74	93	78	55
(五)肉类及制品	310	230	352	394
(六)蛋类	70	70	65	75
(七)水产品类	68	43	66	102
(八)菜类	203	180	203	237
(九)调味品	23	18	25	36
(十)糖类	34	24	45	46
(十一)烟草类	84	41	86	61
(十二)酒和饮料	109	57	120	121
(十三)干鲜瓜果类	123	7	121	189
(十四)坚果和果仁	31	19	27	51
(十五)糕点类	40	24	47	66
(十六)奶及奶制品	108	55	118	189
(十七)其它食品	39	10	40	80
(十八)在外用餐	139	54	184	280

7—4 续表 1　　(2000 年)　　计量单位:元

指 标 名 称	总 计	最低收入组	中等收入组	最高收入组
二、衣着类	675	288	643	1 181
(一)服装	422	133	404	811
(二)衣着材料	45	35	43	68
(三)鞋袜帽及其它	192	109	184	277
(四)衣着加工费	16	11	11	25
三、设备用品及服务	576	88	415	1 409
(一)耐用消费品	432	23	284	1 161
(二)室内装饰品	22	4	12	39
(三)床上用品	13	7	12	32
(四)家庭日用杂品	83	48	96	146
(五)家庭服务	24	6	11	30
四、医疗保健	315	183	304	598
# 医药费	268	177	260	452
五、交通和通讯	376	105	415	655
(一)交　　通	153	47	193	239
# 自行车	37	5	55	26
(二)通　　讯	224	58	222	416
# 电　讯	146	39	132	283
六、娱乐文教服务	844	556	927	1 696
(一)耐用消费品	223	1	335	524
(二)教　　育	485	478	471	878

7—4 续表 2　　(2000 年)　　计量单位:元

指标名称	总计	最低收入组	中等收入组	最高收入组
(三)文化娱乐	136	77	120	294
#文娱用品	43	20	33	137
书报杂志	54	40	55	71
七、居　住	472	357	467	672
(一)住　房	154	93	124	299
(二)水电燃料	318	264	342	373
#水　费	33	31	33	38
电　费	95	68	92	133
燃　料	84	94	78	73
八、杂项商品和服务	291	124	270	722
(一)个人消费	254	74	197	705
1.个人用品	42	15	43	64
#金银珠宝用品	6	—	3	11
2.理发美容用品	52	10	42	135
#美容化装品	48	10	40	132
3.旅　游	113	30	68	361
#火车费	36	14	14	111
伙食费	20	5	8	46
4.服务费	47	18	45	145
#理发、洗澡	25	16	27	42
(二)其它服务	20	47	20	11

城市住户不同收入水平家庭调查情况

7—5

(2000 年)

项目名称	计量单位	总计	按平均每人每月可支配收入分组			
			100—200	200—300	300—400	400—500
一、调查户数	户	200	6	11	40	34
二、家庭人口数	人	613	21	37	133	107
就业人数	人	362	8	21	71	60
其中:国有集体职工人数	人	324	7	21	67	55
三、期初手存现金	元	136 244	1 218	6 286	21 703	21 799
四、可支配收入	元	3 947 135	42 119	114 212	559 692	583 506
五、实际收入	元	3 967 890	42 479	114 964	562 920	585 586
国有集体职工收入	元	2 942 042	37 514	110 636	443 533	424 179
1.工资性收入	元	2 770 910	36 804	107 104	430 811	409 541
其中:奖金	元	309 455	3 956	6 355	34 845	31 970
2.非工资性收入	元	171 132	710	3 533	12 722	14 638
六、储蓄、借贷收入	元	1 539 975	25 087	64 300	116 856	358 193
七、实际支出	元	4 152 775	64 572	152 454	566 879	743 684
消费支出	元	3 214 051	56 344	100 180	505 032	511 412
(一)食品	元	1 036 002	23 448	41 628	198 503	184 345
1.粮食	元	119 868	5 426	6 534	26 675	21 299
2.淀粉及薯类	元	9 266	411	372	2 228	1 698
3.干豆类及豆制品	元	11 942	201	472	2 804	1 978
4.油脂	元	45 696	2 001	3 266	10 218	9 340
5.肉禽及其制品	元	190 429	3 704	7 873	37 365	33 992
6.蛋类	元	43 018	1 324	2 348	10 009	7 851
7.水产品	元	41 510	626	1 616	6 767	7 252
8.菜类	元	124 717	3 235	5 910	27 005	20 250
9.调味品	元	14 089	267	640	2 755	2 415
10.糖类	元	21 164	377	784	3 626	4 197
11.烟草类	元	51 349	1 573	1 111	7 102	10 202
12.饮料类	元	66 879	612	2 049	14 283	14 648
13.干鲜瓜果类	元	75 648	1 314	2 147	13 714	13 207

7—5 续表 1　　(2000 年)

项　目　名　称	计量单位	总　计	按平均每人每月可支配收入分组			
			100—200	200—300	300—400	400—500
14.坚果及果仁	元	19 253	322	526	4 053	3 489
15.糕点类	元	24 482	363	803	4 094	4 245
16.奶及奶制品	元	66 352	190	2 600	12 765	9 983
17.其他食品	元	24 083	166	333	3 013	4 015
18.在外用餐	元	85 646	1 309	2 236	9 859	14 125
19.食品加工服务费	元	610	28	8	167	153
(二)衣　着	元	414 344	4 784	10 181	61 051	66 758
1.服　装	元	258 853	2 277	4 665	35 377	42 072
2.衣着材料	元	27 873	520	1 161	5 091	4 536
3.鞋袜帽及其它衣着	元	117 774	1 903	3 977	18 768	18 239
4.衣着加工服务费	元	9 843	84	378	1 816	1 911
(三)设备用品及服务	元	353 467	1 195	3 149	37 297	49 288
1.日用耐用消费品	元	265 240	75	740	24 939	37 062
1.室内装饰品	元	13 483	107	157	1 121	1 307
3.床上用品	元	7 972	—	317	1 431	1 022
4.家庭日用杂品	元	51 192	844	1 842	8 057	8 463
5.家具材料	元	617	—	—	170	40
6.家庭服务	元	14 962	169	94	1 579	1 394
(四)医疗保健	元	193 393	6 469	5 219	24 888	32 364
(五)交通与通讯	元	230 770	970	4 995	33 355	38 395
(六)娱乐教育文化服务	元	517 960	11 472	18 139	76 092	73 915
1.文娱耐用消费品	元	136 614	—	50	8 294	8 015
2.教　育	元	297 743	9 861	15 102	52 943	55 137
3.文化娱乐	元	83 603	1 612	2 987	14 855	10 763
(七)居　住	元	289 398	7 125	10 613	56 804	42 009
(八)杂项商品与服务	元	178 717	880	6 257	17 041	24 340
八、储蓄借贷支出	元	1 094 236	554	16 724	64 503	166 141
九、期末手存现金	元	397 097	3 658	16 372	70 097	55 753

7—5 续表 2 (2000 年)

项目名称	单位	按平均每人每月可支配收入分组			
		500—600	600—700	700—800	800—900
一、调查户数	户	35	21	27	13
二、家庭人口数	人	110	62	77	34
就业人数	人	68	38	54	24
其中:国有集体职工人数	人	57	32	47	23
三、期初手存现金	元	31 687	15 603	19 422	12 316
四、可支配收入	元	717 118	486 673	695 603	347 190
五、实际收入	元	719 888	488 275	701 975	349 228
国有集体职工收入	元	504 205	338 158	565 396	299 044
1.工资性收入	元	480 858	318 293	529 937	274 879
其中:奖金	元	47 139	22 281	89 276	48 635
2.非工资性收入	元	23 346	19 865	35 458	24 164
六、储蓄、借贷收入	元	309 759	151 507	244 452	159 860
七、实际支出	元	764 875	445 376	659 085	391 339
消费支出	元	617 868	349 523	495 166	278 300
(一)食　品	元	204 851	102 259	138 763	67 979
1.粮　食	元	22 242	11 203	13 110	6 377
2.淀粉及薯类	元	1 721	575	1 271	421
3.干豆类及豆制品	元	2 133	1 151	1 470	733
4.油　脂	元	9 435	3 464	4 565	1 287
5.肉禽及其制品	元	39 498	16 917	26 696	11 485
6.蛋　类	元	7 540	4 289	4 881	2 286
7.水产品	元	9 043	4 514	5 018	3 292
8.菜　类	元	23 917	13 100	15 902	6 802
9.调味品	元	2 660	1 522	15 555	859
10.糖　类	元	4 446	2 305	2 758	1 558
11.烟草类	元	11 099	3 307	11 508	4 372
12.饮料类	元	12 562	5 427	9 250	4 205
13.干鲜瓜果	元	13 680	8 831	10 363	6 373

7—5 续表 3　　(2000 年)

项　目　名　称	单　位	按平均每人每月可支配收入分组			
		500—600	600—700	700—800	800—900
14.坚果及果仁	元	3 150	2 243	2 127	1 671
15.糕点类	元	5 020	2 802	3 319	1 905
16.奶及奶制品	元	13 649	6 874	9 160	4 919
17.其他食品	元	4 411	3 087	4 419	2 296
18.在外用餐	元	18 532	10 601	11 622	7 101
19.食品加工服务费	元	111	47	35	37
(二)衣　着	元	76 022	48 382	70 056	42 191
1.服　装	元	45 844	31 523	44 036	29 634
2.衣着材料	元	5 192	1 565	5 537	1 938
3.鞋袜帽及其它衣着	元	23 432	14 080	19 233	9 896
4.衣着加工服务费	元	1 554	1 213	1 250	724
(三)设备用品及服务	元	52 846	52 746	59 628	48 184
1.日用耐用消费品	元	38 344	41 041	48 580	33 037
2.室内装饰品	元	1 405	2 734	2 713	3 030
3.床上用品	元	1 341	1 099	593	1 935
4.家庭日用杂品	元	11 037	4 178	7 004	4 661
5.家具材料	元	35	—	41	331
6.家庭服务	元	683	3 694	698	5 190
(四)医疗保健	元	49 722	14 855	24 075	10 697
(五)交通与通讯	元	45 301	18 777	47 066	22 645
(六)娱乐教育文化服务	元	100 838	60 431	87 035	37 513
1.文娱耐用消费品	元	38 771	23 565	30 838	12 149
2.教　育	元	49 142	24 142	44 930	15 389
3.文化娱乐	元	12 925	12 724	11 267	9 975
(七)居　住	元	58 553	34 273	30 918	28 038
(八)杂项商品与服务	元	29 733	17 801	37 626	21 053
八、储蓄借贷支出	元	221 252	156 384	236 230	109 568
九、期末手存现金	元	75 207	53 625	70 534	20 497

7—5 续表 4 (2000 年)

项 目 名 称	单 位	按平均每人每月可支配收入分组				
		900—1000	1000—1100	1100—1200	1200—1300	1300—1400
一、调查户数	户	5	3	2	2	1
二、家庭人口数	人	15	6	5	5	1
就业人数	人	10	3	2	2	1
其中:国有集体职工人数	人	10	3	—	1	—
三、期初手存现金	元	3 093	700	1 786	530	100
四、可支配收入	元	166 142	74 382	68 214	76 307	15 976
五、实际收入	元	166 622	74 873	68 334	76 711	16 036
国有集体职工收入	元	151 733	46 255	—	21 389	—
1.工资性收入	元	124 099	38 394	—	20 189	—
其中:奖金	元	14 688	2 610	—	7 700	—
2.非工资性收入	元	27 634	7 861	—	1 200	—
六、储蓄、借贷收入	元	45 170	26 000	24 890	7 900	6 000
七、实际支出	元	168 152	82 261	50 795	49 192	14 110
消费支出	元	138 271	68 842	45 848	39 287	7 977
(一)食 品	元	30 141	16 391	11 113	11 864	4 716
1.粮 食	元	2 516	1 874	1 337	851	422
2.淀粉及薯类	元	242	131	48	51	94
3.干豆类及豆制品	元	362	226	140	179	90
4.油 脂	元	711	686	461	188	75
5.肉禽及其制品	元	4 057	3 424	2 312	1 866	1 238
6.蛋 类	元	745	710	606	268	160
7.水产品	元	1 160	1 402	188	458	172
8.菜 类	元	3 793	1 613	1 318	1 264	608
9.调味品	元	615	157	220	307	118
10.糖 类	元	516	361	50	151	34
11.烟草类	元	720	7	99	250	—
12.饮料类	元	2 210	543	514	422	154
13.干鲜瓜果	元	2 379	1 353	909	908	472

7—5 续表 5　　　　　　　　　　　　（2000 年）

项　目　名　称	单　位	按平均每人每月可支配收入分组				
		900—1000	1000—1100	1100—1200	1200—1300	1300—1400
14.坚果及果仁	元	630	539	75	311	118
15.糕点类	元	954	483	102	264	127
16.奶及奶制品	元	2 195	779	1 812	1 037	388
17.其他食品	元	1 612	329	155	482	32
18.在外用餐	元	4 715	1 768	769	2 606	402
19.食品加工服务费	元	8	6	—	—	12
（二）衣　着	元	18 250	6 951	1 413	8 010	294
1.服　装	元	12 247	4 002	608	6 510	60
2.衣着材料	元	1 368	563	361	—	40
3.鞋袜帽及其它衣着	元	4 172	2 110	354	1 455	155
4.衣着加工服务费	元	464	277	90	45	39
（三）设备用品及服务	元	30 427	6 151	8 483	2 845	1 230
1.日用耐用消费品	元	27 398	4 307	6 138	2 499	1 080
2.室内装饰品	元	453	237	215	—	5
3.床上用品	元	226	—	10	—	—
4.家庭日用杂品	元	2 288	1 580	804	309	125
5.家具材料	元	—	—	—	—	—
6.家庭服务	元	62	27	1 316	37	20
（四）医疗保健	元	11 339	3 300	8 733	967	767
（五）交通与通讯	元	10 196	4 133	1 099	3 514	325
（六）娱乐教育文化服务	元	20 854	25 694	4 427	1 550	—
1.文娱耐用消费品	元	2 254	9 325	3 353	—	—
2.教　育	元	15 189	15 451	—	457	—
3.文化娱乐	元	3 411	918	1 074	1 093	—
（七）居　住	元	6 116	2 501	8 453	3 446	548
（八）杂项商品与服务	元	10 949	3 722	2 127	7 091	97
八、储蓄借贷支出	元	40 746	13 932	36 645	26 558	5 000
九、期末手存现金	元	5 988	5 379	7 570	9 391	3 025

八 城市公用设施

城市公用事业

8—1

指标名称	计量单位	2000年	指标名称	计量单位	2000年
一、城市设施水平			三、公共交通		
人均房屋使用面积	平方米	15.8	运营车辆	辆	1 747
人均房屋建筑面积	平方米	20.1	#小公共汽车	辆	1 156
日均家庭生活用水量	升	156.0	标准运营车辆	标台	1 463
用水普及率	%	100.0	营运线路长度	公里	1 005
每万人拥有公共交通车辆	标台	10.0	营运线路网长度	公里	723
用气普及率	%	100.0	行驶里程	万车公里	5 772
人均拥有道路面积	平方米	9.5	运营线路	条	71
路网密度	公里/平方公里	2.8	客运总量	万人次	17 680
排水管道密度	公里/平方公里	7.6	#小公共汽车	万人次	1 308
污水处理率	%	27.0	四、燃　　气		
人均公共绿地面积	平方米	5.7	煤气供气总量	万立方米	13 496
建成区绿地率	%	27.5	#家　　庭	万立方米	6 173
建成区绿化覆盖率	%	32.4	用煤气户	万户	19
垃圾粪便无害化处理率	%	100.0	#家庭用户	万户	19
二、供　　水			用煤气人口	万人	59
综合生产能力	万立方米/日	139.0	煤气管道长度	公里	209
#地下水	万立方米/日	99.0	液化石油供应量	吨	32 098
供水管道长度	公里	1 133.0	#家庭用量	吨	27 862
年供水总量	万立方米	31 007.0	用液化石油户数	万户	27
#生产用量	万立方米	12 785.0	#家庭用户	万户	27
公共服务用量	万立方米	18 080.0	用液化石油人口	万人	82
家庭用量	万立方米	9 166.0	五、集中供热		
用水人口	万人	161.0	蒸汽供热能力	吨/小时	2 772
#非农业人口	万人	141.0	热水供热能力	兆瓦	628

8—1 续表　　　　(2000 年)

指标名称	计量单位	2000 年	指标名称	计量单位	2000 年
蒸气供热量	万吉焦	5 139	公园个数	个	26
热水供热量	万吉焦	85	公园面积	公顷	293
蒸气供热管道长度	公里	265	游人量	万人次	1 778
热水供热管道长度	公里	85	苗圃面积	公顷	295
集中供热面积	万平方米	2 377	八、环境卫生		
六、市政设施			实际清扫面积	万平方米	1 253
道路长度	公里	863	# 机械清扫	万平方米	123
道路面积	万平方米	1 531	生活垃圾清运量	万吨	62
人行道面积	万平方米	411	粪便清运量	万吨	14
桥梁数	座	264	垃圾无害化处理厂个数	座	5
# 立交桥	座	34	垃圾无害化处理能力	吨/日	1 700
路灯盏数	盏	22 824	垃圾无害化处理量	万吨	62
排水管道长度	公里	853	市容环卫专用车	台	161
污水年排放量	万立方米	28 415	粪便无害化处理量	万吨	14
污水处理能力	万立方米/日	16	公厕数量	座	438
污水年处理量	万立方米	7 665	# 水冲式	座	354
防洪堤长度	公里	32	九、城市住房		
# 百年以上一遇	公里	12	年末房屋建筑面积	万平方米	4 915
七、园林绿化			年末住宅建筑面积	万平方米	2 614
绿化覆盖面积	公顷	4 131	年末住宅使用面积	万平方米	2 060
# 建成区	公顷	3 613	居住人口	万人	130
园林绿地面积	公顷	3 591	十、建成区土地面积	平方公里	112
# 建成区	公顷	2 735	十一、年末实有出租汽车	辆	6 553
公共绿地面积	公顷	801			

工业“三废”排放及处理利用情况

8—2

（2000 年）

指 标 名 称	计量单位	全 市	市 区
工业废水排放总量	万吨	20 920	6 167
工业废水排放达标量	万吨	12 364	6 063
# 处理排放达标量	万吨	5 192	2 349
工业废水中污染物排放量			
1.化学需氧量	吨	146 445	15 401
2.石 油 类	吨	283	172
3.悬 浮 物	吨	12 564	4 767
工业废水处理量	万吨	38 639	14 073
工业废水处理回用量	万吨	33 417	11 695
工业废水中污染去除量			
1.挥 发 酚	吨	453	449
2.氰 化 物	吨	231	105
3.化学需氧量	吨	55 962	19 914
4.石 油 类	吨	1 095	822
5.悬 浮 物	吨	37 749	11 230
6.硫 化 物	吨	3 163	534
工业废气排放总量	亿标立米	1 238	323
# 燃料燃烧中排放的	亿标立米	785	180
# 经过消烟除尘的	亿标立米	747	176
生产工艺中排放的	亿标立米	453	143
# 经过净化处理的	亿标立米	431	139
工业二氧化硫去除量	吨	30 074	5 013
燃料燃烧中去除的	吨	27 122	4 744
生产工艺中去除的	吨	2 952	268

8—2 续表　　　　　　　　　　(2000 年)

指　标　名　称	计量单位	全　市	市　区
工业二氧化硫排放量	吨	129 930	30 242
#燃料燃烧中排放的	吨	122 740	29 361
生产工艺中排放的	吨	7 190	881
烟尘去除量	万吨	119	40
烟尘排放量	吨	95 771	25 135
工业粉尘回收量	吨	466 165	165 912
工业粉尘排放量	吨	180 917	4 291
工业固体废物产生量	万吨	423	164
#危险废物	吨	83 329	136
冶炼废渣	吨	600 828	558 403
粉煤灰	万吨	168	41
炉　渣	万吨	143	55
煤矸石	吨	154 494	18 143
工业固体废物综合利用量	万吨	325	137
#危险废物	吨	40 072	35
冶炼废渣	吨	592 655	557 857
粉煤灰	吨	942 970	159 444
炉　渣	万吨	140	54
煤矸石	吨	34 344	18 143
工业固体废物贮存量	万吨	48	26
工业固体废物处置量	万吨	37	1
工业固体废物排放量	吨	44 184	1 674
附:环境噪声达标面积	平方公里	57.76	57.76

九 农村经济

农村基本情况及农业生产条件

9—1

(2000年)

行政单位	一、农村基层组织情况			二、农村基础设施		
	(一)乡镇个数(个)	其中:镇个数	(二)村委会个数(个)	(一)自来水受益村数(个)	(二)通汽车村数(个)	(三)通电话村数(个)
石家庄市	222	115	4 491	3 874	4 487	4 363
郊区	7	3	80	80	80	80
矿区	3	1	32	32	32	31
高新区	1	—	14	14	14	14
井陉县	17	10	318	241	315	318
正定县	12	7	213	213	213	213
栾城县	8	5	194	194	194	194
行唐县	15	4	330	157	330	329
灵寿县	15	6	279	135	279	279
高邑县	5	1	107	107	107	107
深泽县	6	2	125	107	125	125
赞皇县	11	2	212	103	212	158
无极县	11	6	213	212	212	213
平山县	23	10	713	670	713	641
元氏县	15	6	208	156	208	208
赵县	11	7	281	281	281	281
辛集市	15	8	341	341	341	341
藁城市	14	13	239	239	239	239
晋州市	10	8	224	224	224	224
新乐市	11	8	160	160	160	160
鹿泉市	12	8	208	208	208	208

9—1 续表 1

(2000 年)

行政单位	三、乡村人口与从业人员					
	(一)乡村户数(户)	(二)乡村人口数(人)	(三)乡村劳动力资源(人)		(四)乡村从业人员(人)	
			乡村劳动力资源数	其中:劳动年龄内人数	乡村从业人员合计	其中:劳动年龄内从业人员数
石家庄市	1 760 498	6 803 477	3 812 818	3 621 516	3 541 956	3 406 772
郊区	65 486	199 880	119 709	116 637	113 331	111 068
矿区	13 429	41 694	17 873	17 619	17 308	17 074
高新区	7 223	25 630	15 159	15 076	13 572	13 190
井陉县	80 957	291 330	159 141	149 319	141 827	132 005
正定县	124 367	486 648	292 291	280 954	273 961	262 624
栾城县	82 000	340 000	191 975	185 269	184 358	176 860
行唐县	99 227	377 436	192 735	184 442	184 357	176 255
灵寿县	70 919	274 498	140 906	132 888	132 126	127 140
高邑县	38 625	158 301	87 277	83 886	86 241	82 053
深泽县	57 649	220 896	125 386	119 329	120 547	112 636
赞皇县	54 689	209 990	118 418	113 018	108 896	103 496
无极县	114 542	447 939	251 473	249 981	245 062	235 027
平山县	114 825	419 641	208 590	197 597	201 576	196 430
元氏县	85 800	360 482	215 871	190 693	183 431	180 590
赵县	125 808	514 606	291 840	279 027	272 086	270 872
辛集市	148 486	546 242	322 110	290 364	291 268	276 802
藁城市	174 045	696 305	411 462	319 912	386 520	366 978
晋州市	118 977	474 016	275 270	262 158	256 164	250 290
新乐市	97 709	404 329	213 707	205 815	180 059	172 217
鹿泉市	85 735	313 614	161 625	155 532	149 258	143 165

9—1 续表 2　　(2000 年)

行政单位	三、乡村人口与从业人员(人)(续)					
	1.按性别分		2.按国民经济行业分			
	(1)男	(2)女	(1)农林牧渔业从业人员	其中:种植业从业人员	(2)工业从业人员	①采掘工业从业人员
石家庄市	**1 867 346**	**1 674 610**	**1 667 816**	**1 416 343**	**797 623**	**36 266**
郊区	52 272	61 059	17 609	14 590	53 637	—
矿区	8 760	8 548	5 561	4 599	6 777	2 348
高新区	7 176	6 396	5 666	4 200	2 347	—
井陉县	76 577	65 250	75 297	61 875	27 276	14 059
正定县	141 767	132 194	85 801	63 913	60 074	1 279
栾城县	100 419	83 939	114 347	99 720	26 410	—
行唐县	95 587	88 770	102 562	85 315	25 560	1 769
灵寿县	72 994	59 132	95 203	65 774	17 289	1 854
高邑县	44 881	41 360	48 331	44 6700	16 276	—
深泽县	63 535	57 012	70 175	59 634	13 145	389
赞皇县	63 278	45 618	60 513	39 716	10 926	902
无极县	125 846	119 216	120 926	96 742	66 570	—
平山县	119 661	81 915	139 380	130 465	35 378	8 135
元氏县	96 812	86 619	131 524	124 721	15 923	1 023
赵县	138 431	133 655	131 862	121 681	60 183	—
辛集市	155 655	135 613	122 361	108 032	71 674	—
藁城市	200 157	186 371	96 176	80 026	118 049	140
晋州市	134 500	121 664	121 443	101 465	76 667	150
新乐市	90 750	89 309	49 614	42 608	59 512	401
鹿泉市	78 288	70 970	73 465	66 597	33 950	3 817

9—1 续表 3

(2000 年)

行政单位	三、乡村人口与从业人员(人)(续)					
	2.按国民经济行业分(续)					
	②制造工业从业人员	③电力、煤气及水的生产和供应业从业人员	(3)建筑业从业人员	(4)交通运输业、仓储业和邮电通讯业从业人员	(5)批发、零售贸易业、餐饮业从业人员	(6)金融、保险业从业人员
石家庄市	744 812	16 545	295 435	173 387	249 913	12 765
郊区	53 637	—	4 982	4 102	12 991	185
矿区	4 209	220	578	1 513	965	69
高新区	2 274	73	3 119	768	582	17
井陉县	12 673	544	7 280	8 806	4 547	242
正定县	55 601	3 194	43 966	15 104	21 884	756
栾城县	25 742	668	14 663	5 405	7 409	379
行唐县	23 229	562	17 285	7 653	6 434	583
灵寿县	15 232	203	4 587	3 447	4 049	416
高邑县	16 188	88	5 122	3 517	7 055	456
深泽县	12 093	663	9 394	6 808	8 635	396
赞皇县	9 856	168	5 792	7 838	17 468	649
无极县	65 789	781	16 930	8 126	18 439	1 089
平山县	25 244	1 999	5 581	3 596	4 616	503
元氏县	14 440	460	11 642	4 635	4 200	340
赵县	59 053	1 130	20 695	16 207	16 930	1 407
辛集市	70 741	933	28 532	11 283	12 677	1 868
藁城市	115 647	2 262	48 940	36 520	50 703	1 393
晋州市	75 862	655	13 644	9 384	19 306	778
新乐市	57 418	1 693	18 142	10 477	24 114	850
鹿泉市	29 884	249	14 561	8 198	6 909	389

9—1 续表 4　　(2000 年)

行政单位	三、乡村人口与从业人员(人)(续)					
	2.按国民经济行业分(续)					
	(7)地质勘查业、水利管理业从业人员	(8)房地产业从业人员	(9)社会服务业从业人员	(10)卫生体育和社会福利业从业人员	(11)教育文化艺术和广播电视事业从业人员	(12)科学研究和综合技术服务事业从业人员
石家庄市	1 508	1 336	42 043	17 331	30 089	3 453
郊区	49	253	1 711	1 075	973	130
矿区	46	2	165	160	81	2
高新区	—	53	88	323	109	112
井陉县	72	40	1 789	765	767	90
正定县	38	179	4 638	1 276	3 072	316
栾城县	13	58	1 070	708	1 443	75
行唐县	127	5	1 455	1 289	1 282	5
灵寿县	69	39	982	526	874	89
高邑县	—	6	201	75	309	35
深泽县	58	—	943	622	1 100	35
赞皇县	—	—	398	193	226	162
无极县	—	—	2 618	1 104	2 213	154
平山县	580	42	240	1 263	1 068	159
元氏县	30	425	11 885	360	783	124
赵县	—	—	4 689	1 413	3 200	501
辛集市	93	90	2 114	1 386	2 103	358
藁城市	4	47	4 105	1 855	4 149	464
晋州市	61	—	1 555	941	2 278	287
新乐市	10	76	542	1 228	2 851	194
鹿泉市	258	21	855	769	1 208	161

9—1 续表 5 (2000 年)

行政单位	三、乡村人口与从业人员(人)(续)					
	2.按国民经济行业分(续)			3.按文化程度分		
	(13)国家机关政党机关和社会团体从业人员	(14)其他从业人员合计	其中:外出合同工、临时工	(1)文盲、半文盲从业人员	(2)小学文化程度从业人员	(3)初中文化程度从业人员
石家庄市	13 452	235 805	125 777	100 659	984 244	1 681 301
郊区	1 114	14 520	9 183	—	20 120	47 852
矿区	96	1 293	573	154	2 925	8 265
高新区	213	175	—	130	1 402	8 647
井陉县	991	13 865	10 422	105	48 303	62 953
正定县	1 226	35 631	19 256	7 162	68 484	142 941
栾城县	284	12 094	6 493	3 377	61 083	86 845
行唐县	130	19 987	9 755	1 857	54 571	84 449
灵寿县	141	4 415	2 087	9 871	44 853	54 036
高邑县	220	4 638	2 820	2 190	17 371	49 845
深泽县	339	8 897	6 781	1 258	52 594	48 722
赞皇县	135	4 596	4 029	7 406	27 488	62 649
无极县	746	6 147	408	11 146	93 589	94 481
平山县	1 070	8 100	5 400	18 740	45 439	90 105
元氏县	560	1 000	320	11 053	53 680	78 576
赵县	1 410	13 589	2 662	5 256	63 708	155 751
辛集市	1 196	35 533	15 468	9 094	76 088	142 735
藁城市	1 075	23 048	13 735	3 765	114 499	193 798
晋州市	775	9 045	5 578	251	65 192	122 283
新乐市	1 074	11 375	7 060	3 915	34 901	80 726
鹿泉市	657	7 857	3 792	3 929	37 954	65 642

9—1 续表 6

(2000 年)

行政单位	三、乡村人口与从业人员(人)(续)				四、耕地情况(公顷)	
	3.按文化程度分(续)			(五)国有农林牧渔场农林牧渔业从业人员	(一)年初实有耕地面积	(二)年内减少耕地面积
	(4)高中文化程度从业人员	(5)中专文化程度从业人员	(6)大专及以上文化程度从业人员			
石家庄市	693 943	60 844	20 965	3 943	591 260	317
郊区	37 025	6 089	2 245	—	6 151	58
矿区	5 571	313	79	33	2 953	—
高新区	1 571	876	946	—	1 014	—
井陉县	28 477	1 798	191	72	24 000	—
正定县	50 512	4 303	559	76	32 877	—
栾城县	31 471	1 333	249	170	30 817	—
行唐县	42 979	448	53	—	36 933	13
灵寿县	22 908	368	90	—	26 117	17
高邑县	13 468	2 672	695	123	16 673	—
深泽县	17 711	208	54	40	20 295	15
赞皇县	10 842	421	90	—	18 806	31
无极县	42 993	1 973	880	279	35 303	—
平山县	31 140	11 853	4 299	32	30 227	4
元氏县	30 572	6 500	3 050	2 460	35 940	—
赵县	42 990	2 776	1 605	135	51 580	92
辛集市	55 987	4 958	2 406	295	69 866	17
藁城市	71 148	2 846	472	98	54 920	17
晋州市	64 385	3 268	785	70	40 701	20
新乐市	53 824	4 991	1 702	—	28 021	15
鹿泉市	38 368	2 850	515	60	28 066	18

9—1 续表 7

(2000 年)

行政单位	四、耕地情况(公顷)(续)					
	其中:			(三)年末实有耕地面积	旱地	其中:水浇地
	国家基建占地	乡村集体占地	农民个人建房占地			
石家庄市	195	53	52	590 994	590 552	523 137
郊区	46	10	2	6 093	6 093	6 903
矿区	—	—	—	2 953	2 953	2 538
高新区	—	—	—	1 014	1 014	1 014
井陉县	—	—	—	24 000	24 000	11 351
正定县	—	—	—	32 877	32 877	32 877
栾城县	—	—	—	30 817	30 817	30 817
行唐县	13	—	—	36 920	36 567	27 485
灵寿县	5	—	—	26 100	26 011	18 891
高邑县	—	—	—	16 673	16 673	15 970
深泽县	15	—	—	20 280	20 280	20 280
赞皇县	28	—	2	18 811	18 811	9 630
无极县	—	—	—	35 303	35 303	35 303
平山县	—	—	—	30 223	30 223	16 760
元氏县	—	—	—	35 940	35 940	25 850
赵县	6	39	47	51 503	51 503	51 503
辛集市	17	—	—	69 849	69 849	69 849
藁城市	17	—	—	54 903	54 903	54 903
晋州市	20	—	—	40 681	40 681	40 681
新乐市	15	—	—	28 006	28 006	28 006
鹿泉市	13	4	1	28 048	28 048	23 336

9—1 续表 8　　(2000 年)

行政单位	五、农业机械化情况					
	农用机械总动力(千瓦)				(一)耕作机械	
					大中型拖拉机	
	合计	1.柴油发动机动力	2.汽油发动机动力	3.电动机动力	台	千瓦
石家庄市	16 470 554	11 007 612	823 929	4 639 013	13 735	556 569
郊区	156 031	68 253	58 852	28 926	290	12 116
矿区	30 636	14 584	96	15 956	119	3 802
高新区	49 700	21 800	6 000	21 900	51	1 991
井陉县	368 990	220 933	45 064	102 993	96	2 336
正定县	1 840 478	1 084 903	135 952	619 623	1 814	75 550
栾城县	614 351	381 016	25 772	207 563	1 035	42 865
行唐县	674 128	517 890	11 712	144 526	284	11 078
灵寿县	229 017	196 015	185	32 817	117	4 674
高邑县	266 928	193 412	72	73 444	392	15 459
深泽县	611 226	442 629	73 416	95 181	558	21 788
赞皇县	248 298	211 202	—	37 096	130	4 400
无极县	694 900	601 160	1 302	92 438	847	34 968
平山县	420 145	305 753	1 259	113 133	104	3 573
元氏县	474 261	388 678	391	85 192	757	30 645
赵县	2 161 600	1 415 000	3 900	742 700	1 389	54 790
辛集市	2 171 102	1 275 040	244 284	651 778	1 025	45 589
藁城市	2 043 213	1 211 142	122 938	709 133	1 940	76 750
晋州市	1 188 076	958 284	1 993	227 799	890	35 306
新乐市	1 629 000	1 115 400	48 400	465 200	1 104	44 712
鹿泉市	598 474	384 518	42 341	171 615	793	34 177

9—1 续表 9

(2000 年)

行政单位	五、农业机械化情况(续)					
	(一)耕作机械(续)				(二)农用排灌机械	
	小型拖拉机		大中型拖拉机机配套农具(台)	小型拖拉机配套农具(台)	1.农用排灌动力机械	
	台	千瓦			台	千瓦
石家庄市	198 844	1 915 907	31 058	173 781	483 242	4 791 204
郊区	599	5 343	610	390	1 699	25 390
矿区	683	6 772	222	768	305	12 650
高新区	550	5 600	144	152	908	19 946
井陉县	11 901	92 952	98	9 506	3 779	51 786
正定县	11 206	105 870	3 892	8 376	46 085	557 709
栾城县	11 284	108 613	2 368	11 304	14 274	142 476
行唐县	8 668	66 348	368	7 644	38 415	334 704
灵寿县	4 860	43 114	214	4 386	10 098	83 824
高邑县	8 843	79 657	998	5 863	10 055	101 718
深泽县	3 570	39 386	1 805	4 771	13 523	124 706
赞皇县	10 550	79 244	324	9 371	6 926	43 850
无极县	11 273	124 003	1 578	3 204	31 816	298 616
平山县	9 867	81 097	136	9 189	14 706	148 091
元氏县	9 530	97 723	1 346	9 894	18 650	150 828
赵县	37 996	396 593	2 779	37 213	53 264	552 404
辛集市	18 033	187 662	2 820	26 385	42 695	467 348
藁城市	9 869	102 022	4 790	4 468	51 369	509 948
晋州市	17 699	174 212	2 150	8 918	21 852	227 091
新乐市	4 335	43 454	2 601	6 601	92 315	847 588
鹿泉市	7 528	76 242	1 815	5 378	10 508	90 531

9—1 续表 10 (2000 年)

行政单位	五、农业机械化情况(续)					
	(二)农用排灌机械(续)					
	柴油机		电动机		2.农用水泵(台)	3.喷滴管灌机械(套)
	台	千瓦	台	千瓦		
石家庄市	268 523	2 463 321	214 719	2 327 883	206 117	934
郊区	10	103	1 689	25 287	1 926	91
矿区	67	592	238	12 058	230	56
高新区	548	5 096	360	14 850	750	—
井陉县	1 282	11 376	2 497	40 410	2 112	134
正定县	24 860	240 831	21 225	316 878	17 392	277
栾城县	5 196	47 558	9 078	94 918	7 485	26
行唐县	24 766	224 202	13 649	110 502	12 396	102
灵寿县	6 725	59 378	3 373	24 446	4 565	4
高邑县	4 069	35 839	5 986	65 879	3 614	—
深泽县	8 085	72 731	5 438	51 975	5 422	—
赞皇县	3 927	21 843	2 999	22 007	6 063	—
无极县	21 740	239 348	10 076	59 268	11 495	—
平山县	6 743	60 533	7 963	87 558	4 211	22
元氏县	9 212	81 579	9 438	69 249	7 852	15
赵县	26 677	246 719	26 587	305 685	18 863	4
辛集市	29 023	266 875	13 672	200 473	25 750	19
藁城市	23 594	208 630	27 775	301 318	18 262	17
晋州市	9 436	83 055	12 416	144 036	10 782	106
新乐市	61 576	545 381	30 739	302 207	38 411	1
鹿泉市	987	11 652	9 521	78 879	8 536	60

9—1 续表 11

(2000 年)

行政单位	五、农业机械化情况(续)					
	(三)收获机械			(四)植保机械		(五)农产品加工机械
	联合收割机		机动脱粒机	喷雾(粉)机		农产品加工机械动力(千瓦)
	台	千瓦	(台)	部	千瓦	
石家庄市	12 956	485 352	89 154	23 377	32 581	2 771 060
郊区	120	7 051	131	271	629	3 284
矿区	138	607	283	55	96	3 274
高新区	16	1 100	120	—	—	7 033
井陉县	208	144	5 743	81	193	63 765
正定县	1 056	38 707	—	900	7 891	330 182
栾城县	643	37 002	3 557	122	401	136 464
行唐县	313	12 589	9 765	256	568	31 086
灵寿县	152	4 344	4 320	63	185	7 614
高邑县	682	27 830	—	28	72	7 565
深泽县	561	23 059	450	164	738	43 206
赞皇县	241	2 428	3 341	—	—	15 089
无极县	761	24 741	—	320	1 302	31 109
平山县	150	893	6 929	129	327	31 168
元氏县	805	31 901	—	106	391	23 308
赵县	1 507	28 387	34 818	13 412	3 545	601 955
辛集市	1 344	60 086	1 785	2 030	5 183	509 822
藁城市	1 465	50 219	4 826	2 208	3 924	519 324
晋州市	1 101	58 369	8 372	1 031	1 993	77 298
新乐市	1 102	46 911	2 638	1 602	4 321	235 311
鹿泉市	591	28 984	2 076	599	822	93 203

9—1 续表 12 （2000 年）

行政单位	五、农业机械化情况(续)				
	(六)运输机械				(七)其它农业机械动力（千瓦）
	农用运输车		农用机动三轮车		
	辆	千瓦	辆	千瓦	
石家庄市	21 393	1 033 673	300 166	2 813 815	2 068 877
郊区	3	110	179	1 524	100 584
矿区	61	605	150	1 531	987
高新区	58	1 760	542	3 660	8 610
井陉县	527	15 231	7 084	61 645	80 678
正定县	1 950	81 864	32 408	295 238	347 467
栾城县	417	19 243	2 895	28 803	98 484
行唐县	239	2 868	21 146	188 622	26 265
灵寿县	436	10 900	8 281	71 547	2 815
高邑县	175	17 078	1 861	17 549	—
深泽县	2 147	20 397	13 056	144 040	193 906
赞皇县	885	70 837	2 506	22 558	9 892
无极县	772	31 612	14 676	143 359	5 190
平山县	500	31 479	9 169	97 451	25 134
元氏县	847	77 743	4 282	37 792	23 930
赵县	3 333	173 366	29 800	336 461	14 099
辛集市	2 670	124 162	28 138	253 822	517 428
藁城市	1 495	55 824	43 216	388 541	336 661
晋州市	2 993	202 507	45 926	401 051	10 249
新乐市	669	14 449	31 014	282 124	110 130
鹿泉市	1 216	81 638	3 837	36 497	156 368

9—1 续表 13

(2000 年)

行政单位	六、农业机械化项目水平(公顷)			七、农业主要能源及物资消耗			
	(一)当年实际机耕地面积	(二)当年机械播种面积	(三)当年机械收获面积	(一)农村用电量(万千瓦小时)	(二)农用化肥施用量(吨)		
					1.按实物量计算		
					合计	①氮肥	②磷肥
石家庄市	493 237	567 656	342 114	399 366	1 767 301	1 016 375	495 862
郊区	5 396	4 151	3 128	64 939	10 176	6 049	1 424
矿区	2 000	1 733	1 507	8 181	6 205	3 744	1 763
高新区	934	1 734	867	1 488	1 339	989	220
井陉县	11 300	11 700	4 320	9 087	43 672	27 300	15 226
正定县	32 200	42 667	24 267	56 561	191 602	116 419	44 981
栾城县	29 861	31 033	20 713	9 311	61 638	33 016	22 044
行唐县	20 500	24 300	16 000	8 885	92 885	74 702	7 002
灵寿县	15 330	13 380	7 500	13 071	113 129	69 772	28 058
高邑县	16 250	16 800	9 100	7 338	26 898	12 157	5 107
深泽县	20 000	23 478	13 263	7 414	46 448	23 305	15 602
赞皇县	11 130	10 860	5 660	5 892	24 901	11 238	4 426
无极县	33 770	43 670	25 696	15 341	105 249	61 353	33 166
平山县	10 666	12 000	6 700	5 500	67 308	47 391	17 350
元氏县	30 040	33 330	19 330	6 089	99 537	48 334	34 000
赵县	51 503	51 157	31 628	26 785	139 783	65 997	34 131
辛集市	69 849	82 516	43 720	23 645	215 629	108 006	83 861
藁城市	44 900	56 667	37 333	35 054	224 781	124 349	69 273
晋州市	40 300	51 500	36 000	29 224	108 219	68 883	24 765
新乐市	27 258	34 144	18 721	21 300	144 560	88 750	41 350
鹿泉市	20 050	20 836	16 661	44 261	43 342	24 621	12 113

9—1 续表 14　　(2000 年)

行政单位	七、农业主要能源及物资消耗(续)						
	(二)农用化肥施用量(吨)(续)						
	1.按实物量计算(续)		2.按折纯法计算				
	③钾肥	④复合肥	合计	①氮肥	②磷肥	③钾肥	④复合肥
石家庄市	50 307	204 757	477 561	284 741	80 359	23 597	88 864
郊区	207	2 496	4 285	2 652	303	93	1 237
矿区	2	696	1 954	1 348	217	1	388
高新区	—	130	527	396	66	—	65
井陉县	—	1 146	9 759	6 143	3 043	—	573
正定县	3 972	26 230	51 232	29 329	7 821	2 001	12 081
栾城县	710	5 868	15 915	9 871	3 227	359	2 458
行唐县	536	10 645	21 263	14 940	840	161	5 322
灵寿县	594	14 705	17 952	12 157	3 367	297	2 131
高邑县	946	8 688	10 029	4 277	983	296	4 473
深泽县	702	6 839	12 929	7 350	2 106	323	3 150
赞皇县	—	9 237	8 417	2 470	1 328	—	4 619
无极县	2 511	8 219	27 419	18 128	5 223	874	3 194
平山县	14	2 553	13 860	9 440	3 593	4	823
元氏县	1 603	15 600	27 540	14 500	6 780	800	5 460
赵县	12 301	27 354	58 923	31 684	8 535	6 399	12 305
辛集市	7 874	15 888	60 165	38 030	12 519	3 377	6 239
藁城市	7 800	23 359	57 751	31 087	11 084	3 900	11 680
晋州市	670	13 901	31 034	19 525	3 321	207	7 981
新乐市	8 300	6 160	32 338	21 566	4 549	4 067	2 156
鹿泉市	1 565	5 043	14 269	9 848	1 454	438	2 529

9—1 续表 15

(2000 年)

行政单位	七、农业主要能源及物资消耗(续)				
	(三)农用塑料薄膜使用量(吨)	地膜使用量(吨)	地膜覆盖面积(公顷)	(四)农用柴油消耗量(吨)	(五)农药使用量(吨)
石家庄市	6 205	2 586	40 152	300 818	11 573
郊区	292	161	2 147	4 238	80
矿区	15	3	34	203	60
高新区	6	4	13	1 800	25
井陉县	74	36	601	8 292	207
正定县	799	149	3 300	8 824	828
栾城县	125	81	1 140	8 349	322
行唐县	218	129	2 844	6 018	546
灵寿县	125	36	799	4 118	233
高邑县	398	43	579	6 807	312
深泽县	39	11	186	5 589	104
赞皇县	175	110	1 480	9 472	145
无极县	317	118	2 040	38 893	443
平山县	105	75	1 005	17 768	297
元氏县	490	391	6 000	50 053	482
赵县	256	85	1 387	32 589	1 903
辛集市	1 112	435	5 800	19 513	2 575
藁城市	819	234	3 667	20 600	678
晋州市	85	38	595	18 993	1 090
新乐市	500	400	5 909	26 160	885
鹿泉市	255	47	626	12 539	358

9—1 续表 16 (2000 年)

行政单位	八、农田水利建设情况				
	(一)有效灌溉面积(公顷)	(二)旱涝保收面积(公顷)	(三)机电排灌面积(公顷)	(四)机电井年末达到数(眼)	已配套机电井(眼)
石家庄市	523 579	486 564	483 178	129 780	128 811
郊区	6 093	6 093	6 093	2 093	2 093
矿区	2 538	1 895	1 366	40	38
高新区	1 014	—	—	318	318
井陉县	11 351	8 633	4 987	555	532
正定县	32 877	32 877	32 877	10 416	10 416
栾城县	30 817	30 817	30 817	6 559	6 559
行唐县	27 838	25 919	26 462	7 849	7 849
灵寿县	18 980	12 038	10 746	2 251	1 947
高邑县	15 970	14 370	15 970	3 644	3 644
深泽县	20 280	20 280	20 280	5 832	5 832
赞皇县	9 630	2 700	6 900	2 658	2 216
无极县	35 303	35 303	35 303	10 305	10 305
平山县	16 760	13 500	5 000	2 388	2 337
元氏县	25 850	15 450	24 840	5 330	5 330
赵县	51 503	51 503	51 503	12 174	12 174
辛集市	69 849	68 260	69 849	14 778	14 778
藁城市	54 903	54 903	54 903	16 091	16 091
晋州市	40 681	40 681	40 681	10 376	10 376
新乐市	28 006	28 006	28 006	12 068	12 068
鹿泉市	23 336	23 336	16 595	4 055	3 908

农业主要产品生产情况

9—2　　(2000年)　　计量单位:公顷、公斤/公顷、吨

行政单位	农作物总播种面积	一、粮食作物合计			(一)夏收粮食		
		播种面积	单产	总产量	播种面积	单产	总产量
石家庄市	984 028	743 980	6 519	4 850 300	358 744	6 623	2 375 928
郊区	11 589	4 014	6 736	27 040	1 996	6 053	12 081
矿区	4 308	3 533	5 535	19 556	1 733	5 501	9 534
高新区	2 003	1 687	6 849	11 554	927	7 124	6 604
井陉县	32 447	28 072	3 789	106 361	11 417	4 363	49 816
正定县	64 462	48 479	7 683	372 458	24 190	7 517	181 840
栾城县	54 099	37 186	7 418	275 836	18 658	6 793	126 741
行唐县	56 550	42 910	6 478	277 981	17 200	6 000	103 200
灵寿县	37 601	31 395	4 538	142 472	12 211	4 725	57 698
高邑县	29 623	17 840	5 885	104 989	8 590	6 302	54 135
深泽县	34 375	27 397	6 504	178 196	13 263	6 739	89 378
赞皇县	29 020	20 005	3 921	78 448	8 667	3 633	31 490
无极县	61 502	49 206	7 354	361 846	25 667	7 515	192 885
平山县	44 770	36 958	5 183	191 539	16 334	6 030	98 495
元氏县	53 738	42 694	5 724	244 377	19 580	6 078	119 000
赵县	78 049	59 995	7 310	438 567	31 751	7 501	238 168
辛集市	113 192	86 481	6 649	574 990	42 577	6 945	295 698
藁城市	103 803	71 149	7 717	549 046	37 257	7 545	281 119
晋州市	71 698	61 823	6 474	400 237	30 760	6 630	203 939
新乐市	55 065	37 479	7 771	291 266	18 734	6 726	126 014
鹿泉市	46 134	35 677	5 705	203 541	17 232	5 692	98 092

9—2 续表 1 (2000 年) 计量单位:公顷、公斤/公顷、吨

行政单位	夏收粮食中:冬小麦			(二)秋收粮食		
	播种面积	单产	总产量	播种面积	单产	总产量
石家庄市	358 104	6 623	2 371 844	385 236	6 423	2 474 372
郊区	1 996	6 053	12 082	2 018	7 412	14 958
矿区	1 733	5 501	9 534	1 800	5 568	10 022
高新区	927	7 124	6 604	760	6 513	4 950
井陉县	11 417	4 363	49 816	16 655	3 395	56 545
正定县	24 117	7 514	181 220	24 289	7 848	190 618
栾城县	18 333	6 864	125 841	18 528	8 047	149 095
行唐县	17 200	6 000	103 200	25 710	6 798	174 781
灵寿县	12 211	4 725	57 698	19 184	4 419	84 774
高邑县	8 577	6 300	54 035	9 250	5 498	50 854
深泽县	13 263	6 739	89 378	14 134	6 284	88 818
赞皇县	8 667	3 633	31 490	11 338	4 142	46 958
无极县	25 667	7 515	192 885	23 539	7 178	168 961
平山县	16 334	6 030	98 495	20 624	4 511	93 044
元氏县	19 580	6 078	119 000	23 114	5 424	125 377
赵县	31 589	7 515	237 381	28 244	7 095	200 399
辛集市	42 577	6 945	295 698	43 904	6 361	279 292
藁城市	37 257	7 545	281 119	33 892	7 905	267 927
晋州市	30 760	6 630	203 939	31 063	6 319	196 298
新乐市	18 667	6 661	124 337	18 745	8 816	165 252
鹿泉市	17 232	5 692	98 092	18 445	5 717	105 449

9—2 续表 2 (2000 年) 计量单位:公顷、公斤/公顷、吨

行政单位	1.秋收谷物			#(1)玉米		
	播种面积	单产	总产量	播种面积	单产	总产量
石家庄市	314 077	6 917	2 172 560	285 035	7 225	2 059 394
郊区	1 996	7 395	14 760	1 996	7 395	14 760
矿区	1 677	5 741	9 627	1 600	5 888	9 420
高新区	660	6 750	4 455	660	6 750	4 455
井陉县	12 082	3 713	44 865	9 061	4 310	39 056
正定县	19 971	8 463	169 012	19 968	8 463	168 992
栾城县	16 168	8 682	140 378	15 765	8 787	138 527
行唐县	18 151	7 767	140 986	17 267	8 022	138 515
灵寿县	13 360	4 622	61 747	12 592	4 799	60 432
高邑县	7 988	5 811	46 415	7 744	5 887	45 590
深泽县	11 191	6 873	76 918	10 215	7 142	72 953
赞皇县	7 291	4 776	34 822	6 000	5 285	31 711
无极县	20 163	7 633	153 901	18 335	8 040	147 416
平山县	16 495	5 102	84 157	13 524	5 700	77 086
元氏县	18 043	5 396	97 355	16 000	5 700	91 200
赵县	23 659	7 607	179 965	19 968	8 104	161 811
辛集市	35 848	6 720	240 894	29 045	7 052	204 815
藁城市	30 858	8 185	252 572	30 788	8 193	252 258
晋州市	25 047	6 815	170 692	21 807	7 028	153 259
新乐市	17 008	8 897	151 328	17 001	8 899	151 298
鹿泉市	16 421	5 950	97 711	15 699	6 105	95 840

9—2 续表 3　　(2000 年)　　计量单位:公顷、公斤/公顷、吨

行政单位	其中:杂交玉米			(2)谷子		
	播种面积	单产	总产量	播种面积	单产	总产量
石家庄市	283 302	7 244	2 052 113	24 543	3 967	97 367
郊区	1 996	7 395	14 760	—	—	—
矿区	1 600	5 888	9 420	73	2 603	190
高新区	660	6 750	4 455	—	—	—
井陉县	9 038	4 318	39 026	2 619	1 883	4 931
正定县	19 968	8 463	168 992	—	—	—
栾城县	15 765	8 787	138 527	312	4 728	1 457
行唐县	17 267	8 022	138 515	618	2 239	1 384
灵寿县	12 592	4 799	60 432	513	1 532	786
高邑县	7 744	5 887	45 590	244	3 381	825
深泽县	10 215	7 142	72 953	903	4 131	3 730
赞皇县	5 528	5 428	30 005	890	3 229	2 874
无极县	18 335	8 040	147 416	1 038	3 555	3 690
平山县	12 286	5 823	71 541	1 840	1 351	2 485
元氏县	16 000	5 700	91 200	1 987	2 999	5 960
赵县	19 968	8 104	161 811	3 051	4 933	15 050
辛集市	29 045	7 052	204 815	6 626	5 322	35 261
藁城市	30 788	8 193	252 258	67	4 388	294
晋州市	21 807	7 028	153 259	3 193	5 411	17 277
新乐市	17 001	8 899	151 298	7	4 286	30
鹿泉市	15 699	6 105	95 840	562	2 002	1 125

9—2 续表 4　　(2000 年)　　计量单位:公顷、公斤/公顷、吨

行政单位	(3)高粱			2.秋收豆类		
	播种面积	单产	总产量	播种面积	单产	总产量
石家庄市	1 013	3 747	3 796	35 502	3 388	120 285
郊区	—	—	—	—	—	—
矿区	—	—	—	70	1 871	131
高新区	—	—	—	40	4 500	180
井陉县	65	2 431	158	2 986	1 654	4 938
正定县	3	6 667	20	3 169	3 796	12 030
栾城县	66	4 364	288	2 075	3 450	7 158
行唐县	166	4 223	701	658	3 014	1 983
灵寿县	33	2 182	72	237	1 219	289
高邑县	—	—	—	1 126	3 032	3 414
深泽县	23	2 870	66	1 832	3 170	5 808
赞皇县	85	1 106	94	1 262	1 135	1 433
无极县	20	4 050	81	1 401	3 747	5 250
平山县	96	2 500	240	1 056	1 235	1 304
元氏县	56	3 482	195	1 071	2 915	3 122
赵县	134	5 537	742	3 469	3 769	13 073
辛集市	177	4 621	818	7 056	4 245	29 954
藁城市	3	6 667	20	2 065	3 939	8 135
晋州市	47	3 319	156	4 336	3 759	16 299
新乐市	—	—	—	535	4 837	2 588
鹿泉市	39	3 718	145	1 058	3 021	3 196

9—2 续表 5 (2000 年) 计量单位:公顷、公斤/公顷、吨

行政单位	其中:大豆			3.秋收薯类		
	播种面积	单产	总产量	播种面积	单产	总产量
石家庄市	32 177	3 572	114 936	35 657	5 091	181 527
郊区	—	—	—	22	9 000	198
矿区	19	2 211	42	53	4 981	264
高新区	40	4 500	180	60	5 250	315
井陉县	1 632	2 059	3 360	1 587	4 248	6 742
正定县	3 120	3 809	11 884	1 149	8 334	9 576
栾城县	1 880	3 500	6 580	285	5 470	1 559
行唐县	622	3 087	1 920	6 901	4 610	31 812
灵寿县	219	1 018	223	5 587	4 070	22 738
高邑县	1 079	3 059	3 301	136	7 537	1 025
深泽县	1 655	3 305	5 469	1 111	5 483	6 092
赞皇县	1 012	1 232	1 247	2 785	3 843	10 703
无极县	1 401	3 747	5 250	1 975	4 967	9 810
平山县	713	1 381	985	3 073	2 468	7 583
元氏县	940	3 030	2 848	4 000	6 225	24 900
赵县	3 411	3 782	12 901	1 116	6 596	7 361
辛集市	6 857	4 283	29 370	1 000	8 444	8 444
藁城市	2 065	3 939	8 135	969	7 451	7 220
晋州市	4 101	3 856	15 813	1 680	5 540	9 307
新乐市	535	4 837	2 588	1 202	9 431	11 336
鹿泉市	876	3 242	2 840	966	4 702	4 542

9—2 续表 6　　(2000 年)　　计量单位:公顷、公斤/公顷、吨

行政单位	二、油料			油料作物中:花生		
	播种面积	单产	总产量	播种面积	单产	总产量
石家庄市	76 188	3 332	253 823	71 803	3 426	245 992
郊区	54	3 167	171	54	3 167	171
矿区	108	1 852	200	29	2 172	63
高新区	20	3 900	78	20	3 900	78
井陉县	1 839	2 119	3 897	614	2 577	1 582
正定县	7 703	3 802	29 283	7 703	3 802	29 283
栾城县	1 348	3 729	5 027	1 210	3 916	4 738
行唐县	9 272	3 233	29 977	9 064	3 273	29 670
灵寿县	2 953	1 926	5 687	2 844	1 985	5 645
高邑县	2 581	3 392	8 755	2 456	3 450	8 472
深泽县	2 067	3 639	7 521	2 032	3 672	7 461
赞皇县	5 268	1 357	7 147	4 298	1 387	5 961
无极县	4 484	3 225	14 460	4 484	3 225	14 460
平山县	3 227	1 664	5 304	2 828	1 704	4 819
元氏县	4 178	2 217	9 263	4 000	2 200	8 800
赵县	3 853	4 084	15 736	3 762	4 130	15 538
辛集市	9 499	3 980	37 810	8 837	4 070	35 963
藁城市	3 384	4 120	13 941	3 380	4 121	13 929
晋州市	3 987	2 950	11 763	3 973	2 957	11 748
新乐市	8 568	4 935	42 283	8 568	4 935	42 283
鹿泉市	1 795	3 075	5 520	1 647	3 235	5 328

9—2 续表 7 （2000 年） 计量单位：公顷、公斤/公顷、吨

行政单位	三、棉花			棉花作物中：地膜棉		
	播种面积	单产	总产量	播种面积	单产	总产量
石家庄市	11 618	915	10 633	6 734	1 122	7 554
矿区	—	—	—	—	—	—
井陉县	68	574	39	—	—	—
正定县	160	763	122	18	833	15
栾城县	249	731	182	—	—	—
行唐县	667	720	480	230	826	190
灵寿县	196	403	79	20	500	10
高邑县	261	977	255	237	966	229
深泽县	154	916	141	3	1 333	4
赞皇县	136	162	22	15	333	5
无极县	340	706	240	—	—	—
平山县	667	708	472	103	1 437	148
元氏县	800	1 050	840	530	1 349	715
赵县	441	991	437	21	1 286	27
辛集市	6 286	997	6 265	5 377	1 110	5 969
藁城市	151	960	145	53	1 132	60
晋州市	517	750	388	—	—	—
新乐市	446	1 004	448	127	1 433	182
鹿泉市	79	987	78	—	—	—

9—2 续表 8　　(2000 年)　　计量单位:公顷、公斤/公顷、吨

行政单位	四、蔬菜、瓜类			(一)蔬菜(含菜用瓜)		
	播种面积	单产	总产量	播种面积	单产	总产量
石家庄市	**140 192**	**68 136**	**9 552 167**	**130 761**	**69 151**	**9 042 246**
郊区	7 328	53 214	389 950	7 300	53 273	388 893
矿区	667	38 984	26 002	667	38 984	26 002
高新区	296	62 676	18 552	296	62 676	18 552
井陉县	2 348	30 922	72 605	2 348	30 922	72 605
正定县	7 983	81 302	649 032	7 411	84 252	624 393
栾城县	12 850	82 199	1 056 252	12 393	83 100	1 029 858
行唐县	2 837	49 549	140 570	2 608	51 083	133 225
灵寿县	2 357	33 965	80 055	2 153	35 094	75 558
高邑县	8 108	67 934	550 807	7 485	68 290	511 149
深泽县	4 493	51 162	229 869	4 376	50 964	223 020
赞皇县	1 538	32 436	49 886	1 118	39 077	43 688
无极县	7 239	52 596	380 744	6 954	51 839	360 486
平山县	2 779	35 437	98 480	2 535	37 008	93 816
元氏县	5 933	42 859	254 280	4 733	41 999	198 780
赵县	11 899	63 010	749 756	10 559	63 665	672 241
辛集市	10 314	117 909	1 216 111	10 297	118 050	1 215 561
藁城市	28 862	72 461	2 091 356	28 280	72 499	2 050 266
晋州市	5 322	37 849	201 433	5 172	38 189	197 515
新乐市	8 572	75 454	646 793	5 751	81 003	465 851
鹿泉市	8 467	76 725	649 634	8 325	76 971	640 787

9—2 续表 9　　(2000 年)　　计量单位:公顷、公斤/公顷、吨

行政单位	1.露地菜			2.设施菜		
	播种面积	单产	总产量	播种面积	单产	总产量
石家庄市	95 059	54 832	5 212 234	24 084	75 255	1 812 451
郊区	2 650	47 432	125 695	2 893	58 031	167 885
矿区	617	37 759	23 397	40	55 375	2 215
高新区	215	77 581	16 680	81	23 111	1 872
井陉县	2 241	28 425	63 701	25	79 880	1 997
正定县	4 854	78 740	382 206	2 557	94 715	242 187
栾城县	8 503	83 087	706 485	3 890	83 129	323 373
行唐县	2 562	51 052	130 796	46	52 804	2 429
灵寿县	2 045	35 471	72 539	68	17 574	1 195
高邑县	2 699	60 698	163 824	2 787	75 491	210 394
深泽县	3 469	50 347	174 655	907	53 324	48 365
赞皇县	1 058	39 710	42 013	60	27 917	1 675
无极县	4 936	52 141	257 368	1 733	59 503	103 118
平山县	2 345	34 943	81 942	62	70 000	4 340
元氏县	3 383	40 550	137 180	1 300	45 769	59 500
赵县	9 351	62 251	582 111	257	106 615	27 400
辛集市	8 061	127 970	1 031 565	1 884	75 838	142 879
藁城市	19 471	6 779	131 996	3 978	87 570	348 352
晋州市	5 046	38 135	192 429	126	40 365	5 086
新乐市	4 631	80 043	370 679	1 120	84 975	95 172
鹿泉市	6 922	75 856	525 073	270	85 248	23 017

9—2 续表 10 (2000 年) 计量单位:公顷、公斤/公顷、吨

行政单位	3.地膜覆盖菜			(二)瓜类		
	播种面积	单产	总产量	播种面积	单产	总产量
石家庄市	11 287	74 029	835 560	9 431	54 069	509 921
郊区	1 756	54 278	95 312	28	37 750	1 057
矿区	10	49 000	490	—	—	—
高新区	—	—	—	—	—	—
井陉县	82	84 232	6 907	—	—	—
正定县	—	—	—	572	43 075	24 639
栾城县	—	—	—	457	57 755	26 394
行唐县	—	—	—	229	32 074	7 345
灵寿县	40	45 600	1 824	204	22 044	4 497
高邑县	1 999	68 500	136 931	623	63 657	39 658
深泽县	—	—	—	117	58 538	6 849
赞皇县	—	—	—	420	14 757	6 198
无极县	—	—	—	285	71 081	20 258
平山县	83	90 771	7 534	244	19 115	4 664
元氏县	50	42 000	2 100	1 200	46 250	55 500
赵县	951	65 962	62 730	1 340	57 847	77 515
辛集市	352	116 810	41 117	17	32 353	550
藁城市	4 831	80 298	387 918	582	70 601	41 090
晋州市	—	—	—	150	26 120	3 918
新乐市	—	—	—	2 821	64 141	180 942
鹿泉市	1 133	81 816	92 697	142	62 303	8 847

9—2 续表 11　　(2000 年)　　计量单位:公顷、公斤/公顷、吨

行政单位	瓜类中:西瓜			(五)粮食占用耕地		六、蔬菜作物占用耕地
	播种面积	单产	总产量	面积	单产	
石家庄市	**8 973**	**55 953**	**502 065**	**415 864**	**11 663**	**77 971**
郊区	28	37 750	1 057	1 966	13 547	3 386
矿区	—	—	—	1 780	10 987	462
高新区	—	—	—	843	13 706	148
井陉县	—	—	—	16 655	6 386	2 348
正定县	572	43 075	24 639	24 190	15 397	3 552
栾城县	333	77 300	25 741	18 658	14 784	6 089
行唐县	225	31 400	7 065	28 046	9 912	1 858
灵寿县	204	22 044	4 497	19 184	7 427	2 358
高邑县	620	63 682	39 483	9 648	10 882	4 385
深泽县	117	58 538	6 849	14 134	12 608	1 745
赞皇县	330	16 715	5 516	11 299	6 943	599
无极县	265	71 125	18 848	28 488	12 702	3 861
平山县	175	18 320	3 206	24 972	7 670	1 882
元氏县	1 067	49 578	52 900	28 570	8 554	3 990
赵县	1 340	57 847	77 515	31 751	13 813	9 753
辛集市	17	32 353	550	43 240	13 298	6 320
藁城市	580	70 802	41 065	36 007	15 248	14 838
晋州市	150	26 120	3 918	35 095	11 404	3 021
新乐市	2 821	64 141	180 942	19 554	14 895	2 300
鹿泉市	129	64 140	8 274	21 754	9 356	5 076

干鲜果生产情况

9—3

(2000年)

行政单位	干、鲜果产量(吨)	鲜果产量	苹果	梨	葡萄	红枣	桃
石家庄市	1 261 099	1 236 719	213 985	862 653	22 238	81 418	25 051
郊区	11 916	11 916	3 597	7 514	319	—	486
矿区	6 000	5 898	4 048	932	63	50	241
高新区	240	240	120	120	—	—	—
井陉县	14 029	12 924	7 865	187	22	787	165
正定县	25 011	25 011	13 138	9 449	286	435	1 609
栾城县	13 880	13 880	7 598	5 980	223	55	21
行唐县	53 051	52 895	5 398	4 564	280	42 320	210
灵寿县	30 800	24 900	14 400	4 820	300	200	400
高邑县	7 300	7 200	960	5 050	510	505	45
深泽县	21 562	21 562	14 060	5 854	93	468	900
赞皇县	45 350	39 350	3 250	3 500	50	28 400	150
无极县	45 000	45 000	25 310	18 477	1 063	55	89
平山县	45 000	35 300	14 000	2 500	160	3 490	4 470
元氏县	22 341	21 171	7 631	9 158	501	256	247
赵县	380 000	380 000	1 175	378 048	200	242	254
辛集市	118 766	118 766	26 415	76 616	2 450	2 909	10 017
藁城市	142 706	142 706	27 325	111 561	1 553	128	1 859
晋州市	220 419	220 419	12 657	192 363	12 920	42	2 427
新乐市	30 020	30 020	3 918	24 680	—	80	1 228
鹿泉市	27 708	27 561	21 120	1 280	1 245	996	233

9—3 续表 （2000 年）

行政单位	果园年末实有面积（公顷）	苹果园	梨园	葡萄园	桃园
石家庄市	123 966	26 975	38 222	1 782	2 053
郊区	1 014	380	548	41	45
矿区	533	463	14	3	13
高新区	8	5	3	—	—
井陉县	4 439	2 374	13	2	95
正定县	5 334	2 893	2 186	84	166
栾城县	795	374	358	17	26
行唐县	27 135	4 070	1 479	50	80
灵寿县	5 953	2 333	467	40	60
高邑县	2 633	331	1 570	60	33
深泽县	3 712	2 202	763	659	66
赞皇县	20 937	1 150	1 075	35	55
无极县	3 800	2 229	1 446	45	58
平山县	6 115	1 722	190	40	420
元氏县	4 848	646	508	44	32
赵县	12 221	210	11 960	18	18
辛集市	7 032	1 671	4 182	119	611
藁城市	4 764	1 331	3 291	57	49
晋州市	7 447	770	6 267	290	120
新乐市	2 354	382	1 796	13	77
鹿泉市	2 892	1 439	106	165	29

林 业 生 产 情 况

9—4

(2000 年)

行政单位	一、营林情况(公顷)				
	当年造林面积合计	退耕造林面积	当年零星(四旁)植树(万株)	育苗面积	当年苗木产量(万株)
石家庄市	42 295	1 850	1 636	3 988	24 922
郊区	5	—	6	16	123
矿区	33	—	3	11	32
高新区	—	—	1	10	23
井陉县	11 787	1 243	96	190	550
正定县	605	—	60	100	450
栾城县	229	—	186	802	2 409
行唐县	1 002	—	60	134	500
灵寿县	6 747	—	140	147	924
高邑县	120	—	42	180	1 985
深泽县	4	—	21	21	32
赞皇县	9 413	—	100	1 333	16 000
无极县	—	—	10	40	150
平山县	9 267	—	400	260	200
元氏县	2 458	607	202	141	330
赵县	—	—	26	23	70
辛集市	—	—	88	157	300
藁城市	308	—	21	86	21
晋州市	—	—	30	53	76
新乐市	87	—	80	110	225
鹿泉市	230	—	65	174	522

9—4 续表

(2000 年)

行政单位	一、营林情况(公顷)(续)		二、村及村以下木材采伐量(立方米)	三、年末实有林地面积(公顷)	
	当年幼林抚育作业面积	当年成林抚育作业面积			人造林(公顷)
石家庄市	**334 192**	**166 877**	**56 202**	**371 615**	**329 768**
郊区	—	—	100	1 333	1 333
矿区	400	169	500	510	510
高新区	—	—	—	—	—
井陉县	59 434	34 897	1 040	64 125	60 278
正定县	7 924	13 882	2 400	10 659	10 659
栾城县	—	—	2 028	229	229
行唐县	33 000	7 000	1 230	17 000	17 000
灵寿县	62 667	23 333	4 019	40 667	39 614
高邑县	1 174	287	500	874	874
深泽县	—	—	2 430	310	310
赞皇县	6 667	—	—	39 907	34 760
无极县	134	67	3 150	1 877	1 877
平山县	133 333	53 333	15 000	120 000	88 200
元氏县	18 000	15 300	2 800	21 800	21 800
赵县	—	—	1 800	19 300	19 300
辛集市	2 470	1 032	3 665	1 650	1 650
藁城市	93	—	6 014	737	737
晋州市	—	—	927	1 100	1 100
新乐市	3 563	11 536	2 500	17 000	17 000
鹿泉市	5 333	6 041	6 099	12 537	12 537

畜牧业生产情况

9—5

(2000年)

行政单位	一、当年出售和自宰的(百头、百只)						
	(一)大牲畜	1.牛	2.马	3.驴	4.骡	(二)猪	(三)羊
石家庄市	13 647	12 846	174	494	133	71 389	21 367
郊区	26	26	—	—	—	1 707	79
矿区	37	37	—	—	—	128	87
高新区	12	12	—	—	—	197	—
井陉县	514	491	6	12	5	1 601	1 617
正定县	1 464	1 452	2	7	3	8 038	213
栾城县	736	736	—	—	—	4 550	466
行唐县	267	235	6	16	10	3 516	856
灵寿县	427	407	7	8	5	2 752	998
高邑县	45	45	—	—	—	1 680	320
深泽县	18	9	2	6	1	1 208	463
赞皇县	556	550	4	1	1	1 150	420
无极县	1 775	1 685	6	78	6	4 120	1 230
平山县	1 522	1 502	3	15	2	3 902	3 060
元氏县	310	296	4	10	—	3 914	2 093
赵县	512	466	18	17	11	2 760	695
辛集市	618	533	22	45	18	5 191	4 140
藁城市	2 445	2 367	17	41	20	8 291	1 438
晋州市	753	690	20	27	16	4 480	1 406
新乐市	1 542	1 242	56	210	34	6 866	1 354
鹿泉市	68	65	1	1	1	5 338	432

9—5 续表 1

(2000 年)

行政单位	一、当年出售和自宰的(百头、百只)		二、期末存栏头数(百头)			
	(四)家禽	(五)兔	(一)大牲畜总头数	1.牛	能繁母畜	当年仔畜
石家庄市	1 155 868	70 807	15 685	13 489	4 573	2 952
郊区	27 664	116	36	35	27	5
矿区	2 400	460	49	44	13	10
高新区	1 345	—	20	20	3	4
井陉县	31 249	5 026	890	769	482	246
正定县	151 018	877	1 389	1 342	324	90
栾城县	132 700	3 200	554	535	190	180
行唐县	42 808	1 573	969	708	334	165
灵寿县	44 141	2 715	1 013	926	275	127
高邑县	27 411	3 501	50	50	11	5
深泽县	14 980	827	83	22	10	2
赞皇县	7 800	6 800	795	780	356	340
无极县	56 000	4 560	1 330	1 058	389	248
平山县	21 220	14 100	2 080	2 000	680	581
元氏县	55 120	3 300	739	728	198	193
赵县	53 300	1 790	884	775	188	152
辛集市	170 871	4 894	885	570	286	169
藁城市	105 675	4 595	1 558	1 247	534	323
晋州市	57 081	5 400	1 210	1 008	103	62
新乐市	93 000	6 030	1 019	750	110	35
鹿泉市	60 085	1 043	132	122	60	15

9—5 续表 2

(2000 年)

行政单位	二、期末存贮栏头数(百头、百只)(续)					
	良种及改良种乳牛	2.马	3.驴	4.骡	(二)猪存栏	(三)羊存栏
石家庄市	**1 996**	**506**	**1 126**	**564**	**46 963**	**23 593**
郊区	30	—	—	1	1 092	90
矿区	2	2	2	1	114	95
高新区	4	—	—	—	157	—
井陉县	6	21	67	33	1 616	1 556
正定县	302	14	19	14	4 808	375
栾城县	145	2	15	2	2 320	452
行唐县	303	62	117	82	3 134	1 484
灵寿县	81	21	43	23	2 155	1 571
高邑县	5	—	—	—	1 200	370
深泽县	11	13	36	12	1 252	580
赞皇县	47	10	4	1	1 000	550
无极县	50	44	170	58	2 790	1 520
平山县	310	15	30	35	2 000	2 400
元氏县	50	3	8	—	2 315	1 550
赵县	40	27	60	22	2 420	860
辛集市	30	69	185	61	3 946	3 964
藁城市	315	89	108	114	5 928	1 973
晋州市	61	54	85	63	3 050	3 084
新乐市	141	58	172	39	3 460	812
鹿泉市	63	2	5	3	2 206	343

9—5 续表 3

(2000 年)

行政单位	二、期末存栏头数(百头、百只)		三、肉类产量(吨)			
	(四)家禽存栏	(五)兔存栏	肉类总产量	1.牛肉	2.马肉	3.猪肉
石家庄市	1 575 054	52 109	870 577	173 070	1 951	525 253
郊区	20 177	204	20 751	593	—	15 384
矿区	2 800	400	1 812	471	—	922
高新区	2 053	—	1 723	144	—	1 418
井陉县	34 168	2 573	23 683	6 125	64	11 527
正定县	221 146	7 098	91 448	18 140	18	57 742
栾城县	150 000	1 650	61 500	9 570	—	34 070
行唐县	54 480	1 035	34 645	2 937	72	25 933
灵寿县	32 246	2 171	31 857	5 309	69	20 089
高邑县	40 000	1 400	16 590	585	—	12 096
深泽县	20 264	792	11 048	85	26	8 684
赞皇县	10 200	6 600	17 599	6 875	44	8 338
无极县	100 500	3 720	59 929	21 905	66	29 664
平山县	24 300	5 000	58 088	20 277	33	29 265
元氏县	67 600	2 200	42 137	4 144	44	29 355
赵县	70 050	1 050	33 617	5 825	162	19 872
辛集市	229 287	2 491	69 913	6 661	251	37 257
藁城市	249 742	4 752	108 041	34 152	190	59 854
晋州市	101 374	3 405	49 846	8 618	233	32 256
新乐市	104 800	5 040	88 928	19 782	672	51 495
鹿泉市	39 867	528	47 422	872	7	40 032

9—5 续表 4

(2000 年)

行政单位	三、肉类产量(吨)(续)			四、其他畜产品产量(吨)		
	4.羊肉	5.家禽肉	6.兔肉	奶类产量	蜂蜜产量	禽蛋产量
石家庄市	26 303	128 316	10 484	295 297	1 088	790 512
郊区	102	4 655	17	13 699	2	15 562
矿区	104	246	69	220	10	1 600
高新区	—	161	—	1 020	—	944
井陉县	1 940	3 125	754	919	40	14 424
正定县	237	15 110	131	47 252	1	105 469
栾城县	570	16 840	450	38 400	—	65 000
行唐县	926	4 281	236	60 399	15	27 500
灵寿县	1 198	4 697	391	4 515	63	9 271
高邑县	384	3 000	525	1 500	6	20 000
深泽县	566	1 497	126	563	1	16 952
赞皇县	525	780	1 020	500	67	4 480
无极县	1 476	5 600	684	7 020	68	45 225
平山县	4 131	2 130	2 115	4 330	560	16 166
元氏县	2 512	5 512	495	7 000	125	37 440
赵县	834	6 396	268	2 000	12	36 426
辛集市	4 992	19 418	744	7 116	3	115 135
藁城市	1 715	11 003	640	48 414	7	137 512
晋州市	1 681	5 876	809	8 791	21	45 000
新乐市	1 921	12 090	904	22 500	54	52 400
鹿泉市	489	5 899	106	19 139	33	24 006

渔 业 生 产 情 况

9—6

(2000 年)

行政单位	一、水产品总产量(吨)	鱼类	二、水产品养殖面积(公顷)	池塘养殖	水库养殖
石家庄市	**21 182**	**15 628**	**12 043**	**1 157**	**10 873**
郊区	536	416	82	78	—
矿区	251	249	40	22	17
高新区	35	35	8	8	—
井陉县	221	208	149	31	117
正定县	1 527	1 505	296	295	—
栾城县	151	146	25	25	—
行唐县	940	797	591	28	563
灵寿县	1 708	990	2 121	50	2 070
高邑县	21	21	2	2	—
深泽县	166	158	20	19	—
赞皇县	220	160	356	2	354
无极县	175	165	14	13	—
平山县	9 509	6 386	6 286	115	6 170
元氏县	490	464	208	3	205
赵县	105	86	18	17	—
辛集市	355	349	57	57	—
藁城市	261	260	43	42	—
晋州市	290	290	22	22	—
新乐市	660	657	80	80	—
鹿泉市	3 561	2 286	1 625	248	1 377

农 林 牧 渔 业 总 产 值

9—7

(2000 年)

计量单位:万元

行政单位	农林牧渔业总产值	一、农业总产值				
		总计	(一)种植业产值			
			合计	1.主产品产值合计	粮食作物	
					合计	谷物
石家庄市	2 934 472	1 641 387	1 524 048	1 481 526	555 269	494 387
郊区	73 926	32 817	32 817	32 547	2 810	2 799
矿区	9 000	5 689	5 613	5 362	2 499	2 391
高新区	5 311	2 903	2 403	2 317	1 241	1 191
井陉县	70 698	24 793	19 410	18 544	12 133	10 393
正定县	274 880	136 087	105 252	102 266	47 927	43 476
栾城县	227 496	113 146	112 156	109 925	30 852	28 532
行唐县	118 200	63 558	63 558	61 239	32 109	26 544
灵寿县	85 361	34 357	26 808	25 619	13 452	11 674
高邑县	87 594	63 352	51 609	50 752	11 166	10 081
深泽县	76 655	55 428	46 782	44 411	21 809	18 347
赞皇县	62 316	35 636	21 708	20 281	8 934	6 483
无极县	159 714	86 013	77 873	75 017	40 035	37 093
平山县	132 100	55 407	45 182	43 441	19 239	18 591
元氏县	124 245	59 366	54 966	53 043	24 622	22 325
赵县	215 758	170 568	156 593	150 871	45 504	41 808
辛集市	374 760	239 363	206 729	201 706	65 681	56 297
藁城市	396 434	224 195	219 596	215 234	64 403	61 514
晋州市	192 629	116 059	107 957	104 707	56 176	47 655
新乐市	212 100	111 288	96 809	94 388	30 075	28 773
鹿泉市	149 594	86 925	73 425	71 798	22 530	20 667

9—7 续表 1　　(2000 年)　　计量单位:万元

行政单位	一、农业总产值(续)					
	(一)种植业产值(续)					
	粮食作物(续)		油料	棉花	蔬菜、瓜类	茶、桑、果
	豆类	薯类				
石家庄市	35 923	24 959	80 894	15 192	635 110	165 746
郊区	—	11	43	—	24 942	1 752
矿区	47	61	100	—	1 725	979
高新区	50	—	23	—	1 020	33
井陉县	1 302	438	975	47	3 635	1 650
正定县	3 015	1 436	6 149	188	44 147	3 486
栾城县	2 204	116	1 102	188	56 411	2 094
行唐县	475	5 090	7 898	816	9 707	9 756
灵寿县	76	1 702	1 380	104	6 789	3 044
高邑县	866	219	2 202	459	33 048	1 357
深泽县	1 756	1 706	2 409	338	16 281	3 036
赞皇县	310	2 141	2 061	31	4 017	5 185
无极县	1 470	1 472	3 615	433	24 018	6 916
平山县	228	420	1 196	672	13 525	5 868
元氏县	803	1 494	2 889	1 126	16 785	4 421
赵县	2 785	911	4 720	716	50 499	45 468
辛集市	7 611	1 773	22 079	8 771	85 122	16 258
藁城市	2 384	505	4 252	272	130 934	15 091
晋州市	5 729	2 792	4 002	543	13 033	30 507
新乐市	489	813	10 571	668	49 048	4 026
鹿泉市	955	908	1 671	116	43 151	4 084

9—7 续表 2　　(2000 年)　　计量单位:万元

行政单位	一、农业产值(续)						
	(一)种植业产值(续)				(二)其他农业产值		
	2.副产品产值合计	(1)粮食作物	谷物	(2)其他	合计	1.采集野生植物	2.农民家庭兼营商品性工业
石家庄市	42 522	41 372	39 836	1 150	117 339	—	117 339
郊区	270	270	269	—	—	—	—
矿区	251	250	248	1	76	10	66
高新区	86	86	86	—	500	—	500
井陉县	866	838	782	28	5 383	1 053	4 330
正定县	2 986	2 908	2 797	78	30 835	—	30 835
栾城县	2 231	2 211	2 159	20	990	—	990
行唐县	2 319	2 213	2 046	106	—	—	—
灵寿县	1 189	1 169	1 076	20	7 549	1 324	6 225
高邑县	857	825	800	32	11 743	—	11 743
深泽县	2 371	2 335	2 269	36	8 646	9	8 637
赞皇县	1 427	1 365	1 264	62	13 928	4 174	9 754
无极县	2 856	2 812	2 742	44	8 140	—	8 140
平山县	1 741	1 698	1 653	43	10 225	1 653	8 572
元氏县	1 923	1 865	1 749	58	4 400	280	4 120
赵县	5 722	5 665	5 575	57	13 975	98	13 877
辛集市	5 023	4 682	4 465	341	32 634	—	32 634
藁城市	4 362	4 321	4 243	41	4 599	—	4 599
晋州市	3 250	3 206	3 070	44	8 102	426	7 676
新乐市	2 421	2 298	2 232	123	14 479	500	13 979
鹿泉市	1 627	1 610	1 572	17	13 500	—	13 500

9—7 续表 3　　(2000 年)　　计量单位:万元

行政单位	二、林业产值				三、牧业产值	(一)牲畜
	合计	(一)营林	(二)林产品	(三)村及村以下木材采伐		
石家庄市	41 746	22 265	15 884	3 597	1 226 227	704 820
郊区	40	30	—	10	39 891	15 225
矿区	205	40	115	50	2 873	1 533
高新区	9	9	—	—	2 370	1 559
井陉县	9 010	8 512	446	52	36 658	24 709
正定县	2 552	2 408	—	144	135 016	66 537
栾城县	2 227	2 136	—	91	112 048	42 414
行唐县	2 033	1 713	252	68	51 872	26 846
灵寿县	7 717	3 002	4 393	322	41 357	27 646
高邑县	481	356	80	45	23 753	13 404
深泽县	437	135	108	194	20 639	10 619
赞皇县	8 737	6 847	1 890	—	17 811	14 075
无极县	336	30	—	306	73 220	46 149
平山县	13 944	5 643	7 401	900	49 385	33 010
元氏县	2 060	1 410	510	140	62 359	36 880
赵县	230	95	—	135	44 579	23 856
辛集市	1 083	722	159	202	133 920	59 693
藁城市	501	98	—	403	171 509	77 586
晋州市	130	84	—	46	76 150	43 070
新乐市	1 141	949	—	192	99 142	64 448
鹿泉市	1 556	1 111	140	305	58 471	38 025

9—7 续表 4　　(2000 年)　　计量单位:万元

行政单位	(一)牲畜(续)					
	1.大牲畜繁殖、增长、增重					2.猪
	小计	(1)牛	(2)马	(3)驴	(4)骡	
石家庄市	42 452	39 052	845	1 592	963	565 401
郊区	70	70	—	—	—	14 509
矿区	122	122	—	—	—	960
高新区	60	60	—	—	—	1 478
井陉县	7 118	6 883	51	138	46	11 495
正定县	1 495	1 460	9	12	14	57 066
栾城县	2 341	2 279	11	26	25	35 490
行唐县	1 753	1 536	64	83	70	22 854
灵寿县	2 761	2 664	21	51	25	22 016
高邑县	132	130	—	2	—	12 516
深泽县	78	30	10	29	9	9 302
赞皇县	6 556	6 475	58	10	13	6 325
无极县	4 505	3 953	70	406	76	33 990
平山县	6 322	6 153	39	52	78	19 144
元氏县	1 703	1 689	5	9	—	29 746
赵县	2 473	2 051	121	206	95	17 664
辛集市	1 485	1 149	105	142	89	45 681
藁城市	7 160	6 414	222	193	331	58 037
晋州市	1 023	869	65	51	38	35 840
新乐市	1 103	743	95	216	49	53 761
鹿泉市	338	326	3	6	3	36 295

9—7 续表 5　　(2000 年)　　计量单位:万元

行政单位	(一)牲畜(续)		(二)家禽的饲养	(三)活的畜禽产品	(四)其他动物饲养	四、渔业产值
	3.羊	4.其他				
石家庄市	**52 765**	**44 202**	**116 587**	**384 729**	**19 990**	**25 112**
郊区	111	535	3 662	8 691	12 313	1 178
矿区	173	280	221	925	192	233
高新区	—	21	135	676	—	29
井陉县	4 180	1 916	3 136	8 003	810	237
正定县	426	7 550	14 039	54 102	338	1 225
栾城县	1 233	3 350	13 310	40 102	16 222	75
行唐县	1 891	348	4 341	20 437	248	737
灵寿县	2 635	234	7 705	5 813	193	1 930
高邑县	736	20	1 590	7 964	795	8
深泽县	1 234	5	1 355	8 188	460	151
赞皇县	1 034	160	562	2 099	1 067	132
无极县	4 144	3 510	5 635	19 422	2 014	145
平山县	4 769	2 775	1 397	8 861	5 995	13 364
元氏县	5 275	156	3 862	16 734	4 883	460
赵县	1 805	1 914	3 539	16 901	283	381
辛集市	11 857	670	13 748	55 250	5 229	394
藁城市	3 725	8 664	11 895	76 521	5 507	229
晋州市	3 877	2 330	3 425	24 439	5 216	290
新乐市	3 324	6 260	7 178	27 031	485	529
鹿泉市	1 000	392	4 820	14 763	863	2 642

农林牧渔业增加值

9—8 (2000年) 计量单位:万元

行政单位	农林牧渔业中间消耗	1.农业				2.林业
		小计	种植业	其他农业	其中:农民家庭兼营商品性工业	
石家庄市	1 465 630	682 525	588 713	93 812	93 812	15 910
郊区	32 010	11 219	11 219	—	—	21
矿区	4 080	2 534	2 489	45	36	29
高新区	2 743	1 157	841	316	316	1
井陉县	33 016	10 080	7 873	2 207	1 941	4 476
正定县	127 988	50 118	37 923	12 195	12 195	892
栾城县	109 396	43 527	42 837	690	690	1 229
行唐县	59 920	26 534	26 534	—	—	730
灵寿县	39 393	20 314	19 193	1 121	944	702
高邑县	38 597	21 672	16 219	5 453	5 453	282
深泽县	32 764	18 969	13 935	5 034	5 034	130
赞皇县	24 970	15 813	9 083	6 730	6 650	2 690
无极县	75 025	27 371	24 272	3 099	3 099	228
平山县	61 243	20 131	15 834	4 297	4 147	6 271
元氏县	57 098	25 012	22 733	2 279	2 256	988
赵县	109 758	85 396	74 958	10 438	10 438	138
辛集市	167 540	81 894	68 340	13 554	13 554	882
藁城市	210 622	96 811	93 350	3 461	3 461	151
晋州市	80 528	43 292	38 695	4 597	4 546	67
新乐市	94 027	41 698	34 288	7 410	7 000	738
鹿泉市	64 821	30 429	24 050	6 379	6 379	804

9—8 续表 1 （2000 年） 计量单位：万元

行政单位	3.牧业	4.渔业	(一)中间物质消耗				
			合计	1.农业			
				小计	种植业	其他农业	其中：农民家庭兼营商品性工业
石家庄市	754 673	12 522	1 391 794	630 432	544 370	86 062	86 062
郊区	20 255	515	30 811	10 574	10 574	—	—
矿区	1 415	102	3 666	2 155	2 118	37	36
高新区	1 567	18	2 355	806	565	241	241
井陉县	18 326	134	30 021	9 009	6 965	2 044	1 941
正定县	76 155	823	122 664	46 782	35 537	11 245	11 245
栾城县	64 600	40	108 920	43 135	42 445	690	690
行唐县	32 372	284	57 279	24 198	24 198	—	—
灵寿县	17 658	719	35 741	18 445	17 501	944	944
高邑县	16 640	3	34 016	17 139	11 686	5 453	5 453
深泽县	13 586	79	31 879	18 175	13 165	5 010	5 010
赞皇县	6400	67	22 837	14 213	8 099	6 114	6 034
无极县	47 354	72	72 192	24 951	21 932	3 019	3 019
平山县	28 805	6 036	56 396	19 794	15 558	4 236	4 086
元氏县	30 830	268	54 984	24 167	21 921	2 246	2 223
赵县	23 990	234	98 409	74 554	65 492	9 062	9 062
辛集市	84 412	352	160 072	77 394	67 142	10 252	10 252
藁城市	113 544	116	201 260	87 873	84 145	3 458	3 458
晋州市	37 108	61	79 692	42 577	38 008	4 569	4 546
新乐市	51 296	295	86 299	36 591	29 761	6 830	6 500
鹿泉市	32 316	1 272	56 166	22 082	15 850	6 232	6 232

9—8 续表 2

(2000 年)

计量单位:万元

行政单位	(一)中间物质消耗(续)			(二)对非物质生产部门劳务支出		
	2.林业	3.牧业	4.渔业	合计	1.农业	
					小计	种植业
石家庄市	13 455	736 756	11 151	73 836	52 093	44 343
郊区	21	19 711	505	1 199	645	645
矿区	25	1 385	101	414	379	371
高新区	1	1 536	12	388	351	276
井陉县	4 321	16 577	114	2 995	1 071	908
正定县	755	74 354	773	5 324	3 336	2 386
栾城县	1 229	64 516	40	476	392	392
行唐县	703	32 128	250	2 641	2 336	2 336
灵寿县	559	16 208	529	3 652	1 869	1 692
高邑县	282	16 592	3	4 581	4 533	4 533
深泽县	130	13 495	79	885	794	770
赞皇县	2 486	6 078	60	2 133	1 600	984
无极县	96	47 098	47	2 833	2 420	2 340
平山县	5 299	26 052	5 251	4 847	337	276
元氏县	909	29 661	247	2 114	845	812
赵县	129	23 531	195	11 349	10 842	9 466
辛集市	849	81 513	316	7 468	4 500	1 198
藁城市	141	113 137	109	9 362	8 938	8 935
晋州市	65	36 994	56	836	715	687
新乐市	503	48 946	259	7 728	5 107	4 527
鹿泉市	691	32 179	1 214	8 655	8 347	8 200

9—8 续表 3　　(2000 年)　　计量单位:万元

行政单位	(二)对非物质生产部门劳务支出(续)					农林牧渔业增加值合计
	1.农业		2.林业	3.牧业	4.渔业	
	其他农业	其中:农民家庭兼营商品性工业				
石家庄市	7 750	7 750	2 455	17 917	1 371	1 468 842
郊区	—	—	—	544	10	41 916
矿区	8	—	4	30	1	4 920
高新区	75	75	—	31	6	2 568
井陉县	163	—	155	1 749	20	37 682
正定县	950	950	137	1 801	50	146 892
栾城县	—	—	—	84	—	118 100
行唐县	—	—	27	244	34	58 280
灵寿县	177	—	143	1 450	190	45 968
高邑县	—	—	—	48	—	48 997
深泽县	24	24	—	91	—	43 891
赞皇县	616	616	204	322	7	37 346
无极县	80	80	132	256	25	84 689
平山县	61	61	972	2 753	785	70 857
元氏县	33	33	79	1 169	21	67 147
赵县	1 376	1 376	9	459	39	106 000
辛集市	3 302	3 302	33	2 899	36	207 220
藁城市	3	3	10	407	7	185 812
晋州市	28	—	2	114	5	112 101
新乐市	580	500	235	2 350	36	118 073
鹿泉市	147	147	113	137	58	84 773

9—8 续表 4　　(2000 年)　　计量单位:万元

行政单位	(一)按生产法						
	1.农业				2.林业	3.牧业	4.渔业
	小计	种植业	其他农业	其中:农民家庭兼营商品性工业			
石家庄市	958 862	935 335	23 527	23 527	25 836	471 554	12 590
郊区	21 598	21 598	—	—	19	19 636	663
矿区	3 155	3 124	31	30	176	1 458	131
高新区	1 746	1 562	184	184	8	803	11
井陉县	14 713	11 537	3 176	2 389	4 534	18 332	103
正定县	85 969	67 329	18 640	18 640	1 660	58 861	402
栾城县	69 619	69 319	300	300	998	47 448	35
行唐县	37 024	37 024	—	—	1 303	19 500	453
灵寿县	14 043	7 615	6 428	5 281	7 015	23 699	1 211
高邑县	41 680	35 390	6 290	6 290	199	7 113	5
深泽县	36 459	32 847	3 612	3 603	307	7 053	72
赞皇县	19 823	12 625	7 198	3 104	6 047	11 411	65
无极县	58 642	53 601	5 041	5 041	108	25 866	73
平山县	35 276	29 348	5 928	4 425	7 673	20 580	7 328
元氏县	34 354	32 233	2 121	1 864	1 072	31 529	192
赵县	85 172	81 635	3 537	3 439	92	20 589	147
辛集市	157 469	138 389	19 080	19 080	201	49 508	42
藁城市	127 384	126 246	1 138	1 138	350	57 965	113
晋州市	72 767	69 262	3 505	3 130	63	39 042	229
新乐市	69 590	62 521	7 069	6 979	403	47 846	234
鹿泉市	56 496	49 375	7 121	7 121	752	26 155	1 370

9—8 续表 5　　(2000 年)　　计量单位:万元

行政单位	(二)按分配法				
	固定资产折旧	劳动者报酬	生产税	生产补贴(－)	营业盈余
石家庄市	84 897	1 158 089	32 175	3 964	197 645
郊区	2 220	32 392	1 064	248	6 488
矿区	233	4 035	97	35	590
高新区	233	2 034	46	—	255
井陉县	1 097	31 483	211	1 158	6 049
正定县	7 348	124 210	1 934	1 490	14 890
栾城县	857	99 516	1 700	—	16 027
行唐县	2 311	49 398	1 301	660	5 930
灵寿县	1 511	38 189	1 003	25	5 290
高邑县	1 666	41 078	765	256	5 744
深泽县	1 335	34 938	455	25	7 188
赞皇县	880	31 075	2 226	502	3 667
无极县	3 698	71 193	900	—	8 898
平山县	2 553	59 305	639	480	8 840
元氏县	890	58 653	700	220	7 124
赵县	9 833	86 159	3 280	—	6 728
辛集市	8 367	163 313	15 252	480	20 768
藁城市	10 417	158 706	1 696	357	15 350
晋州市	2 201	96 688	1 992	50	11 270
新乐市	5 002	91 472	825	125	20 899
鹿泉市	1 648	73 696	705	601	9 325

农林牧渔业商品产值

9—9 (2000年) 计量单位:万元

行政单位	农林牧渔业商品产值	一、农业商品产值				
		总计	(一)种植业商品产值			
			合计	1.主产品商品产值合计	粮食作物	油料
石家庄市	2 050 732	1 026 126	908 787	898 278	251 232	41 444
郊区	62 650	27 205	27 205	27 205	—	—
矿区	5 154	2 655	2 586	2 553	818	38
高新区	3 663	1 651	1 151	1 151	518	—
井陉县	43 287	13 951	8 568	8 504	6 418	26
正定县	211 130	96 138	65 303	65 303	23 434	3 398
栾城县	192 447	86 431	85 441	84 667	15 026	162
行唐县	86 918	39 714	39 714	38 331	16 771	6 351
灵寿县	50 081	15 768	9 424	9 389	2 059	858
高邑县	67 328	49 398	43 525	43 365	7 106	1 183
深泽县	47 747	33 444	24 807	24 745	8 834	1 140
赞皇县	38 863	22 176	10 338	10 338	2 535	626
无极县	100 607	48 971	40 831	39 333	22 474	1 800
平山县	82 101	27 493	17 268	16 075	4 245	611
元氏县	73 409	34 452	30 552	30 552	10 574	1 889
赵县	179 514	140 351	126 524	125 359	27 348	3 505
辛集市	250 478	140 601	111 181	109 371	32 643	8 872
藁城市	311 388	169 334	164 735	164 083	42 784	2 974
晋州市	117 406	56 518	48 757	48 559	12 970	1 150
新乐市	148 660	71 827	59 270	57 836	18 211	5 925
鹿泉市	106 803	56 602	43 102	43 058	5 163	724

9—9 续表 1　　(2000 年)　　计量单位:万元

行政单位	一、农业商品产值(续)				
	(一)种植业商品产值(续)				(二)其他农业商品产值
	棉花	蔬菜、瓜类	茶、桑、果	2.副产品商品产值	
石家庄市	12 073	438 570	125 969	10 509	117 339
郊区	—	22 453	1 752	—	—
矿区	—	990	683	33	69
高新区	—	600	33	—	500
井陉县	—	462	1 496	64	5 383
正定县	174	34 649	3 279	—	30 835
栾城县	93	49 243	1 851	774	990
行唐县	774	4 526	8 962	1 383	—
灵寿县	84	3 063	2 605	35	6 344
高邑县	375	32 032	800	160	5 873
深泽县	224	11 805	2 204	62	8 637
赞皇县	—	2 137	4 990	—	11 838
无极县	51	8 770	6 238	1 498	8 140
平山县	614	4 864	2 801	1 193	10 225
元氏县	1 065	10 519	3 305	—	3 900
赵县	505	44 659	45 432	1 165	13 827
辛集市	7 086	45 042	12 187	1 810	29 420
藁城市	269	104 302	13 472	652	4 599
晋州市	543	4 785	28 665	198	7 761
新乐市	448	30 416	2 836	1 434	12 557
鹿泉市	115	32 750	4 060	44	13 500

9—9 续表 2　　(2000 年)　　计量单位:万元

行政单位	二、林业商品产值				三、牧业商品产值		
	合计	(一)营林	(二)林产品	(三)村及村以下木材采伐	合计	(一)牲畜的商品产值	
						小计	1.大牲畜
石家庄市	18 642	3 905	12 867	1 870	988 386	507 848	7 314
郊区	12	12	—	—	34 255	10 894	—
矿区	84	—	79	5	2 211	1 150	—
高新区	6	6	—	—	1 977	1 251	—
井陉县	782	327	406	49	28 329	16 742	—
正定县	236	105	—	131	113 554	48 533	—
栾城县	1 040	1 005	—	35	104 908	38 572	1 365
行唐县	288	—	221	67	46 219	24 120	265
灵寿县	3 568	123	3 445	—	29 051	17 434	—
高邑县	213	150	42	21	17 709	9 327	—
深泽县	224	—	108	116	13 937	6 628	—
赞皇县	2 858	1 000	1 858	—	13 697	10 593	4 095
无极县	204	—	—	204	51 308	28 139	—
平山县	7 062	154	6 068	840	34 645	21 338	—
元氏县	597	40	457	100	37 928	18 995	90
赵县	105	—	—	105	38 683	19 406	—
辛集市	288	107	120	61	109 273	50 381	—
藁城市	362	—	—	362	141 521	65 857	—
晋州市	25	—	—	25	60 689	36 172	869
新乐市	815	661	—	154	75 540	49 189	614
鹿泉市	520	193	129	198	47 086	30 576	—

9—9 续表 3　　(2000 年)　　计量单位:万元

行政单位	三、牧业商品产值(续)						四、渔业商品产值
	(一)牲畜的商品产值(续)			(二)家禽	(三)活的畜禽产品	(四)其他动物产品	
	2.猪	3.羊	4.其他				
石家庄市	428 785	41 938	29 811	87 887	372 561	19 990	17 578
郊区	10 248	111	535	3 662	7 386	12 313	1 178
矿区	716	159	275	158	785	118	204
高新区	1 230	—	21	124	602	—	29
井陉县	11 027	3 971	1 744	3 129	7 688	770	225
正定县	41 255	402	6 876	12 037	52 703	281	1 202
栾城县	32 760	1 097	3 350	12 771	37 894	15 671	68
行唐县	21 711	1 796	348	3 296	18 567	236	697
灵寿县	17 200	—	234	6 670	4 755	192	1 694
高邑县	8 942	375	10	887	6 720	775	8
深泽县	5 430	1 193	5	1 121	5 714	457	142
赞皇县	5 500	998	—	374	1 665	1 057	132
无极县	24 255	3 884	—	4 922	17 337	910	124
平山县	14 555	4 383	2 400	1 093	7 797	4 345	12 901
元氏县	16 280	2 625	—	2 249	12 801	3 883	432
赵县	16 487	1 705	1 214	3 410	15 852	15	375
辛集市	40 617	9 297	470	9 947	44 070	4 875	316
藁城市	54 596	3 370	7 891	10 230	63 148	2 286	171
晋州市	29 545	3 428	2 330	2 617	19 891	2 009	174
新乐市	41 933	2 198	4 444	5 025	20 962	364	478
鹿泉市	29 332	858	386	4 383	11 265	862	2 595

农村非农行业总产值

9—10　　(2000年)　　计量单位:万元

行政单位	农村非农行业产值合计	一、农村工业总产值			
		合计	1. 乡办工业产值	2. 村办工业产值	3. 村以下办工业产值
石家庄市	13 711 904	9 396 278	1 090 537	2 392 205	5 913 536
郊区	3 440 106	1 581 662	38 481	807 837	735 344
矿区	144 296	104 448	28 588	36 756	39 104
高新区	125 510	74 665	333	2 942	71 390
井陉县	613 255	427 559	27 251	90 531	309 777
正定县	1 245 427	936 411	180 147	266 369	489 895
栾城县	667 419	512 660	99 610	186 505	226 545
行唐县	453 275	406 814	26 220	11 010	369 584
灵寿县	353 285	261 610	15 220	11 224	235 166
高邑县	199 551	161 490	36 500	43 546	81 444
深泽县	261 289	218 408	54 262	17 131	147 015
赞皇县	146 084	79 391	12 692	13 477	53 222
无极县	411 504	330 091	36 731	103 511	189 849
平山县	375 603	279 261	59 440	67 183	152 638
元氏县	326 922	199 078	28 241	26 982	143 855
赵县	536 292	393 531	98 087	94 196	201 248
辛集市	1 112 016	691 228	72 626	36 851	581 751
藁城市	1 102 075	883 375	74 729	112 640	696 006
晋州市	603 105	516 843	89 374	—	427 469
新乐市	502 471	402 865	82 143	147 042	173 680
鹿泉市	1 092 419	934 888	29 862	316 472	588 554

9—10续表1　　　　(2000年)　　　　计量单位:万元

行政单位	二、农村建筑业总产值				
	合计	1.建筑安装工程产值	兴建房屋产值	农田水利工程产值	2.其他基本建设产值
石家庄市	918 132	900 795	524 555	25 231	17 337
郊区	285 344	285 344	37 452	123	—
矿区	5 931	5 723	2 808	465	208
高新区	35 715	35 715	35 715	—	—
井陉县	29 714	25 876	12 205	2 639	3 838
正定县	172 527	165 890	108 703	5 618	6 637
栾城县	34 230	34 018	23 897	—	212
行唐县	17 814	17 814	15 920	—	—
灵寿县	17 831	17 663	10 812	1 291	168
高邑县	9 055	9 055	8 721	120	—
深泽县	12 120	12 085	10 462	120	35
赞皇县	7 161	4 895	3 142	1 753	2 266
无极县	30 840	30 840	26 947	1 227	—
平山县	20 521	20 521	18 640	810	—
元氏县	18 548	17 453	12 862	3 791	1 095
赵县	34 055	33 845	30 657	302	210
辛集市	60 608	60 161	56 733	1 368	447
藁城市	41 880	41 562	34 146	1 152	318
晋州市	18 353	18 353	18 353	—	—
新乐市	32 676	30 794	27 942	1 731	1 882
鹿泉市	33 209	33 188	28 438	2 721	21

9—10 续表 2　　(2000 年)　　计量单位:万元

行政单位	三、农村运输业总产值	乡办运输企业货运产值	村办运输企业货运产值	村以下办运输企业货运产值
石家庄市	832 251	15 870	27 205	789 176
郊区	205 758	3 546	6 970	195 242
矿区	16 684	477	1 700	14 507
高新区	2 500	—	—	2 500
井陉县	87 294	45	5 030	82 219
正定县	41 444	1 050	900	39 494
栾城县	13 892	624	—	13 268
行唐县	8 549	—	—	8 549
灵寿县	29 982	—	—	29 982
高邑县	6 018	—	—	6 018
深泽县	15 413	—	—	15 413
赞皇县	31 420	—	—	31 420
无极县	21 164	—	—	21 164
平山县	20 329	167	3 155	17 007
元氏县	75 556	6 024	6 106	63 426
赵县	34 268	—	372	33 896
辛集市	50 478	391	101	49 986
藁城市	81 258	3 546	1 060	76 652
晋州市	25 417	—	—	25 417
新乐市	25 307	—	—	25 307
鹿泉市	39 520	—	1 811	37 709

9—10 续表 3　　(2000 年)　　计量单位:万元

行政单位	四、农村批发、零售贸易、餐饮业产值	批发、零售贸易业产值	餐饮业产值	附:农民进城(含县城)办非农行业产值	工业产值
石家庄市	2 565 243	2 008 714	556 529	195 559	82 983
郊区	1 367 342	1 020 277	347 065	—	—
矿区	17 233	16 483	750	5 751	1 920
高新区	12 630	10 600	2 030	—	—
井陉县	68 688	57 110	11 578	5 313	45
正定县	95 045	75 237	19 808	77 340	36 760
栾城县	106 637	98 854	7 783	—	—
行唐县	20 098	11 120	8 978	485	129
灵寿县	43 862	34 295	9 567	1 650	—
高邑县	22 988	13 965	9 023	31 878	26 578
深泽县	15 348	13 619	1 729	20 477	3 796
赞皇县	28 112	15 511	12 601	13 928	1 045
无极县	29 409	22 621	6 788	17 359	10 004
平山县	55 492	36 667	18 825	—	—
元氏县	33 740	24 177	9 563	7 319	1 420
赵县	74 438	68 172	6 266	3 499	390
辛集市	309 702	292 620	17 082	1 608	631
藁城市	95 562	70 450	25 112	6 635	—
晋州市	42 492	32 314	10 178	2 317	265
新乐市	41 623	27 899	13 724	—	—
鹿泉市	84 802	66 723	18 079	—	—

农村住户调查基本情况

9—11

(2000年)

指标名称	计量单位	户均	人均
一、调查人口	人	4.21	—
整劳动力	人	1.98	0.47
半劳动力	人	0.69	0.16
二、劳动力文化程度			
文盲或半文盲	人	0.06	0.01
小学程度	人	0.48	0.11
初中程度	人	1.52	0.36
高中程度	人	0.53	0.13
中专以上	人	0.07	0.02
三、年末生产用固定资产原值	元	7 092	1 685
# 农林牧渔业机械	元	2 347	557
工业机械	元	851	202
运输机械	元	1 547	368
四、年末拥有主要固定资产			
大中型拖拉机	台	0.05	0.01
小型和手扶拖拉机	台	0.44	0.10
机动脱粒机	台	0.09	0.02
水泵	台	0.15	0.04
五、经营耕地面积	亩	4.45	1.06
# 承包耕地	亩	4.21	1.00
自留地	亩	0.24	0.06
六、年内新建房屋面积	平方米	6.37	1.51
年末住房面积	平方米	126.71	30.10
年内新建房屋价值	元	1 776	421.98
年末住房价值	元	19 774	4 698

农村居民家庭平均百户耐用消费品拥有量

9—12

(2000 年)

指标名称	计量单位	百户均	指标名称	计量单位	百户均
自行车	辆	206	缝纫机	架	100
电风扇	台	182	录像机	台	5
洗衣机	台	79	照相机	架	7
电冰箱	台	29	抽油烟机	台	7
摩托车	辆	46	吸尘器	台	1
大型家具	件	164	空调机	台	5
彩色电视机	台	82	家用计算机	台	3

农村住户粮食收支情况

9—13

(2000 年)

计量单位:千克

指标名称	户均	人均	指标名称	户均	人均
一、年初粮食结存	1 035	246	出售	818	194
二、年内粮食收入	3 743	889	种籽	22	5
#家庭经营生产	3 297	783	饲料	248	59
购入	445	106	四、年末粮食结存	2 063	490
三、年内粮食支出合计	1 919	456	#口粮	1 499	356
#主食用粮	819	195	饲料	319	76
其它生活用粮	4	1	种籽	50	12

农村住户总收支情况

9—14　　　　(2000年)　　　　计量单位:元

指标名称	人均	指标名称	人均
一、全年总收入	4 024	2.股　　息	11
(一)工资性收入	1 437	3.租　　金	21
#在非企业组织中劳动所得	289	4.土地征用补偿	8
在本地企业中劳动所得	607	5.其它财产收入	27
常住人口外出从业所得	261	二、全年纯收入	3 158
(二)家庭经营收入	2 436	三、全年总支出	2 503
1.农业收入	1 019	(一)家庭经营费用支出	689
#种植业收入	1 011	1.农业生产	286
2.林　　业	4	2.林业生产	4
3.牧　　业	475	3.牧业生产	234
4.渔　　业	3	4.渔业生产	1
5.工　　业	205	5.工业生产	35
6.建筑业	48	6.建筑业生产	7
7.运输业	251	7.运输业生产	54
8.商　　业	213	8.商业支出	33
9.社会服务业	67	9.社会服务业	11
10.文教卫生业	16	10.文教卫生业	3
11.其　　它	135	11.其它经营支出	21
(三)转移性收入	59	(二)购置生产用固定资产支出	59
1.在外人口寄回和带回	11	(三)生产性固定资产折旧	112
2.外部亲友赠送	21	(四)税费支出	49
3.调查补贴	3	#缴纳生产税	20
4.保险赔款	…	村提留	14
5.退休金	10	乡统筹	11
6.其　　它	14	(五)生活消费支出	1 636
(四)财产性收入	93	(六)财产性支出	19
1.利　　息	26	(七)转移性支出	50

农村住户现金收支情况

9—15　　(2000年)　　计量单位:元

指标名称	人均	指标名称	人均
一、期内现金收入	3 359	4.退休金	10
(一)工资性收入	1 437	5.其他	13
1.在非企业组织中劳动所得	289	二、非收入所得	279
2.在本地企业中劳动所得	607	1.从银行信用社得到的贷款	29
3.常住人口外出从业所得	261	2.借入款	35
4.其他	280	3.收回借出款	17
(二)家庭经营收入	1 797	4.从银行信用社取回存款	187
1.出售产品的收入	850	5.收回投资款	1
#出售农业产品收入	412	6.出售财产所得款	7
出售牧业产品收入	415	7.一次性工伤补贴	2
2.工业加工费	201	8.保险公司赔付	2
3.建筑业	48	三、期内现金支出	2 226
4.交通运输业	251	(一)生产费用支出	695
5.批发和零售贸易、餐饮业	213	1.家庭经营费用支出	636
6.社会服务业	67	2.购置生产性固定资产支出	59
7.文教卫生业	16	(二)税费支出	48
8.其他家庭经营收入	124	1.缴纳生产税	20
(三)财产性收入	68	2.缴纳其他直接税	…
1.利息	26	3.村提留	13
2.股息	11	4.乡统筹	11
3.租金	22	5.其他各项收费	4
4.土地征用补偿	8	(三)生活消费支出	1 428
5.其他	2	(四)财产性支出	5
(四)转移性收入	57	(五)转移性支出	50
1.家庭非常住人口寄回或带回	11	四、非消费性现金付出	515
2.亲友赠送	20	五、期末金融资产余额	4 142
3.调查补贴	3	六、期末债务余额	56

农村住户生活消费总支出

9—16　　(2000年)　　计量单位:元

指标名称	人均	指标名称	人均
生活消费总支出	1 636	2.电　　费	189
一、食品消费	569	3.燃　　料	74
1.主　　食	184	4.其　　它	22
2.副　　食	205	四、家庭设备、用品及服务	102
3.其它食品	143	1.耐用消费品	47
(1)烟　　草	40	2.家庭日用杂品	42
(2)酒	48	3.其　　它	2
(3)干鲜果品	20	五、医疗保健消费	73
(4)糖果糕点	10	1.医药卫生保健用品	37
(5)其　　它	13	2.医疗保健服务	31
4.在外饮食	30	六、交通和通讯消费	83
5.食品加工费	7	# 交通工具	40
二、衣着消费	144	邮　电　费	24
1.服　　装	87	七、文教娱乐用品及服务	172
2.衣着材料	12	1.文教娱乐用品	89
3.鞋　袜　帽	37	2.文教娱乐服务	83
4.其　　它	6	八、其它商品及服务	56
三、居住消费	438	1.商品性支出	12
1.住　　房	150	2.服务支出	44

分县(市)区农民人均纯收入

9—17　　　　计量单位:元

行政单位	2000年	1999年	2000年比1999年增减(%)
石家庄市	3 158	3 071	2.83
郊区	5 055	4 871	3.78
矿区	3 886	3 736	4.01
井陉县	2 602	2 506	3.83
正定县	3 605	3 465	4.04
栾城县	3 305	3 174	4.13
行唐县	2 468	2 428	1.65
灵寿县	2 396	2 308	3.81
高邑县	3 001	2 860	4.93
深泽县	3 182	3 060	3.99
赞皇县	1 652	1 370	20.58
无极县	3 310	3 240	2.16
平山县	1 992	2 472	-19.42
元氏县	2 701	2 617	3.21
赵县	3 086	3 059	0.88
辛集市	3 235	3 485	-7.17
藁城市	3 656	3 576	2.24
晋州市	3 539	3 449	2.61
新乐市	3 616	3 574	1.18
鹿泉市	3 852	3 747	2.80

全市乡镇企业基本情况表

9—18 (2000年) 计量单位:个、人、万元

项目名称	企业个数				年末人数			
	合计	集体企业	私营企业	个体企业	合计	集体企业	私营企业	个体企业
总计	132 853	5 662	10 919	116 272	1 183 759	363 336	227 406	593 017
一、农业	592	592	—	—	34 564	34 564	—	—
二、工业	54 853	4 330	7 935	42 588	774 461	285 587	189 861	299 013
三、建筑业	3 401	136	631	2 634	99 639	21 795	19 726	58 118
四、交通运输业	26 425	69	924	25 432	73 421	3 554	5 097	64 770
五、批发零售、贸易业	33 772	368	901	32 503	132 904	11 925	7 278	113 701
六、旅游饮食服务业	12 661	135	496	12 030	60 199	3 837	4 191	52 171
七、其他	1 149	32	32	1 085	8 571	2 074	1 253	5 244

9—18续表 (2000年) 计量单位:个、人、万元

项目名称	增加值				现价总产值			
	合计	集体企业	私营企业	个体企业	合计	集体企业	私营企业	个体企业
总计	3 183 495	1 064 167	689 281	1 430 047	12832 672	4 234 919	2 689 711	5 908 042
一、农业	16 692	16 692	—	—	106 472	106 472	—	—
二、工业	2 378 060	872 192	582 058	923 810	9 182 908	3 344 114	2 224 112	3 614 682
三、建筑业	143 487	34 324	33 790	75 373	660 534	174 171	138 187	348 176
四、交通运输业	157 630	11 910	14 180	131 540	700 736	43 626	62 718	594 392
五、批发零售、贸易业	326 514	91 721	38 907	195 886	1 528 620	399 346	178 485	950 789
六、旅游饮食服务业	128 032	21 652	19 683	86 697	511 426	96 596	83 676	331 154
七、其他	33 080	15 676	663	16 741	141 976	70 594	2 533	68 849

全市乡镇企业出口情况表

9—19 (2000年) 计量单位:个、人、万元

项目名称	企业个数	年末人数	出口产品生产总值（现价）	出口产品交货值	
				合计	其中：直接出口
总计	1 222	63 059	624 388	484 673	281 241
按产品类别分类					
1.化工	73	11 638	133 629	103 129	61 737
2.机械	52	11 986	62 645	47 786	27 993
3.矿产	57	1 029	4 169	4 094	2 647
4.轻工	83	9 174	89 940	58 847	42 950
5.食品	380	3 214	35 895	27 087	10 666
6.土产	16	1 844	5 692	5 394	391
7.畜产	7	600	3 120	2 753	1 950
8.纺织	35	6 369	29 645	24 866	15 000
9.丝织	3	632	11 575	9 928	—
10.服装	86	5 877	96 037	89 729	74 589
11.工艺品	378	4 527	46 513	38 479	17 907
12.其它	52	6 169	105 528	72 581	25 411

9—19续表 (2000年) 计量单位:个、人、万元

项目名称	出口产品交货值			
	其中：			其中：间接出口
	交外贸部门	自营出口	工缴费收入	
总计	207 225	73 184	832	203 432
按产品类别分类				
1.化工	49 092	12 645	—	41 392
2.机械	16 757	11 216	20	19 793
3.矿产	2 133	514	—	1 447
4.轻工	33 512	9 438	—	15 897
5.食品	9 996	670	—	16 421
6.土产	381	8	2	5 003
7.畜产	1 450	500	—	803
8.纺织	14 150	850	—	9 866
9.丝织	—	—	—	9 928
10.服装	43 859	30 730	—	15 140
11.工艺品	10 484	6 613	810	20 572
12.其它	25 411	—	—	47 170

分县(市)区乡镇企业主要经济指标

9—20 (2000 年) 计量单位:万元、个、人

行政单位	企业个数	企业人数	总产值(现价)	工业产值(现价)	增加值
石家庄市	132 853	1 183 759	12 832 672	9 182 908	3 183 495
郊区	8 577	108 145	2 226 545	1 235 033	552 689
矿区	2 393	13 412	142 636	104 448	32 742
高新区	448	7 150	46 812	26 214	12 168
井陉县	8 620	42 436	623 962	427 559	155 603
正定县	8 470	100 977	1 367 972	1 067 939	339 885
栾城县	3 689	31 826	529 874	358 842	126 621
行唐县	5 493	44 532	464 917	406 814	115 306
灵寿县	3 816	30 504	387 657	298 747	90 564
高邑县	2 565	32 696	226 258	172 490	60 076
深泽县	3 152	25 463	243 202	183 408	58 868
赞皇县	5 107	21 253	146 485	79 391	32 481
无极县	5 403	61 216	413 467	330 091	110 358
平山县	5 509	38 933	376 760	279 261	97 092
元氏县	5 801	54 532	343 200	199 078	89 460
赵县	7 384	50 250	536 292	375 060	126 622
辛集市	10 147	118 428	1 166 045	691 228	275 130
藁城市	17 748	143 636	1 260 036	1 030 028	330 088
晋州市	6 455	72 196	667 131	568 100	160 923
新乐市	2 667	106 231	556 910	413 476	141 922
鹿泉市	9 409	79 943	1 106 510	935 701	274 897

9—20续表1　　　　(2000年)　　　　计量单位:万元、个、人

行政单位	工业增加值	营业收入	营业成本费用	净利润	实交税金
石家庄市	2 378 060	12 419 049	11 179 354	965 765	182 818
郊区	315 016	2 173 964	1 952 892	195 227	30 804
矿区	24 280	117 924	109 855	7 000	3 172
高新区	6 102	44 828	41 243	3 017	664
井陉县	102 499	573 296	523 358	36 444	7 801
正定县	278 353	1 282 697	1 157 107	102 202	18 504
栾城县	84 486	667 461	618 859	32 615	10 639
行唐县	100 232	450 144	399 176	44 547	6 714
灵寿县	70 194	357 254	327 997	23 789	5 540
高邑县	45 888	226 210	206 038	18 025	2 923
深泽县	44 018	230 812	215 933	12 906	3 458
赞皇县	17 131	140 120	118 461	8 458	1 046
无极县	85 774	388 603	348 228	33 765	6 135
平山县	76 013	370 813	330 886	25 813	5 509
元氏县	54 980	336 718	301 662	27 907	4 968
赵县	89 357	515 496	446 998	37 796	7 352
辛集市	213 993	1 079 647	962 282	72 392	16 196
藁城市	295 038	1 240 035	1 127 014	100 038	18 524
晋州市	138 369	589 490	542 120	39 757	9 262
新乐市	99 220	556 910	493 046	53 379	8 101
鹿泉市	237 117	1 076 627	956 209	90 688	15 506

9—20续表2　　(2000年)　　计量单位:万元、个、人

行政单位	工资总额	固定资产原值	固定资产净值	出口产品交货值	乡村集体固定资产投资
石家庄市	556 577	3 019 288	2 332 705	484 673	363 193
郊区	70 151	508 919	387 856	187 689	101 271
矿区	7 445	37 401	24 303	301	2 491
高新区	2 485	10 311	6 876	974	2 450
井陉县	19 563	96 488	68 221	1 635	7 533
正定县	42 783	357 246	282 135	26 130	25 622
栾城县	16 086	109 422	88 972	8 949	7 730
行唐县	22 844	88 228	74 597	4 806	3 312
灵寿县	11 407	52 504	40 660	7 246	1 067
高邑县	14 120	65 820	55 297	8 849	10 049
深泽县	10 183	47 698	33 679	3 550	3 094
赞皇县	5 434	21 835	15 722	697	1 183
无极县	23 232	110 197	85 720	10 040	7 756
平山县	18 720	87 250	66 913	5 074	11 276
元氏县	27 497	132 986	102 312	16 800	6 050
赵县	9 575	76 255	62 546	893	7 280
辛集市	30 132	136 790	112 244	74 021	11 971
藁城市	97 561	487 183	377 941	68 478	26 760
晋州市	27 726	137 645	101 749	12 171	10 878
新乐市	53 568	125 022	82 307	19 440	4 130
鹿泉市	46 065	330 088	262 655	26 930	111 290

十 工业 交通

全市工业企业主要产品产量

10—1

产品名称	计量单位	2000年	1999年	同比增长(±%)
原煤	吨	1 167 145	1 053 411	10.80
烟煤	吨	1 167 145	1 053 411	10.80
炼焦烟煤	吨	1 167 145	1 053 411	10.80
洗煤	吨	507 017	506 248	0.15
洗精煤	吨	302 644	276 698	9.38
铁矿石原矿量	吨	504 306	406 444	24.08
铁矿石成品矿	吨	845 664	619 467	36.51
石墨	吨	60	55	9.09
木材	立方米	34 911	29 112	19.92
大米	吨	390	237	64.56
小麦粉	万吨	183.8	196.4	-6.42
配混合饲料	吨	1 085 922	916 776	18.45
食用植物油	吨	102 024	80 922	26.08
鲜、冻畜肉	吨	99 684	96 533	3.26
糖果	吨	603	2 006	-69.94
糕点	吨	613	695	-11.80
饼干	吨	11 738	5 974	96.48
方便主食品	吨	4 749	5 516	-13.91
方便面	吨	1 210	2 736	-55.77
乳制品	吨	55 927	49 852	12.19
罐头	吨	3 316	3 512	-5.58
酱油	吨	35 821	33 955	5.50
淀粉	吨	1 102 288	846 640	30.20
冷冻饮品	吨	6 468	5 643	14.62
发酵酒精	吨	3 268	3 680	-11.20
饮料酒	吨	216 763	169 708	27.73
白酒	吨	6 368	6 354	0.22
啤酒	吨	210 218	163 146	28.85
软饮料	吨	66 247	51 385	28.92
果汁及果汁饮料	吨	2 750	1 408	95.31
瓶(罐)装饮用水	吨	32 715	16 212	101.79
液体乳	吨	27 963	13 434	108.15
卷烟	箱	315 000	300 000	5.00
一类卷烟	箱	20 894	18 664	11.95
二类卷烟	箱	33 228	31 491	5.52
三类卷烟	箱	75 296	112 201	-32.89
四类及以下卷烟	箱	185 582	137 644	34.83
皮棉	吨	3 968	3 081	28.79
纱	吨	156 431	131 972	18.53

10—1 续表 1

产 品 名 称	计量单位	2000 年	1999 年	同比增长(±%)
布	万米	74 744.6	63 169.9	18.32
棉 布	万米	50 616.1	42 612.4	18.78
混纺交织布	万米	20 548.8	16 748.3	22.69
纯化纤布	万米	3 579.7	3 809.2	-6.02
印 染 布	万米	40 608.2	33 060.8	22.83
呢 绒	万米	16.8	16.0	5.00
针棉织品折用纱线量	吨	1 433	1 561	-8.20
服 装	万件	4 447.1	3 876.4	14.72
梭织服装	万件	2 552.5	2 028.1	25.86
西服及西服套装	万件	457.9	334.6	36.85
衬 衫	万件	173.7	119.3	45.60
儿童服装	万件	120.2	113.5	5.90
针织服装	万件	1 893.2	1 847.0	2.50
缝制帽	万顶	61.7	83.1	-25.75
布 鞋	万双	3 074.2	2 939.6	4.58
轻 革	平方米	30 652 011	32 756 168	-6.42
皮 鞋	万双	72.4	89.9	-19.47
革皮服装	件	3 069 837	2 533 382	21.18
锯 材	立方米	56 858	72 095	-21.13
人 造 板	立方米	1 373 370	1 228 509	11.79
胶 合 板	立方米	976 260	667 108	46.34
纤 维 板	立方米	200 180	362 371	-44.76
刨 花 板	立方米	196 870	196 560	0.16
生产用木制品	千元	27 089	27 507	-1.52
生活用木制品	千元	17 300	15 370	12.56
家 具	件	1 098 555	1 038 680	5.76
木制家具	件	1 026 429	937 613	9.47
金属家具	件	810	33 373	-97.57
软体家具(包括床垫、沙发)	件	51 554	49 892	3.33
纸 浆	吨	273 827	224 819	21.80
机 制 纸	吨	232 955	205 643	13.28
新 闻 纸	吨	11 024	11 197	-1.55
机制纸板	吨	146 611	151 118	-2.98
纸 制 品	吨	163 287	144 321	13.14
纸 箱	吨	52 558	42 596	23.39
单色印刷品	万令	163.4	120.3	35.83
多色印刷品	万对开色令	145.3	155.0	-6.26
本 册	万本	320.0	350.5	-8.70
原油加工量	吨	2 849 798	1 893 098	50.54

10—1 续表 2

产　品　名　称	计量单位	2000 年	1999 年	同比增长(±%)
汽　　油	吨	676 829	472 378	43.28
车用汽油	吨	676 829	472 378	43.28
灯用煤油	吨	34 905	18 879	84.89
溶　剂　油	吨	126 850	129 517	-2.06
煤　　油	吨	40 443	35 321	14.50
柴　　油	吨	1 109 023	663 238	67.21
润　滑　油	吨	40 798	22 530	81.08
燃　料　油	吨	87 958	63 485	38.55
液化石油气	吨	130 817	86 510	51.22
炼厂干气	吨	124 065	78 017	59.02
焦　　炭	吨	1 554 624	1 404 033	10.73
机械化焦炉生产的焦炭	吨	1 280 512	1 162 850	10.12
硫酸(折 100%)	吨	307 950	323 673	-4.86
浓硝酸(折 100%)	吨	16 494	14 117	16.84
盐酸(含量 31%以上)	吨	59 375	48 893	21.44
氢氧化纳(烧碱)(折 100%)	吨	36 367	33 401	8.88
碳酸纳(纯碱)	吨	115 939	90 291	28.41
轻质碳酸钙	吨	751 332	645 382	16.42
硫　化　碱	吨	7 065	8 120	-12.99
硅酸纳(包括偏硅酸钠)	吨	20 332	17 716	14.77
红　矾　钠	吨	8 223	8 421	-2.35
碳化钙(电石)折(300 升/千克)	吨	46 851	41 776	12.15
黄　　磷	吨	995	2 931	-66.05
商品液氯	吨	14 654	14 460	1.34
合　成　氨	吨	759 193	747 286	1.59
农用氮、磷、钾化学肥料总计	吨	504 087	501 407	0.53
氮肥(折含 N100%)	吨	400 775	405 787	-1.24
尿　　素	吨	198 749	206 876	-3.93
磷肥(折含 P_2O_5 100%)	吨	103 312	95 620	8.04
化学农药	吨	13 522	15 968	-15.32
杀　虫　剂	吨	5 490	5 824	-5.73
杀　菌　剂	吨	6 503	7 788	-16.50
除　草　剂	吨	1 529	2 356	-35.10
农药乳剂(实物量)	吨	8 326	8 539	-2.49
丙　　烯	吨	65 686	36 520	79.86
纯　　苯	吨	30 261	27 009	12.04
精　甲　醇	吨	126 099	101 216	24.58
丁　　醇	吨	866	1 009	-14.17
甲　　醛	吨	79 571	76 276	4.32

10—1 续表 3

产　品　名　称	计量单位	2000 年	1999 年	同比增长(±%)
乙　　醛	吨	119	511	-76.71
冰　醋　酸	吨	21 752	1 058	1 955.9
苯二甲酸酐	吨	30 761	30 065	2.31
油　　漆	吨	23 609	23 670	-0.26
建筑涂料	吨	3 536	3 890	-9.10
颜　　料	吨	27 098	25 122	7.87
染　　料	吨	1 022	663	54.15
塑料树脂及共聚物	吨	45 243	40 572	11.51
聚氯乙烯树脂	吨	153	124	23.39
聚丙烯树脂	吨	44 864	40 167	11.69
合成纤维单体	吨	678	469	44.56
合成纤维聚合物	吨	10 199	9 070	12.45
化学试剂	吨	632	163	287.73
催　化　剂	吨	2 329	2 374	-1.90
塑料助剂	吨	19 927	8 085	146.47
印染助剂	吨	401	454	-11.67
炭　　黑	吨	16 028	13 278	20.71
粘　合　剂	吨	3 169	2 716	16.68
炸　　药	吨	8 245	8 117	1.58
雷　　管	万支	10 070.6	7 943.9	26.77
饲料添加剂	吨	47 870	40 372	18.57
肥　　皂	吨	46 043	40 285	14.29
合成洗涤剂	吨	1 063	1 434	-25.87
香　　精	吨	421	464	-9.27
化学原料药	吨	96 507	78 967	22.21
中　成　药	吨	3 580	3 188	12.30
化学纤维	吨	7 428	8 394	-11.51
合成纤维	吨	7 428	8 394	-11.51
轮胎外胎	条	184 900	128 610	43.77
力车胎外胎	万条	35.0	41.0	-14.63
输　送　带	平方米	472 066.0	269 210.0	75.35
三　角　带	万标米	1 410.2	1 517.6	-7.08
橡胶胶管	万标米	49.9	50.5	-1.19
胶　　鞋	万双	3 322.0	3 399.0	-2.27
塑料制品	吨	95 289	85 112	11.96
塑料薄膜	吨	19 414	18 910	2.67
农用薄膜	吨	5 115	5 222	-2.05
塑料板片材	吨	1 678	1 116	50.36
塑料棒管材	吨	10 090	12 906	-21.82

10—1 续表 4

产　品　名　称	计量单位	2000 年	1999 年	同比增长(±%)
塑料丝及纺织制品	吨	28 521	22 070	29.23
泡沫塑料	吨	1 526	1 673	-8.79
塑料包装箱及容器	吨	245	325	-24.62
塑　料　鞋	吨	6 560	5 545	18.30
日用塑料制品	吨	19 830	18 137	9.33
其他塑料制品	吨	7 425	4 430	67.61
水　　泥	万吨	1 145.8	1 054.7	8.64
水泥排水管	吨	2 958	1 989	48.72
水泥压力管	吨	748	1 594	-53.07
水 泥 电 杆	吨	68 151	10 319	560.44
水泥预制构件	立方米	1 070 676	790 465	35.45
石棉水泥瓦	平方米	2 925	2 412	21.27
砖(折标准砖)	万块	431 017	416 386	3.51
大理石板材	平方米	628 201	509 417	23.32
花岗石板材	平方米	287 725	297 881	-3.41
加气混凝土	立方米	106 146	106 100	0.04
油 毡 油 纸	卷	1 152 816	1 208 873	-4.64
平 板 玻 璃	重量箱	4 804	2 474	94.18
日用玻璃制品	吨	87 491	76 656	14.13
釉　面　砖	万平方米	240	176.8	35.75
墙　地　砖	万平方米	3 953.8	2 917.3	35.53
卫 生 陶 瓷	吨	1 090	1 074	1.49
日 用 陶 瓷	万件	2 531.7	9 558.4	-73.51
石 棉 制 品	吨	49 200	41 000	20.00
耐火材料制品	吨	15 594	15 077	3.43
石墨及碳素制品	吨	59 371	45 495	30.50
磨　　具	吨	1 786	1 732	3.12
生　　铁	吨	1 077 957	953 946	13.00
钢	吨	1 036 733	950 328	9.09
普通碳素钢	吨	20 481	115 631	-82.29
普通低合金钢	吨	211 395	302 793	-30.18
合　金　钢	吨	105 503	56 730	85.97
其它优质钢	吨	699 354	475 174	47.18
成 品 钢 材	吨	844 992	677 017	24.81
普通大型钢材	吨	7 230	4 494	60.88
普通中型钢材	吨	2 939	9 749	-69.85
普通小型钢材	吨	146 731	210 452	-30.28
优质型钢材	吨	688 314	447 242	52.78
线　　材	吨	4 130	4 380	-5.71

10—1 续表 5

产　品　名　称	计量单位	2000 年	1999 年	同比增长(±%)
钢　　带	吨	648	700	-7.43
十种有色金属	吨	11 637	12 600	-7.64
铝	吨	11 637	12 600	-7.64
矿　产　铝	吨	11 637	12 600	-7.64
黄　　金	千克	346	323	7.12
铜加工材	吨	14 041	12 315	14.02
铜　盘　条	吨	1 492	946	57.72
铝　　材	吨	7 794	8 359	-6.76
金属结构制品	吨	4 786	6 187	-22.64
铸　铁　管	吨	42 842	30 335	41.23
金属切削工具	万件	147.0	77.3	90.17
模　　具	套	8 200	7 227	13.46
手工工具	万把	1 026.6	1 104.2	-7.03
钢　丝　网	吨	2 155	6 695	-67.81
钢　　丝	吨	1 326	2 630	-49.58
建筑用金属品	吨	29 387	27 845	5.54
搪瓷制品	吨	17 094	16 376	4.38
日用精铝制品	吨	3 833	2 850	34.49
焊　　条	吨	10 480	10 090	3.87
工业锅炉	蒸发量吨	505	677	-25.41
内　燃　机	万千瓦	51.0	70.0	-27.14
金属切削机床	台	113	90	25.56
锻压设备	吨	1 279	1 206	6.05
铸造机械	台	312	359	-13.09
输送机械	米	1 288	1 500	-14.13
泵	台	12 506	12 841	-2.61
风　　机	台	8 305	7 587	9.46
气体压缩机	台	2 286	2 218	3.07
减　速　机	台	4 958	4 833	2.59
制冷空调设备	台(套)	2 447	1 774	37.97
轴　　承	万套	1 688.5	2 053.9	-17.79
阀　　门	吨	6 386	4 640	37.63
液压元件	件	25 183	34 129	-26.21
密　封　件	万件	206.5	233.3	-11.49
粉沫冶金制品	吨	1 000	900	11.11
标准紧固件	吨	614	508	20.87
齿　　轮	吨	1 760	658	167.48
铸　　件	吨	246 132	227 124	8.37
锻　　件	吨	2 606	3 682	-29.22

10—1 续表 6

产　品　名　称	计量单位	2000 年	1999 年	同比增长(±%)
工矿配件	吨	2 366	2 327	1.68
化工设备	吨	2 776	2 807	-1.10
印　刷　机	吨	955	1 201	-20.48
水泥设备	吨	3 098	2 737	13.19
粮食加工机械	台	2 919	3 015	-3.18
棉纺织设备	吨	737	231	219.05
染整机械设备	吨	108	53	103.77
大中型拖拉机	台	189	213	-11.27
小型拖拉机	台	91 967	165 979	-44.59
收获机械	台	10 380	15 993	-35.10
水工机械	吨	214	424	-49.53
农业运输机械	辆	10 795	30 331	-64.41
大气污染防治设备	吨	279	242	15.29
机　　车	千瓦	4 796	5 031	-4.67
汽　　车	辆	15	29	-48.28
改装汽车	辆	1 232	1 129	9.12
摩　托　车	辆	65 263	46 757	39.58
交流电动机	千瓦	2 099 890	1 679 316	25.04
变　压　器	千伏安	360 670	227 000	58.89
电力电缆	公里	1 154	835	38.20
通讯电缆	公里	10 044	6 509	54.31
电　　线	公里	6 780	5 220	29.89
绝缘制品	吨	4 975	3 769	32.00
蓄　电　池	千伏安时	70 288	39 114	79.70
灯　　泡	万只	5.0	2.2	127.27
灯　　具	万只	211.4	220.6	-4.17
程控交换机	线	865 000	642 600	34.61
半导体分立器件	万只	6 379.8	578.7	1 002.4
电子元件	万只	37 465.6	39 877.4	-6.05
钟	只	62 000	54 900	12.93
表	只	549 061	221 284	148.13
工艺美术制造品	千元	233 043	188 652	23.53
眼　　镜	付	2 432 205	1 491 260	63.10
发　电　量	万千瓦小时	1 850 672.0	1 701 690.0	8.75
火　　电	万千瓦小时	1 841 716.8	1 694 540.6	8.69
水　　电	万千瓦小时	8 955.2	7 149.4	25.26
供　电　量	万千瓦小时	1 386 484.0	1 267 206.0	9.41
供　热　量	万百万千焦	2 782.4	2 410.0	15.45
煤　　气	万立方米	12 755.0	12 244.5	4.17
自来水生产量	万吨	20 529.0	20 866.7	-1.62

全市工业企业主要经济指标

10—2　　(2000 年)　　计量单位:千元

项目名称	企业单位数(个)	工业总产值	工业销售产值	工业中间投入	工业增加值
总计	1 362	78 142 591	75 484 194	56 682 737	24 565 159
一、按登记注册类型分组					
内资企业	1 277	74 224 435	71 749 497	53 954 227	23 252 560
国有企业	316	27 769 089	27 037 679	20 273 287	8 770 712
集体企业	559	19 366 299	18 027 199	13 899 332	5 887 312
股份合作企业	55	1 517 137	1 487 146	1 104 142	467 955
联营企业	14	693 495	655 450	542 469	177 930
有限责任公司	88	10 750 223	10 382 934	7 952 537	3 314 476
股份有限公司	76	8 606 747	9 007 889	6 438 750	2 760 343
私营企业	168	5 383 405	5 012 095	3 705 707	1 769 030
其他企业	1	138 040	139 105	38 003	104 802
港、澳、台商投资企业	44	2 276 637	2 130 634	1 573 636	772 200
外商投资企业	41	1 641 519	1 004 063	1 154 874	540 399
二、按经济组织类型分组					
独资企业	969	50 616 128	48 248 964	36 574 613	15 806 669
合作合伙企业	106	3 382 527	3 285 645	2 385 685	1 103 189
股份有限公司	89	9 207 356	9 586 026	6 851 477	2 955 170
有限责任公司	198	14 936 580	14 363 559	10 870 962	4 700 131
三、在总计中:亏损企业	119	8 988 920	8 812 193	7 360 279	1 803 277
在总计中:国有控股企业	391	41 543 586	40 881 631	30 324 709	13 405 158
在总计中:农村工业	602	23 130 592	21 580 108	16 505 311	7 077 811
在总计中:轻工业	638	36 384 055	35 292 040	26 250 717	11 388 634
以农产品为原料	473	24 801 329	23 975 647	17 902 099	7 644 855
以非农产品为原料	165	11 582 726	11 316 393	8 348 618	3 743 779
重工业	724	41 758 536	40 192 154	30 432 020	13 176 525
采掘工业	36	892 888	880 068	649 454	268 963
原料工业	276	24 638 031	23 859 970	18 126 251	7 770 347
加工工业	412	16 227 617	15 452 116	11 656 315	5 137 215
在总计中:特大型企业	5	8 933 126	8 744 762	6 127 008	3 396 669
大一型企业	19	17 409 383	17 557 006	13 121 638	5 300 306
大二型企业	55	7 424 463	7 465 459	5 437 570	2 327 090
中一型企业	56	3 882 757	3 964 831	2 926 886	1 131 336
中二型企业	72	4 413 452	4 080 706	3 342 479	1 257 241
小型企业	1 155	36 079 410	33 671 430	25 727 176	11 152 517

10—2 续表 1　　(2000 年)　　计量单位:千元

项目名称	企业单位数(个)	工业总产值	工业销售产值	工业中间投入	工业增加值
在总计中按工业行业分					
采掘业					
煤炭采选业	8	254 341	259 205	213 704	57 194
有色金属矿采选业	2	47 549	45 480	34 437	14 134
非金属矿采选业	14	201 215	194 978	140 617	62 651
制造业					
食品加工业	122	3 113 674	2 998 764	2 295 658	852 217
食品制造业	69	3 135 377	3 051 730	2 361 439	868 046
饮料制造业	25	767 841	753 878	508 536	298 850
烟草加工业	1	800 510	788 430	358 467	526 173
纺织业	96	5 576 622	5 808 743	4 500 947	1 323 819
服装及其他纤维制品制造业	27	1 128 161	1 149 898	789 142	352 821
皮革、毛皮、羽绒及其制品业	22	5 665 298	4 951 191	4 011 020	1 709 207
木材加工及竹、藤、棕、草制品业	26	1 244 219	1 205 976	914 566	342 166
家具制造业	16	570 560	540 570	394 199	187 215
造纸及纸制品业	49	1 260 116	1 230 746	862 864	430 449
印刷业	18	969 924	967 407	544 380	481 949
文教体育用品制造业	1	7 430	7 221	5 554	2 289
石油加工及炼焦业	14	7 333 491	7 109 744	6 133 855	1 345 857
化学原料及化学制品制造业	168	7 578 948	7 290 063	5 673 952	2 157 425
医药制造业	41	8 453 994	8 217 830	6 077 735	2 807 759
化学纤维制造业	7	653 429	635 499	495 868	180 014
橡胶制品业	15	421 531	393 741	310 374	120 064
塑料制品业	42	1 080 511	1 081 900	794 551	307 033
非金属矿物制品业	192	4 398 051	4 306 548	3 052 234	1 504 804
黑色金属冶炼及压延加工业	26	3 680 832	3 694 681	2 487 992	1 381 281
有色金属冶炼及压延加工业	17	806 944	782 902	825 553	4 700
金属制品业	56	1 310 568	1 268 553	882 276	462 429
普通机械制造业	81	2 834 466	2 385 144	1 996 723	951 093
专用设备制造业	61	2 038 240	2 138 279	1 616 136	470 016
交通运输设备制造业	29	1 774 941	1 748 237	1 182 121	647 059
电气机械及器材制造业	32	1 112 387	1 062 554	790 278	363 060
电子及通信设备制造业	17	2 663 187	2 560 900	1 904 250	931 000
仪器仪表及文化、办公用机械制造业	5	37 443	36 377	24 736	13 271
其他制造业	16	552 621	528 688	405 872	158 048
电力、煤气及水的生产和供应业					
电力、蒸汽、热水的生产和供应业	22	5 758 975	5 395 022	3 476 071	2 936 023
煤气生产和供应业	1	24 088	24 088	7 906	17 852
自来水的生产和供应业	9	223 548	221 572	117 473	118 524

10—2 续表 2　　(2000 年)　　计量单位:千元

项目名称	资产合计	流动资产			
			应收帐款	存货	其中产成品
总计	102 883 187	40 547 323	11 056 652	13 007 984	6 427 506
一、按登记注册类型分组					
内资企业	98 711 472	38 270 792	10 472 033	12 300 139	6 058 647
国有企业	56 943 451	20 141 969	5 667 494	5 397 715	2 359 033
集体企业	10 222 933	5 117 821	1 082 296	2 265 653	1 417 941
股份合作企业	1 091 109	438 520	101 576	185 773	105 289
联营企业	403 595	212 807	45 427	52 812	22 783
有限责任公司	17 266 457	7 614 242	2 450 740	2 537 203	1 185 404
股份有限公司	10 653 928	3 761 394	919 920	1 457 392	718 181
私营企业	2 002 377	924 322	178 368	378 826	242 111
其他企业	127 622	59 717	26 210	24 765	7 905
港、澳、台商投资企业	2 212 319	1 181 573	290 892	451 114	238 543
外商投资企业	1 959 396	1 094 958	293 727	256 731	130 316
二、按经济组织类型分组					
独资企业	68 348 401	25 856 702	6 856 046	7 927 904	3 946 058
合作合伙企业	2 130 281	960 905	258 856	335 707	184 697
股份有限公司	10 915 598	3 843 936	939 515	1 487 810	734 401
有限责任公司	21 488 907	9 885 780	3 002 235	3 256 563	1 562 350
三、在总计中:亏损企业	15 476 461	5 374 460	1 433 014	2 064 849	843 842
在总计中:国有控股企业	81 515 177	30 107 411	8 527 731	8 730 009	4 013 378
在总计中:农村工业	10 090 117	4 793 522	1 043 540	2 035 025	1 245 404
在总计中:轻工业	40 719 423	18 699 641	5 080 046	5 316 736	2 898 135
以农产品为原料	17 396 584	8 320 704	1 406 404	3 387 207	1 819 021
以非农产品为原料	23 322 839	10 378 937	3 673 642	1 929 529	1 079 114
重工业	62 163 764	21 847 682	5 976 606	7 691 248	3 529 371
采掘工业	1 278 600	572 606	219 529	210 387	117 596
原料工业	38 018 875	10 246 399	2 712 510	2 912 115	1 233 165
加工工业	22 866 289	11 028 677	3 044 567	4 568 746	2 178 610
在总计中:特大型企业	26 066 255	10 047 905	3 675 835	1 703 735	803 306
大一型企业	31 044 768	9 449 900	2 707 363	3 405 175	1 290 809
大二型企业	13 140 979	5 648 786	1 109 455	2 082 007	1 034 437
中一型企业	5 813 391	2 448 897	586 747	846 866	478 159
中二型企业	4 996 325	2 406 245	595 662	880 118	506 393
小型企业	21 821 469	10 545 590	2 381 590	4 090 083	2 314 402

10—2 续表 3　　(2000 年)　　计量单位:千元

项目名称	资产合计	流动资产			
			应收帐款	存货	其中产成品
在总计中按工业行业分					
采掘业					
煤炭采选业	1 060 332	504 065	204 602	183 189	111 162
有色金属矿采选业	108 337	19 779	—	3 954	650
非金属矿采选业	59 271	35 035	10 402	20 085	3 398
制造业					
食品加工业	1 602 965	733 847	132 457	262 032	169 746
食品制造业	1 585 901	634 307	125 500	216 518	73 724
饮料制造业	867 155	392 091	53 469	119 639	37 665
烟草加工业	841 880	301 600	15 070	93 660	42 810
纺织业	5 846 663	3 165 479	525 189	1 293 431	718 126
服装及其他纤维制品制造业	660 036	417 117	32 534	223 940	90 745
皮革、毛皮、羽绒及其制品业	1 755 029	904 945	108 744	534 829	342 464
木材加工及竹、藤、棕、草制品业	406 508	162 194	18 110	90 891	48 990
家具制造业	313 687	129 456	20 853	44 840	26 507
造纸及纸制品业	1 180 449	515 699	112 261	225 216	151 376
印刷业	1 272 713	476 816	106 672	177 964	64 429
文教体育用品制造业	4 480	1 550	435	115	60
石油加工及炼焦业	9 450 972	2 612 346	752 826	921 412	233 150
化学原料及化学制品制造业	8 656 964	3 768 769	983 216	1 304 681	777 880
医药制造业	19 493 661	8 465 884	3 298 564	1 410 808	787 908
化学纤维制造业	744 730	305 142	59 444	107 764	26 294
橡胶制品业	412 352	270 546	69 547	65 356	56 440
塑料制品业	1 150 386	580 199	148 564	232 534	146 856
非金属矿物制品业	4 338 407	1 651 768	444 466	570 488	334 210
黑色金属冶炼及压延加工业	4 363 973	1 485 008	410 362	591 608	292 939
有色金属冶炼及压延加工业	949 562	396 867	110 141	122 635	85 023
金属制品业	1 079 656	563 614	136 603	253 741	162 739
普通机械制造业	4 412 736	2 534 354	751 999	1 273 487	696 374
专用设备制造业	4 239 078	2 202 760	574 609	931 895	340 793
交通运输设备制造业	1 619 276	788 199	122 383	328 205	119 198
电气机械及器材制造业	1 131 499	677 232	198 591	271 255	179 883
电子及通信设备制造业	3 911 369	1 763 006	683 276	672 921	217 368
仪器仪表及文化、办公用机械制造业	100 451	65 766	17 732	26 137	10 615
其他制造业	294 279	168 813	32 548	66 205	36 500
电力、煤气及水的生产和供应业					
电力、蒸汽、热水的生产和供应业	16 855 039	3 049 883	729 978	263 149	20 502
煤气生产和供应业	169 777	69 429	—	4 935	—
自来水的生产和供应业	1 342 937	455 927	35 957	3 360	—

10—2 续表 4　　　　(2000 年)　　　　计量单位:千元

项目名称	流动资产年平均余额	长期投资	固定资产小计	固定资产原价	
					生产经营用
总计	40 541 354	5 459 981	51 753 332	66 864 755	56 761 981
一、按登记注册类型分组					
内资企业	38 361 167	5 426 125	50 132 198	64 764 201	54 986 210
国有企业	20 745 266	4 429 133	29 306 256	37 560 799	32 185 727
集体企业	5 014 080	229 908	4 505 733	5 942 229	5 091 982
股份合作企业	421 817	11 346	446 320	625 756	567 046
联营企业	217 869	3 850	184 113	188 566	158 478
有限责任公司	7 567 204	531 030	8 445 065	10 196 194	7 281 634
股份有限公司	3 502 346	195 585	6 332 054	9 175 689	8 796 937
私营企业	833 831	25 273	844 752	990 721	822 185
其他企业	58 754	—	67 905	84 247	82 676
港、澳、台商投资企业	1 233 720	26 844	865 898	1 125 078	862 332
外商投资企业	946 467	7 012	755 236	975 476	913 439
二、按经济组织类型分组					
独资企业	26 278 984	4 660 786	34 333 006	44 135 007	37 813 537
合作、合伙企业	920 737	27 000	920 000	1 213 843	1 096 923
股份有限公司	3 590 879	197 655	6 479 080	9 340 232	8 945 071
有限责任公司	9 750 754	574 540	10 021 246	12 175 673	8 906 450
三、在总计中:亏损企业	4 938 093	785 429	8 914 809	11 346 093	8 999 789
在总计中:国有控股企业	30 573 889	5 005 985	42 537 556	55 202 486	46 895 050
在总计中:农村工业	4 493 225	189 601	4 701 423	5 829 485	4 988 484
在总计中:轻工业	18 639 999	3 040 738	15 780 208	20 982 187	17 697 998
以农产品为原料	8 108 788	503 636	7 625 073	10 293 842	8 618 797
以非农产品为原料	10 531 211	2 537 102	8 155 135	10 688 345	9 079 201
重工业	21 901 355	2 419 243	35 973 124	45 882 568	39 063 983
采掘工业	532 247	6 856	691 778	705 055	498 466
原料工业	9 895 632	844 940	26 138 913	33 511 740	29 434 397
加工工业	11 473 476	1 567 447	9 142 433	11 665 773	9 131 120
在总计中:特大型企业	11 039 300	3 334 083	10 528 469	13 196 823	11 889 297
大一型企业	8 837 498	1 042 498	19 680 976	26 026 043	22 316 959
大二型企业	5 694 107	507 933	6 621 853	8 743 180	7 018 095
中一型企业	2 432 349	160 456	3 045 019	4 090 091	3 261 741
中二型企业	2 332 180	107 773	2 264 540	3 029 286	2 458 410
小型企业	10 205 920	307 238	9 612 475	11 779 332	9 817 479

10—2续表5　　(2000年)　　计量单位:千元

项目名称	流动资产年平均余额	长期投资	固定资产小计	固定资产原价	生产经营用
在总计中按工业行业分					
采掘业					
煤炭采选业	480 558	5 932	545 688	540 975	370 727
黑色金属矿采选业	13 591	—	36 881	42 613	40 434
有色金属矿采选业	16 909	420	86 171	90 648	60 390
非金属矿采选业	21 189	504	23 038	30 819	26 915
制造业					
食品加工业	732 703	25 675	753 808	845 580	673 671
食品制造业	610 285	40 876	791 763	923 253	745 556
饮料制造业	388 476	6 533	406 989	658 706	586 060
烟草加工业	540 284	161 210	378 431	474 544	452 280
纺织业	2 882 356	169 914	2 197 174	3 545 779	3 156 448
服装及其他纤维制品制造业	406 384	18 094	217 228	355 488	294 864
皮革、毛皮、羽绒及其制品业	817 155	9 748	741 216	878 733	766 152
木材加工及竹、藤、棕、草制品业	148 434	9 165	192 973	233 635	190 604
家具制造业	121 937	4 070	179 259	164 371	123 234
造纸及纸制品业	522 305	4 232	580 408	689 644	581 629
印刷业	450 983	1 616	782 178	1 165 835	704 181
文教体育用品制造业	1 550	—	2 605	2 790	2 100
石油加工及炼焦业	2 074 946	654 686	6 008 050	7 525 454	6 044 868
化学原料及化学制品制造业	3 590 596	173 342	4 058 337	4 980 550	4 237 991
医药制造业	8 764 085	2 506 785	6 317 164	8 179 834	6 860 964
化学纤维制造业	255 214	29 234	380 027	406 079	353 760
橡胶制品业	269 340	13 348	124 193	175 637	122 815
塑料制品业	518 973	28 434	506 197	683 141	518 191
非金属矿物制品业	1 563 850	59 465	2 391 260	2 982 953	2 577 046
黑色金属冶炼及压延加工业	1 368 224	53 126	2 715 813	3 155 529	2 277 137
有色金属冶炼及压延加工业	422 962	10 213	512 102	521 810	473 986
金属制品业	735 950	19 618	458 010	633 082	484 452
普通机械制造业	2 501 557	111 826	1 646 705	2 234 481	1 605 517
专用设备制造业	2 358 663	224 411	1 682 410	2 129 162	1 406 385
交通运输设备制造业	849 958	53 403	746 275	989 593	687 659
电气机械及器材制造业	616 769	50 097	338 922	488 977	442 692
电子及通信设备制造业	2 036 296	916 170	1 099 878	1 503 614	1 350 641
仪器仪表及文化、办公用机械制造业	64 485	8 969	24 894	72 227	52 930
其他制造业	166 583	3 092	110 390	149 697	139 509
电力、煤气及水的生产和供应业					
电力、蒸汽、热水的生产和供应业	3 457 270	59 981	13 502 313	17 877 974	17 067 683
煤气生产和供应业	54 079	—	100 294	141 857	76 856
自来水的生产和供应业	463 693	30	854 904	1 042 648	993 811

10—2 续表 6　　　　(2000 年)　　　　计量单位:千元

项目名称	累计折旧	本年折旧	固定资产净值	固定资产净值年平均余额	无形及递延资产
总计	20 119 882	3 212 744	46 744 873	45 638 196	2 880 825
一、按登记注册类型分组					
内资企业	19 559 058	3 120 094	45 205 143	44 088 589	2 786 282
国有企业	10 810 353	1 731 438	26 750 446	25 435 457	1 429 026
集体企业	1 727 155	276 417	4 215 074	4 350 722	156 241
股份合作企业	197 544	106 246	428 212	430 664	144 749
联营企业	56 096	11 315	132 470	126 958	2 487
有限责任公司	3 279 123	443 399	6 917 071	6 868 266	632 622
股份有限公司	3 302 038	510 672	5 873 651	5 986 812	360 660
私营企业	166 950	33 852	823 771	821 645	60 497
其他企业	19 799	6 755	64 448	68 065	—
港、澳、台商投资企业	313 149	48 487	811 929	818 074	27 519
外商投资企业	247 675	44 163	727 801	731 533	67 024
二、按经济组织类型分组					
独资企业	12 657 573	2 030 141	31 477 434	30 319 948	1 592 757
合作、合伙企业	376 579	143 920	837 264	849 029	157 036
股份有限公司	3 321 846	514 686	6 018 386	6 130 684	361 789
有限责任公司	3 763 884	523 997	8 411 789	8 338 535	769 243
三、在总计中:亏损企业	3 202 988	512 163	8 143 105	7 695 845	369 430
在总计中:国有控股企业	16 688 536	2 600 897	38 513 950	37 131 996	2 119 261
在总计中:农村工业	1 451 883	280 295	4 377 602	4 442 212	96 883
在总计中:轻工业	6 681 078	960 402	14 301 109	14 507 765	1 184 032
以农产品为原料	3 537 378	489 966	6 756 464	6 875 158	586 617
以非农产品为原料	3 143 700	470 436	7 544 645	7 632 607	597 415
重工业	13 438 804	2 252 342	32 443 764	31 130 431	1 696 793
采掘工业	190 115	14 052	514 940	536 248	5 942
原料工业	9 590 994	1 834 842	23 920 746	22 495 828	717 832
加工工业	3 657 695	403 448	8 008 078	8 098 355	973 019
在总计中:特大型企业	3 746 946	586 958	9 449 877	8 777 535	627 161
大一型企业	7 874 496	1 450 272	18 151 547	17 508 411	829 922
大二型企业	2 836 213	373 200	5 906 967	5 839 643	335 239
中一型企业	1 358 439	151 578	2 731 652	2 619 436	129 133
中二型企业	1 235 280	120 802	1 794 006	2 012 190	201 499
小型企业	3 068 508	529 934	8 710 824	8 880 981	757 871

10—2 续表 7　　（2000 年）　　计量单位：千元

项目名称	累计折旧	本年折旧	固定资产净值	固定资产净值年平均余额	无形及递延资产
在总计中按工业行业分					
采掘业					
煤炭采选业	164 198	9 153	376 777	400 627	4 622
黑色金属矿采选业	6 338	1 800	36 275	32 408	29
有色金属矿采选业	11 798	2 129	78 850	79 861	891
非金属矿采选业	7 781	970	23 038	23 352	400
制造业					
食品加工业	209 209	30 924	636 371	633 482	39 992
食品制造业	194 792	35 651	728 461	702 799	62 574
饮料制造业	229 709	37 507	428 997	459 496	53 463
烟草加工业	128 688	28 849	345 856	298 698	639
纺织业	1 482 458	198 644	2 063 321	2 088 068	237 067
服装及其他纤维制品制造业	157 838	14 300	197 650	181 480	2 618
皮革、毛皮、羽绒及其制品业	142 326	20 789	736 407	717 781	18 199
木材加工及竹、藤、棕、草制品业	52 023	12 106	181 612	155 968	25 741
家具制造业	32 360	6 745	132 011	135 936	235
造纸及纸制品业	147 106	22 753	542 538	543 504	50 511
印刷业	433 284	76 199	732 551	694 317	3 713
文教体育用品制造业	185	70	2 605	2 605	—
石油加工及炼焦业	1 974 674	395 575	5 550 780	5 018 142	171 548
化学原料及化学制品制造业	1 582 833	228 549	3 397 717	3 243 862	614 274
医药制造业	2 601 971	366 557	5 577 863	5 837 688	560 438
化学纤维制造业	158 523	9 087	247 556	260 299	30 235
橡胶制品业	69 458	4 403	106 179	108 159	1 788
塑料制品业	194 483	12 910	488 658	482 773	15 682
非金属矿物制品业	754 183	127 869	2 228 770	2 232 442	182 385
黑色金属冶炼及压延加工业	860 666	142 491	2 294 863	2 273 719	84 228
有色金属冶炼及压延加工业	142 267	19 572	379 543	354 370	28 760
金属制品业	207 920	30 857	425 162	484 917	17 882
普通机械制造业	769 110	73 719	1 465 371	1 480 864	71 783
专用设备制造业	750 977	51 753	1 378 185	1 506 030	118 555
交通运输设备制造业	287 080	30 210	702 513	708 539	14 882
电气机械及器材制造业	163 690	14019	325 287	301 373	50 981
电子及通信设备制造业	459 595	65 088	1 044 019	1 113 249	130 741
仪器仪表及文化、办公用机械制造业	47 742	857	24 485	27 872	396
其他制造业	42 882	8 220	106 185	104 319	11 954
电力、煤气及水的生产和供应业					
电力、蒸汽、热水的生产和供应业	5 268 850	1 074 574	12 609 124	11 779 007	241 688
煤气生产和供应业	43 651	4 373	98 206	129 168	—
自来水的生产和供应业	248 559	42 661	794 089	791 671	31 892

10—2 续表 8　　(2000 年)　　计量单位:千元

项　目　名　称	负债合计	流动负债	长期负债	所有者权益合　计	实收资本
总　　计	**65 387 974**	**43 911 160**	**19 891 366**	**37 495 213**	**21 381 037**
一、按登记注册类型分组					
内 资 企 业	62 586 313	41 583 009	19 430 640	36 125 159	20 023 147
国 有 企 业	37 548 206	21 544 350	14 666 817	19 395 245	11 810 204
集 体 企 业	6 107 711	4 910 041	1 088 159	4 121 222	2 891 582
股份合作企业	657 374	523 308	124 565	433 735	305 348
联 营 企 业	250 909	182 027	5 882	152 686	122 868
有限责任公司	11 855 279	9 168 973	2 673 290	5 411 178	2 863 520
股份有限公司	4 993 821	4 361 149	629 040	5 660 107	1 403 036
私 营 企 业	1 098 517	812 665	242 887	903 860	567 566
其 他 企 业	80 496	80 496	—	47 126	59 023
港、澳、台商投资企业	1 598 367	1 336 631	249 407	613 952	622 410
外商投资企业	1 203 294	991 520	211 319	756 102	735 480
二、按经济组织类型分组					
独　资　企　业	44 318 349	26 966 391	15 884 165	24 030 052	15 028 536
合作、合伙企业	1 249 527	1 018 772	157 454	880 754	714 245
股份有限公司	5 150 984	4 472 907	670 415	5 764 614	1 471 218
有限责任公司	14 669 114	11 453 090	3 179 332	6 819 793	4 167 038
三、在总计中:亏 损 企 业	10 088 945	6 664 625	3 399 394	5 387 516	4 875 375
在总计中:国有控股企业	52 438 214	33 440 574	17 647 104	29 076 963	15 540 924
在总计中:农 村 工 业	5 657 858	4 519 286	989 882	4 432 259	3 009 112
在总计中:轻　工　业	25 070 721	18 536 266	5 288 567	15 648 702	8 565 640
以农产品为原料	10 583 608	8 569 912	1 782 089	6 812 976	4 367 610
以非农产品为原料	14 487 113	9 966 354	3 506 478	8 835 726	4 198 030
重　工　业	40 317 253	25 374 894	14 602 799	21 846 511	12 815 397
采 掘 工 业	976 242	636 056	315 130	302 358	275 633
原 料 工 业	23 607 699	13 077 286	10 520 355	14 411 176	7 677 868
加 工 工 业	15 733 312	11 661 552	3 767 314	7 132 977	4 861 891
在总计中:特大型企业	16 188 132	9 772 455	5 478 186	9 878 123	3 909 730
大一型企业	18 689 389	11 145 073	7 421 315	12 355 379	6 538 519
大二型企业	8 522 146	6 439 013	2 080 432	4 618 833	3 247 079
中一型企业	4 308 818	2 775 793	1 285 430	1 504 573	1 005 836
中二型企业	3 790 683	2 947 655	839 865	1 205 642	831 018
小 型 企 业	13 888 806	10 831 171	2 786 138	7 932 663	5 848 855

10—2 续表 9　　(2000 年)　　计量单位:千元

项　目　名　称	负债合计			所有者权益合计	
		流动负债	长期负债		实收资本
在总计中按工业行业分					
采　掘　业					
煤炭采选业	836 542	563 355	248 786	223 790	184 066
黑色金属矿采选业	32 280	18 456	13 169	18 380	15 383
有色金属矿采选业	83 459	38 540	44 919	24 878	59 250
非金属矿采选业	23 961	15 705	8 256	35 310	16 939
制　造　业					
食品加工业	1 231 047	983 455	232 866	371 918	381 821
食品制造业	829 622	663 732	150 176	756 279	413 806
饮料制造业	718 028	595 777	117 724	149 127	144 139
烟草加工业	541 900	418 360	123 540	299 980	175 402
纺　织　业	3 425 606	2 913 869	375 434	2 421 057	1 307 483
服装及其他纤维制品制造业	477 415	434 540	39 720	182 621	172 648
皮革、毛皮、羽绒及其制品业	892 775	693 662	143 639	862 254	552 797
木材加工及竹、藤、棕、草制品业	232 554	189 881	41 846	173 954	94 770
家具制造业	176 067	128 641	47 426	137 620	129 926
造纸及纸制品业	769 616	553 560	214 836	410 833	295 541
印　刷　业	567 323	404 947	162 375	705 390	521 812
文教体育用品制造业	3 030	2 524	134 876	1 450	473
石油加工及炼焦业	5 595 011	3 260 610	2 334 401	3 855 961	2 891 782
化学原料及化学制品制造业	5 826 061	4 162 582	1 527 858	2 830 903	1 409 449
医药制造业	12 421 934	8 358 342	3 062 252	7 071 727	2 690 765
化学纤维制造业	400 624	327 979	62 636	344 106	233 493
橡胶制品业	347 208	330 134	17 035	65 144	69 645
塑料制品业	820 892	637 519	182 243	329 494	271 783
非金属矿物制品业	2 943 693	2 100 790	830 557	1 394 714	922 768
黑色金属冶炼及压延加工业	2 815 111	1 865 334	949 218	1 548 862	527 486
有色金属冶炼及压延加工业	762 001	549 775	212 226	187 561	132 463
金属制品业	608 164	535 811	69 145	471 492	286 803
普通机械制造业	3 042 350	2 524 319	503 882	1 370 386	909 599
专用设备制造业	2 758 069	2 321 359	429 329	1 481 009	1 037 756
交通运输设备制造业	1 001 224	900 417	100 806	618 052	472 311
电气机械及器材制造业	709 573	652 960	50 192	421 926	294 944
电子及通信设备制造业	3 147 411	1 998 711	1 148 700	763 958	781 058
仪器仪表及文化、办公用机械制造业	86 017	85 122	440	14 434	15 377
其他制造业	178 982	158 589	20 328	115 297	68 263
电力、煤气及水的生产和供应业					
电力、蒸汽、热水的生产和供应业	10 059 685	4 113 261	5 946 423	6 795 354	2 897 743
煤气生产和供应业	76 428	76 477	-49	93 349	76 477
自来水的生产和供应业	473 507	170 735	302 772	869 430	822 007

10—2 续表 10

(2000 年)

计量单位:千元

项目名称	所有者权益(续) 实收资本中:国家	集体	产品销售收入	产品销售成本	产品销售费用
总计	11 527 915	2 396 981	74 470 780	60 817 933	2 539 953
一、按登记注册类型分组					
内资企业	11 136 770	2 332 012	70 973 834	58 037 882	2 388 990
国有企业	8 985 679	7 633	26 987 008	22 251 152	508 155
集体企业	69 219	1 908 805	17 801 268	14 531 453	856 629
股份合作企业	5	69 592	1 413 182	1 148 681	62 913
联营企业	5 989	41 699	652 768	546 677	33 234
有限责任公司	1 550 202	124 972	10 534 386	8 507 119	473 421
股份有限公司	519 560	106 886	8 456 613	6 696 064	297 086
私营企业	6 116	72 425	4 989 504	4 231 457	154 667
其他企业	—	—	139 105	125 279	2 885
港、澳、台商投资企业	232 454	54 121	2 021 352	1 586 414	82 926
外商投资企业	158 691	10 848	1 475 594	1 193 637	68 037
二、按经济组织类型分组					
独资企业	9 059 698	1 948 140	47 972 573	39 481 565	1 468 112
合作、合伙企业	43 194	119 638	3 196 745	2 673 506	19 708
股份有限公司	533 105	133 936	9 009 532	7 155 316	315 591
有限责任公司	1 891 918	195 267	14 291 930	11 507 546	636 542
三、在总计中:亏损企业	2 756 124	104 735	8 883 891	8 171 903	119 465
在总计中:国有控股企业	11 262 529	94 688	41 272 699	33 581 411	949 905
在总计中:农村工业	63 674	1 616 932	21 463 787	17 510 308	1 004 238
在总计中:轻工业	3 951 592	1 306 416	34 420 383	27 735 227	1 354 799
以农产品为原料	1 880 990	900 351	22 555 064	18 344 509	847 094
以非农产品为原料	2 070 602	406 065	11 865 319	9 390 718	507 705
重工业	7 576 323	1 090 565	40 050 397	33 082 706	1 185 154
采掘工业	222 043	39 523	774 928	629 246	51 107
原料工业	4 700 286	452 669	25 000 570	21 263 286	456 340
加工工业	2 653 994	598 373	14 274 899	11 190 174	677 707
在总计中:特大型企业	2 581 675	75 097	10 803 683	8 480 696	318 482
大一型企业	4 525 475	—	17 629 951	14 571 518	260 150
大二型企业	2 497 544	235 337	7 029 890	5 654 737	223 816
中一型企业	496 662	184 922	3 285 082	2 696 770	120 842
中二型企业	357 675	142 635	3 819 083	3 139 440	193 870
小型企业	1 068 884	1 758 990	31 903 091	26 274 772	1 422 793

10—2 续表 11　　　　（2000 年）　　　　计量单位：千元

项目名称	所有者权益（续） 实收资本中：国家	集体	产品销售收入	产品销售成本	产品销售费用
在总计中按工业行业分					
采　掘　业					
煤炭采选业	166 073	17 993	228 978	194 782	16 443
黑色金属矿采选业	200	12 718	320 503	254 776	20 485
有色金属矿采选业	55 450	3 800	41 072	29 723	1 430
非金属矿采选业	320	5 012	184 375	149 965	12 749
制　造　业					
食品加工业	181 461	69 764	2 643 179	2 338 705	92 702
食品制造业	112 615	67 915	2 886 196	2 405 314	165 548
饮料制造业	32 005	14 917	639 397	432 555	60 656
烟草加工业	175 402	—	827 132	392 753	123
纺　织　业	657 893	169 945	5 521 544	4 654 152	89 433
服装及其他纤维制品制造业	88 929	76 871	1 035 619	874 905	40 494
皮革、毛皮、羽绒及其制品业	166 587	152 449	5 082 375	4 100 062	218 450
木材加工及竹、藤、棕、草制品业	12 762	10 829	1 168 651	1 027 467	22 609
家具制造业	4 926	66 838	487 204	421 461	12 268
造纸及纸制品业	23 184	235 594	1 063 095	874 976	35 530
印　刷　业	390 235	32 706	989 214	765 698	16 483
文教体育用品制造业	—	473	7 445	5 960	260
石油加工及炼焦业	1 382 677	17 472	7 364 873	6 735 303	73 912
化学原料及化学制品制造业	641 278	240 211	6 582 358	5 398 333	216 959
医药制造业	957 315	187 741	9 037 055	7 097 183	403 666
化学纤维制造业	154 430	8 743	495 175	439 573	5 097
橡胶制品业	34 843	16 908	384 686	311 509	28 458
塑料制品业	85 342	44 038	959 587	803 916	29 404
非金属矿物制品业	213 482	308 527	3 761 047	2 973 176	231 589
黑色金属冶炼及压延加工业	377 145	73 900	3 281 567	2 652 262	142 513
有色金属冶炼及压延加工业	46 115	48 233	739 415	607 759	36 658
金属制品业	14 612	134 570	1 142 213	947 717	48 135
普通机械制造业	479 883	224 054	2 502 349	1 986 182	114 327
专用设备制造业	803 599	67 451	1 638 782	1 354 905	61 456
交通运输设备制造业	156 981	23 872	1 666 538	1 322 779	61 621
电气机械及器材制造业	64 923	18 237	878 070	692 837	55 509
电子及通信设备制造业	645 058	6 500	2 538 804	1 778 156	116 607
仪器仪表及文化、办公用机械制造业	11 252	54	36 712	24 734	6 869
其他制造业	10 793	34 388	461 829	317 689	64 012
电力、煤气及水的生产和供应业					
电力、蒸汽、热水的生产和供应业	2 481 661	3 988	7 353 738	6 028 379	10 876
煤气生产和供应业	76 477	—	67 902	71 726	4 245
自来水的生产和供应业	822 007	—	188 517	148 630	18 142

10—2 续表 12　　　　(2000 年)　　　　计量单位:千元

项目名称	产品销售收入(续)		其他业务利润	管理费用	
	产品销售税金及附加	产品销售利润			税金
总计	1 109 560	10 003 334	439 560	3 934 318	136 774
一、按登记注册类型分组					
内资企业	1 104 714	9 442 248	428 067	3 769 536	133 817
国有企业	777 255	3 450 446	225 359	1 951 758	52 392
集体企业	136 554	2 276 632	71 724	447 901	24 900
股份合作企业	18 092	183 496	3 399	41 726	3 154
联营企业	4 831	68 026	804	14 911	2 484
有限责任公司	91 975	1 461 871	72 965	773 875	28 144
股份有限公司	36 240	1 427 223	44 492	471 001	13 196
私营企业	39 767	563 613	9 017	65 157	9 547
其他企业	—	10 941	307	3 207	—
港、澳、台商投资企业	1 594	350 418	7 781	75 089	1 809
外商投资企业	3 252	210 668	3 712	89 693	1 145
二、按经济组织类型分组					
独资企业	939 146	6 083 750	303 446	2 438 380	82 184
合作、合伙企业	29 764	373 767	5 720	82 686	9 656
股份有限公司	40 057	1 498 568	45 622	481 200	13 336
有限责任公司	100 593	2 047 249	84 772	932 052	31 598
三、在总计中:亏损企业	366 866	225 657	31 353	579 469	11 397
在总计中:国有控股企业	857 740	5 883 643	306 141	2 972 063	82 717
在总计中:农村工业	153 106	2 796 135	52 981	384 835	27 458
在总计中:轻工业	558 120	4 772 237	196 227	1 679 392	66 760
以农产品为原料	503 425	2 860 036	162 729	961 907	43 053
以非农产品为原料	54 695	1 912 201	33 498	717 485	23 707
重工业	551 440	5 231 097	243 333	2 254 926	70 014
采掘工业	5 354	90 221	4 045	91 151	5 254
原料工业	460 810	2 820 134	71 654	969 094	30 168
加工工业	86 276	2 320 742	167 634	1 194 681	34 592
在总计中:特大型企业	32 807	1 971 698	39 031	745 164	20 335
大一型企业	410 920	2 387 363	72 235	1 148 922	25 642
大二型企业	369 066	782 271	129 479	678 134	24 398
中一型企业	43 012	424 458	52 828	296 434	11 471
中二型企业	34 338	451 435	40 133	211 983	6 812
小型企业	219 417	3 986 109	105 854	853 681	48 116

10—2 续表 13　　(2000 年)　　计量单位:千元

项　目　名　称	产品销售收入(续)		其他业务利　润	管理费用	税　金
	产品销售税金及附加	产品销售利　润			
在总计中按工业行业分					
采　掘　业					
煤炭采选业	1 866	15 887	4 009	72 532	3 492
黑色金属矿采选业	678	44 564	128	9 188	1 058
有色金属矿采选业	322	9 597	-109	4 526	60
非金属矿采选业	1 488	20 173	17	4 905	644
制　造　业					
食品加工业	13 817	197 955	15 544	70 914	7 064
食品制造业	16 162	299 172	42 385	83 184	3 559
饮料制造业	52 512	93 674	-325	45 143	1 482
烟草加工业	335 877	98 379	43 205	54 060	6 076
纺　织　业	30 033	747 926	39 767	332 292	12 739
服装及其他纤维制品制造业	3 243	116 977	1 336	53 785	654
皮革、毛皮、羽绒及其制品业	26 682	737 181	1 154	96 376	828
木材加工及竹、藤、棕、草制品业	5 190	113 385	259	10 968	2 790
家具制造业	4 364	49 111	5 041	13 904	3 448
造纸及纸制品业	6 782	145 807	4 341	32 987	1 751
印　刷　业	4 846	202 187	6 249	117 248	3 106
文教体育用品制造业	77	1 148	—	220	—
石油加工及炼焦业	354 586	201 072	6 281	334 590	2 533
化学原料及化学制品制造业	37 226	930 204	29 145	427 706	13 869
医药制造业	28 348	1 507 858	21 967	549 860	16 647
化学纤维制造业	2 194	48 311	584	35 163	1 728
橡胶制品业	7 975	36 744	2 429	14 792	402
塑料制品业	1 835	124 432	3 358	36 473	3 041
非金属矿物制品业	50 256	506 206	20 186	155 619	8 071
黑色金属冶炼及压延加工业	22 348	464 444	22 171	186 795	8 301
有色金属冶炼及压延加工业	5 085	89 913	5 270	28 274	819
金属制品业	11 612	134 749	3 826	32 310	3 181
普通机械制造业	15 314	386 526	46 524	220 244	7 248
专用设备制造业	5 133	217 288	34 639	172 303	9 835
交通运输设备制造业	9 755	272 383	25 977	137 472	1 406
电气机械及器材制造业	4 942	124 782	10 092	68 141	981
电子及通信设备制造业	3 341	640 700	11 697	268 644	3 827
仪器仪表及文化、办公用机械制造业	684	4 425	693	1 927	314
其他制造业	5 147	74 981	6 737	24 900	570
电力、煤气及水的生产和供应业					
电力、蒸汽、热水的生产和供应业	38 260	1 276 223	20 747	128 755	4 388
煤气生产和供应业	126	-8 195	754	14 853	—
自来水的生产和供应业	1 236	20 509	3 688	37 467	739

10—2 续表 14　　　　(2000 年)　　　　计量单位:千元

项目名称	管理费用(续) 财产保险费	劳动待业保险费	财务费用	利息支出	营业利润
总计	52 632	504 705	2 120 533	1 932 108	4 360 942
一、按登记注册类型分组					
内资企业	50 832	502 513	2 026 580	1 876 612	4 047 098
国有企业	19 645	280 408	1 141 967	1 054 501	554 979
集体企业	8 011	14 165	268 266	232 556	1 632 189
股份合作企业	437	7 721	25 013	22 061	120 156
联营企业	321	1 336	6 695	5 508	47 224
有限责任公司	12 113	114 737	315 019	315 287	445 942
股份有限公司	9 333	83 156	211 892	204 091	788 822
私营企业	972	990	49 022	33 909	458 451
其他企业	—	—	8 706	8 699	- 665
港、澳、台商投资企业	871	1 763	44 182	26 111	238 928
外商投资企业	929	429	49 771	29 385	74 916
二、按经济组织类型分组					
独资企业	28 263	295 198	1 431 627	1 303 448	2 490 088
合作、合伙企业	852	10 152	46 505	41 643	250 296
股份有限公司	9 407	83 168	232 518	212 810	830 472
有限责任公司	14 110	116 187	409 888	374 207	790 086
三、在总计中:亏损企业	5 706	57 665	324 440	274 890	- 674 000
在总计中:国有控股企业	36 214	462 328	1 636 267	1 531 258	1 554 353
在总计中:农村工业	7 293	4 961	303 725	243 459	2 160 556
在总计中:轻工业	23 020	282 821	683 798	604 946	2 605 274
以农产品为原料	16 632	145 807	344 359	296 443	1 716 499
以非农产品为原料	6 388	137 014	339 439	308 503	888 775
重工业	29 612	221 884	1 436 735	1 327 162	1 755 668
采掘工业	667	1 479	18 632	16 226	- 15 517
原料工业	18 630	71 672	948 366	876 247	947 227
加工工业	10 315	148 733	469 737	434 689	823 958
在总计中:特大型企业	7 790	145 877	480 948	445 899	784 617
大一型企业	15 213	180 712	751 732	719 244	531 843
大二型企业	9 220	105 203	188 417	187 982	45 199
中一型企业	3 455	27 971	111 057	106 220	69 795
中二型企业	6 478	15 995	103 524	87 047	176 061
小型企业	10 476	28 947	484 855	385 716	2 753 427

10—2 续表 15　　(2000 年)　　计量单位:千元

项目名称	管理费用(续)		财务费用		营业利润
	财产保险费	劳动待业保险费		利息支出	
在总计中按工业行业分					
采掘业					
煤炭采选业	510	1 364	7 515	7 364	-60 151
黑色金属矿采选业	20	15	7 368	6 896	28 136
有色金属矿采选业	—	—	1 650	230	3 312
非金属矿采选业	137	100	2 099	1 736	13 186
制造业					
食品加工业	523	2 899	34 925	29 993	107 660
食品制造业	780	3 081	41 951	34 333	216 422
饮料制造业	695	3 546	19 698	14 920	28 508
烟草加工业	1 757	10 279	882	882	86 642
纺织业	5 264	87 942	80 279	76 640	375 122
服装及其他纤维制品制造业	208	11 978	9 562	7 562	54 966
皮革、毛皮、羽绒及其制品业	161	4 005	70 513	57 175	571 446
木材加工及竹、藤、棕、草制品业	271	171	9 875	8 914	92 801
家具制造业	255	826	7 036	5 361	33 212
造纸及纸制品业	1 359	225	26 678	24 183	90 483
印刷业	1 915	13 178	16 206	15 041	74 982
文教体育用品制造业	—	—	166	156	762
石油加工及炼焦业	4 230	17 624	235 093	201 197	-389 431
化学原料及化学制品制造业	8 302	55 688	176 141	161 466	355 502
医药制造业	6 841	127 165	293 370	269 810	686 595
化学纤维制造业	439	7 694	8 473	8 244	5 259
橡胶制品业	949	2 194	5 629	4 355	18 752
塑料制品业	217	2 144	20 950	18 121	70 367
非金属矿物制品业	1 980	12 515	92 431	71 484	278 162
黑色金属冶炼及压延加工业	4 555	5 307	80 431	79 980	219 389
有色金属冶炼及压延加工业	346	6 242	22 272	12 297	44 637
金属制品业	503	1 522	11 495	10 804	94 770
普通机械制造业	2 014	33 721	85 481	83 124	127 325
专用设备制造业	1 492	29 453	46 181	42 739	33 443
交通运输设备制造业	556	26 798	15 420	14 546	145 468
电气机械及器材制造业	557	1 029	11 200	10 789	55 533
电子及通信设备制造业	387	20 107	198 229	180 566	185 524
仪器仪表及文化、办公用机械制造业	65	660	665	638	2 526
其他制造业	210	461	7 289	5 406	49 529
电力、煤气及水的生产和供应业					
电力、蒸汽、热水的生产和供应业	4 856	10 130	454 171	446 193	714 044
煤气生产和供应业	—	2 671	-414	-414	-21 880
自来水的生产和供应业	38	541	4 782	4 557	-18 052

10—2 续表 16　　(2000 年)　　计量单位:千元

项目名称	利润总额	应交所得税	应付利润	利税总额	应付工资总额
总计	4 520 684	967 557	377 074	8 735 549	4 004 628
一、按登记注册类型分组					
内资企业	4 191 956	946 563	353 868	8 279 022	3 858 079
国有企业	632 924	187 553	－1 441	2 685 089	1 677 235
集体企业	1 651 229	124 783	96 486	2 208 128	705 737
股份合作企业	124 189	20 146	16 156	197 241	82 053
联营企业	47 168	8 277	18 031	78 903	26 477
有限责任公司	505 525	92 189	163 960	1 114 290	715 957
股份有限公司	807 496	471 897	35 512	1 436 082	535 023
私营企业	424 090	41 718	25 164	555 189	110 190
其他企业	－665	—	—	4 100	5 407
港、澳、台商投资企业	241 767	15 870	23 194	312 560	83 329
外商投资企业	86 961	5 124	12	143 967	63 220
二、按经济组织类型分组					
独资企业	2 548 140	330 252	106 539	5 252 440	2 450 674
合作、合伙企业	259 839	43 505	35 885	395 950	138 260
股份有限公司	847 358	474 398	36 882	1 486 706	554 603
有限责任公司	865 347	119 402	197 768	1 600 453	861 091
三、在总计中:亏损企业	－562 846	19 934	－4 690	－21 344	377 578
在总计中:国有控股企业	1 648 121	681 230	148 024	4 692 142	2 758 600
在总计中:农村工业	2 154 867	142 012	108 633	2 760 503	701 187
在总计中:轻工业	2 536 144	330 656	265 000	4 349 560	1 850 054
以农产品为原料	1 708 157	207 694	103 536	2 957 207	1 096 288
以非农产品为原料	827 987	122 962	161 464	1 392 353	753 766
重工业	1 984 540	636 901	112 074	4 385 989	2 154 574
采掘工业	49 258	6 194	3 278	79 141	89 735
原料工业	1 143 045	524 573	102 894	2 862 422	899 254
加工工业	792 237	106 134	5 902	1 444 426	1 165 585
在总计中:特大型企业	631 234	123 264	95 522	1 254 592	673 649
大一型企业	592 842	475 627	11 572	2 016 323	1 021 920
大二型企业	189 521	39 271	26 901	898 784	672 477
中一型企业	138 641	38 788	38 116	357 098	269 844
中二型企业	199 517	46 072	41 800	420 123	227 169
小型企业	2 768 929	244 535	163 163	3 788 629	1 139 569

10—2 续表 17　　(2000 年)　　计量单位:千元

项目名称	利润总额	应交所得税	应付利润	利税总额	应付工资总额
在总计中按工业行业分					
采掘业					
煤炭采选业	5 176	10	—	23 599	74 623
黑色金属矿采选业	27 345	4 328	95	33 920	6 928
有色金属矿采选业	3 727	796	927	5 071	1 300
非金属矿采选业	13 010	1 060	2 256	16 551	6 884
制造业					
食品加工业	152 450	19 468	- 9 607	200 468	43 678
食品制造业	229 531	37 755	10 937	339 801	70 324
饮料制造业	27 222	2 996	2 263	119 279	26 163
烟草加工业	70 000	—	—	490 007	30 908
纺织业	361 330	79 172	36 268	639 507	521 920
服装及其他纤维制品制造业	50 338	1 303	- 1 227	67 383	73 486
皮革、毛皮、羽绒及其制品业	497 107	7 178	4 886	578 718	103 218
木材加工及竹、藤、棕、草制品业	88 845	6 345	405	106 548	17 410
家具制造业	35 300	3 319	3 558	50 518	17 410
造纸及纸制品业	96 971	7 309	7 060	136 950	51 780
印刷业	81 252	30 219	28 064	142 503	105 549
文教体育用品制造业	762	—	—	1 252	120
石油加工及炼焦业	- 333 417	19 604	2 129	167 390	147 847
化学原料及化学制品制造业	420 208	69 097	41 186	709 863	418 859
医药制造业	610 147	105 031	131 499	1 069 995	536 400
化学纤维制造业	28 887	1 655	—	53 534	38 895
橡胶制品业	25 969	1 550	666	42 851	21 177
塑料制品业	67 572	958	982	90 480	40 733
非金属矿物制品业	295 117	41 636	25 573	504 360	224 762
黑色金属冶炼及压延加工业	217 538	28 398	35 344	428 327	160 917
有色金属冶炼及压延加工业	39 942	832	1 586	68 336	31 231
金属制品业	102 626	12 343	9 401	148 375	68 794
普通机械制造业	146 657	22 669	15 675	275 321	265 851
专用设备制造业	44 943	8 365	4 345	97 988	186 464
交通运输设备制造业	159 682	5 130	2 607	223 676	162 357
电气机械及器材制造业	62 830	12 611	2 981	108 723	58 850
电子及通信设备制造业	52 953	5 710	965	228 357	127 515
仪器仪表及文化、办公用机械制造业	3 142	966	—	4 390	4 334
其他制造业	53 444	7 811	7 492	69 890	21 136
电力、煤气及水的生产和供应业					
电力、蒸汽、热水的生产和供应业	807 532	421 930	8 758	1 498 911	242 604
煤气生产和供应业	- 9 953	—	—	- 8 157	13 249
自来水的生产和供应业	- 1 688	3	—	11 997	35 152

10—2 续表 18　　(2000 年)　　计量单位:千元

项　目　名　称	主营业务应付工资总　额	应　付福利费总　额	应　交增值税	进项税额	销项税额	全部从业人员年平均(人)
总　　计	3 750 287	548 529	3 105 193	7 325 790	10 217 475	530 716
一、按登记注册类型分组						
内资企业	3 607 163	527 470	2 982 240	7 039 063	9 818 609	510 822
国有企业	1 522 764	231 772	1 274 910	3 030 268	4 218 370	182 199
集体企业	653 779	78 691	420 345	1 235 468	1 614 934	123 286
股份合作企业	79 260	10 239	54 960	147 273	200 786	14 604
联营企业	26 452	7 169	26 904	54 441	80 345	2 817
有限责任公司	690 034	106 665	516 678	1 513 744	1 971 443	106 959
股份有限公司	523 462	82 708	592 346	799 351	1 383 695	60 313
私营企业	106 005	9 446	91 332	239 381	325 134	20 074
其他企业	5 407	753	4 765	19 137	23 902	570
港、澳、台商投资企业	81 245	13 156	69 199	193 781	254 973	10 606
外商投资企业	61 879	7 903	53 754	92 946	143 893	9 288
二、按经济组织类型分组						
独资企业	2 240 684	315 828	1 765 154	4 422 581	6 054 408	317 410
合作、合伙企业	135 272	20 351	106 347	247 149	347 189	21 656
股份有限公司	542 653	84 732	599 291	824 696	1 415 985	64 077
有限责任公司	831 678	127 618	634 401	1 831 364	2 399 893	127 573
三、在总计中:亏损企业	340 856	51 350	174 636	1 303 009	1 461 340	80 680
在总计中:国有控股企业	2 571 824	391 013	2 186 281	4 805 861	6 847 535	321 343
在总计中:农村工业	659 490	76 045	452 530	1 365 676	1 777 706	122 945
在总计中:轻工业	1 791 956	248 305	1 255 296	3 228 866	4 356 973	257 565
以农产品为原料	1 064 521	147 291	745 625	1 838 156	2 513 505	151 271
以非农产品为原料	727 435	101 014	509 671	1 390 710	1 843 468	106 294
重工业	1 958 331	300 224	1 849 897	4 096 924	5 860 502	273 151
采掘工业	62 551	10 613	25 529	52 353	76 574	10 243
原料工业	831 541	124 237	1 258 567	2 845 252	4 052 627	103 978
加工工业	1 064 239	165 374	565 801	1 199 319	1 731 301	158 930
在总计中:特大型企业	673 649	95 037	590 551	1 403 540	1 946 780	43 733
大一型企业	934 302	144 378	1 012 561	2 150 387	3 135 806	90 622
大二型企业	606 568	102 363	340 197	811 368	1 100 220	113 864
中一型企业	239 701	37 175	175 445	342 624	514 659	38 173
中二型企业	223 641	35 181	186 268	374 527	556 474	41 301
小型企业	1 072 426	134 395	800 171	2 243 344	2 963 536	203 023

10—2 续表 19　　　　(2000 年)　　　　计量单位:千元

项目名称	主营业务应付工资总额	应付福利费总额	应交增值税	进项税额	销项税额	全部从业人员年平均(人)
在总计中按工业行业分						
采掘业						
煤炭采选业	47 593	8 712	16 557	36 971	52 986	7 196
黑色金属矿采选业	6 866	869	5 897	9 013	14 144	1 262
有色金属矿采选业	1 288	447	1 022	319	1 341	406
非金属矿采选业	6 804	585	2 053	6 050	8 103	1 379
制造业						
食品加工业	42 179	5 849	34 201	112 463	142 227	9 543
食品制造业	68 629	9 174	94 108	387 070	479 043	10 894
饮料制造业	26 075	3 094	39 545	53 298	91 962	4 357
烟草加工业	30 908	4 139	84 130	63 748	147 461	2 202
纺织业	514 746	72 067	248 144	564 798	803 973	66 236
服装及其他纤维制品制造业	62 382	9 327	13 802	75 427	58 059	10 029
皮革、毛皮、羽绒及其制品业	100 428	10 305	54 929	241 485	281 360	17 553
木材加工及竹、藤、棕、草制品业	17 256	1 152	12 513	18 852	29 212	4 588
家具制造业	17 410	6 166	10 854	15 389	24 891	2 914
造纸及纸制品业	48 344	6 108	33 197	107 458	138 528	9 909
印刷业	103 511	14 217	56 405	102 934	158 214	9 424
文教体育用品制造业	120	—	413	—	—	30
石油加工及炼焦业	126 939	17 815	146 221	1 113 242	1 247 027	11 669
化学原料及化学制品制造业	387 041	65 253	252 429	614 209	848 113	56 028
医药制造业	530 700	76 177	431 500	1 197 596	1 582 951	75 230
化学纤维制造业	38 434	4 708	22 453	58 431	79 020	4 353
橡胶制品业	21 064	2 997	8 907	20 293	26 621	3 554
塑料制品业	39 684	2 737	21 073	69 837	88 031	8 878
非金属矿物制品业	207 368	28 401	158 987	263 388	413 621	44 929
黑色金属冶炼及压延加工业	139 932	20 628	188 441	487 180	662 416	18 430
有色金属冶炼及压延加工业	30 409	4 051	23 309	99 232	122 322	3 874
金属制品业	65 153	8 405	34 137	94 539	124 256	10 441
普通机械制造业	254 888	36 696	113 350	229 333	332 257	38 868
专用设备制造业	176 583	26 131	47 800	181 788	225 698	30 345
交通运输设备制造业	127 836	20 355	54 239	121 722	167 315	17 161
电气机械及器材制造业	58 177	14 486	40 951	93 040	133 130	6 284
电子及通信设备制造业	126 944	16 697	172 063	265 475	436 077	9 530
仪器仪表及文化、办公用机械制造业	3 468	555	564	2 559	3 113	723
其他制造业	20 615	2 921	11 299	23 363	33 218	4 885
电力、煤气及水的生产和供应业						
电力、蒸汽、热水的生产和供应业	237 249	33 993	653 119	573 280	1 224 109	18 565
煤气生产和供应业	13 249	1 890	1 670	7 972	9 031	944
自来水的生产和供应业	28 946	5 003	12 449	2 872	15 093	3 066

市区工业企业主要经济指标

10—3　　(2000年)　　计量单位:千元

项目名称	企业单位数(个)	工业总产值	工业销售产值	工业中间投入	工业增加值
总计	**312**	**42 371 255**	**41 453 342**	**30 750 550**	**13 937 254**
一、按登记注册类型分组					
内资企业	279	40 179 072	39 401 012	29 277 110	13 127 168
国有企业	108	20 882 079	20 402 222	15 125 945	6 849 273
集体企业	102	4 144 012	3 679 831	2 926 344	1 384 755
股份合作企业	10	390 217	394 916	304 193	109 160
联营企业	3	358 005	329 759	292 429	81 689
有限责任公司	23	7 870 742	7 568 017	5 783 659	2 505 854
股份有限公司	24	6 064 719	6 567 997	4 572 308	1 988 604
私营企业	8	331 258	319 165	234 224	103 031
其他企业	1	138 040	139 105	38 003	104 802
港、澳、台商投资企业	20	1 694 771	1 563 913	1 143 388	611 476
外商投资企业	13	497 412	488 417	330 052	198 610
二、按经济组织类型分组					
独资企业	213	25 122 464	24 182 563	18 119 052	8 268 681
合作合伙企业	18	1 096 806	1 068 037	771 083	380 262
股份有限公司	24	6 064 719	6 567 997	4 572 308	1 988 604
有限责任公司	57	10 087 266	9 634 745	7 288 107	3 299 707
三、在总计中:亏损企业	63	7 736 268	7 612 615	6 366 212	1 513 725
在总计中:国有控股企业	141	32 890 248	32 529 492	23 869 598	10 969 536
在总计中:农村工业	69	4 151 399	3 691 842	2 956 726	1 346 224
在总计中:轻工业	140	16 711 142	16 750 753	12 110 546	5 485 215
以农产品为原料	93	8 244 503	8 463 752	5 961 169	2 733 322
以非农产品为原料	47	8 466 639	8 287 001	6 149 377	2 751 893
重工业	172	25 660 113	24 702 589	18 640 004	8 452 039
采掘工业	6	233 316	238 754	199 604	49 509
原料工业	51	16 413 300	15 870 839	11 910 576	5 509 951
加工工业	115	9 013 497	8 592 996	6 529 824	2 892 579
在总计中:特大型企业	5	8 933 126	8 744 762	6 127 008	3 396 669
大一型企业	18	17 145 955	17 287 532	12 917 275	5 217 040
大二型企业	43	5 925 001	5 985 215	4 223 385	2 003 979
中一型企业	29	1 457 370	1 536 857	1 086 855	446 805
中二型企业	22	974 258	820 570	721 352	309 629
小型企业	195	7 935 545	7 078 406	5 674 675	2 563 141

10—3 续表 1　　(2000 年)　　计量单位:千元

项目名称	企业单位数(个)	工业总产值	工业销售产值	工业中间投入	工业增加值
在总计中按工业行业分					
采掘业					
煤炭采选业	6	233 316	238 754	199 604	49 509
制造业					
食品加工业	13	304 602	288 656	243 320	68 528
食品制造业	9	1 192 290	1 179 826	942 201	298 858
饮料制造业	2	178 552	170 604	101 123	95 381
烟草加工业	1	800 510	788 430	358 467	526 173
纺织业	26	3 267 925	3 585 072	2 806 526	655 042
服装及其他纤维制品制造业	8	593 375	614 412	425 279	172 144
皮革、毛皮、羽绒及其制品业	2	320 708	289 441	138 503	188 198
木材加工及竹、藤、棕、草制品业	2	17 120	16 881	12 121	5 817
家具制造业	5	138 580	118 474	81 439	59 245
造纸及纸制品业	7	168 447	156 746	119 723	56 043
印刷业	13	921 885	919 248	513 795	463 296
石油加工及炼焦业	3	7 060 840	6 845 300	5 947 159	1 250 746
化学原料及化学制品制造业	30	2 568 285	2 476 463	1 938 782	732 626
医药制造业	17	7 245 531	7 081 364	5 278 366	2 352 661
化学纤维制造业	3	201 911	184 336	133 771	77 895
橡胶制品业	7	200 120	191 851	147 139	55 701
塑料制品业	13	336 514	345 070	269 626	74 295
非金属矿物制品业	24	757 757	754 694	519 495	280 357
黑色金属冶炼及压延加工业	4	2 277 123	2 351 199	1 491 930	935 708
有色金属冶炼及压延加工业	2	227 635	223 629	166 774	73 224
金属制品业	13	361 795	361 710	253 382	126 885
普通机械制造业	24	1 659 965	1 261 151	1 180 415	551 286
专用设备制造业	19	1 072 225	1 242 065	887 324	209 936
交通运输设备制造业	14	1 260 816	1 245 232	823 333	486 949
电气机械及器材制造业	9	607 681	588 346	423 304	216 901
电子及通信设备制造业	12	2 578 905	2 481 268	1 842 821	907 492
仪器仪表及文化、办公用机械制造业	2	11 694	10 894	7 814	4 217
其他制造业	5	88 210	83 675	65 685	27 248
电力、煤气及水的生产和供应业					
电力、蒸汽、热水的生产和供应业	12	5 255 990	4 902 129	3 118 707	2 772 689
煤气生产和供应业	1	24 088	24 088	7 906	17 852
自来水的生产和供应业	1	165 084	165 084	74 161	100 669

10—3 续表 2　　(2000 年)　　计量单位:千元

项目名称	资产合计	流动资产	应收帐款	存货	其中产成品
总计	80 494 887	30 787 706	8 761 046	9 185 161	4 169 889
一、按登记注册类型分组					
内资企业	77 858 704	29 285 030	8 401 247	8 716 892	3 916 020
国有企业	49 979 166	17 038 339	4 954 557	4 302 812	1 743 303
集体企业	3 993 409	2 161 711	400 763	987 432	582 749
股份合作企业	481 239	199 699	68 092	87 399	36 812
联营企业	274 308	155 416	30 229	30 917	11 239
有限责任公司	14 411 952	6 618 143	2 181 024	2 137 307	996 773
股份有限公司	8 233 207	2 881 833	696 003	1 100 754	506 927
私营企业	357 801	170 172	44 369	45 506	30 312
其他企业	127 622	59 717	26 210	24 765	7 905
港、澳、台商投资企业	1 538 566	826 237	186 495	345 862	194 935
外商投资企业	1 097 617	676 439	173 304	122 407	58 934
二、按经济组织类型分组					
独资企业	54 049 927	19 239 540	5 366 070	5 306 208	2 334 267
合作、合伙企业	1 169 382	576 752	197 182	174 756	80 146
股份有限公司	8 233 207	2 881 833	696 003	1 100 754	506 927
有限责任公司	17 042 371	8 689 581	2 501 791	2 603 443	1 248 549
三、在总计中:亏损企业	13 349 538	4 568 642	1 244 888	1 734 848	650 239
在总计中:国有控股企业	72 069 787	26 171 786	7 594 895	7 339 603	3 216 842
在总计中:农村工业	2 821 384	1 536 265	270 064	640 231	379 266
在总计中:轻工业	31 121 526	14 306 894	4 153 457	3 620 641	1 936 238
以农产品为原料	10 163 772	5 015 568	820 029	2 030 723	1 069 455
以非农产品为原料	20 957 754	9 291 326	3 333 428	1 589 918	866 783
重工业	49 373 361	16 480 812	4 607 589	5 564 520	2 233 651
采掘工业	1 049 328	498 406	204 482	179 677	108 650
原料工业	31 391 241	7 545 195	1 997 915	1 879 889	575 012
加工工业	16 932 792	8 437 211	2 405 192	3 504 954	1 549 989
在总计中:特大型企业	26 066 255	10 047 905	3 675 835	1 703 735	803 306
大一型企业	30 564 455	9 221 085	2 639 198	3 302 845	1 235 682
大二型企业	11 225 661	4 967 075	940 109	1 776 843	834 425
中一型企业	3 085 131	1 388 432	257 609	493 102	287 853
中二型企业	1 221 956	664 634	144 828	232 808	109 318
小型企业	8 331 429	4 498 575	1 103 467	1 675 828	899 300

10—3 续表 3　　(2000 年)　　计量单位:千元

项目名称	资产合计	流动资产			
			应收帐款	存货	其中产成品
在总计中按工业行业分					
采掘业					
煤炭采选业	1 049 328	498 406	204 482	179 677	108 650
制造业					
食品加工业	495 225	208 735	57 744	52 653	44 801
食品制造业	751 952	220 329	25 005	65 799	13 645
饮料制造业	286 997	158 276	10 527	22 614	10 208
烟草加工业	841 880	301 600	15 070	93 660	42 810
纺织业	4 563 780	2 574 131	443 634	1 033 969	562 883
服装及其他纤维制品制造业	518 971	329 675	15 825	177 410	53 708
皮革、毛皮、羽绒及其制品业	643 888	312 493	47 017	232 555	167 707
木材加工及竹、藤、棕、草制品业	16 729	14 721	59	10 602	6 675
家具制造业	174 449	72 277	7 896	22 531	16 459
造纸及纸制品业	226 878	135 255	21 238	86 486	58 866
印刷业	1 208 927	447 380	100 020	163 404	56 977
石油加工及炼焦业	9 269 460	2 493 197	732 358	875 700	202 329
化学原料及化学制品制造业	4 265 708	1 850 772	424 488	603 746	320 705
医药制造业	18 312 337	8 044 273	3 167 099	1 306 722	727 637
化学纤维制造业	315 918	138 938	8 317	48 138	8 478
橡胶制品业	296 347	199 089	37 604	44 521	40 467
塑料制品业	539 698	261 879	42 227	124 288	101 837
非金属矿物制品业	1 297 889	610 746	179 371	181 120	100 197
黑色金属冶炼及压延加工业	3 345 696	1 038 766	286 977	427 691	164 165
有色金属冶炼及压延加工业	237 757	152 932	36 395	23 374	9 206
金属制品业	479 509	251 191	53 117	107 464	59 833
普通机械制造业	3 556 182	1 998 767	610 217	1 020 875	527 089
专用设备制造业	3 439 105	1 828 399	519 661	740 001	248 037
交通运输设备制造业	1 395 721	686 320	109 721	288 644	103 662
电气机械及器材制造业	764 220	539 832	161 597	212 034	146 996
电子及通信设备制造业	3 737 802	1 644 789	663 584	646 763	205 881
仪器仪表及文化、办公用机械制造业	89 571	59 344	14 551	24 771	10 450
其他制造业	82 358	49 513	8 988	22 795	9 496
电力、煤气及水的生产和供应业					
电力、蒸汽、热水的生产和供应业	16 279 540	2 888 186	696 851	235 124	20 439
煤气生产和供应业	169 777	69 429	—	4 935	—
自来水的生产和供应业	1 291 271	443 962	34 383	3 149	—

10—3 续表 4　　(2000 年)　　计量单位:千元

项目名称	流动资产年平均余额	长期投资	固定资产小计	固定资产原价	生产经营用
总计	31 167 994	5 130 533	40 777 923	53 620 330	45 440 450
一、按登记注册类型分组					
内资企业	29 745 046	5 106 409	39 825 918	52 317 138	44 341 869
国有企业	17 715 001	4 354 027	25 940 259	33 405 263	28 619 493
集体企业	2 209 641	124 883	1 611 341	2 364 589	2 008 061
股份合作企业	186 548	7 740	122 187	239 126	232 992
联营企业	167 797	1 550	115 335	143 544	118 925
有限责任公司	6 599 665	472 016	6 851 253	8 398 927	5 775 592
股份有限公司	2 670 167	139 770	5 009 679	7 550 967	7 422 569
私营企业	137 473	6 423	107 959	130 475	81 561
其他企业	58 754	—	67 905	84 247	82 676
港、澳、台商投资企业	878 363	21 472	591 823	784 741	606 229
外商投资企业	544 585	2 657	360 182	518 451	492 352
二、按经济组织类型分组					
独资企业	19 960 083	4 478 910	27 588 699	35 826 662	30 672 457
合作、合伙企业	535 454	10 239	423 046	639 092	594 689
股份有限公司	2 670 167	139 770	5 009 679	7 550 967	7 422 569
有限责任公司	8 002 290	501 619	7 756 499	9 603 609	6 750 735
三、在总计中:亏损企业	4 054 057	770 092	7 703 264	9 945 423	7 786 686
在总计中:国有控股企业	26 686 896	4 914 868	37 705 229	49 267 869	41 739 658
在总计中:农村工业	1 432 679	60 746	1 172 276	1 580 027	1 368 376
在总计中:轻工业	14 418 634	2 925 484	11 352 139	15 889 090	13 416 295
以农产品为原料	4 895 613	394 830	4 282 104	6 560 285	5 503 933
以非农产品为原料	9 523 021	2 530 654	7 070 035	9 328 805	7 912 362
重工业	16 749 360	2 205 054	29 425 784	37 731 240	32 024 155
采掘工业	476 319	5 932	540 368	533 965	364 707
原料工业	7 295 551	750 847	22 554 361	29 076 001	25 603 908
加工工业	8 977 490	1 448 275	6 331 055	8 121 184	6 055 540
在总计中:特大型企业	11 039 300	3 334 083	10 528 469	13 196 823	11 889 297
大一型企业	8 631 628	1 037 853	19 448 812	25 638 142	21 942 817
大二型企业	5 002 665	497 679	5 471 051	7 316 566	5 908 392
中一型企业	1 409 248	82 562	1 572 026	2 346 323	1 680 828
中二型企业	693 296	53 606	465 944	787 948	607 924
小型企业	4 391 857	124 755	3 291 621	4 334 528	3 411 192

10—3 续表 5　　(2000 年)　　计量单位:千元

项目名称	流动资产年平均余额	长期投资	固定资产小计	固定资产原价	生产经营用
在总计中按工业行业分					
采掘业					
煤炭采选业	476 319	5 932	540 368	533 965	364 707
制造业					
食品加工业	182 449	3 682	257 394	290 990	232 188
食品制造业	200 831	35 753	458 137	530 990	451 500
饮料制造业	167 461	2 048	125 083	317 469	295 334
烟草加工业	540 284	161 210	378 431	474 544	452 280
纺织业	2 310 790	158 499	1 587 764	2 826 568	2 549 483
服装及其他纤维制品制造业	321 101	15 092	172 778	302 721	247 131
皮革、毛皮、羽绒及其制品业	291 468	748	296 809	363 215	333 009
木材加工及竹、藤、棕、草制品业	15 026	—	865	3 239	3 220
家具制造业	72 087	4 070	97 432	105 146	70 055
造纸及纸制品业	139 374	4 232	64 145	95 389	77 766
印刷业	420 321	1 338	750 525	1 119 224	666 266
石油加工及炼焦业	1 993 398	643 554	5 966 181	7 467 017	5 993 493
化学原料及化学制品制造业	1 772 609	127 881	1 845 122	2 074 629	1 666 085
医药制造业	8 367 970	2 476 553	5 686 391	7 430 707	6 235 405
化学纤维制造业	118 510	1 960	174 851	292 172	242 198
橡胶制品业	199 176	12 298	83 114	118 664	85 593
塑料制品业	231 025	22 407	244 431	373 255	304 422
非金属矿物制品业	546 930	19 403	627 552	884 196	805 782
黑色金属冶炼及压延加工业	923 746	41 559	2 172 814	2 462 321	1 654 715
有色金属冶炼及压延加工业	175 476	370	72 447	62 588	22 852
金属制品业	399 661	9 797	207 206	247 000	156 932
普通机械制造业	1 982 971	110 781	1 354 548	1 853 469	1 271 622
专用设备制造业	2 001 032	213 280	1 351 633	1 733 274	1 105 359
交通运输设备制造业	754 511	46 593	657 269	895 330	609 141
电气机械及器材制造业	488 887	13 396	181 954	300 184	271 198
电子及通信设备制造业	1 910 027	911 658	1 063 438	1 439 683	1 291 930
仪器仪表及文化、办公用机械制造业	58 247	8 911	20 694	66 884	48 486
其他制造业	46 320	3 092	29 643	42 921	40 772
电力、煤气及水的生产和供应业					
电力、蒸汽、热水的生产和供应业	3 300 040	48 649	13 133 111	17 430 829	16 656 570
煤气生产和供应业	54 079	—	100 294	141 857	76 856
自来水的生产和供应业	453 106	30	815 387	992 847	946 257

10—3 续表 6　　(2000 年)　　计量单位:千元

项　目　名　称	累计折旧	本年折旧	固定资产净值	固定资产净值年平均余额	无形及递延资产
总　计	16 658 323	2 677 968	36 962 007	35 849 235	2 021 586
一、按登记注册类型分组					
内资企业	16 261 994	2 614 540	36 055 144	34 932 564	1 961 605
国有企业	9 618 309	1 569 733	23 786 954	22 414 986	1 071 190
集体企业	896 743	116 574	1 467 846	1 617 334	62 298
股份合作企业	126 731	91 783	112 395	112 327	130 686
联营企业	50 190	9 962	93 354	91 614	2 007
有限责任公司	2 824 727	371 782	5 574 200	5 582 126	443 872
股份有限公司	2 701 229	445 293	4 849 738	4 956 905	200 961
私营企业	24 266	2 658	106 209	89 207	50 591
其他企业	19 799	6 755	64 448	68 065	—
港、澳、台商投资企业	237 881	38 733	546 860	548 524	8 953
外商投资企业	158 448	24 695	360 003	368 147	51 028
二、按经济组织类型分组					
独资企业	10 538 327	1 689 869	25 288 335	24 067 434	1 133 488
合作、合伙企业	258 603	120 301	380 489	391 239	138 418
股份有限公司	2 701 229	445 293	4 849 738	4 956 905	200 961
有限责任公司	3 160 164	422 505	6 443 445	6 433 657	548 719
三、在总计中:亏损企业	2 798 668	461 289	7 146 755	6 717 071	296 249
在总计中:国有控股企业	15 065 355	2 368 227	34 202 514	32 984 061	1 629 853
在总计中:农村工业	541 948	104 267	1 038 079	1 133 163	16 096
在总计中:轻工业	5 330 200	777 207	10 558 890	10 538 170	851 203
以农产品为原料	2 529 231	363 400	4 031 054	3 960 677	345 135
以非农产品为原料	2 800 969	413 807	6 527 836	6 577 493	506 068
重工业	11 328 123	1 900 761	26 403 117	25 311 065	1 170 383
采掘工业	162 508	8 993	371 457	395 300	4 622
原料工业	8 431 727	1 627 388	20 644 364	19 290 996	511 084
加工工业	2 733 888	264 380	5 387 296	5 624 769	654 677
在总计中:特大型企业	3 746 946	586 958	9 449 877	8 777 535	627 161
大一型企业	7 711 492	1 427 590	17 926 650	17 274 078	815 233
大二型企业	2 430 489	326 986	4 886 077	4 929 875	267 259
中一型企业	884 890	85 439	1 461 433	1 503 426	37 811
中二型企业	386 911	38 192	401 037	399 570	36 988
小型企业	1 497 595	212 803	2 836 933	2 964 751	237 134

10—3 续表 7　　(2000 年)　　计量单位:千元

项　目　名　称	累计折旧	本年折旧	固定资产净　值	固定资产净值年平均余额	无形及递延资产
在总计中按工业行业分					
采　掘　业					
煤炭采选业	162 508	8 993	371 457	395 300	4 622
制　造　业					
食品加工业	81 252	7 124	209 738	209 113	25 237
食品制造业	119 357	22 960	411 633	383 452	32 267
饮料制造业	144 713	22 434	172 756	201 940	1 590
烟草加工业	128 688	28 849	345 856	298 698	639
纺　织　业	1 322 449	173 394	1 504 119	1 570 720	197 801
服装及其他纤维制品制造业	145 779	11 966	156 942	136 670	1 283
皮革、毛皮、羽绒及其制品业	69 632	8 056	293 583	254 871	14 969
木材加工及竹、藤、棕、草制品业	2 514	268	725	699	—
家具制造业	21 521	3 699	83 625	84 903	3
造纸及纸制品业	37 410	5 845	57 979	62 700	623
印　刷　业	417 078	72 765	702 146	663 550	2 247
石油加工及炼焦业	1 957 177	391 323	5 509 840	4 975 740	166 528
化学原料及化学制品制造业	732 368	109 069	1 342 261	1 304 045	429 726
医药制造业	2 175 103	336 284	5 255 604	5 307 460	522 891
化学纤维制造业	134 502	11 492	157 670	162 834	77
橡胶制品业	53 177	1 526	65 487	66 979	994
塑料制品业	136 695	5 732	236 560	233 225	10 009
非金属矿物制品业	307 337	47 170	576 859	599 190	37 526
黑色金属冶炼及压延加工业	674 500	95 923	1 787 821	1 784 727	68 245
有色金属冶炼及压延加工业	26 161	2 626	36 427	40 384	12 008
金属制品业	64 376	10 256	182 624	218 354	8 068
普通机械制造业	648 111	56 094	1 205 358	1 222 145	52 599
专用设备制造业	650 419	36 863	1 082 855	1 209 299	41 869
交通运输设备制造业	272 004	26 253	623 326	620 001	4 240
电气机械及器材制造业	121 458	8 592	178 726	154 775	26 366
电子及通信设备制造业	432 103	61 168	1 007 580	1 076 678	117 130
仪器仪表及文化、办公用机械制造业	46 599	542	20 285	23 514	396
其他制造业	14 416	1 420	28 505	25 817	110
电力、煤气及水的生产和供应业					
电力、蒸汽、热水的生产和供应业	5 187 256	1 053 958	12 243 573	11 431 207	209 592
煤气生产和供应业	43 651	4 373	98 206	129 168	—
自来水的生产和供应业	237 334	40 140	755 513	751 726	31 892

10—3 续表 8　　(2000 年)　　计量单位:千元

项　目　名　称	负债合计	流动负债	长期负债	所有者权益合计	实收资本
总　计	50 523 177	33 150 871	16 032 727	29 971 710	16 215 490
一、按登记注册类型分组					
内资企业	48 775 161	31 674 320	15 773 132	29 083 543	15 334 816
国有企业	32 100 599	17 834 416	13 070 812	17 878 567	10 898 582
集体企业	2 679 250	2 292 263	336 188	1 314 159	1 000 304
股份合作企业	341 249	321 526	12 224	139 990	51 230
联营企业	200 507	136 996	511	73 801	52 736
有限责任公司	9 688 122	7 569 204	2 117 918	4 723 830	2 371 614
股份有限公司	3 490 093	3 299 637	190 455	4 743 114	827 370
私营企业	194 845	139 782	45 024	162 956	73 957
其他企业	80 496	80 496	—	47 126	59 023
港、澳、台商投资企业	1 136 843	952 461	172 967	401 723	423 029
外商投资企业	611 173	524 090	86 628	486 444	457 645
二、按经济组织类型分组					
独资企业	34 802 423	20 149 214	13 407 000	19 247 504	11 929 336
合作、合伙企业	743 368	660 134	12 735	426 014	301 393
股份有限公司	3 490 093	3 299 637	190 455	4 743 114	827 370
有限责任公司	11 487 293	9 041 886	2 422 537	5 555 078	3 157 391
三、在总计中:亏损企业	8 327 371	5 407 376	2 906 840	5 022 167	4 467 408
在总计中:国有控股企业	45 164 829	28 492 521	15 475 482	26 904 958	14 039 383
在总计中:农村工业	1 904 186	1 730 971	109 362	917 198	609 183
在总计中:轻工业	18 794 780	13 670 303	3 973 830	12 326 746	6 202 641
以农产品为原料	5 944 475	4 959 919	847 191	4 219 297	2 593 799
以非农产品为原料	12 850 305	8 710 384	3 126 639	8 107 449	3 608 842
重工业	31 728 397	19 480 568	12 058 897	17 644 964	10 012 849
采掘工业	832 218	560 031	247 786	217 110	179 236
原料工业	19 055 316	9 938 892	9 108 915	12 335 925	6 350 475
加工工业	11 840 863	8 981 645	2 702 196	5 091 929	3 483 138
在总计中:特大型企业	16 188 132	9 772 445	5 478 186	9 878 123	3 909 730
大一型企业	18 402 916	10 950 108	7 329 807	12 161 539	6 472 519
大二型企业	7 052 310	5 316 623	1 732 986	4 173 351	2 919 260
中一型企业	2 324 861	1 547 421	641 719	760 270	573 776
中二型企业	884 986	774 818	110 017	336 970	257 434
小型企业	5 669 972	4 789 446	740 012	2 661 457	2 082 771

10—3 续表 9 (2000 年) 计量单位:千元

项目名称	负债合计	流动负债	长期负债	所有者权益合计	实收资本
在总计中按工业行业分					
采掘业					
煤炭采选业	832 218	560 031	247 786	217 110	179 236
制造业					
食品加工业	397 156	320 873	76 283	98 069	139 446
食品制造业	338 750	257 606	71 144	413 202	169 068
饮料制造业	256 019	215 960	40 059	30 978	15 642
烟草加工业	541 900	418 360	123 540	299 980	175 402
纺织业	2 562 714	2 214 457	224 048	2 001 066	1 043 490
服装及其他纤维制品制造业	385 723	345 728	36 840	133 248	133 711
皮革、毛皮、羽绒及其制品业	375 444	368 646	6 798	268 444	201 177
木材加工及竹、藤、棕、草制品业	12 584	12 584	—	4 145	1 292
家具制造业	117 924	74 048	43 876	56 525	66 484
造纸及纸制品业	161 672	144 322	17 350	65 206	42 678
印刷业	538 611	376 728	161 882	670 316	510 889
石油加工及炼焦业	5 450 723	3 130 741	2 319 982	3 818 737	2 840 762
化学原料及化学制品制造业	2 741 571	2 082 725	636 979	1 524 137	634 913
医药制造业	11 502 832	7 671 892	2 830 450	6 809 505	2 376 518
化学纤维制造业	112 775	101 933	833	203 143	170 693
橡胶制品业	266 371	252 841	13 491	29 976	52 862
塑料制品业	449 569	333 834	115 735	90 129	120 169
非金属矿物制品业	1 036 540	839 897	196 641	261 349	210 811
黑色金属冶炼及压延加工业	2 175 694	1 492 228	683 465	1 170 002	304 771
有色金属冶炼及压延加工业	160 567	160 567	—	77 190	40 575
金属制品业	296 402	285 982	10 420	183 107	114 355
普通机械制造业	2 451 472	2 057 513	385 926	1 104 710	747 331
专用设备制造业	2 239 479	1 898 485	339 994	1 199 626	810 271
交通运输设备制造业	863 469	775 622	87 846	532 252	427 640
电气机械及器材制造业	499 745	4 756 617	23 977	264 475	194 847
电子及通信设备制造业	3 032 676	1 894 006	1 138 670	705 126	720 926
仪器仪表及文化、办公用机械制造业	81 510	81 055	—	8 061	14 223
其他制造业	39 312	35 406	3 862	43 046	26 204
电力、煤气及水的生产和供应业					
电力、蒸汽、热水的生产和供应业	9 602 131	3 876 825	5 725 305	6 677 409	2 751 952
煤气生产和供应业	76 428	76 477	- 49	93 349	76 477
自来水的生产和供应业	450 392	156 552	293 840	840 879	797 866

10—3 续表 10　　(2000 年)　　计量单位:千元

项目名称	所有者权益(续) 实收资本中:国家	集体	产品销售收入	产品销售成本	产品销售费用
总计	10 320 453	900 072	44 259 776	35 921 651	1 182 804
一、按登记注册类型分组					
内资企业	10 047 343	853 591	42 230 634	34 387 693	1 082 234
国有企业	8 168 159	4 869	22 437 920	18 434 040	357 009
集体企业	55 243	662 020	4 027 534	3 350 110	117 427
股份合作企业	5	18 080	384 494	329 702	7 037
联营企业	3 989	3 988	321 951	273 203	18 861
有限责任公司	1 433 251	100 009	8 402 198	6 743 784	394 897
股份有限公司	386 696	63 245	6 202 676	4 875 233	164 963
私营企业	—	1 380	314 756	256 342	19 155
其他企业	—	—	139 105	125 279	2 885
港、澳、台商投资企业	186 744	46 481	1 506 676	1 138 708	65 217
外商投资企业	86 366	—	522 466	395 250	35 353
二、按经济组织类型分组					
独资企业	8 223 402	668 269	26 566 349	21 867 730	477 593
合作、合伙企业	41 194	24 213	1 050 941	892 747	33 948
股份有限公司	386 696	63 245	6 202 676	4 875 233	164 963
有限责任公司	1 669 161	144 345	10 439 810	8 285 941	506 295
三、在总计中:亏损企业	2 566 583	95 532	7 864 882	7 238 177	89 437
在总计中:国有控股企业	10 148 432	89 309	35 246 020	28 517 213	759 170
在总计中:农村工业	44 798	300 805	3 890 261	3 128 919	136 635
在总计中:轻工业	3 543 145	534 949	17 471 079	13 849 505	580 207
以农产品为原料	1 634 112	257 533	8 259 999	6 450 752	253 094
以非农产品为原料	1 909 033	277 416	9 211 080	7 298 753	327 113
重工业	6 777 308	365 123	26 788 697	22 172 146	602 597
采掘工业	166 073	13 163	208 402	179 538	14 262
原料工业	4 273 811	126 328	17 959 979	15 350 606	232 926
加工工业	2 337 424	225 632	8 620 316	6 642 002	355 409
在总计中:特大型企业	2 581 675	75 097	10 803 683	8 480 696	318 482
大一型企业	4 459 475	—	17 382 294	14 377 280	250 196
大二型企业	2 355 502	150 929	5 824 509	4 598 536	207 517
中一型企业	309 410	161 763	1 560 505	1 282 444	65 439
中二型企业	99 973	74 914	1 111 322	975 567	24 069
小型企业	514 418	437 369	7 577 463	6 207 128	317 101

10—3 续表 11　　(2000 年)　　计量单位:千元

项目名称	所有者权益(续) 实收资本中:国家	集体	产品销售收入	产品销售成本	产品销售费用
在总计中按工业行业分					
采掘业					
煤炭采选业	166 073	13 163	208 402	179 538	14 262
制造业					
食品加工业	119 896	6 417	290 117	264 755	9 184
食品制造业	75 422	7 023	1 163 136	953 822	100 209
饮料制造业	9 642	—	181 579	99 700	18 987
烟草加工业	175 402	—	827 132	392 753	123
纺织业	593 018	87 391	3 533 194	2 954 384	37 466
服装及其他纤维制品制造业	88 689	44 654	545 094	468 042	12 429
皮革、毛皮、羽绒及其制品业	165 587	—	182 731	143 054	7 201
木材加工及竹、藤、棕、草制品业	427	86	17 074	14 601	421
家具制造业	—	46 158	78 500	64 647	4 286
造纸及纸制品业	152	36 153	170 942	142 065	2 101
印刷业	383 955	29 651	940 482	722 737	15 049
石油加工及炼焦业	1 375 403	2 162	7 232 272	6 630 497	68 386
化学原料及化学制品制造业	332 914	121 858	2 470 347	2 003 620	74 078
医药制造业	868 779	157 802	8 093 394	6 369 831	321 135
化学纤维制造业	154 430	6 043	195 485	154 380	631
橡胶制品业	34 010	11 554	180 530	161 541	6 526
塑料制品业	46 697	21 654	290 160	239 232	8 932
非金属矿物制品业	75 968	36 864	615 605	514 747	12 739
黑色金属冶炼及压延加工业	272 021	15 600	2 000 257	1 540 527	117 661
有色金属冶炼及压延加工业	5 036	35 539	196 796	157 881	4 883
金属制品业	13 976	24 789	370 905	311 500	10 298
普通机械制造业	435 432	148 844	1 596 008	1 253 190	65 565
专用设备制造业	769 695	6 753	1 020 529	852 284	34 348
交通运输设备制造业	152 730	10 401	1 247 493	951 361	54 278
电气机械及器材制造业	59 977	1 505	553 142	419 455	44 367
电子及通信设备制造业	610 835	—	2 475 916	1 725 751	113 264
仪器仪表及文化、办公用机械制造业	11 252	—	11 133	8 964	1 261
其他制造业	684	24 020	70 893	55 847	2 376
电力、煤气及水的生产和供应业					
电力、蒸汽、热水的生产和供应业	2 448 008	3 988	7 034 676	5 777 828	5 678
煤气生产和供应业	76 477	—	67 902	71 726	4 245
自来水的生产和供应业	797 866	—	134 366	119 460	5 836

10—3 续表 12　　(2000 年)　　计量单位:千元

项目名称	产品销售收入(续)		其他业务利润	管理费用	
	产品销售税金及附加	产品销售利润			税金
总计	870 851	6 284 470	320 011	3 054 848	83 856
一、按登记注册类型分组					
内资企业	870 241	5 890 466	311 051	2 952 850	82 804
国有企业	760 161	2 886 710	191 755	1 701 724	43 727
集体企业	22 181	537 816	25 876	195 408	7 950
股份合作企业	2 079	45 676	844	18 919	1 335
联营企业	608	29 279	766	10 142	381
有限责任公司	58 740	1 204 777	57 080	647 999	22 273
股份有限公司	24 298	1 138 182	34 423	364 789	7 096
私营企业	2 174	37 085	—	10 662	42
其他企业	—	10 941	307	3 207	—
港、澳、台商投资企业	610	302 141	6 315	50 883	900
外商投资企业	—	91 863	2 645	51 115	152
二、按经济组织类型分组					
独资企业	782 886	3 438 135	217 696	1 901 853	52 334
合作、合伙企业	2 969	121 277	1 953	43 384	1 716
股份有限公司	24 298	1 138 182	34 423	364 789	7 096
有限责任公司	60 698	1 586 876	65 939	744 822	22 710
三、在总计中:亏损企业	352 522	184 746	26 392	501 512	7 863
在总计中:国有控股企业	834 126	5 135 511	263 789	2 627 855	70 196
在总计中:农村工业	15 939	608 768	7 397	110 230	4 448
在总计中:轻工业	429 402	2 711 965	145 469	1 269 082	41 521
以农产品为原料	400 786	1 155 367	118 957	662 309	22 514
以非农产品为原料	28 616	1 556 598	26 512	606 773	19 007
重工业	441 449	3 572 505	174 542	1 785 766	42 335
采掘工业	1 800	12 802	4 009	71 747	3 492
原料工业	409 797	1 966 650	41 397	733 336	14 908
加工工业	29 852	1 593 053	129 136	980 683	23 935
在总计中:特大型企业	32 807	1 971 698	39 031	745 164	20 335
大一型企业	409 439	2 345 379	69 502	1 119 094	24 962
大二型企业	365 321	653 135	125 237	615 475	21 573
中一型企业	29 997	182 625	41 311	189 906	6 507
中二型企业	5 190	106 496	17 562	54 763	1 526
小型企业	28 097	1 025 137	27 368	330 446	8 953

10—3 续表 13 (2000年) 计量单位:千元

项目名称	产品销售收入(续)		其他业务利润	管理费用	
	产品销售税金及附加	产品销售利润			税金
在总计中按工业行业分					
采掘业					
煤炭采选业	1 800	12 802	4 009	71 747	3 492
制造业					
食品加工业	1 023	15 155	1 265	20 566	1 079
食品制造业	4 756	104 349	34 025	55 576	1 810
饮料制造业	27 846	35 046	91	22 652	736
烟草加工业	335 877	98 379	43 205	54 060	6 076
纺织业	19 350	521 994	24 796	275 707	7 066
服装及其他纤维制品制造业	401	64 222	1 215	48 053	621
皮革、毛皮、羽绒及其制品业	149	32 327	326	22 533	307
木材加工及竹、藤、棕、草制品业	11	2 041	171	1 084	6
家具制造业	2 751	6 816	4 762	9 782	1 443
造纸及纸制品业	318	26 458	2 110	9 929	367
印刷业	4 735	197 961	6 453	113 546	2 447
石油加工及炼焦业	353 529	179 860	6 161	328 111	2 245
化学原料及化学制品制造业	9 471	383 178	7 637	232 036	5 911
医药制造业	21 603	1 380 825	18 437	504 194	14 980
化学纤维制造业	855	39 619	8	27 240	863
橡胶制品业	519	11 944	1 259	4 549	115
塑料制品业	652	41 344	2 679	14 619	1 107
非金属矿物制品业	7 784	80 335	6 183	45 638	1 692
黑色金属冶炼及压延加工业	15 240	326 829	16 999	163 955	6 334
有色金属冶炼及压延加工业	222	33 810	2 302	7 895	79
金属制品业	683	48 424	378	18 531	1 493
普通机械制造业	8 354	268 899	41 144	186 486	5 333
专用设备制造业	2 477	131 420	31 576	139 677	7 881
交通运输设备制造业	8 344	233 510	20 796	133 021	1 172
电气机械及器材制造业	1 676	87 644	5 648	60 484	689
电子及通信设备制造业	2 974	633 927	10 434	263 372	3 800
仪器仪表及文化、办公用机械制造业	63	845	693	1 641	308
其他制造业	1 446	11 224	6 635	5 995	295
电力、煤气及水的生产和供应业					
电力、蒸汽、热水的生产和供应业	34 752	1 216 418	14 758	108 342	3 280
煤气生产和供应业	126	-8 195	754	14 853	—
自来水的生产和供应业	846	8 224	3 308	33 176	706

10—3 续表 14　　(2000 年)　　计量单位:千元

项目名称	管理费用(续)		财务费用		营业利润
	财产保险费	劳动待业保险费		利息支出	
总计	35 155	456 996	1 535 051	1 432 906	1 987 481
一、按登记注册类型分组					
内资企业	34 388	456 286	1 494 992	1 418 273	1 726 574
国有企业	15 925	258 745	988 180	917 441	361 460
集体企业	2 546	10 694	56 510	51 548	311 774
股份合作企业	387	7 375	8 333	8 301	19 268
联营企业	176	1 193	3 325	3 271	16 578
有限责任公司	10 750	101 885	259 223	261 428	354 635
股份有限公司	4 555	76 066	167 201	164 079	640 615
私营企业	49	328	3 514	3 506	22 909
其他企业	—	—	8 706	8 699	- 665
港、澳、台商投资企业	514	475	24 712	11 665	232 861
外商投资企业	253	235	15 347	2 968	28 046
二、按经济组织类型分组					
独资企业	18 504	269 439	1 044 616	968 839	682 261
合作、合伙企业	563	8 621	20 648	20 555	59 198
股份有限公司	4 555	76 066	167 201	164 079	640 615
有限责任公司	11 533	102 870	302 586	279 433	605 407
三、在总计中:亏损企业	4 556	46 122	282 340	236 345	- 599 825
在总计中:国有控股企业	30 572	430 548	1 423 690	1 341 944	1 320 654
在总计中:农村工业	994	1 872	43 591	32 849	462 344
在总计中:轻工业	15 591	268 087	402 619	374 241	1 185 733
以农产品为原料	10 484	135 275	116 243	111 678	495 772
以非农产品为原料	5 107	132 812	286 376	262 563	689 961
重工业	19 564	188 909	1 132 432	1 058 665	801 748
采掘工业	510	1 364	7 376	7 231	- 62 312
原料工业	13 679	50 142	784 618	728 869	462 992
加工工业	5 375	137 403	340 438	322 565	401 068
在总计中:特大型企业	7 790	145 877	480 948	445 899	784 617
大一型企业	15 029	172 686	737 119	704 631	531 567
大二型企业	7 822	97 611	136 680	136 264	26 217
中一型企业	1 542	20 522	42 175	41 535	- 8 145
中二型企业	257	5 349	22 888	13 974	46 407
小型企业	2 715	14 951	115 241	90 603	606 818

10—3 续表 15　　(2000 年)　　计量单位:千元

项　目　名　称	管理费用(续)		财务费用		营业利润
	财产保险费	劳动待业保险费		利息支出	
在总计中按工业行业分					
采　掘　业					
煤炭采选业	510	1 364	7 376	7 231	－62 312
制　造　业					
食品加工业	391	1 427	10 038	9 802	－14 184
食品制造业	474	1 997	7 711	7 708	75 087
饮料制造业	522	2 940	6 701	6 701	5 784
烟草加工业	1 757	10 479	882	882	86 642
纺　织　业	4 607	83 529	48 055	46 858	223 028
服装及其他纤维制品制造业	181	11 824	4 308	3 330	13 076
皮革、毛皮、羽绒及其制品业	65	3 900	10 025	9 991	95
木材加工及竹、藤、棕、草制品业	24	147	308	308	820
家具制造业	125	696	3 750	2 774	－1 954
造纸及纸制品业	91	13	3 335	3 333	15 304
印　刷　业	1 872	13 168	16 209	15 107	74 659
石油加工及炼焦业	4 112	17 624	232 217	198 418	－401 408
化学原料及化学制品制造业	3 585	39 954	42 231	43 708	116 548
医药制造业	3 544	124 118	273 042	250 205	622 026
化学纤维制造业	432	6 439	2 419	2 418	9 968
橡胶制品业	272	1 308	908	908	7 746
塑料制品业	76	2 023	3 897	2 708	25 507
非金属矿物制品业	89	5 939	24 619	12 488	16 261
黑色金属冶炼及压延加工业	3 334	2 625	66 863	66 822	113 010
有色金属冶炼及压延加工业	48	1 976	6 470	－2 214	21 747
金属制品业	223	1 344	3 696	3 620	26 575
普通机械制造业	1 667	31 397	64 671	65 843	58 886
专用设备制造业	1 055	27 986	30 344	29 855	－7 025
交通运输设备制造业	464	26 798	11 621	10 828	109 664
电气机械及器材制造业	346	807	6 684	6 542	26 124
电子及通信设备制造业	321	19 957	196 520	179 583	184 469
仪器仪表及文化、办公用机械制造业	—	574	644	644	－747
其他制造业	135	461	627	562	11 237
电力、煤气及水的生产和供应业					
电力、蒸汽、热水的生产和供应业	4 573	9 746	433 377	430 470	689 457
煤气生产和供应业	—	2 671	－414	－414	－21 880
自来水的生产和供应业	20	535	1 076	1 072	－22 720

10—3 续表 16　　(2000 年)　　计量单位:千元

项目名称	利润总额	应交所得税	应付利润	利税总额	应付工资总额
总计	2 093 940	719 743	204 475	5 281 340	2 919 804
一、按登记注册类型分组					
内资企业	1 830 506	702 897	181 419	4 925 953	2 838 411
国有企业	403 039	149 904	-5 704	2 256 339	1 446 943
集体企业	337 835	41 460	31 043	527 103	268 764
股份合作企业	25 759	5 211	10 183	50 979	34 142
联营企业	16 369	794	15 116	33 090	17 125
有限责任公司	361 303	57 286	122 241	838 814	604 847
股份有限公司	660 413	441 218	4 045	1 180 904	452 416
私营企业	26 453	7 024	4 495	34 624	8 767
其他企业	-665	—	—	4 100	5 407
港、澳、台商投资企业	234 037	12 777	23 056	294 740	59 931
外商投资企业	29 397	4 069	—	60 647	21 462
二、按经济组织类型分组					
独资企业	751 602	191 426	25 339	2 799 757	1 722 784
合作、合伙企业	71 660	9 605	25 299	129 168	64 812
股份有限公司	660 413	441 218	4 045	1 180 904	452 416
有限责任公司	610 265	77 494	149 792	1 171 511	679 792
三、在总计中:亏损企业	-483 808	18 501	-4 954	12 383	305 566
在总计中:国有控股企业	1 375 591	626 374	134 498	4 158 603	2 444 344
在总计中:农村工业	478 338	32 795	36 249	645 828	178 532
在总计中:轻工业	1 143 550	224 533	202 696	2 457 571	1 381 537
以农产品为原料	517 978	117 766	63 641	1 368 752	751 745
以非农产品为原料	625 572	106 767	139 055	1 088 819	629 792
重工业	950 390	495 210	1 779	2 823 769	1 538 267
采掘工业	3 015	10	—	20 612	72 123
原料工业	621 029	456 094	33 412	2 038 053	617 685
加工工业	326 346	39 106	-31 633	765 104	848 459
在总计中:特大型企业	631 234	123 264	95 522	1 254 592	673 649
大一型企业	592 208	475 491	11 561	1 990 007	995 983
大二型企业	154 372	30 230	16 422	822 056	603 421
中一型企业	18 252	12 175	4 069	124 539	169 289
中二型企业	66 310	8 648	6 190	128 214	80 828
小型企业	631 564	69 935	70 711	961 932	396 634

10—3 续表 17　　(2000 年)　　计量单位:千元

项　目　名　称	利润总额	应交所得税	应付利润	利税总额	应付工资总额
在总计中按工业行业分					
采　掘　业					
煤炭采选业	3 015	10	—	20 612	72 123
制　造　业					
食品加工业	9 237	2 165	- 3 354	17 506	13 825
食品制造业	73 633	19 717	3 380	127 158	41 907
饮料制造业	5 560	—	—	51 358	12 110
烟草加工业	70 000	—	—	490 007	30 908
纺　织　业	221 888	60 746	34 143	434 881	434 022
服装及其他纤维制品制造业	12 737	592	- 1 227	17 186	52 974
皮革、毛皮、羽绒及其制品业	6 653	—	—	12 795	20 421
木材加工及竹、藤、棕、草制品业	795	262	171	1 624	862
家具制造业	1 413	269	418	6 268	5 388
造纸及纸制品业	19 068	2 022	—	26 705	13 024
印　刷　业	80 901	29 430	28 064	140 842	100 798
石油加工及炼焦业	- 349 183	17 892	—	141 411	142 307
化学原料及化学制品制造业	141 535	24 430	- 9 147	254 129	218 191
医药制造业	541 660	90 331	112 377	948 759	507 580
化学纤维制造业	4 692	1 395	—	15 302	26 475
橡胶制品业	12 740	380	461	15 979	8 134
塑料制品业	26 041	396	392	34 100	12 445
非金属矿物制品业	16 381	3 965	2 820	66 260	62 113
黑色金属冶炼及压延加工业	110 499	11 494	22 136	276 254	122 486
有色金属冶炼及压延加工业	21 531	22	—	34 116	10 940
金属制品业	26 938	2 640	3 179	46 093	35 699
普通机械制造业	72 759	11 341	3 014	152 849	186 322
专用设备制造业	- 2 481	976	305	25 031	144 801
交通运输设备制造业	123 412	2 261	2 607	181 222	153 952
电气机械及器材制造业	28 679	11 014	2 795	62 879	45 202
电子及通信设备制造业	51 651	5 689	965	226 033	122 638
仪器仪表及文化、办公用机械制造业	- 332	117	—	68	2 692
其他制造业	14 743	2 885	692	20 912	3 415
电力、煤气及水的生产和供应业					
电力、蒸汽、热水的生产和供应业	777 893	417 302	284	1 448 051	225 002
煤气生产和供应业	- 9 953	—	—	- 8 157	13 249
自来水的生产和供应业	- 6 352	—	—	4 240	31 999

10—3 续表 18　　(2000 年)　　计量单位:千元

项目名称	主营业务应付工资总额	应付福利费总额	应交增值税	进项税额	销项税额	全部从业人员年平均(人)
总计	2 713 668	408 988	2 316 549	5 225 668	7 371 434	285 706
一、按登记注册类型分组						
内资企业	2 632 853	395 250	2 225 206	5 011 295	7 074 599	277 630
国有企业	1 301 169	194 468	1 093 139	2 598 817	3 615 264	128 871
集体企业	238 063	37 182	167 087	383 338	531 662	40 980
股份合作企业	33 422	4 473	23 141	37 937	60 963	4 057
联营企业	17 125	2 388	16 113	36 917	53 030	1 645
有限责任公司	581 331	87 546	418 771	1 309 685	1 673 279	55 685
股份有限公司	447 619	67 480	496 193	602 964	1 088 002	44 809
私营企业	8 717	965	5 997	22 500	28 497	1 123
其他企业	5 407	753	4 765	19 137	23 902	570
港、澳、台商投资企业	59 688	10 387	60 093	162 541	215 102	6 170
外商投资企业	21 127	3 351	31 250	5 1832	81 733	1 906
二、按经济组织类型分组						
独资企业	1 546 309	232 592	1 265 269	2 992 599	4 162 413	170 294
合作、合伙企业	64 092	8 587	54 539	99 542	150 413	6 988
股份有限公司	447 619	67 480	496 193	602 964	1 088 002	44 809
有限责任公司	655 648	100 329	500 548	1 530 563	1 970 606	63 615
三、在总计中:亏损企业	271 369	42 847	143 669	1 176 359	1 304 408	32 801
在总计中:国有控股企业	2 270 389	338 001	1 948 886	4 239 239	6 052 268	220 471
在总计中:农村工业	161 190	23 520	151 551	356 690	482 604	26 498
在总计中:轻工业	1 342 424	195 235	884 619	2 122 820	2 900 051	128 117
以农产品为原料	729 817	106 856	449 988	881 990	1 275 564	80 085
以非农产品为原料	612 607	88 379	434 631	1 240 830	1 624 487	48 032
重工业	1 371 244	213 753	1 431 930	3 102 848	4 471 383	157 589
采掘工业	45 093	8 420	15 797	34 297	49 557	6 866
原料工业	567 597	82 861	1 007 227	2 196 538	3 166 871	52 419
加工工业	758 554	122 472	408 906	872 013	1 254 955	98 304
在总计中:特大型企业	673 649	95 037	590 551	1 403 540	1 946 780	43 733
大一型企业	908 365	140 739	988 360	2 117 193	3 078 411	87 194
大二型企业	539 896	82 727	302 363	637 819	890 658	67 991
中一型企业	143 187	22 761	76 290	171 798	244 927	20 372
中二型企业	79 448	12 349	56 714	132 081	185 039	10 955
小型企业	369 123	55 375	302 271	763 237	1 025 619	55 461

10—3 续表 19　　（2000 年）　　计量单位：千元

项　目　名　称	主营业务应付工资总　额	应　付福利费总　额	应　交增值税	进项税额	销项税额	全部从业人员年平均（人）
在总计中按工业行业分						
采　掘　业						
煤炭采选业	45 093	8 420	15 797	34 297	49 557	6 866
制　造　业						
食品加工业	13 394	2 524	7 246	20 795	28 277	2 256
食品制造业	41 546	6 366	48 769	178 662	226 729	3 912
饮料制造业	12 110	1 720	17 952	13 532	31 484	1 673
烟草加工业	30 908	4 139	84 130	63 748	147 461	2 202
纺　织　业	428 638	61 490	193 643	372 821	559 229	46 739
服装及其他纤维制品制造业	42 640	7 746	4 048	52 287	26 564	6 655
皮革、毛皮、羽绒及其制品业	20 421	3 090	5 993	26 474	17 413	1 985
木材加工及竹、藤、棕、草制品业	862	186	818	1 893	2 608	99
家具制造业	5 388	1 009	2 104	2 892	4 996	1 347
造纸及纸制品业	9 779	1 496	7 319	21 128	27 308	1 871
印　刷　业	98 825	13 534	55 206	100 531	154 612	8 464
石油加工及炼焦业	123 729	16 812	137 065	1 099 207	1 223 836	10 224
化学原料及化学制品制造业	197 918	28 116	103 123	253 673	343 501	23 257
医药制造业	507 359	72 445	385 496	1 137 020	1 477 174	35 328
化学纤维制造业	26 014	3 054	9 755	20 767	30 028	2 323
橡胶制品业	8 134	1 047	2 720	12 947	15 026	1 371
塑料制品业	11 993	930	7 407	36 345	40 506	2 332
非金属矿物制品业	52 984	9 688	42 095	51 315	88 432	10 990
黑色金属冶炼及压延加工业	101 687	16 529	150 515	353 208	495 399	9 808
有色金属冶炼及压延加工业	10 448	1 389	12 363	31 376	43 630	1 040
金属制品业	34 221	5 244	18 472	43 323	58 880	4 306
普通机械制造业	177 825	26 839	71 736	154 302	218 287	25 107
专用设备制造业	138 162	20 407	25 035	128 094	150 206	21 249
交通运输设备制造业	120 740	19 188	49 466	103 835	145 703	15 729
电气机械及器材制造业	45 202	13 191	32 524	72 882	105 111	3 386
电子及通信设备制造业	122 533	16 235	171 408	262 444	432 807	8 573
仪器仪表及文化、办公用机械制造业	1 837	376	337	1 315	1 652	488
其他制造业	3 409	1 138	4 723	10 618	15 310	1 063
电力、煤气及水的生产和供应业						
电力、蒸汽、热水的生产和供应业	219 747	31 520	635 406	544 801	1 178 379	16 525
煤气生产和供应业	13 249	1 890	1 670	7 972	9 031	944
自来水的生产和供应业	25 804	4 811	9 746	—	9 746	2 557

分县(市)区工业企业主要经济指标

10—4　　(2000年)　　计量单位:千元

行政单位	企业单位数(个)	工业总产值	工业销售产值	工业中间投入	工业增加值
全市	1 362	78 162 240	75 505 898	56 682 737	24 584 696
市区	312	42 371 255	41 453 342	30 750 550	13 937 254
#长安区	9	455 390	443 052	314 452	150 547
桥东区	6	229 711	219 286	167 386	72 172
桥西区	10	264 272	250 847	196 206	81 419
新华区	5	1 126 668	1 136 622	905 578	260 566
郊区	60	3 952 624	3 496 314	2 791 147	1 305 526
矿区	27	548 193	546 167	402 453	171 751
高新区	22	1 501 570	1 490 841	1 163 084	391 345
井陉县	49	840 303	832 884	602 626	266 758
正定县	107	4 092 952	3 993 649	2 888 955	1 289 387
栾城县	42	1 481 303	1 371 949	1 071 806	463 919
行唐县	70	1 399 708	1 367 273	1 004 366	447 701
灵寿县	33	770 387	739 251	545 764	242 284
高邑县	55	1 169 569	1 143 018	836 631	385 437
深泽县	28	697 557	642 167	503 664	212 310
赞皇县	34	520 694	509 710	378 191	162 954
无极县	36	2 138 831	2 078 273	1 474 199	691 246
平山县	59	1 820 126	1 785 391	1 226 091	635 326
元氏县	36	1 314 000	1 202 787	948 263	384 521
赵县	54	2 247 760	2 150 212	1 700 550	582 457
辛集市	56	5 857 572	5 163 787	4 321 993	1 627 484
藁城市	126	4 674 391	4 450 517	3 739 903	991 995
晋州市	100	2 220 106	2 123 695	1 591 736	701 855
新乐市	53	2 098 313	2 054 185	1 345 651	780 719
鹿泉市	112	2 431 835	2 426 118	1 751 798	765 511

10—4 续表 1 （2000 年） 计量单位：千元

行政单位	资产合计	流动资产			
			应收帐款	存货	其中产成品
全市	102 883 188	40 547 323	11 056 652	13 007 984	6 427 514
市区	80 494 887	30 787 706	8 761 046	9 185 161	4 169 889
#长安区	201 928	118 405	26 903	70 548	48 767
桥东区	296 283	164 208	38 758	63 118	34 662
桥西区	391 209	248 008	60 295	131 430	76 368
新华区	481 616	197 570	30 350	109 975	12 695
郊区	2 685 758	1 510 606	276 225	582 629	338 469
矿区	624 990	256 696	45 599	138 263	89 222
高新区	2 032 590	1 263 134	479 049	279 404	58 904
井陉县	784 903	234 650	64 917	107 159	64 055
正定县	2 709 592	1 186 659	330 732	489 766	284 710
栾城县	1 187 448	507 368	11 646	226 072	151 540
行唐县	432 756	203 333	48 412	86 666	39 665
灵寿县	501 786	210 864	57 643	71 018	30 910
高邑县	708 168	260 425	61 050	88 221	52 929
深泽县	470 779	191 453	52 558	102 997	54 745
赞皇县	546 593	214 706	61 128	115 331	57 876
无极县	1 021 129	405 144	63 901	157 115	109 968
平山县	1 369 511	695 870	260 037	239 967	214 058
元氏县	737 909	343 145	80 765	79 509	40 903
赵县	1 458 083	790 145	173 773	277 964	129 727
辛集市	2 615 738	1 247 605	212 348	603 652	359 589
藁城市	2 805 741	985 012	152 377	337 893	161 640
晋州市	1 845 527	988 561	208 560	395 831	261 720
新乐市	1 128 775	371 236	91 132	146 146	88 328
鹿泉市	2 063 862	923 441	265 627	297 516	155 254

10—4 续表 2　　(2000 年)　　计量单位:千元

行政单位	流动资产年平均余额	长期投资	固定资产小计	固定资产原价	
					生产经营用
全　　市	**40 541 354**	**5 459 981**	**51 753 332**	**66 864 755**	**56 761 981**
市　　区	31 167 994	5 130 533	40 777 923	53 620 330	45 440 450
#长 安 区	117 493	10 535	64 727	89 411	82 525
桥 东 区	152 780	8 317	90 192	151 391	112 231
桥 西 区	230 250	3 545	135 983	167 300	150 246
新 华 区	218 449	32 521	246 588	279 840	268 533
郊　　区	1 417 074	60 266	1 067 154	1 422 783	1 225 108
矿　　区	267 113	4 866	324 994	418 137	334 954
高 新 区	1 072 756	19 294	557 933	649 502	615 195
井 陉 县	248 348	3 843	384 634	484 252	356 990
正 定 县	1 069 001	52 610	1 321 733	1 513 087	1 265 436
栾 城 县	502 819	32 800	569 645	731 142	588 546
行 唐 县	206 636	1 138	171 612	212 186	176 371
灵 寿 县	137 152	2 971	271 455	305 391	232 441
高 邑 县	278 635	1 820	365 401	394 357	352 654
深 泽 县	191 617	—	258 831	290 612	251 110
赞 皇 县	210 703	8 280	219 859	269 888	254 880
无 极 县	405 159	12 581	555 391	688 659	581 647
平 山 县	694 797	21 667	613 017	810 328	681 639
元 氏 县	294 933	13 953	369 563	456 504	423 266
赵　　县	792 667	1 335	584 817	686 811	550 360
辛 集 市	1 116 137	33 874	1 211 996	1 513 833	1 323 909
藁 城 市	1 043 857	52 018	1 557 680	1 719 135	1 505 278
晋 州 市	907 557	28 581	800 799	1 009 631	911 089
新 乐 市	368 963	41 811	621 812	782 014	690 066
鹿 泉 市	904 379	20 161	1 097 164	1 376 595	1 175 849

10—4 续表 3　　(2000 年)　　计量单位:千元

行政单位	累计折旧	本年折旧	固定资产净值	固定资产净值年平均余额	无形及递延资产
全　　市	**20 119 882**	**3 212 744**	**46 744 873**	**45 638 196**	**2 880 825**
市　　区	16 658 323	2 677 968	36 962 007	35 849 236	2 021 586
#长安区	33 269	5 000	56 142	59 900	5 325
桥东区	61 347	7 549	90 044	82 234	32 188
桥西区	59 988	5 973	107 312	109 225	3 672
新华区	71 584	17 080	208 256	197 395	2 968
郊　区	473 934	89 893	948 849	1 050 341	12 010
矿　区	155 876	26 762	262 261	249 453	35 472
高新区	141 518	28 671	507 984	501 889	126 736
井陉县	119 704	14 833	364 548	361 457	149 996
正定县	347 828	59 943	1 165 259	894 210	79 157
栾城县	460 035	34 071	271 107	481 613	74 023
行唐县	61 284	10 418	150 902	163 297	7 424
灵寿县	45 477	8 618	259 914	257 542	11 026
高邑县	47 633	6 640	346 724	342 383	1 616
深泽县	54 872	8 350	235 740	234 933	20 495
赞皇县	61 267	19 253	208 621	239 300	96 478
无极县	171 197	22 330	517 462	533 765	9 650
平山县	255 870	36 527	554 458	563 561	38 957
元氏县	121 037	9 975	335 467	334 202	7 584
赵　县	149 911	18 217	536 900	506 465	70 881
辛集市	426 109	59 130	1 087 724	1 139 429	37 506
藁城市	356 788	86 141	1 362 347	1 344 967	114 050
晋州市	254 332	49 009	755 299	787 429	27 586
新乐市	173 445	36 483	608 569	586 278	89 714
鹿泉市	354 770	54 838	1 021 825	1 018 130	23 096

10—4 续表 4　　（2000 年）　　计量单位：千元

行政单位	负债合计	流动负债	长期负债	所有者权益合计	实收资本
全市	65 387 974	43 911 160	19 891 366	37 495 213	21 381 037
市区	50 523 177	33 150 871	16 032 727	29 971 710	16 215 490
#长安区	123 726	111 356	12 326	78 202	74 178
桥东区	123 251	121 043	2 208	173 032	115 262
桥西区	253 470	221 103	32 367	137 739	117 248
新华区	180 833	168 405	12 428	300 783	117 998
郊区	1 752 211	1 547 875	98 730	933 547	592 300
矿区	494 793	396 791	73 600	130 197	95 262
高新区	1 203 264	1 088 107	115 157	829 326	637 336
井陉县	410 115	315 487	78 858	374 788	171 942
正定县	1 741 308	1 332 296	409 012	968 284	674 331
栾城县	951 279	821 982	129 297	236 169	168 205
行唐县	294 715	206 708	71 866	138 040	126 486
灵寿县	307 893	219 788	87 872	193 893	217 547
高邑县	418 158	273 461	144 697	290 010	187 661
深泽县	381 464	249 878	119 656	89 315	47 243
赞皇县	466 961	345 675	115 535	79 632	56 763
无极县	668 311	432 949	235 362	352 818	357 279
平山县	975 765	683 704	291 024	393 746	226 217
元氏县	461 001	374 470	86 530	276 908	167 648
赵县	1 010 662	782 423	228 239	447 421	246 584
辛集市	1 701 752	1 173 581	466 503	913 986	526 551
藁城市	1 945 700	1 056 107	771 426	860 041	692 198
晋州市	1 130 612	994 431	126 043	714 915	449 423
新乐市	640 878	560 861	80 017	487 897	320 639
鹿泉市	1 358 222	936 488	416 702	705 640	528 830

10—4 续表 5　　(2000 年)　　计量单位:千元

行政单位	产品销售收入	产品销售成本	产品销售费用	产品销售税金及附加	产品销售利润
全市	74 470 780	60 817 933	2 539 953	1 109 560	10 003 334
市区	44 259 776	35 921 651	1 182 804	870 851	6 284 470
#长安区	323 452	284 759	7 782	847	30 064
桥东区	193 623	160 056	10 113	1 065	22 389
桥西区	195 808	155 761	9 675	2 269	28 103
新华区	1 092 360	912 232	86 142	5 186	88 800
郊区	3 797 351	3 042 187	135 713	14 235	605 216
矿区	392 746	329 124	8 038	3 002	52 582
高新区	1 550 297	1 255 244	120 094	3 031	171 928
井陉县	567 029	442 310	43 018	9 623	72 078
正定县	3 937 275	3 481 803	94 058	8 591	352 823
栾城县	1 305 091	1 080 894	65 184	6 108	152 905
行唐县	1 204 802	995 035	53 501	8 478	147 788
灵寿县	456 555	309 161	62 142	8 161	77 091
高邑县	1 115 178	925 277	52 174	12 455	125 272
深泽县	493 497	424 472	19 919	3 523	45 583
赞皇县	435 121	309 864	35 270	417	89 570
无极县	1 578 576	1 316 904	52 246	11 312	198 114
平山县	1 513 615	1 228 195	79 863	8 777	196 780
元氏县	844 490	679 307	32 177	12 650	120 356
赵县	1 688 547	1 429 506	32 884	8 550	217 607
辛集市	5 333 698	4 323 310	250 833	22 885	736 670
藁城市	3 484 000	2 885 278	141 904	36 766	420 052
晋州市	2 011 076	1 704 505	75 742	24 000	206 829
新乐市	1 901 957	1 400 935	191 380	40 354	269 288
鹿泉市	2 340 497	1 959 526	74 854	16 059	290 058

10—4 续表 6　　　　(2000 年)　　　　计量单位:千元

行政单位	管理费用	税金	财产保险费	劳动待业保险费	财务费用	利息支出
全　市	**3 934 318**	**136 774**	**52 632**	**504 705**	**2 120 533**	**1 932 108**
市　区	3 054 848	83 856	35 155	456 996	1 535 051	1 432 906
#长安区	20 104	405	127	1 024	2 639	1 438
桥东区	19 047	374	192	1 217	2 121	1 983
桥西区	16 321	475	198	243	3 040	2 533
新华区	45 401	1 870	514	1 524	3 033	1 939
郊　区	107 465	4 777	1 020	1 904	37 495	26 672
矿　区	23 412	1 022	62	1 888	10 231	10 213
高新区	76 805	354	553	1 032	21 373	4 431
井陉县	43 350	1 261	1 286	5 477	11 072	8 936
正定县	92 490	17 208	2 130	6 478	67 353	65 683
栾城县	55 480	3 403	3 848	4 076	24 838	24 609
行唐县	30 331	1 619	25	812	13 340	11 190
灵寿县	27 134	1 394	209	256	8 005	3 012
高邑县	16 362	1 594	455	852	13 534	12 219
深泽县	16 464	723	1 398	—	11 686	11 141
赞皇县	27 113	363	332	701	20 791	13 191
无极县	26 260	1 600	395	470	42 591	25 006
平山县	48 722	4 179	2 263	2 471	38 945	38 791
元氏县	28 326	590	699	882	14 265	8 304
赵　县	35 793	3 021	379	957	55 175	37 167
辛集市	160 433	3 461	1 000	13 011	86 982	78 677
藁城市	82 098	3 169	636	1 824	72 694	68 782
晋州市	49 209	4 094	1 109	3 911	35 194	34 862
新乐市	58 506	2 864	801	982	24 600	22 384
鹿泉市	81 399	2 375	512	4 549	44 417	35 248

10—4 续表 7 (2000 年) 计量单位:千元

行政单位	营业利润	利润总额	应交所得税	应付利润	利税总额	应付工资总额
全市	4 360 942	4 520 684	967 557	377 074	8 735 437	4 004 628
市区	1 987 481	2 093 940	719 743	204 475	5 281 340	2 919 804
#长安区	8 028	10 357	2 398	1 372	20 813	12 762
桥东区	2 249	2 347	1 006	427	13 259	17 767
桥西区	16 323	20 488	3 637	1 622	36 110	16 042
新华区	60 568	72 948	18 585	—	117 610	32 490
郊区	468 499	479 992	32 124	48 078	638 276	175 358
矿区	18 287	23 493	2 510	2 629	52 506	33 208
高新区	79 317	78 994	15 937	6 585	134 884	37 530
井陉县	22 115	25 489	3 060	1 109	64 193	63 353
正定县	207 110	205 680	13 191	8 090	299 661	122 796
栾城县	76 021	76 163	16 386	20 728	136 693	48 301
行唐县	105 203	100 106	14 211	23 084	160 943	32 555
灵寿县	54 172	71 319	11 915	3 918	97 141	20 642
高邑县	102 548	84 139	29 071	8 036	149 093	39 891
深泽县	19 649	19 649	6 413	264	41 589	22 958
赞皇县	43 607	46 296	9 543	3 887	67 164	27 939
无极县	132 793	120 843	1 288	2 113	158 769	56 813
平山县	117 420	119 446	26 631	20 607	169 514	66 980
元氏县	84 545	89 471	17 233	30 249	120 905	28 735
赵县	129 527	140 161	10 548	3 740	183 958	33 669
辛集市	501 634	440 023	16 252	–8 856	554 813	144 277
藁城市	279 155	355 687	9 018	2 558	449 960	96 605
晋州市	145 190	184 941	12 641	26 175	282 426	103 603
新乐市	187 239	179 530	34 919	18 578	247 941	60 499
鹿泉市	165 533	167 801	15 566	8 319	269 334	115 208

10—4 续表 8　　(2000 年)　　计量单位:千元

行政单位	主营业务应付工资总额	应付福利费总额	应交增值税	进项税额	销项税额	全部从业人员年平均(人)
全市	3 750 287	548 529	3 105 193	7 325 790	10 217 475	532 996
市区	2 713 668	408 988	2 316 549	5 225 668	7 371 434	285 706
#长安区	12 762	2 336	9 609	35 709	44 811	2 906
桥东区	15 030	2 118	9 847	21 555	31 126	2 781
桥西区	14 952	2 668	13 353	18 619	31 972	2 678
新华区	32 355	5 228	39 476	159 136	198 559	3 680
郊区	157 696	23 383	144 049	350 214	474 385	22 726
矿区	33 138	4 106	26 011	35 444	55 294	8 525
高新区	37 041	4 994	52 859	180 057	232 883	3 917
井陉县	54 116	4 532	29 081	42 107	70 629	12 636
正定县	120 103	14 905	85 390	245 794	327 916	17 447
栾城县	41 068	7 855	54 422	107 982	162 204	42 413
行唐县	28 919	4 013	52 359	25 664	60 020	6 607
灵寿县	19 902	2 242	17 661	10 672	28 303	3 508
高邑县	38 761	6 360	52 499	136 967	189 466	11 294
深泽县	21 438	3 862	18 417	14 536	32 953	4 289
赞皇县	26 929	4 413	20 451	42 507	62 530	6 539
无极县	52 569	6 874	26 614	64 911	89 184	12 425
平山县	66 914	7 380	41 291	124 534	161 325	15 085
元氏县	28 617	2 046	18 784	41 431	56 379	6 926
赵县	33 547	5 493	35 247	202 492	239 516	9 602
辛集市	134 516	16 518	91 905	332 862	424 194	25 795
藁城市	95 309	18 454	57 507	228 935	282 448	19 072
晋州市	101 544	10 299	73 485	202 559	273 462	20 268
新乐市	60 271	11 006	28 057	44 261	72 315	11 510
鹿泉市	112 096	13 289	85 474	231 908	313 197	19 626

分县(市)区国有工业企业主要经济指标

10—5 (2000 年) 计量单位:千元

行 政 单 位	企业单位数(个)	工业总产值	工业销售产 值	工业中间投入	工业增加值
全 市	316	27 788 738	27 059 383	20 273 287	8 790 361
市 区	108	20 882 079	20 402 222	15 125 945	6 849 273
#矿 区	7	23 601	23 436	16 299	8 499
高 新 区	3	88 404	87 761	58 092	34 402
井 陉 县	9	145 016	143 172	112 768	35 228
正 定 县	9	55 398	51 642	39 688	17 814
栾 城 县	9	145 744	142 090	126 893	21 284
行 唐 县	17	224 345	221 485	162 458	71 799
灵 寿 县	7	125 204	117 407	87 251	39 141
高 邑 县	6	152 604	156 496	117 743	44 635
深 泽 县	3	40 260	32 721	17 873	22 463
赞 皇 县	19	298 449	292 657	209 950	98 400
无 极 县	9	347 961	340 694	258 379	101 067
平 山 县	21	637 297	645 135	437 017	218 381
元 氏 县	16	541 746	467 979	399 616	143 707
赵 县	14	788 211	749 550	611 975	192 606
辛 集 市	16	1 074 843	1 041 148	894 123	212 411
藁 城 市	27	1 585 298	1 548 991	1 196 116	413 519
晋 州 市	9	290 818	247 533	151 946	152 196
新 乐 市	2	75 736	69 005	42 799	37 783
鹿 泉 市	15	362 151	371 766	280 747	103 076

10—5 续表 1 (2000 年) 计量单位:千元

行政单位	资产合计	流动资产	流动资产年平均余额	固定资产小计	固定资产原价	生产经营用
全市	**56 943 451**	**20 141 969**	**20 745 266**	**29 306 256**	**37 560 799**	**32 185 272**
市区	49 979 166	17 038 339	17 715 001	25 940 259	33 405 263	28 619 493
#矿区	88 792	39 973	38 963	43 413	47 925	34 614
高新区	180 589	97 077	91 014	80 724	33 156	19 657
井陉县	169 737	44 000	45 320	90 804	103 336	86 577
正定县	251 276	107 649	99 488	122 645	115 109	96 032
栾城县	117 552	76 039	72 105	40 575	43 794	36 940
行唐县	164 349	74 481	84 282	52 092	58 845	50 101
灵寿县	163 628	44 490	39 855	111 995	120 513	82 550
高邑县	173 825	89 459	87 215	76 104	80 935	78 325
深泽县	22 366	3 348	4 102	17 710	18 208	16 527
赞皇县	289 185	92 957	89 763	87 176	109 369	102 370
无极县	375 734	136 675	140 447	238 021	314 752	267 243
平山县	879 529	451 327	448 787	395 851	512 315	408 246
元氏县	310 270	142 795	91 453	158 688	201 342	179 147
赵县	869 102	465 079	467 964	337 296	383 357	305 351
辛集市	1 025 335	493 759	412 412	485 794	666 991	591 904
藁城市	1 200 491	464 596	540 734	655 236	817 834	759 276
晋州市	324 663	175 940	165 988	141 407	183 453	171 112
新乐市	109 518	50 298	48 691	51 204	69 905	64 109
鹿泉市	517 725	190 738	191 659	303 399	355 478	269 969

10—5 续表 2　　(2000 年)　　计量单位:千元

行政单位	累计折旧	本年折旧	固定资产净值	固定资产净值年平均余额	无形及递延资产
全　市	10 810 353	1 731 438	26 750 446	25 435 457	1 429 026
市　区	9 618 309	1 569 733	23 786 954	22 414 986	1 071 190
#矿　区	13 638	2 052	34 287	37 358	3 642
高新区	2 342	415	30 814	31 134	1 988
井陉县	18 755	1 212	84 581	76 828	34 104
正定县	30 625	4 321	84 484	85 794	18 393
栾城县	7 436	728	36 358	36 930	630
行唐县	13 776	1 416	45 069	50 906	5 172
灵寿县	18 173	2 243	102 340	104 511	5 922
高邑县	13 588	2 295	67 347	68 228	201
深泽县	3 157	137	15 051	15 051	1 308
赞皇县	23 586	1 626	85 783	124 348	94 420
无极县	104 484	8 464	210 268	225 814	852
平山县	170 470	23 757	341 845	361 913	22 339
元氏县	57 415	3 631	143 927	136 819	7 197
赵　县	91 610	9 065	291 747	270 116	66 116
辛集市	252 398	32 243	414 593	420 817	18 005
藁城市	209 145	47 819	608 689	619 419	64 099
晋州市	48 057	8 378	135 396	135 940	7 059
新乐市	19 564	2 283	50 341	51 563	3 499
鹿泉市	109 805	12 087	245 673	235 474	8 520

10—5 续表 3　　(2000 年)　　计量单位:千元

行政单位	负债合计	流动负债	所有者权益合计	产品销售收入	产品销售成本
全　市	37 548 206	21 544 350	19 395 245	26 987 008	22 251 152
市　区	32 100 599	17 834 416	17 878 567	22 437 920	18 434 040
#矿　区	64 915	48 665	23 877	17 814	14 649
高新区	142 694	109 364	37 895	88 497	59 049
井陉县	77 800	76 869	91 937	48 474	39 728
正定县	202 072	135 259	49 204	45 034	38 250
栾城县	107 676	107 676	9 876	134 444	123 697
行唐县	125 502	93 749	38 847	148 761	127 851
灵寿县	128 812	77 193	34 816	47 330	34 265
高邑县	139 698	96 228	34 127	144 549	117 617
深泽县	28 632	16 631	-6 266	21 083	20 233
赞皇县	250 526	202 039	38 659	238 040	168 027
无极县	325 411	184 435	50 323	187 060	155 250
平山县	672 328	474 742	207 201	413 304	324 210
元氏县	242 532	189 613	67 738	260 346	242 065
赵　县	696 346	506 716	172 756	400 542	330 419
辛集市	791 730	552 935	233 605	893 539	784 425
藁城市	994 000	457 730	206 491	977 240	825 849
晋州市	256 123	228 916	68 540	181 805	150 590
新乐市	67 617	47 017	41 901	38 518	21 619
鹿泉市	340 802	262 186	176 923	369 019	313 017

10—5 续表 4　　(2000 年)　　计量单位:千元

行政单位	产品销售收入(续)			管理费用	财务费用	营业利润
	产品销售费用	产品销售税金及附加	产品销售利润			
全　市	508 155	777 255	3 450 446	1 951 758	1 141 967	554 979
市　区	357 009	760 161	2 886 710	1 701 724	988 180	361 460
#矿　区	338	246	2 581	2 476	279	－157
高新区	8 281	241	20 926	6 831	1 522	12 584
井陉县	2 901	371	5 474	5 254	512	－45
正定县	1 177	169	5 438	6 215	1 114	－1 008
栾城县	3 273	306	7 168	6 692	1 187	636
行唐县	6 815	1 006	13 089	5 542	2 119	6 512
灵寿县	1 087	406	11 572	5 431	1 632	6 136
高邑县	8 717	1 104	17 111	4 969	5 692	6 856
深泽县	262	167	421	613	380	－572
赞皇县	19 657	227	50 129	14 687	11 206	25 859
无极县	5 608	773	25 429	10 489	12 532	2 512
平山县	13 983	940	74 171	17 147	18 116	47 167
元氏县	2 779	301	15 201	9 350	3 757	3 448
赵　县	7 278	1 321	61 574	21 025	15 448	25 630
辛集市	34 794	3 746	70 574	58 922	28 056	－6 689
藁城市	23 222	2 213	125 956	35 639	34 728	58 966
晋州市	2 753	1 695	26 767	14 589	8 415	5 422
新乐市	5 126	161	11 612	7 655	3 177	1 115
鹿泉市	11 714	2 188	42 100	25 815	5 716	11 574

10—5 续表 5　　　　(2000 年)　　　　计量单位:千元

行政单位	利润总额	应交所得税	利税总额	应付工资总额	应交增值税	全部从业人员年平均人数(人)
全　市	632 924	187 553	2 685 089	1 677 235	1 274 910	184 479
市　区	403 039	149 904	2 256 339	1 446 943	1 093 139	128 871
#矿　区	36	10	1 479	5 040	1 197	991
高新区	13 691	2 282	18 022	4 480	4 090	712
井陉县	279	15	3 630	6 758	2 980	1 346
正定县	-649	3	1 624	9 213	2 104	1 468
栾城县	1 175	16	3 914	2 639	2 433	938
行唐县	5 516	981	16 434	9 048	9 912	1 983
灵寿县	7 449	506	9 043	2 395	1 188	697
高邑县	6 131	2 134	17 009	2 780	9 774	1 852
深泽县	-572	—	-329	517	76	124
赞皇县	26 673	4 800	36 801	15 898	9 901	3 463
无极县	6 507	289	18 765	12 521	11 485	2 479
平山县	48 992	11 233	68 033	22 124	18 101	7 849
元氏县	8 482	1 021	10 360	8 912	1 577	2 999
赵　县	23 415	7 329	41 106	20 599	16 370	5 202
辛集市	-4 514	270	30 923	40 156	31 691	7 783
藁城市	81 509	2 396	108 059	33 625	24 337	6 434
晋州市	7 878	1 414	22 897	15 002	13 324	3 335
新乐市	1 836	515	6 843	7 497	4 846	1 078
鹿泉市	9 778	4 727	33 638	20 608	21 672	4 440

分县(市)区集体工业企业主要经济指标

10—6　　(2000年)　　计量单位:千元

行政单位	企业单位数(个)	工业总产值	工业销售产值	工业中间投入	工业增加值
全　市	**559**	**19 366 299**	**18 027 199**	**13 899 332**	**5 887 312**
市　区	102	4 144 012	3 679 831	2 926 344	1 384 755
#长安区	6	399 833	388 670	275 031	131 719
桥东区	5	159 413	149 320	119 535	45 158
桥西区	8	187 891	174 466	135 092	64 338
新华区	2	97 950	111 465	67 796	32 624
郊　区	41	2 464 670	2 075 965	1 764 101	792 519
矿　区	11	195 055	194 831	141 832	62 912
井陉县	19	207 266	205 519	150 065	62 642
正定县	54	1 852 379	1 800 179	1 258 304	626 391
栾城县	12	239 920	203 227	173 779	71 854
行唐县	29	664 506	650 556	470 061	215 979
灵寿县	5	130 625	127 677	91 030	42 217
高邑县	10	215 368	209 146	151 767	71 161
深泽县	21	580 921	537 853	427 632	169 478
赞皇县	5	99 520	97 295	75 261	28 232
无极县	16	964 876	935 700	678 413	292 046
平山县	34	1 066 838	1 033 499	707 334	381 000
元氏县	11	289 102	270 617	196 973	92 933
赵　县	24	1 126 251	1 084 905	858 931	278 698
辛集市	21	2 898 271	2 486 877	2 123 798	802 988
藁城市	49	1 346 312	1 226 777	1 262 909	93 223
晋州市	75	1 504 371	1 449 017	988 290	564 624
新乐市	25	980 045	968 608	635 870	345 383
鹿泉市	47	1 055 716	1 059 916	722 571	363 709

10—6 续表 1　　(2000 年)　　计量单位:千元

行政单位	资产合计	流动资产	流动资产年平均余额	固定资产小计	固定资产原价	生产经营用
全市	10 222 933	5 117 821	5 014 080	4 505 733	5 942 229	5 091 982
市区	3 993 409	2 161 711	2 209 641	1 611 341	2 364 589	2 008 061
#长安区	159 704	88 707	86 720	56 235	74 947	68 350
桥东区	187 626	126 881	114 964	57 596	94 531	57 562
桥西区	327 908	197 812	188 820	123 115	146 148	129 324
新华区	125 254	89 618	91 002	32 163	43 973	35 763
郊区	1 819 072	960 514	852 751	768 199	1 061 985	961 379
矿区	226 245	106 857	105 386	112 685	135 295	108 502
井陉县	129 733	48 138	49 049	70 794	98 492	83 650
正定县	745 365	346 525	255 487	290 646	354 669	267 889
栾城县	167 409	86 191	82 869	73 078	94 898	80 737
行唐县	109 516	54 795	48 180	43 292	60 397	50 978
灵寿县	22 111	6 833	7 519	10 345	13 835	12 283
高邑县	84 905	33 809	35 836	30 651	36 360	24 257
深泽县	359 361	158 523	159 348	192 754	218 342	187 197
赞皇县	84 704	40 282	41 333	43 621	61 561	58 691
无极县	247 234	118 431	117 452	114 077	127 320	96 172
平山县	420 866	212 468	212 545	185 215	262 284	240 558
元氏县	178 664	53 560	53 650	123 460	136 429	133 305
赵县	404 537	223 820	222 566	171 377	213 216	162 290
辛集市	729 691	327 417	308 449	331 860	354 035	310 452
藁城市	506 603	200 406	201 887	271 200	324 746	290 778
晋州市	1 029 175	565 096	528 572	427 435	570 479	501 362
新乐市	188 999	83 084	87 840	92 245	106 342	90 304
鹿泉市	820 651	396 732	391 857	422 342	544 235	493 018

10—6 续表 2　　(2000 年)　　计量单位:千元

行政单位	累计折旧	本年折旧	固定资产净值	固定资产净值年平均余额	无形及递延资产
全市	1 727 155	276 417	4 215 074	4 350 722	156 241
市区	896 743	116 574	1 467 846	1 617 334	62 298
#长安区	24 565	4 059	50 382	53 644	2 577
桥东区	36 942	4 899	57 589	56 115	776
桥西区	51 704	3 097	94 444	96 072	3 435
新华区	12 158	1 217	31 815	31 788	1 140
郊区	345 155	68 273	716 830	816 107	10 156
矿区	39 114	5 213	96 181	76 913	5 296
井陉县	28 481	3 173	70 011	68 654	2 119
正定县	69 760	12 985	284 909	258 987	28 853
栾城县	35 386	5 482	59 512	51 736	4 793
行唐县	18 915	3 954	41 482	42 554	1 109
灵寿县	3 645	366	10 190	10 096	—
高邑县	7 427	1 055	28 933	30 038	350
深泽县	45 985	7 183	172 357	171 441	8 084
赞皇县	18 998	11 272	42 563	32 567	—
无极县	14 595	2 937	112 725	112 518	3 352
平山县	81 622	12 205	180 662	171 378	11 528
元氏县	12 969	732	123 460	122 318	57
赵县	43 206	5 931	170 010	165 983	3 503
辛集市	50 172	9 559	303 863	328 227	15 471
藁城市	77 097	21 902	247 649	241 519	2 649
晋州市	171 817	32 493	398 662	430 711	10 550
新乐市	17 794	4 759	88 548	80 989	30
鹿泉市	132 543	23 855	411 692	413 672	1 495

10—6 续表 3　　(2000 年)　　计量单位:千元

行政单位	负债合计	流动负债	所有者权益合计	产品销售收入	产品销售成本
全　市	6 101 711	4 910 041	4 121 222	17 801 268	14 531 453
市　区	2 679 250	2 292 263	1 314 159	4 027 534	3 350 110
#长安区	90 267	77 897	69 437	279 818	249 581
桥东区	97 847	95 824	89 779	149 507	132 986
桥西区	200 037	169 641	127 871	138 988	107 434
新华区	75 975	75 615	49 279	91 093	67 382
郊　区	1 198 791	1 077 801	620 281	2 406 845	1 956 698
矿　区	199 858	163 215	26 387	141 642	118 575
井陉县	63 995	40 346	65 738	178 554	138 086
正定县	426 618	399 079	318 747	1 718 166	1 519 229
栾城县	118 071	103 374	49 338	207 688	177 240
行唐县	67 162	47 126	42 354	588 224	493 295
灵寿县	9 601	8 490	12 510	84 086	59 468
高邑县	49 595	46 723	35 310	188 922	159 460
深泽县	273 083	167 105	86 278	436 413	374 036
赞皇县	64 159	34 459	20 545	84 307	64 645
无极县	90 518	83 157	156 716	781 783	650 977
平山县	264 971	178 360	155 895	1 000 158	813 587
元氏县	73 951	67 741	104 713	249 755	201 527
赵　县	196 192	164 985	208 345	1 028 250	890 909
辛集市	384 482	253 226	345 209	2 752 059	2 095 983
藁城市	289 136	193 780	217 467	1 191 478	976 432
晋州市	497 064	426 565	532 111	1 305 259	1 070 318
新乐市	70 947	58 297	118 052	954 694	650 204
鹿泉市	482 916	344 965	337 735	1 023 938	845 947

10—6 续表 4　　(2000 年)　　计量单位:千元

行政单位	产品销售收入			管理费用	财务费用	营业利润
	产品销售费用	产品销售税金及附加	产品销售利润			
全市	**856 629**	**136 554**	**2 276 632**	**447 901**	**268 266**	**1 632 189**
市区	117 427	22 181	537 816	195 408	56 510	311 774
#长安区	7 044	767	22 426	13 664	2 162	7 307
桥东区	6 742	584	9 195	7 507	1 424	1 081
桥西区	6 646	2 111	22 797	14 154	2 327	13 823
新华区	9 918	1 133	12 660	6 594	758	5 277
郊区	61 770	12 454	375 923	82 191	24 717	276 312
矿区	2 735	1 278	19 054	7 458	5 034	6 647
井陉县	15 995	5 312	19 161	5 605	4 359	9 289
正定县	44 587	3 354	150 996	27 772	24 742	104 429
栾城县	1 240	829	28 379	5 295	7 689	15 593
行唐县	23 335	3 571	68 023	8 430	5 262	54 331
灵寿县	15 186	1 248	8 189	829	1 187	12 191
高邑县	9 443	2 686	17 333	2 422	1 802	13 540
深泽县	19 266	2 921	40 190	13 303	10 226	17 785
赞皇县	3 671	153	15 838	2 546	2 796	10 684
无极县	32 042	7 166	91 598	3 822	3 493	84 283
平山县	63 353	7 623	115 595	30 060	18 426	67 157
元氏县	8 047	3 472	36 709	4 898	3 568	28 243
赵县	15 140	5 483	116 718	8 807	24 820	85 013
辛集市	188 444	13 828	453 804	63 174	45 164	346 102
藁城市	56 754	13 558	144 734	15 793	15 363	123 378
晋州市	63 743	19 439	151 759	19 054	15 966	136 137
新乐市	149 881	17 997	136 612	19 507	5 173	111 932
鹿泉市	29 075	5 738	143 178	21 176	21 720	100 328

10—6 续表 5　　(2000 年)　　计量单位:千元

行政单位	利润总额	应交所得税	利税总额	应付工资总额	应交增值税	全部从业人员年平均人数(人)
全市	1 651 229	124 783	2 208 128	705 737	420 345	123 286
市区	337 853	41 460	527 103	268 764	167 087	40 980
#长安区	9 647	2 176	17 331	9 466	6 917	2 545
桥东区	1 253	168	7 117	11 374	5 280	1 918
桥西区	17 988	2 812	31 638	12 571	11 539	2 337
新华区	5 161	35	8 764	5 513	2 470	1 238
郊区	281 314	26 739	385 718	133 874	91 950	17 624
矿区	9 928	1 809	20 895	10 466	9 689	3 281
井陉县	9 402	552	20 155	19 776	5 441	3 653
正定县	103 253	4 288	138 923	40 509	32 316	5 858
栾城县	14 545	705	21 087	17 059	5 713	2 244
行唐县	51 210	6 080	76 315	8 499	21 534	2 117
灵寿县	20 570	1 310	24 435	2 170	2 622	304
高邑县	12 247	4 742	22 493	4 771	7 560	1 893
深泽县	17 785	5 734	36 895	20 661	16 189	3 859
赞皇县	10 427	2 406	14 553	3 147	3 973	915
无极县	71 028	204	83 777	24 554	5 583	5 010
平山县	67 293	15 182	96 412	42 342	21 496	6 747
元氏县	26 166	132	30 442	9 425	804	1 940
赵县	95 837	830	112 698	10 002	11 378	3 369
辛集市	318 950	3 770	361 293	57 702	28 515	11 128
藁城市	118 986	5 046	142 364	25 493	9 820	6 257
晋州市	172 283	9 435	240 265	76 839	48 543	13 378
新乐市	103 051	19 974	122 255	20 391	1 207	5 290
鹿泉市	100 361	2 933	136 663	53 633	30 564	8 344

全市行业用电分类情况

10—7　　(2000年)　　计量单位:万千瓦时

指标名称	全市	市区
全行业用电总计	**1 360 551**	**684 251**
一、农、林、牧、渔、水利业	137 524	12 112
#排　灌	109 405	10 904
1.农　业	124 024	11 347
2.林　业	345	—
3.畜牧业	667	100
4.渔　业	238	13
5.水利业	403	18
6.其　它	11 847	634
二、工　业	1 079 684	561 423
1.轻工业	325 539	160 759
2.重工业	754 145	400 665
(一)采掘业	60 963	15 407
1.矿　业	50 268	8 310
2.自来水生产和供应业	10 695	7 097
(二)制造业合计	1 018 721	546 016
1.食品、饮料和烟草制造业	29 988	7 414
2.纺织业	59 856	40 661
3.造纸及纸制品业	18 325	5 265
4.电力、蒸汽、热水生产和供应业	214 992	166 428
#电厂生产全部耗用电量	137 719	125 910
5.石油加工业	24 949	24 889
6.炼焦、煤气及煤制品业	10 068	8 567
7.化学工业	224 985	70 344
8.医学工业	120 641	89 855
9.化学纤维工业	15 827	352
10.橡胶及塑料制品业	9 250	1 818
11.建筑材料及其它非金属矿制品业	75 111	2 176
12.黑色金属冶炼及压延加工业	58 879	42 381
13.有色金属冶炼及压延加工业	20 543	881
14.金属制品业	12 616	3 191
15.机械工业	27 862	16 479
16.交通运输、电气、电子设备制造业	20 457	17 708
17.其它工业	74 372	47 607
三、地质普查和勘探业	1 216	703
四、建筑业	9 975	6 837
五、交通运输、邮电通讯业	31 138	26 972
#电气化铁路	20 648	20 648
邮电通讯业	4 884	2 737
六、商业、公共饮食业、物资供销和仓储业	36 639	24 223
七、其它事业	64 375	51 981
1.房地产公共事业居民服务和咨询业	8 975	6 722
2.卫生、体育和社会福利业	8 289	5 959
3.教育、文化艺术和广播电视业	14 913	11 975
4.科学研究和综合技术服务业	2 870	2 704
5.国家政党机关和社会团体	16 664	13 386
6.其　它	12 664	11 235
八、城乡居民生活用电合计	162 118	57 868
1.乡　村	81 437	2 024
2.城　市	80 681	55 844

铁路运输情况

10—8　　(2000年)　　计量单位：人次、吨

行政单位	旅客发送量	货物发送量	行政单位	旅客发送量	货物发送量
全市合计	10 980 442	14 241 897	栾城县	1 531	35 928
市区	9 333 532	8 220 235	窦妪站	1 531	35 928
石家庄站	8 637 094	3 123 435	高邑县	44 812	117 862
土贤庄站	2 128	57 322	高邑站	44 812	117 862
石家庄北站	665 972	—	元氏县	64 067	189 655
石家庄西站	21 373	452 061	元氏站	54 902	189 655
新井站	—	450 934	大陈庄站	9 165	—
凤山站	—	352 483	辛集市	595 304	325 094
柳辛庄站	6 965	—	束新站	21 806	47 027
地方铁路	—	3 784 000	辛集站	573 498	278 067
井陉县	264 670	1 658 433	晋州市	169 736	329 208
头泉站	6 506	34 447	马于站	13 960	109 497
下安站	14 324	—	晋州站	155 776	219 711
上安站	3 479	7 823	藁城市	70 632	2 230 980
岩峰站	12 338	284 254	贾村站	306	82 609
井陉站	127 269	178 873	藁城站	63 807	227 317
翟家庄站	23 474	—	良村站	6 519	1 921 054
南张村站	5 419	668 030	新乐市	356 356	228 041
井南站	45 630	404 590	承安铺站	63 745	40 562
南峪站	26 231	80 416	新乐站	292 611	187 479
正定县	74 746	514 092	鹿泉市	5 056	392 369
正定站	66 511	428 267	平南站	1 075	73 698
新安村站	8 235	85 825	获鹿站	3 981	318 671

十一　贸易　外经

限额以上餐饮业销售情况

11—1 (2000年) 计量单位:万元

行政单位	法人企业数(个)	活动单位数(个)	营业总收入	总计	食品类	饮料类	烟酒类	其他商品类
石家庄市	23	23	18 510	18 462	15 397	1 385	1 655	26
#市区	21	21	18 354	18 354	15 363	1 363	1 612	17

限额以下餐饮业销售情况

11—2 (2000年) 计量单位:万元

行政单位	法人企业数(个)	活动单位数(个)	营业总收入	零售额
石家庄市	103	25 927	193 137	184 441
#市区	51	6 368	35 775	34 528

商品交易市场基本情况

11—3 (2000年) 计量单位:个、万元

项目名称	年末商品市场个数	当年成交额	当年投资额
石家庄市	669	7 659 056	80 798
一、消费品市场	591	6 535 424	70 468
消费品综合市场	435	1 084 697	18 719
农副产品市场	119	1 038 339	1 763
工业消费品市场	35	4 401 286	49 985
二、生产资料市场	78	1 123 632	10 330
市区	111	5 150 443	35 491
一、消费品市场	95	4 594 145	30 561
消费品综合市场	69	323 353	5 776
农副产品市场	5	447 080	—
工业消费品市场	21	3 823 711	24 785
二、生产资料市场	16	556 298	4 930

限额以上批发零售贸易、餐饮业基本情况

11—4

(2000 年)

项目名称	法人企业(个)	市区	产业活动单位(个)	市区	从业人数(人)	市区
总计	221	149	221	149	50 022	43 037
一、批发业	139	88	139	88	23 054	18 686
国有企业	92	60	92	60	15 299	12 664
集体企业	36	19	36	19	4 655	3 048
股份合作企业	2	1	2	1	143	90
有限责任公司	4	4	4	4	889	889
国有独资企业	1	1	1	1	94	94
其他有限责任公司	3	3	3	3	795	795
股份有限公司	4	3	4	3	1 749	1 676
二、零售业	59	40	59	40	21 772	19 276
内资企业	57	38	57	38	19 382	16 886
国有企业	23	16	23	16	10 651	9 726
集体企业	22	12	22	12	2 927	1 682
股份合作企业	3	1	3	1	751	425
有限责任公司	1	1	1	1	308	308
其他有限责任公司	1	1	1	1	308	308
股份有限公司	6	6	6	6	4 069	4 069
私营企业	2	2	2	2	676	676
私营股份有限公司	1	1	1	1	280	280
港、澳、台商投资企业	2	2	2	2	2 390	2 390
合资经营企业(港或澳、台资)	2	2	2	2	2 390	2 390
三、餐饮业	23	21	23	21	5 196	5 075
内资企业	22	20	22	20	4 970	4 849
国有企业	20	18	20	18	4 872	4 751
集体企业	2	2	2	2	98	98
外商投资企业	1	1	1	1	226	226
中外合资经营企业	1	1	1	1	226	226

全市限额以上批发零售贸易业商品购销存总额

11—5

(2000年)

计量单位:万元

项目名称	法人企业数(个)	购进总额	销售总额			年末库存总额
				批发	零售	
总计	198	2 941 023.4	3 184 290.2	2 601 640.1	582 650.1	287 220
一、按登记注册类型分组						
内资企业	196	2 936 700.0	3 126 187.9	2 601 300.1	524 887.8	284 225
国有企业	115	1 937 096.0	2 022 288.8	1 839 093.8	183 195.0	176 584
集体企业	58	367 467.4	439 997.6	397 557.1	42 440.5	42 407
股份合作企业	5	43 025.5	46 297.1	28 811.0	17 486.1	7 797
有限责任公司	5	308 433.5	318 427.7	179 705.0	138 722.7	20 806
股份有限公司	10	221 148.8	237 693.4	130 349.2	107 344.2	31 726
私营企业	3	59 528.8	61 483.3	25 784.0	35 699.3	4 905
港、澳、台商投资企业	2	4 323.4	58 102.3	340.0	57 762.3	2 996
二、按国民经济行业分组						
食品、饮料、烟草批发业	34	542 164.8	604 729.1	596 670.9	8 058.2	44 391
棉、麻、土畜产品批发业	7	117 755.2	159 644.8	159 620.3	24.5	12 328
纺织品、服装和鞋帽批发业	8	332 190.5	340 889.7	340 889.7	—	31 903
日用百货批发业	3	93 283.9	77 527.2	74 779.8	2 747.4	3 265
日用杂品批发业	2	47 126.5	49 988.2	49 988.2	—	1 409
五金、交电、化工批发业	3	83 731.7	77 296.2	77 296.2	—	5 982
药品及医疗器械批发业	6	111 793.010	118 398.5	72 712.1	45 686.4	23 404

11—5 续表　　(2000 年)　　计量单位:万元

项目名称	法人企业数(个)	购进总额	销售总额			年末库存总额
				批发	零售	
能源批发业	10	240 593.7	259 334.1	217 402.7	41 931.4	15 576
化工材料批发业	7	86 955.4	93 518.4	93 518.4	—	7 031
木材批发业	3	11 535.5	14 483.7	14 483.7	—	1 536
建筑材料批发业	3	5 956.6	5 967.6	5 967.6	—	668
矿产品批发业	1	78 140.9	78 140.9	78 140.9	—	844
金属材料批发业	14	222 527.4	238 109.2	232 568.1	5 541.1	12 234
机械、电子设备批发业	6	64 607.8	67 330.8	67 330.8	—	3 354
汽车、摩托车及零配件批发业	7	272 158.6	272 154.5	135 682.0	136 472.5	23 119
再生物资回收批发业	2	7 556.1	8 653.2	8 228.2	425.0	350
图书报刊批发业	1	143 779.3	139 164.0	138 339.5	824.5	24 641
农业生产资料批发业	22	191 118.3	190 248.7	190 223.3	25.4	22 424
食品、饮料和烟草零售业	11	73 017.1	74 954.4	2 208.2	72 746.2	11 443
日用百货零售业	30	171 459.5	252 605.7	24 905.0	227 700.7	26 788.9
纺织品、服装和鞋帽零售业	4	11 669.2	14 503.3	248.2	14 255.1	3 268.0
日用杂品零售业	1	372.6	439.5	37.6	401.9	—
五金、交电、化工零售业	7	18 230.3	29 550.1	18 566.2	10 983.9	7 460.0
药品及医疗器械零售业	3	6 837.3	8 371.6	1 365.4	7 006.2	2 366.7
图书报刊零售业	2	6 227.8	7 992.8	231.9	7 760.9	1 123.3
其他零售业	1	234.4	294.0	235.2	58.8	312.4

市区限额以上批发零售贸易业商品购销存总额

11—6　　　　(2000 年)　　　　计量单位:万元

项 目 名 称	法人企业数(个)	购进总额	销售总额	批　发	零　售	年末库存总　额
总　　计	128	2 685 326.2	2 925 630.9	2 398 960	526 670.5	254 452.8
一、按登记注册类型分组						
内 资 企 业	126	2 681 002.8	2 867 528.6	2 398 620.4	468 908.2	251 457.2
国 有 企 业	76	1 775 904.5	1 860 413.8	1 700 618.0	159 795.8	162 216.6
集 体 企 业	31	293 452.4	361 098.7	342 954.3	18 144.4	28 299.6
股份合作企业	2	39 658.8	42 944.7	28 111.0	14 833.7	7 279.4
有限责任公司	5	308 433.5	318 427.7	179 705.0	138 722.7	20 806.2
股份有限公司	9	204 024.8	223 160.4	121 448.1	101 712.3	27 950.6
私 营 企 业	3	59 528.8	61 483.3	25 784.0	35 699.3	4 904.8
港、澳、台商投资企业	2	4 323.4	58 102.3	340	57 762.3	2 995.6
二、按国民经济行业分组						
食品、饮料、烟草批发业	17	469 302.7	526 247.9	519 040.9	7 207.0	40 237.8
棉、麻、土畜产品批发业	4	104 986.7	147 685.7	147 661.2	24.5	7 772.1
纺织品、服装和鞋帽批发业	8	332 190.5	340 889.7	340 889.7	—	31 903.2
日用百货批发业	2	92 913.6	77 107.1	74 501.7	2 605.4	3 231.5
日用杂品批发业	2	47 126.5	49 988.2	49 988.2	—	1 408.8
五金、交电、化工批发业	3	83 731.7	77 296.2	77 296.2	—	5 982.2
药品及医疗器械批发业	5	109 249.8	115 436.9	69 750.5	45 686.4	23 206.5

11—6 续表　　（2000 年）　　计量单位：万元

项目名称	法人企业数（个）	购进总额	销售总额			年末库存总额
				批发	零售	
能源批发业	3	180 809.6	198 328.1	171 643.5	26 684.6	7 180.0
化工材料批发业	6	84 155.4	90 876.4	90 876.4	—	6 181.1
木材批发业	3	11 535.5	14 483.7	14 483.7	—	1 535.6
建筑材料批发业	2	2 750.7	2 761.7	2 761.7	—	668.2
矿产品批发业	1	78 140.9	78 140.9	78 140.9	—	844.0
金属材料批发业	11	208 826.7	219 023.5	216 655.9	2 367.6	9 648.6
机械、电子设备批发业	6	64 607.8	67 330.8	67 330.8	—	3 354.4
汽车、摩托车及零配件批发业	7	272 158.6	272 154.5	135 682.0	136 472.5	23 118.8
再生物资回收批发业	1	5 858.4	6 546.9	6 173.3	373.6	255.4
图书报刊批发业	1	143 779.3	139 164.0	138 339.5	824.5	24 640.7
农业生产资料批发业	6	142 126.5	153 503.1	153 503.1	—	19 496.1
食品、饮料和烟草零售业	11	73 017.1	74 954.4	2 208.2	72 746.2	11 442.7
日用百货零售业	17	149 418.0	229 642.7	23 030.8	206 611.9	23 596.0
纺织品、服装和鞋帽零售业	2	4 489.2	6 688.3	48.2	6 640.1	—
日用杂品零售业	1	372.6	439.5	37.6	401.9	—
五金、交电、化工零售业	7	18 230.3	29 550.1	18 566.2	10 983.9	7 460.0
图书报刊零售业	1	5 313.7	7 096.6	115.0	6 981.6	976.7
其他零售业	1	234.4	294.0	235.2	58.8	312.4

分县(市)区限额以上批发零售贸易业商品购销存总额

11—7　　(2000年)　　计量单位:万元

行政单位	购进总额	销售总额			年末库存总额
			批发	零售	
全市合计	2 941 023	3 184 290	2 601 640	582 650	287 220
市区合计	2 685 326	2 925 631	2 398 960	526 671	254 453
#长安区	22 604	25 452	10 568	14 883	1 934
桥东区	4 281	4 758	4 260	499	651
桥西区	43 861	47 748	38 739	9 008	10 550
新华区	5 701	58 571	3 836	54 735	2 524
郊区	13 263	14 601	7 405	7 196	2 146
井陉县	13 637	14 123	11 658	2 465	796
正定县	29 893	28 418	16 639	11 779	4 884
栾城县	3 962	4 280	4 269	11	206
行唐县	9 852	10 092	7 779	2 313	480
灵寿县	7 502	8 448	5 646	2 802	2 026
高邑县	24 203	27 525	23 375	4 150	1 606
深泽县	5 556	6 368	6 316	51	286
赞皇县	4 221	4 517	4 443	74	158
无极县	13 329	14 682	9 060	5 622	2 629
平山县	9 405	9 860	9 058	802	385
元氏县	7 328	6 729	4 869	1 860	2 280
赵县	15 612	15 860	15 860	—	1 325
辛集市	33 222	36 580	25 473	11 107	8 815
藁城市	40 056	31 599	29 648	1 951	3 445
晋州市	8 893	9 052	8 480	572	1 918
新乐市	8 515	8 997	7 060	1 937	764
鹿泉市	20 514	21 530	13 048	8 483	765

全市限额以上批发零售贸易企业财务状况

11—8　　(2000 年)　　计量单位:万元

项目名称	企业数(个)	年末资产负债		
		流动资产小计	存货	长期投资
批发、零售贸易企业总计	198	1 284 214.0	282 898.5	125 060.6
一、批发企业	139	1 103 013.0	229 819.4	105 453.1
(一)按登记注册类型分组				
国有企业	92	725 570.6	155 015.1	85 118.6
集体企业	36	193 902.8	32 566.1	5 052.8
股份合作企业	2	7 560.1	5 643.7	—
有限责任公司	4	85 379.5	19 216.9	6 066.3
股份有限公司	4	50 150.0	16 075.6	4 360.0
(二)按国民经济行业分组				
食品、饮料、烟草批发业	34	182 442.4	44 186.3	37 859.3
棉、麻、土畜产品批发业	7	104 143.9	14 473.1	3 421.3
纺织品、服装和鞋帽批发业	8	187 801.3	33 575.3	17 695.2
日用百货批发业	3	22 296.1	6 598.6	20.0
日用杂品批发业	2	33 428.4	2 358.8	2 286.3
五金、交电、化工批发业	3	28 316.7	5 627.0	338.7
药品及医疗器械批发业	6	52 545.8	19 536.0	1 534.4
能源批发业	10	44 580.5	20 122.8	490.6
化工材料批发业	7	38 365.5	7 164.9	16 432.8
木材批发业	3	8 796.8	1 638.2	82.4
建筑材料批发业	3	1 330.3	826.4	1 069.7
矿产品批发业	1	23 643.4	783.0	1 763.5
金属材料批发业	14	127 532.0	15 306.7	13 207.3
机械、电子设备批发业	6	38 409.8	3 928.7	1 077.1
汽车、摩托车及零配件批发业	7	89 153.4	19 433.4	6 517.5
再生物资回收批发业	2	3 988.9	537.8	—
图书报刊批发业	1	31 287.2	15 502.2	—
农业生产资料批发业	22	84 950.6	18 220.2	1 657.0

11—8 续表 1　　(2000 年)　　计量单位:万元

项目名称	企业数(个)	年末资产负债		
		流动资产小计	存货	长期投资
二、零售企业	59	181 201.0	53 079.1	19 607.5
其中:国有及国有控股	25	85 810.5	26 407.5	9 665.2
(一)按登记注册类型分组				
内资企业	57	160 027.1	51 127.4	19 592.5
国有企业	23	95 823.8	24 945.2	14 882.6
集体企业	22	16 644.3	5 044.7	152.2
股份合作企业	3	2 889.9	994.0	—
有限责任公司	1	1 436.6	855.6	—
股份有限公司	6	32 335.4	14 382.8	3 577.7
私营企业	2	10 897.1	4 905.1	980.0
港、澳、台商投资企业	2	21 173.9	1 951.7	15.0
(二)按国民经济行业分组				
食品、饮料和烟草零售业	11	33 986.2	12 447.0	2 050.3
日用百货零售业	30	92 801.5	26 146.5	6 197.8
纺织品、服装和鞋帽零售业	4	7 383.2	1 259.4	2 819.4
日用杂品零售业	1	114.0	20.3	—
五金、交电、化工零售业	7	35 659.3	10 248.3	7 476.9
药品及医疗器械零售业	3	3 791.1	2 276.3	—
图书报刊零售业	2	7 249.7	584.5	295.8
其他零售业	1	216.0	96.8	47.3
(三)按经营方式分组				
连锁商店	3	19 367.3	7 368.9	1 424.0
非连锁商店	56	161 833.7	45 710.2	18 183.5
(四)按零售业态分组				
1.百货商店	33	100 893.4	27 086.8	9 737.2
2.超级市场	8	32 836.6	12 597.6	1 934.0
3.专业(专卖)商店	18	47 471.0	13 394.7	7 936.3

11—8 续表 2　　(2000 年)　　计量单位:万元

项目名称	年末资产负债				
	固定资产小计	固定资产原价	生产经营用	累计折旧	本年折旧
批发、零售贸易企业总计	426 043.1	426 478.5	365 780.3	86 246.5	15 372.6
一、批发企业	266 312.0	267 889.3	219 259.0	59 282.6	9 339.7
(一)按登记注册类型分组					
国有企业	188 175.9	185 880.1	151 030.0	40 433.5	6 610.8
集体企业	38 933.7	42 670.5	35 381.3	11 268.6	1 318.2
股份合作企业	2 177.8	2 460.7	2 460.7	282.9	71.6
有限责任公司	11 855.6	11 325.6	10 853.4	1 883.5	241.6
股份有限公司	22 041.0	21 210.4	19 336.5	4 077.1	938.8
(二)按国民经济行业分组					
食品、饮料、烟草批发业	60 762	41 356.2	38 948.2	11 680.5	1 313.9
棉、麻、土畜产品批发业	18 341.1	21 694.0	19 239.0	5 499.6	448.8
纺织品、服装和鞋帽批发业	68 827.0	77 974.5	55 569.8	10 881.2	2 476.3
日用百货批发业	1 727.4	2 439.4	2 215.8	731.6	140.1
日用杂品批发业	3 292.4	3 971.1	3 971.1	1 649.6	167.7
五金、交电、化工批发业	3 484.4	4 253.5	4 253.5	891.9	151.1
药品及医疗器械批发业	14 854.8	14 843.3	11 906.6	3 927.7	600.8
能源批发业	24 648.1	28 335.5	27 368.8	6 655.1	1 135.6
化工材料批发业	4 630.8	4 773.6	4 254.0	1 829.1	527.4
木材批发业	3 537.1	3 405.2	2 841.5	803.9	126.7
建筑材料批发业	2 848.4	3 175.5	2 058.0	336.9	25.9
矿产品批发业	1 010.5	1 786.5	1 786.5	776.0	130.3
金属材料批发业	11 179.1	14 899.7	9 822.0	4 004.3	434.0
机械、电子设备批发业	5 128.0	7 144.9	5 303.8	2 017.9	520.1
汽车、摩托车及零配件批发业	14 015.8	10 758.9	10 199.7	1 952.2	315.2
再生物资回收批发业	1 950.2	2 174.4	1 775.1	806.7	1.8
图书报刊批发业	7 036.2	4 762.9	1 913.6	1 173.3	305.6
农业生产资料批发业	19 038.6	20 140.2	15 832.0	3 665.1	518.4

11—8 续表 3　　(2000 年)　　计量单位:万元

项目名称	年末资产负债				
	固定资产小计	固定资产原价	生产经营用	累计折旧	本年折旧
二、零售企业	159 731.1	158 589.2	146 521.3	26 963.9	6 032.9
其中:国有及国有控股	59 449.7	48 511.0	40 568.3	8 447.6	1 487.3
(一)按登记注册类型分组					
内资企业	153 437.3	151 229.9	139 162.0	25 898.4	5 334.6
国有企业	78 149.1	85 220.7	77 348.0	14 801.1	2 923.1
集体企业	22 626.4	20 952.5	19 508.7	4 685.8	642.6
股份合作企业	7 626.3	6 777.7	6 098.8	1 313.1	207.8
有限责任公司	821.3	821.3	55.1	—	—
股份有限公司	38 312.1	30 536.3	29 466.3	4 079.1	838.8
私营企业	5 902.1	6 921.4	6 685.1	1 019.3	722.3
港、澳、台商投资企业	6 293.8	7 359.3	7 359.3	1 065.5	698.3
(二)按国民经济行业分组					
食品、饮料和烟草零售业	29 847.2	26 880.0	18 863.7	4 174.5	1 582.1
日用百货零售业	87 160.3	91 849.6	90 744.6	17 346.3	3 570.3
纺织品、服装和鞋帽零售业	15 058.4	16 250.4	15 139.4	1 370.2	322.6
日用杂品零售业	5.0	16.8	16.8	11.8	0.2
五金、交电、化工零售业	21 499.8	20 776.5	19 733.6	3 464.9	475.6
药品及医疗器械零售业	1 135.8	1 288.5	495.8	250.5	22.8
图书报刊零售业	4 831.6	1 261.0	1 261.0	272.3	52.0
其他零售业	193.0	266.4	266.4	73.4	7.3
(三)按经营方式分组					
连锁商店	13 033.8	15 515.4	11 405.4	2 484.1	1 157.5
非连锁商店	146 697.3	143 073.8	135 115.9	24 479.8	4 875.4
(四)按零售业态分组					
1.百货商店	103 351.4	111 173.7	109 037.7	19 426.4	3 895.5
2.超级市场	24 000.3	19 591.7	14 635.9	2 908.2	1 414.9
3.专业(专卖)商店	32 379.4	27 823.8	22 847.7	4 629.3	722.5

11—8 续表 4　　(2000 年)　　计量单位:万元

项目名称	年末资产负债			
	无形及递延资产小计	无形资产	资产总计	流动负债小计
批发、零售贸易企业总计	44 445.3	27 011.7	2 008 401.9	1 571 334.1
一、批发企业	19 452.4	11 836.0	1 529 247.1	1 257 186.4
(一)按登记注册类型分组				
国有企业	12 718.9	7 859.1	1 031 613.7	862 124.5
集体企业	3 576.0	873.0	254 167.6	209 195.0
股份合作企业	196.5	196.5	9 934.4	7 478.6
有限责任公司	2 265.7	2 265.7	107 850.3	88 860.7
股份有限公司	695.1	641.7	77 246.1	49 093.6
(二)按国民经济行业分组				
食品、饮料、烟草批发业	5 927.6	5 613.7	287 018.8	209 508.5
棉、麻、土畜产品批发业	2 901.7	873.0	143 406.0	176 446.9
纺织品、服装和鞋帽批发业	3 292.6	1 863.3	288 482.9	210 609.1
日用百货批发业	932.6	540.7	24 976.1	23 292.9
日用杂品批发业	59.5	18.4	39 066.7	32 592.9
五金、交电、化工批发业	270.3	188.2	32 410.1	29 135.7
药品及医疗器械批发业	955.6	775.8	69 890.6	54 321.5
能源批发业	1 383.0	118.5	72 443.3	36 587.6
化工材料批发业	477.2	277.0	59 992.5	47 395.9
木材批发业	462.9	31.9	12 879.3	10 968.2
建筑材料批发业	—	—	5 258.4	1 506.9
矿产品批发业	607.1	607.1	27 024.5	18 721.2
金属材料批发业	57.8	7.1	151 978.5	141 776.2
机械、电子设备批发业	10.6	5.0	48 945.8	40 351.3
汽车、摩托车及零配件批发业	546.0	518.0	113 235.8	95 072.7
再生物资回收批发业	53.2	—	5 992.3	4 528.4
图书报刊批发业	853.6	397.4	39 177.2	33 431.3
农业生产资料批发业	661.1	0.9	107 068.3	90 939.2

11—8 续表 5　　(2000 年)　　计量单位:万元

项目名称	年末资产负债			
	无形及递延资产小计	无形资产	资产总计	流动负债小计
二、零售企业	24 992.9	15 175.7	479 154.8	314 147.7
其中:国有及国有控股	8 049.1	3 234.9	166 235.5	110 604.3
(一)按登记注册类型分组				
内资企业	24 990.4	15 173.2	363 523.5	229 770.2
国有企业	11 805.6	6 981.0	203 922.2	127 197.5
集体企业	1 049.1	—	42 586.0	26 008.9
股份合作企业	2 276.7	2 139.9	12 793.8	8 557.2
有限责任公司	670.4	—	2 928.3	1 741.5
股份有限公司	5 663.9	3 548.0	79 989.3	53 768.5
私营企业	3 524.7	2 504.3	21 303.9	12 496.6
港、澳、台商投资企业	2.5	2.5	115 631.3	84 377.5
(二)按国民经济行业分组				
食品、饮料和烟草零售业	5 718.5	2 552.2	74 863.2	46 378.0
日用百货零售业	17 220.4	12 309.7	292 326.0	187 320.5
纺织品、服装和鞋帽零售业	1 642.9	313.8	27 004.1	18 465.2
日用杂品零售业	—	—	119.0	82.6
五金、交电、化工零售业	404.3	—	65 341.7	49 695.7
药品及医疗器械零售业	—	—	4 926.9	4 383.0
图书报刊零售业	6.8	—	12 383.9	6 411.5
其他零售业	—	—	2 190.0	1 411.2
(三)按经营方式分组				
连锁商店	4 272.2	2 480.4	41 358.3	22 657.7
非连锁商店	20 720.7	12 695.3	437 796.5	291 490.0
(四)按零售业态分组				
1.百货商店	19 072.5	12 619.6	321 380.7	207 510.1
2.超级市场	5 737.5	2 555.4	67 769.4	44 247.8
3.专业(专卖)商店	182.9	0.7	90 004.7	62 389.8

11—8 续表 6 (2000 年) 计量单位:万元

项 目 名 称	年末资产负债			
	长期负债小计	负债合计	所有者权益合计	
				实收资本
批发、零售贸易企业总计	190 279.8	1 781 254.6	227 147.3	248 542.4
一、批发企业	104 758.9	1 381 398.0	147 849.1	184 193.1
(一)按登记注册类型分组				
国有企业	78 040.3	954 734.4	76 879.3	133 850.4
集体企业	11 938.8	221 133.8	33 033.8	22 444.4
股份合作企业	907.2	8 385.8	1 548.6	93.0
有限责任公司	3 154.8	92 015.5	15 834.8	17 034.4
股份有限公司	10 717.8	60 279.5	16 966.6	7 477.9
(二)按国民经济行业分组				
食品、饮料、烟草批发业	23 778.7	233 287.5	53 731.3	40 090.4
棉、麻、土畜产品批发业	11 840.0	188 287.0	-44 881.0	14 311.0
纺织品、服装和鞋帽批发业	20 427.9	243 653.5	44 829.4	37 544.1
日用百货批发业	1 884.8	25 177.7	-201.6	609.7
日用杂品批发业	2 221.1	34 814.9	4 251.8	3 160.2
五金、交电、化工批发业	—	29 135.7	3 274.4	2 225.1
药品及医疗器械批发业	8 764.1	63 085.6	6 805.0	5 621.3
能源批发业	20 651.2	58 476.4	13 966.9	13 275.5
化工材料批发业	2 134.9	49 530.8	10 461.7	11 587.0
木材批发业	37.0	11 005.2	1 874.1	1 647.9
建筑材料批发业	1 355.0	2 861.9	2 396.5	898.6
矿产品批发业	8 775.0	27 496.2	-471.7	1 495.3
金属材料批发业	1 535.3	147 726.5	4 252.0	17 225.0
机械、电子设备批发业	1 156.6	41 507.9	7 437.9	5 836.0
汽车、摩托车及零配件批发业	542.2	95 614.9	17 620.9	16 728.8
再生物资回收批发业	132.9	4 661.3	1 331.0	1 355.3
图书报刊批发业	-29.3	33 402.0	5 775.2	1 930.0
农业生产资料批发业	-448.5	91 673.0	15 395.3	8 651.9

11—8 续表 7　　(2000 年)　　计量单位:万元

项目名称	年末资产负债			
	长期负债小计	负债合计	所有者权益合计	实收资本
二、零售企业	85 520.9	399 856.6	79 298.2	64 349.3
其中:国有及国有控股	18 775.9	129 380.4	36 855.1	19 021.3
(一)按登记注册类型分组				
内资企业	66 777.4	296 735.6	66 787.9	52 469.3
国有企业	52 463.9	179 661.6	24 260.6	19 919.7
集体企业	5 654.7	31 851.4	10 734.6	9 551.4
股份合作企业	-76.8	8 480.4	4 313.4	1 521.7
有限责任公司	—	1 741.5	1 186.8	1 102.0
股份有限公司	6 835.6	60 604.1	19 385.2	13 980.0
私营企业	1 900.0	14 396.6	6 907.3	6 394.5
港、澳、台商投资企业	18 743.5	103 121.0	12 510.3	11 880.0
(二)按国民经济行业分组				
食品、饮料和烟草零售业	6 751.6	53 129.7	21 733.5	16 144.5
日用百货零售业	74 775.0	262 283.2	30 042.8	32 977.2
纺织品、服装和鞋帽零售业	1.0	18 466.2	8 537.9	6 624.6
日用杂品零售业	3.4	86.0	33.0	33.0
五金、交电、化工零售业	1 854.8	51 550.6	13 791.1	7 705.7
药品及医疗器械零售业	0.3	4 383.4	543.5	207.8
图书报刊零售业	2 134.8	8 546.3	3 837.6	250.4
其他零售业	—	1 411.2	778.8	406.1
(三)按经营方式分组				
连锁商店	3 707.7	26 365.5	14 992.8	10 290.5
非连锁商店	81 813.2	373 491.1	64 305.4	54 058.8
(四)按零售业态分组				
1.百货商店	73 771.7	281 469.5	39 911.2	39 640.3
2.超级市场	4 785.3	49 033.2	18 736.2	14 792.5
3.专业(专卖)商店	6 963.9	69 353.9	20 650.8	9 916.5

11—8 续表 8　　(2000 年)　　计量单位:万元

项目名称	损益及分配			
	商品销售收入	商品销售收入净额	商品销售成本	经营费用
批发、零售贸易企业总计	**2 834 137.5**	**2 791 363.0**	**2 588 129.0**	**97 144.4**
一、批发企业	2 499 126.1	2 463 220.1	2 300 411.7	82 563.8
(一)按登记注册类型分组				
国有企业	1 674 583.9	1 640 270.2	1 532 139.6	54 053.2
集体企业	356 126.4	354 549.6	334 943.3	9 354.2
股份合作企业	23 638.2	23 638.2	21 596.5	1 238.7
有限责任公司	265 231.7	265 231.7	250 686.5	8 407.5
股份有限公司	158 265.0	158 249.4	140 472.8	9 030.2
(二)按国民经济行业分组				
食品、饮料、烟草批发业	542 596.8	542 578.7	505 225.0	19 048.5
棉、麻、土畜产品批发业	144 559.0	143 230.1	135 425.7	3 938.2
纺织品、服装和鞋帽批发业	334 841.3	334 841.3	309 094.5	12 389.1
日用百货批发业	66 485.5	66 485.5	63 711.8	967.4
日用杂品批发业	51 009.4	51 009.4	44 447.1	4 115.8
五金、交电、化工批发业	64 756.8	64 756.8	61 336.1	1 790.8
药品及医疗器械批发业	105 269.3	105 218.4	95 644.4	3 622.0
能源批发业	213 419.6	213 419.6	198 975.6	8 816.9
化工材料批发业	89 140.7	89 006.8	82 465.1	4 478.0
木材批发业	12 040.8	12 040.8	11 211.8	444.8
建筑材料批发业	5 809.8	5 809.8	5 536.3	276.7
矿产品批发业	61 156.1	61 156.1	52 405.3	4 156.4
金属材料批发业	204 492.5	204 492.5	196 809.5	3 978.4
机械、电子设备批发业	64 195.6	64 195 .6	58 403.3	2 807.1
汽车、摩托车及零配件批发业	223 837.6	223 837.6	218 270.6	1 954.7
再生物资回收批发业	5 375.6	5 375.6	5 080.1	261.2
图书报刊批发业	126 866.6	92 648.7	82 562.7	4 676.3
农业生产资料批发业	183 273.1	183 116.8	173 806.8	4 841.5

11—8 续表 9　　(2000 年)　　计量单位:万元

项 目 名 称	损 益 及 分 配			
	商品销售收入	商品销售收入净额	商品销售成本	经营费用
二、零售企业	335 011.4	328 142.9	287 717.3	14 580.6
其中:国有及国有控股	112 674.5	106 813.4	93 511.9	6 473.9
(一)按登记注册类型分组				
内资企业	289 338.4	282 676.3	249 906.1	13 671.1
国有企业	143 306.5	137 447.7	120 734.4	7 049.6
集体企业	33 969.1	33 184.5	30 326.3	1 713.1
股份合作企业	16 406.6	16 406.6	15 489.5	174.1
有限责任公司	1 376.6	1 376.6	1 245.2	218.8
股份有限公司	59 816.3	59 797.6	52 069.0	3 165.6
私营企业	34 463.3	34 463.3	30 041.7	1 349.9
港、澳、台商投资企业	45 673.0	45 466.6	37 811.2	909.5
(二)按国民经济行业分组				
食品、饮料和烟草零售业	69 774.1	69 716.3	60 791.7	4 055.3
日用百货零售业	208 716.5	202 987.2	177 809.4	7 703.3
纺织品、服装和鞋帽零售业	13 166.9	13 166.9	11 993.1	618.1
日用杂品零售业	375.7	375.7	326.1	98.0
五金、交电、化工零售业	27 982.2	27 197.7	24 706.9	1 359.2
药品及医疗器械零售业	7 608.6	7 606.5	6 942.4	351.6
图书报刊零售业	7 105.6	6 810.9	4 954.1	314.7
其他零售业	281.8	281.7	193.6	80.4
(三)按经营方式分组				
连锁商店	44 020.9	44 020.9	38 256.5	2 495.0
非连锁商店	290 990.5	284 122.0	249 460.8	12 085.6
(四)按零售业态分组				
1.百货商店	221 674.1	215 947.1	189 548.0	8 158.5
2.超级市场	69 696.5	69 677.8	60 778.0	3 919.3
3.专业(专卖)商店	43 640.8	42 518.0	37 391.3	2 502.8

11—8 续表 10　　　　(2000 年)　　　　计量单位:万元

项目名称	损益及分配			
	经营费用(续) 运杂装卸费	商品销售 税金及附加	商品销售利润	主营利润
批发、零售贸易企业总计	23 179.0	2 626.2	103 463.4	106 891.1
一、批发企业	22 382.7	1 632.3	78 612.3	82 006.8
(一)按登记注册类型分组				
国有企业	10 946.3	964.2	53 113.2	56 219.5
集体企业	3 893.7	452.3	9 799.8	9 999.4
股份合作企业	100.0	42.7	760.3	760.3
有限责任公司	4 249.4	104.4	6 033.3	6 067.6
股份有限公司	2 903.7	63.7	8 682.7	8 737.0
(二)按国民经济行业分组				
食品、饮料、烟草批发业	7 494.8	457.2	17 848.0	18 962.9
棉、麻、土畜产品批发业	523.4	111.8	3 754.4	3 826.4
纺织品、服装和鞋帽批发业	3 461.9	115.1	13 242.6	13 703.4
日用百货批发业	209.8	33.4	1 772.9	1 772.9
日用杂品批发业	428.6	10.7	2 435.8	2 604.3
五金、交电、化工批发业	760.4	24.9	1 605.0	1 605.0
药品及医疗器械批发业	444.7	94.7	5 857.3	6 053.3
能源批发业	2 374.0	165.3	5 461.8	5 461.8
化工材料批发业	629.6	27.0	2 036.7	2 451.3
木材批发业	222.3	9.6	374.6	374.6
建筑材料批发业	45.4	11.1	-14.3	-14.3
矿产品批发业	250.4	23.7	4 570.7	4 596.9
金属材料批发业	1 154.6	107.3	3 597.3	3 597.3
机械、电子设备批发业	612.4	36.9	2 948.3	3 886.1
汽车、摩托车及零配件批发业	188.2	91.6	3 520.7	3 520.7
再生物资回收批发业	85.5	23.0	11.3	11.3
图书报刊批发业	1 041.8	169.5	5 240.2	5 240.2
农业生产资料批发业	2 454.9	119.5	4 349.0	4 352.7

11—8 续表 11　　(2000 年)　　计量单位:万元

项目名称	损益及分配			
	经营费用(续)	商品销售税金及附加	商品销售利润	主营利润
	运杂装卸费			
二、零售企业	796.3	993.9	24 851.1	24 884.3
其中:国有及国有控股	329.9	370.7	6 456.9	6 456.9
(一)按登记注册类型分组				
内资企业	783.4	900.5	18 198.6	18 231.8
国有企业	393.1	400.3	9 263.4	9 263.4
集体企业	158.6	156.0	989.1	989.1
股份合作企业	2.1	46.8	696.2	696.2
有限责任公司	14.2	1.3	-88.7	-88.7
股份有限公司	95.4	262.4	4 300.6	4 300.6
私营企业	120.0	33.7	3 038.0	3 071.2
港、澳、台商投资企业	12.9	93.4	6 652.5	6 652.5
(二)按国民经济行业分组				
食品、饮料和烟草零售业	205.1	117.3	4 752.0	4 758.2
日用百货零售业	398.3	639.5	16 835.0	16 835.0
纺织品、服装和鞋帽零售业	13.7	91.6	464.1	464.1
日用杂品零售业	2.8	0.7	-49.1	-49.1
五金、交电、化工零售业	131.2	86.8	1 044.8	1 044.8
药品及医疗器械零售业	11.3	8.7	303.8	303.8
图书报刊零售业	31.4	42.7	1 499.4	1 499.4
其他零售业	2.5	6.6	1.1	1.1
(三)按经营方式分组				
连锁商店	43.1	78.2	3 191.2	3 191.2
非连锁商店	753.2	915.7	21 659.9	21 693.1
(四)按零售业态分组				
1.百货商店	373.6	728.9	17 511.7	17 511.7
2.超级市场	184.9	111.8	4 868.7	4 901.9
3.专业(专卖)商店	237.8	153.2	2 470.7	2 470.7

11—8 续表 12　　(2000 年)　　计量单位:万元

项目名称	损益及分配					
	其他业务利润	管理费用	税金	财务费用	利息支出	营业利润
批发、零售贸易企业总计	16 487.7	92 177.4	2 648.8	34 289.1	32 663.7	1 112.6
一、批发企业	9 290.9	65 223.2	1 503.2	24 590.0	23 101.2	4 401.3
(一)按登记注册类型分组						
国有企业	5 938.5	43 317.5	965.9	18 242.3	16 797.0	2 534.6
集体企业	2 129.4	9 572.7	344.6	2 866.9	2 928.7	169.4
股份合作企业	1.9	906.8	—	27.5	27.5	332.9
有限责任公司	598.0	3 825.2	82.8	2 174.3	2 171.9	665.3
股份有限公司	462.1	7 169.0	109.9	1 284.7	1 181.8	745.9
(二)按国民经济行业分组						
食品、饮料、烟草批发业	2 740.0	11 975.5	264.4	3 801.4	3 897.7	6 185.5
棉、麻、土畜产品批发业	1 054.4	4 999.3	76.2	944.5	875.5	-949.5
纺织品、服装和鞋帽批发业	1 240.5	12 284.4	220.1	5 073.4	3 870.3	-2 430.7
日用百货批发业	160.9	1 190.7	18.0	772.5	750.7	23.0
日用杂品批发业	-1.5	1 570.6	28.0	675.4	669.7	356.9
五金、交电、化工批发业	48.8	1 040.3	28.4	766.2	812.5	30.1
药品及医疗器械批发业	266.1	5 701.0	98.2	1 998.3	1 977.1	-1 380.2
能源批发业	958.6	2 602.4	117.5	1 017.7	923.2	2 350.6
化工材料批发业	428.3	2 997.2	47.8	1 630.5	1 615.2	-492.7
木材批发业	420.5	852.8	42.5	236.0	236.0	-287.1
建筑材料批发业	163.5	148.5	21.9	9.4	9.3	90.2
矿产品批发业	—	2 682.6	11.4	625.8	620.0	1 345.9
金属材料批发业	543.1	3 213.4	44.1	1 952.9	1 960.0	-59.6
机械、电子设备批发业	195.1	2 846.8	101.6	997.6	788.8	506.4
汽车、摩托车及零配件批发业	633.3	3 521.7	86.2	1 438.5	1 366.2	-836.1
再生物资回收批发业	220.3	293.1	12.8	91.0	89.1	-152.5
图书报刊批发业	2.4	3 297.2	72.4	-79.0	5.5	2 024.4
农业生产资料批发业	216.6	4 005.7	211.7	2 637.9	2 634.4	-1 923.3

11—8 续表 13　　(2000 年)　　计量单位:万元

项目名称	损益及分配					
	其他业务利润	管理费用	税金	财务费用	利息支出	营业利润
二、零售企业	7 196.8	26 954.2	1 145.6	9 699.1	9 562.5	-3 288.7
其中:国有及国有控股	1 985.7	7 842.8	289.7	2 072.2	1 982.8	-1 174.2
(一)按登记注册类型分组						
内资企业	3 809.7	21 876.2	919.3	6 859.1	6 695.3	-5 410.3
国有企业	2 292.8	10 892.7	553.5	4 750.8	4 668.4	-3 777.7
集体企业	445.9	2 216.9	149.3	293.7	292.9	-563.7
股份合作企业	255.3	833.6	80.6	176.7	176.7	-22.5
有限责任公司	—	62.5	—	0.1	0.1	-151.3
股份有限公司	815.7	5 249.3	116.0	1 170.4	1 100.6	-1 215.3
私营企业	—	2 621.2	19.9	467.4	456.6	320.2
港、澳、台商投资企业	3 387.1	5 078.0	226.3	2 840.0	2 867.2	2 121.6
(二)按国民经济行业分组						
食品、饮料和烟草零售业	1 287.3	6 909.7	69.7	813.7	761.2	-1 273.4
日用百货零售业	5 322.9	15 812.4	891.6	7 469.7	7 410.1	-1 038.5
纺织品、服装和鞋帽零售业	133.0	1 093.0	14.4	392.0	386.0	-788.5
日用杂品零售业	—	32.4	—	1.4	1.3	-82.9
五金、交电、化工零售业	441.2	1 136.5	108.1	940.7	940.4	-118.4
药品及医疗器械零售业	12.4	369.0	42.4	80.4	62.7	-133.2
图书报刊零售业	—	1 571.2	16.9	0.1	-0.3	146.2
其他零售业	—	30.0	2.5	1.1	1.1	—
(三)按经营方式分组						
连锁商店	378.9	3 732.2	38.5	469.9	461.6	-294.4
非连锁商店	6 817.9	23 222.0	1 107.1	9 229.2	9 100.9	-2 994.3
(四)按零售业态分组						
1.百货商店	5 337.2	17 028.2	928.6	7 861.5	7 794.2	-1 825.1
2.超级市场	888.8	6 267.3	40.8	683.6	632.3	-822.6
3.专业(专卖)商店	970.8	3 658.7	176.2	1 154.0	1 136.0	-641.0

11—8 续表 14　　(2000 年)　　计量单位:万元

项 目 名 称	损益及分配	工 资 福 利 及 增 值 税			
	利润总额	本年应付工资总额	主业付工资	本 年 应 付 福利费总额	主业福利费
批发、零售贸易企业总计	6 030.9	40 887.2	38 941.7	5 452.4	5 226.4
一、批 发 企 业	7 128.0	28 985.6	28 073.1	3 952.6	3 832.3
(一)按登记注册类型分组					
国 有 企 业	3 231.4	21 127.4	20 276.9	2 808.1	2 698.3
集 体 企 业	1 766.7	3 513.6	3 451.6	429.1	420.3
股份合作企业	351.4	276.9	276.9	41.6	41.6
有限责任公司	660.6	1 049.6	1 049.6	92.3	90.6
股份有限公司	1 122.8	2 218.2	2 218.2	544.3	544.3
(二)按国民经济行业分组					
食品、饮料、烟草批发业	5 764.2	4 856.0	4 746.0	590.9	564.9
棉、麻、土畜产品批发业	21.2	1 494.8	1 438.1	175.4	167.3
纺织品、服装和鞋帽批发业	-307.7	4 085.4	3 973.8	568.8	554.6
日用百货批发业	-17.6	404.7	404.7	56.4	56.4
日用杂品批发业	670.8	1 167.9	1 167.9	161.1	161.1
五金、交电、化工批发业	100.0	520.0	520.0	70.5	70.5
药品及医疗器械批发业	-1 562.6	1 862.6	1 716.6	460.3	442.2
能源批发业	858.1	2 596.3	2 596.2	354.9	354.9
化工材料批发业	185.5	1 694.0	1 691.0	239.0	239.0
木材批发业	-179.2	373.1	272.8	48.4	33.9
建筑材料批发业	95.3	132.1	132.1	16.5	16.5
矿产品批发业	1 322.8	1 795.0	1 795.0	224.9	224.9
金属材料批发业	-895.8	2 064.9	2 025.6	217.6	211.5
机械、电子设备批发业	823.7	1 211.0	1 211.0	151.0	151.0
汽车、摩托车及零配件批发业	-718.9	821.3	789.7	204.1	171.9
再生物资回收批发业	3.3	228.6	228.6	31.5	31.5
图书报刊批发业	1 961.2	1 986.3	1 677.0	162.2	162.2
农业生产资料批发业	-996.3	1 691.6	1 687.0	219.1	218.0

11—8 续表 15　　(2000 年)　　计量单位:万元

项目名称	损益及分配	工资福利及增值税			
	利润总额	本年应付工资总额	主业付工资	本年应付福利费总额	主业福利费
二、零售企业	-1 097.1	11 901.6	10 868.6	1 499.8	1 394.1
其中:国有及国有控股	-304.9	5 291.6	4 473.6	664.2	559.1
(一)按登记注册类型分组					
内资企业	-2 777.8	10 615.9	9 691.4	1 332.6	1 226.9
国有企业	-3 382.3	5 705.5	5 394.1	763.9	712.8
集体企业	55.1	1 427.7	1 321.2	134.4	133.8
股份合作企业	115.5	250.7	250.7	53.2	53.2
有限责任公司	-151.3	77.2	77.2	8.2	8.2
股份有限公司	230.4	2 563.1	2 056.5	314.3	260.3
私营企业	354.8	591.7	591.7	58.6	58.6
港、澳、台商投资企业	1 680.7	1 285.7	1 177.2	167.2	167.2
(二)按国民经济行业分组					
食品、饮料和烟草零售业	-776.1	2 597.5	2 318.1	290.4	242.0
日用百货零售业	-773.3	6 773.2	6 084.0	972.4	917.3
纺织品、服装和鞋帽零售业	191.7	490.5	490.5	68.4	68.4
日用杂品零售业	—	47.5	47.5	6.7	6.7
五金、交电、化工零售业	190.7	768.3	723.9	73.0	72.8
药品及医疗器械零售业	-76.5	237.9	217.9	44.4	42.4
图书报刊零售业	146.4	947.1	947.1	43.1	43.1
其他零售业	—	39.6	39.6	1.4	1.4
(三)按经营方式分组					
连锁商店	216.6	1 307.2	1 045.5	185.5	139.6
非连锁商店	-1 313.7	10 594.4	9 823.1	1 314.3	1 254.5
(四)按零售业态分组					
1.百货商店	-488.8	7 252.3	6 563.1	1 028.6	973.5
2.超级市场	-329.1	2 119.4	1 857.7	231.2	185.3
3.专业(专卖)商店	-279.2	2 529.9	2 447.8	240.0	235.3

11—8 续表 16　　(2000 年)　　计量单位:万元

项目名称	工资福利及增值税		
	本年应交增值税总额	本年进项税额	本年销项税额
批发、零售贸易企业总计	14 755.1	364 586.1	314 186.3
一、批发企业	9 400.4	317 870.6	265 249.5
(一)按登记注册类型分组			
国有企业	5 302.0	243 168.8	188 909.5
集体企业	2 172.3	23 685.0	25 813.9
股份合作企业	494.8	3 501.6	3 996.4
有限责任公司	775.1	33 524.3	32 297.9
股份有限公司	656.2	11 418.2	11 665.8
(二)按国民经济行业分组			
食品、饮料、烟草批发业	3 944.7	65 796.3	65 499.0
棉、麻、土畜产品批发业	494.7	14 517.9	11 287.9
纺织品、服装和鞋帽批发业	365.6	42 572.7	12 344.8
日用百货批发业	160.4	12 028.0	11 384.1
日用杂品批发业	—	6 170.4	338.0
五金、交电、化工批发业	157.4	10 881.5	11 038.9
药品及医疗器械批发业	1 146.5	13 895.3	14 612.9
能源批发业	1 132.9	43 089.6	44 272.6
化工材料批发业	122.3	13 408.6	7 211.4
木材批发业	270.1	1 508.8	1 778.9
建筑材料批发业	23.3	56.1	88.7
矿产品批发业	—	7 625.3	481.0
金属材料批发业	456.7	29 024.3	29 390.5
机械、电子设备批发业	22.1	5 871.3	3 172.8
汽车、摩托车及零配件批发业	814.0	34 700.6	35 486.6
再生物资回收批发业	209.8	777.8	987.6
图书报刊批发业	—	12 386.9	12 233.5
农业生产资料批发业	79.9	3 559.2	3 640.3

11—8 续表 17　　　　(2000 年)　　　　计量单位:万元

项目名称	工资福利及增值税		
	本年应交增值税总额	本年进项税额	本年销项税额
二、零售企业	5 354.7	46 715.5	48 936.8
其中:国有及国有控股	1 798.6	13 565.1	15 288.5
(一)按登记注册类型分组			
内资企业	4 711.3	39 885.3	41 463.2
国有企业	2 361.8	18 607.3	20 856.1
集体企业	348.4	2 423.0	2 755.0
股份合作企业	450.3	1 999.8	2 446.1
有限责任公司	11.4	210.6	222.0
股份有限公司	1 277.5	8 412.9	9 690.4
私营企业	261.9	8 231.7	5 493.6
港、澳、台商投资企业	643.4	6 830.2	7 473.6
(二)按国民经济行业分组			
食品、饮料和烟草零售业	833.5	13 371.9	11 202.1
日用百货零售业	4 007.7	28 823.9	32 789.5
纺织品、服装和鞋帽零售业	167.6	687.8	855.4
日用杂品零售业	6.6	57.2	63.8
五金、交电、化工零售业	86.2	2 647.5	2 647.3
药品及医疗器械零售业	46.1	400.6	442.3
图书报刊零售业	204.3	686.6	893.7
其他零售业	2.7	40.0	42.7
(三)按经营方式分组			
连锁商店	558.0	9 752.1	7 306.9
非连锁商店	4 796.7	36 963.4	41 629.9
(四)按零售业态分组			
1.百货商店	4 142.3	29 499.1	33 599.3
2.超级市场	834.9	13 394.0	11 225.7
3.专业(专卖)商店	377.5	3 822.4	4 111.8

市区限额以上批发零售贸易企业财务状况

11—9 (2000年) 计量单位:万元

项目名称	企业数(个)	年末资产负债			
		流动资产小计	存货	长期投资	固定资产小计
批发、零售贸易企业总计	128	1 216 719.9	256 058.3	124 320.2	385 877.3
一、批发企业	88	1 048 047.7	207 714.8	104 716.6	237 222.7
(一)按登记注册类型分组					
国有企业	60	698 349.2	144 696.2	84 450.9	171 414.4
集体企业	19	169 654.2	23 677.4	4 984.0	27 262.0
股份合作企业	1	6 751.0	5 425.1	—	2 093.7
有限责任公司	4	85 379.5	19 216.9	6 066.3	11 855.6
股份有限公司	3	47 463.8	13 397.2	4 360.0	21 469.0
(二)按国民经济行业分组					
食品、饮料、烟草批发业	17	172 294.7	40 088.6	37 708.9	55 478.5
棉、麻、土畜产品批发业	4	93 083.1	9 713.8	3 394.7	12 724.1
纺织品、服装和鞋帽批发业	8	187 801.3	33 575.3	17 695.2	68 827.0
日用百货批发业	2	22 186.2	6 553.2	20.0	1 379.6
日用杂品批发业	2	33 428.4	2 358.8	2 286.3	3 292.4
五金、交电、化工批发业	3	28 316.7	5 627.0	338.7	3 484.4
药品及医疗器械批发业	5	52 075.7	19 301.6	1 534.0	14 050.6
能源批发业	3	35 958.9	13 419.7	488.5	18 943.6
化工材料批发业	6	36 743.2	6 469.6	16 432.8	4 492.1
木材批发业	3	8 796.8	1 638.2	82.4	3 537.1
建筑材料批发业	2	1 090.0	825.9	1 035.5	1 403.8
矿产品批发业	1	23 643.4	783.0	1 763.5	1 010.5
金属材料批发业	11	117 585.6	12 808.2	12 744.1	9 008.5
机械、电子设备批发业	6	38 409.8	3 928.7	1 077.1	5 128.0
汽车、摩托车及零配件批发业	7	89 153.4	19 433.4	6 517.5	14 015.8
再生物资回收批发业	1	3 753.6	443.3	—	1 930.2
图书报刊批发业	1	31 287.2	15 502.2	—	7 036.3

11—9 续表 1　　(2000 年)　　计量单位:万元

项目名称	企业数(个)	年末资产负债			
		流动资产小计	存货	长期投资	固定资产小计
农业生产资料批发业	6	72 439.7	15 244.3	1 597.4	11 480.2
二、零售企业	40	168 672.2	48 343.5	19 603.6	148 654.6
(一)按登记注册类型分组					
内资企业	38	147 498.3	46 391.8	19 588.6	142 360.8
国有企业	16	91 249.0	22 261.6	14 882.6	76 135.9
集体企业	12	8 783.9	3 054.7	148.3	14 855.3
股份合作企业	1	2 796.3	932.0	—	6 334.1
有限责任公司	1	1 436.6	855.6	—	821.3
股份有限公司	6	32 335.4	14 382.8	3 577.7	38 312.1
私营企业	2	10 897.1	4 905.1	980.0	5 902.1
港、澳、台商投资企业	2	21 173.9	1 951.7	15.0	6 293.8
(二)按国民经济行业分组					
食品、饮料和烟草零售业	11	33 986.2	12 447.0	2 050.3	29 847.2
日用百货零售业	17	86 495.9	23 952.5	6 917.8	77 998.0
纺织品、服装和鞋帽零售业	2	5 177.8	1 149.5	2 815.5	14 385.2
日用杂品零售业	1	114.0	20.3	—	5.0
五金、交电、化工零售业	7	35 659.3	10 248.3	7 476.9	21 499.8
图书报刊零售业	1	7 023.0	429.1	295.8	4 726.4
其他零售业	1	216.0	96.8	47.3	193.0
(三)按经营方式分组					
连锁商店	3	19 367.3	7 368.9	1 424.0	13 033.8
非连锁商店	37	149 304.9	40 974.6	18 179.6	135 620.8
(四)按零售业态分组					
1.百货商店	18	92 382.4	24 782.9	9 733.3	93 515.9
2.超级市场	8	32 836.6	12 597.6	1 934.0	24 000.3
3.专业(专卖)商店	14	43 453.2	10 963.0	7 936.3	31 138.4

11—9 续表 2　　(2000 年)　　计量单位:万元

项目名称	年末资产负债			
	固定资产原价	生产经营用	累计折旧	本年折旧
批发、零售贸易企业总计	385 019.6	327 977.5	79 167.1	14 361.4
一、批发企业	234 855.5	188 686.3	54 335.7	8 579.2
(一)按登记注册类型分组				
国有企业	166 750.2	133 511.8	37 402.3	5 989.2
集体企业	2 968.5	23 245.7	9 755.7	1 204.8
股份合作企业	2 340.1	2 340.1	246.4	68.6
有限责任公司	11 325.6	10 853.4	1 883.5	241.6
股份有限公司	20 412.1	18 538.2	3 710.8	916.3
(二)按国民经济行业分组				
食品、饮料、烟草批发业	35 260.1	33 540.8	10 783.1	1 063.4
棉、麻、土畜产品批发业	15 624.2	13 799.2	4 904.3	433.5
纺织品、服装和鞋帽批发业	77 974.5	55 569.8	10 881.2	2 476.3
日用百货批发业	2 105.1	1 881.5	725.5	140.1
日用杂品批发业	3 971.1	3 971.5	1 649.6	167.7
五金、交电、化工批发业	4 253.5	4 253.5	891.9	151.1
药品及医疗器械批发业	14 015.8	11 079.1	3 903.3	594.0
能源批发业	21 429.8	20 930.2	4 911.0	798.8
化工材料批发业	4 623.4	4 133.7	1 806.2	519.6
木材批发业	3 405.2	2 841.5	803.9	126.7
建筑材料批发业	1 557.0	716.0	154.1	22.4
矿产品批发业	1 786.5	1 786.5	776.0	130.3
金属材料批发业	12 314.8	7 237.1	3 470.7	385.4
机械、电子设备批发业	7 144.9	5 303.8	2 017.9	520.1
汽车、摩托车及零配件批发业	10 758.9	10 199.7	1 952.2	315.2
再生物资回收批发业	2 148.8	1 755.1	801.1	1.8
图书报刊批发业	4 762.9	1 913.6	1 173.3	305.6

11—9 续表 3　　(2000 年)　　计量单位:万元

项目名称	年末资产负债			
	固定资产原价	生产经营用	累计折旧	本年折旧
农业生产资料批发业	11 719.1	7 774.1	2 730.4	427.2
二、零售企业	150 164.1	139 291.2	24 831.4	5 782.2
(一)按登记注册类型分组				
内资企业	142 804.8	131 931.9	23 765.9	5 083.9
国有企业	82 918.3	75 888.4	14 349.4	2 881.1
集体企业	16 393.0	15 181.0	3 276.0	454.7
股份合作企业	5 214.5	4 656.0	1 042.1	187.0
有限责任公司	821.3	55.1	—	—
股份有限公司	30 536.3	29 466.3	4 079.1	838.8
私营企业	6 921.4	6 685.1	1 019.3	722.3
港、澳、台商投资企业	7 359.3	7 359.3	1 065.5	698.3
(二)按国民经济行业分组				
食品、饮料和烟草零售业	26 880.0	18 863.7	4 174.5	1 582.1
日用百货零售业	85 553.2	84 739.5	15 526.1	3 354.3
纺织品、服装和鞋帽零售业	15 557.6	14 557.6	1 350.6	317.3
日用杂品零售业	16.8	16.8	11.8	0.2
五金、交电、化工零售业	20 776.5	19 733.6	3 464.9	475.6
图书报刊零售业	1 113.6	1 113.6	230.1	45.4
其他零售业	266.4	266.4	73.4	7.3
(三)按经营方式分组				
连锁商店	15 515.4	11 405.4	2 484.1	1 157.5
非连锁商店	134 648.7	127 885.8	22 347.3	4 624.7
(四)按零售业态分组				
1.百货商店	104 184.5	102 450.8	17 586.6	3 674.2
2.超级市场	19 591.7	14 635.9	2 908.2	1 414.9
3.专业(专卖)商店	26 387.9	22 204.5	4 336.6	693.1

11—9 续表 4　　(2000 年)　　计量单位:万元

项目名称	年末资产负债				
	无形及递延资产小计	无形资产	资产总计	流动负债小计	长期负债小计
批发、零售贸易企业总计	40 329.6	26 889.6	1 893 642.5	1 490 841.7	182 949.9
一、批发企业	15 634.6	11 713.9	1 438 415.7	1 193 936.9	100 081.9
(一)按登记注册类型分组					
国有企业	11 392.2	7 743.5	983 738.4	828 354.3	75 008.9
集体企业	1 091.4	873.0	215 369.4	182 193.2	11 200.4
股份合作企业	190.0	190.0	9 034.7	7 478.6	—
有限责任公司	2 265.7	2 265.7	107 850.3	88 860.7	3 154.8
股份有限公司	695.1	641.7	73 987.9	46 616.1	10 717.8
(二)按国民经济行业分组					
食品、饮料、烟草批发业	5 885.6	5 610.4	271 368.2	198 818.7	23 778.7
棉、麻、土畜产品批发业	1 075.6	873.0	124 845.2	163 080.2	11 272.8
纺织品、服装和鞋帽批发业	3 292.6	1 863.3	288 482.9	210 609.1	20 427.9
日用百货批发业	932.6	540.7	24 518.4	22 712.5	1 884.8
日用杂品批发业	59.5	18.4	39 066.7	32 592.9	2 221.1
五金、交电、化工批发业	270.3	188.2	32 410.1	29 135.7	—
药品及医疗器械批发业	813.5	775.8	68 473.8	52 942.8	8 764.1
能源批发业	264.7	7.7	55 655.8	26 782.9	17 619.8
化工材料批发业	477.2	277.0	58 167.9	45 600.6	2 134.9
木材批发业	462.9	31.9	12 879.3	10 968.2	37.0
建筑材料批发业	—	—	3 539.3	1 276.0	1 355.0
矿产品批发业	607.1	607.1	27 024.5	18 721.2	8 775.0
金属材料批发业	27.9	—	139 368.4	130 353.1	628.1
机械、电子设备批发业	10.6	5.0	48 945.8	40 351.3	1 156.6
汽车、摩托车及零配件批发业	546.0	518.0	113 235.8	95 072.7	542.2
再生物资回收批发业	53.2	—	5 737.0	4 279.0	132.9
图书报刊批发业	853.6	397.4	39 177.2	33 431.3	-29.3

11—9 续表 5　　(2000 年)　　计量单位:万元

项目名称	年末资产负债				
	无形及递延资产小计	无形资产	资产总计	流动负债小计	长期负债小计
农业生产资料批发业	1.7	—	85 519.0	77 208.7	-619.7
二、零售企业	24 695.0	15 175.7	455 226.8	296 904.8	82 868.0
(一)按登记注册类型分组					
内资企业	24 692.5	15 173.2	339 595.5	212 527.3	64 124.5
国有企业	11 712.2	6 981.0	197 240.8	121 530.1	52 361.0
集体企业	937.1	—	26 818.6	15 657.4	3 124.2
股份合作企业	2 184.2	2 139.9	11 314.6	7 333.2	-96.3
有限责任公司	670.4	—	2 928.3	1 741.5	—
股份有限公司	5 663.9	3 548.0	79 989.3	53 768.5	6 835.6
私营企业	3 524.7	2 504.3	21 303.9	12 496.6	1 900.0
港、澳、台商投资企业	2.5	2.5	115 631.3	84 377.5	18 743.5
(二)按国民经济行业分组					
食品、饮料和烟草零售业	5 718.5	2 552.2	74 863.2	46 378.0	6 751.6
日用百货零售业	17 034.5	12 309.7	276 651.3	177 109.8	72 194.0
纺织品、服装和鞋帽零售业	1 530.9	313.8	24 009.6	15 934.3	—
日用杂品零售业	—	—	119.0	82.6	3.4
五金、交电、化工零售业	404.3	—	65 341.7	49 695.7	1 854.8
图书报刊零售业	6.8	—	12 052.0	6 293.2	2 064.2
其他零售业	—	—	2 190.0	1 411.2	—
(三)按经营方式分组					
连锁商店	4 272.2	2 480.4	41 358.3	22 657.7	3 707.7
非连锁商店	20 422.8	12 695.3	413 868.5	274 247.1	79 160.3
(四)按零售业态分组					
1.百货商店	18 774.6	12 619.6	302 711.5	194 768.5	71 189.7
2.超级市场	5 737.5	2 555.4	67 769.4	44 247.8	4 785.3
3.专业(专卖)商店	182.9	0.7	84 745.9	57 888.5	6 893.0

11—9 续表 6　　(2000 年)　　计量单位:万元

项目名称	年末资产负债			损益及分配	
	负债合计	所有者权益合计	实收资本	商品销售收入	商品销售收入净额
批发、零售贸易企业总计	**1 690 824.6**	**202 817.9**	**232 731.2**	**2 603 917.4**	**2 561 822.7**
一、批发企业	1 311 051.6	127 364.1	172 248.6	2 305 559.0	2 269 809.4
(一)按登记注册类型分组					
国有企业	915 981.0	67 757.4	128 987.9	1 543 383.0	1 509 111.8
集体企业	193 393.6	21 975.8	15 682.5	307 030.4	305 567.6
股份合作企业	7 478,6	1 556.1	85.5	22 793.3	22 793.3
有限责任公司	92 015.5	15 834.8	17 034.4	265 231.7	265 231.7
股份有限公司	57 333.9	16 654.0	7 165.3	145 839.6	145 824.0
(二)按国民经济行业分组					
食品、饮料、烟草批发业	222 597.6	48 770.6	38 984.6	474 902.4	474 884.4
棉、麻、土畜产品批发业	174 353.1	-49 507.6	11 470.7	134 277.6	132 948.7
纺织品、服装和鞋帽批发业	243 653.5	44 829.4	37 544.1	334 841.3	334 841.3
日用百货批发业	24 597.3	-78.9	519.2	66 123.7	66 123.7
日用杂品批发业	34 814.9	4 251.8	3 160.2	51 009.4	51 009.4
五金、交电、化工批发业	29 135.7	3 274.4	2 225.1	64 756.8	64 756.8
药品及医疗器械批发业	61 706.9	6 766.9	5 567.6	102 737.9	102 687.0
能源批发业	44 402.8	11 253.0	10 699.7	161 035.7	161 035.7
化工材料批发业	47 735.5	10 432.4	11 559.5	86 585.4	86 451.5
木材批发业	11 005.2	1 874.1	1 647.9	12 040.8	12 040.8
建筑材料批发业	2 631.0	908.3	583.3	2 660.9	2 660.9
矿产品批发业	27 496.2	-471.7	1 495.3	61 156.1	61 156.1
金属材料批发业	135 396.2	3 972.2	16 137.2	187 108.3	187 108.3
机械、电子设备批发业	41 507.9	7 437.9	5 836.0	64 195.6	64 195.6
汽车、摩托车及零配件批发业	95 614.9	17 620.9	16 728.8	223 837.6	223 837.6
再生物资回收批发业	4 411.9	1 325.1	1 335.3	3 575.3	3 575.3
图书报刊批发业	33 402.0	5 775.2	1 930.0	126 866.6	92 648.7

11—9 续表 7　　(2000 年)　　计量单位:万元

项目名称	年末资产负债			损益及分配	
	负债合计	所有者权益合计	实收资本	商品销售收入	商品销售收入净额
农业生产资料批发业	76 589.0	8 930.1	4 824.1	147 847.6	147 847.6
二、零售企业	379 773.0	75 453.8	60 482.6	298 358.4	292 013.3
(一)按登记注册类型分组					
内资企业	276 652.0	62 943.5	48 602.6	252 685.4	246 546.7
国有企业	173 891.2	23 349.6	19 580.0	132 185.0	126 849.6
集体企业	18 781.7	8 036.9	6 221.3	10 932.6	10 148.0
股份合作企业	7 236.9	4 077.7	1 324.8	13 911.6	13 911.6
有限责任公司	1 741.5	1 186.8	1 102.0	1 376.6	1 376.6
股份有限公司	60 604.1	19 385.2	13 980.0	59 816.3	59 797.6
私营企业	14 396.6	6 907.3	6 394.5	34 463.3	34 463.3
港、澳、台商投资企业	103 121.0	12 510.3	11 880.0	45 673.0	45 466.6
(二)按国民经济行业分组					
食品、饮料和烟草零售业	53 129.7	21 733.5	16 144.5	69 774.1	69 716.3
日用百货零售业	249 303.8	27 347.5	29 803.0	188 215.1	183 007.1
纺织品、服装和鞋帽零售业	15 934.3	8 075.3	6 150.0	5 421.3	5 421.3
日用杂品零售业	86.0	33.0	33.0	375.7	375.7
五金、交电、化工零售业	51 550.6	13 791.1	7 705.7	27 982.2	27 197.7
图书报刊零售业	8 357.4	3 694.6	240.3	6 308.2	6 013.5
其他零售业	1 411.2	778.8	406.1	281.8	281.7
(三)按经营方式分组					
连锁商店	26 365.5	14 992.8	10 290.5	44 020.9	44 020.9
非连锁商店	353 407.5	60 461.0	50 192.1	254 337.5	247 992.4
(四)按零售业态分组					
1.百货商店	265 958.2	36 753.3	35 991.5	193 427.1	188 221.4
2.超级市场	49 033.2	18 736.2	14 792.5	69 696.5	69 677.8
3.专业(专卖)商店	64 781.6	19 964.3	9 698.6	35 234.8	34 114.1

11—9 续表 8　　(2000 年)　　计量单位:万元

项目名称	损益及分配					
	商品销售成本	经营费用	运杂装卸费	商品销售税金及附加	商品销售利润	主营利润
批发、零售贸易企业总计	2 373 668.3	89 792.2	21 461.8	2 322.4	96 039.8	99 462.7
一、批发企业	2 119 554.8	76 291.2	20 759.9	1 394.2	72 569.2	75 958.9
(一)按登记注册类型分组						
国有企业	1 410 110.3	49 738.5	10 342.8	824.6	48 438.4	51 539.9
集体企业	288 427.7	8 133.3	3 182.9	367.7	8 638.9	8 838.5
股份合作企业	20 822.6	1 199.8	62.0	41.9	729.0	729.0
有限责任公司	250 686.5	8 407.5	4 249.4	104.4	6 033.3	6 067.6
股份有限公司	128 934.7	8 332.1	2 633.2	50.6	8 506.6	8 560.9
(二)按国民经济行业分组						
食品、饮料、烟草批发业	442 167.2	17 533.3	7 170.1	380.0	14 803.9	15 918.8
棉、麻、土畜产品批发业	125 705.6	3 729.1	488.5	78.9	3 435.1	3 507.1
纺织品、服装和鞋帽批发业	309 094.5	12 389.1	3 461.9	115.1	13 242.6	13 703.4
日用百货批发业	63 341.9	921.5	209.8	33.0	1 827.3	1 827.3
日用杂品批发业	44 447.1	4 115.8	428.6	10.7	2 435.8	2 604.3
五金、交电、化工批发业	61 336.1	1 790.8	760.4	24.9	1 605.0	1 605.0
药品及医疗器械批发业	93 109.2	3 609.0	435.7	94.7	5 874.1	6 070.1
能源批发业	150 829.2	6 184.3	1 853.2	106.3	3 915.9	3 915.9
化工材料批发业	80 183.3	4 309.0	617.4	22.5	1 936.7	2 350.2
木材批发业	11 211.8	444.8	222.3	9.6	374.6	374.6
建筑材料批发业	2 464.7	224.4	45.4	5.5	-33.7	-33.7
矿产品批发业	52 405.3	4 156.4	250.5	23.7	4 570.7	4 596.9
金属材料批发业	180 763.9	3 335.7	680.4	87.2	2 921.5	2 921.5
机械、电子设备批发业	58 403.3	2 807.1	612.4	36.9	2 948.3	3 886.1
汽车、摩托车及零配件批发业	218 270.6	1 954.7	188.2	91.6	3 520.7	3 520.7
再生物资回收批发业	3 367.4	231.4	59.0	22.1	-45.6	-45.6
图书报刊批发业	82 562.7	4 676.3	1 041.8	169.5	5 240.2	5 240.2

11—9 续表 9　　(2000 年)　　计量单位:万元

项目名称	损益及分配					
	商品销售成本	经营费用	运杂装卸费	商品销售税金及附加	商品销售利润	主营利润
农业生产资料批发业	139 891.0	3 878.5	2 234.4	82.0	3 996.1	3 996.1
二、零售企业	254 113.5	13 501.0	701.9	928.2	23 470.6	23 503.8
(一)按登记注册类型分组						
内资企业	216 302.3	12 591.5	689.0	834.8	16 818.1	16 851.3
国有企业	111 265.1	6 588.9	374.8	388.1	8 607.5	8 607.5
集体企业	8 555.4	1 142.6	82.5	104.6	345.4	345.4
股份合作企业	13 125.9	125.7	2.1	44.7	615.3	615.4
有限责任公司	1 345.2	218.8	14.2	1.3	-88.7	-88.7
股份有限公司	52 069.0	3 165.6	95.4	262.4	4 300.6	4 300.6
私营企业	30 041.7	1 349.9	120.0	33.7	3 038.0	3 071.2
港、澳、台商投资企业	37 811.2	909.5	12.9	93.4	6 652.5	6 652.5
(二)按国民经济行业分组						
食品、饮料和烟草零售业	60 791.7	4 055.3	205.1	117.3	4 752.0	4 785.2
日用百货零售业	159 273.4	7 000.0	318.7	605.0	16 128.7	16 128.7
纺织品、服装和鞋帽零售业	4 470.0	609.6	13.5	72.3	269.4	269.4
日用杂品零售业	326.1	98.0	2.8	0.7	-49.1	-49.1
五金、交电、化工零售业	24 706.9	1 359.2	131.2	86.8	1 044.8	1 044.8
图书报刊零售业	4 351.8	298.5	28.1	39.5	1 323.7	1 323.7
其他零售业	193.6	80.4	2.5	6.6	1.1	1.1
(三)按经营方式分组						
连锁商店	38 256.5	2 495.0	43.1	78.2	3 191.2	3 191.2
非连锁商店	215 857.0	11 006.0	658.8	850.0	20 279.4	20 312.6
(四)按零售业态分组						
1.百货商店	163 488.9	7 446.7	293.8	675.1	16 610.7	16 610.7
2.超级市场	60 778.0	3 919.3	184.9	111.8	4 868.7	4 901.9
3.专业(专卖)商店	29 846.6	2 135.0	223.2	141.3	1 991.2	1 991.2

11—9 续表 10　　(2000 年)　　计量单位:万元

项 目 名 称	损益及分配				
	其它业务利润	管理费用	税金	财务费用	利息支出
批发、零售贸易企业总计	15 350.1	87 112.5	2 401.7	32 630.1	31 119.4
一、批发企业	8 285.1	61 566.7	1 367.8	23 224.6	21 831.3
(一)按登记注册类型分组					
国有企业	5 281.2	40 666.9	878.7	17 342.0	15 993.3
集体企业	1 822.2	8 602.0	302.4	2 429.4	2 490.1
股份合作企业	—	877.6	—	5.0	5.0
有限责任公司	598.0	3 825.2	82.8	2 174.3	2 171.9
股份有限公司	422.7	7 163.0	103.9	1 279.6	1 176.7
(二)按国民经济行业分组					
食品、饮料、烟草批发业	2 624.7	10 482.2	205.5	3 566.4	3 663.3
棉、麻、土畜产品批发业	1 044.4	4 720.4	68.9	885.7	816.8
纺织品、服装和鞋帽批发业	1 240.5	12 284.4	220.1	5 073.4	3 870.3
日用百货批发业	160.9	1 145.7	18.0	819.6	797.8
日用杂品批发业	-1.5	1 570.6	28.0	675.4	669.7
五金、交电、化工批发业	48.8	1 040.3	28.4	766.2	812.5
药品及医疗器械批发业	81.9	5 593.9	91.9	1 960.1	1 938.9
能源批发业	627.5	2 174.4	84.4	724.5	724.5
化工材料批发业	383.3	2 967.2	47.8	1 580.5	1 565.2
木材批发业	420.5	852.8	42.5	236.0	236.0
建筑材料批发业	138.0	104.7	21.9	5.3	5.3
矿产品批发业	—	2 682.6	11.4	625.8	620.0
金属材料批发业	314.2	2 767.7	41.4	1 733.8	1 741.0
机械、电子设备批发业	195.1	2 846.8	101.6	997.6	788.8
汽车、摩托车及零配件批发业	633.3	3 521.7	86.2	1 438.5	1 366.2
再生物资回收批发业	220.3	263.8	12.3	63.5	63.1
图书报刊批发业	2.4	3 297.2	72.4	-79.0	5.5

11—9 续表 11　　(2000 年)　　计量单位:万元

项目名称	损益及分配 其它业务利润	管理费用	税金	财务费用	利息支出
农业生产资料批发业	150.8	3 250.3	185.1	2 151.3	2 146.4
二、零售企业	7 065.0	25 545.8	1 033.9	9 405.5	9 288.1
(一)按登记注册类型分组					
内资企业	3 677.9	20 467.8	807.6	6 565.5	6 420.9
国有企业	2 280.4	10 298.3	505.5	4 643.7	4 579.0
集体企业	323.9	1 496.0	91.6	138.2	138.9
股份合作企业	257.9	740.5	74.6	145.7	145.7
有限责任公司	—	62.5	—	0.1	0.1
股份有限公司	815.7	5 249.3	116.0	1 170.4	1 100.6
私营企业	—	2 621.2	19.9	467.4	456.6
港、澳、台商投资企业	3 387.1	5 078.0	226.3	2 840.0	2 867.2
(二)按国民经济行业分组					
食品、饮料和烟草零售业	1 287.3	6 909.7	69.7	813.7	761.2
日用百货零售业	5 201.4	15 019.1	830.4	7 306.9	7 248.8
纺织品、服装和鞋帽零售业	135.1	959.0	7.1	341.2	335.2
日用杂品零售业	—	32.4	—	1.4	1.3
五金、交电、化工零售业	441.2	1 136.5	108.1	940.7	940.4
图书报刊零售业	—	1 459.1	16.1	0.5	0.1
其他零售业	—	30.0	2.5	1.1	1.1
(三)按经营方式分组					
连锁商店	378.9	3 732.2	38.5	469.9	461.6
非连锁商店	6 686.1	21 813.6	995.4	8 935.6	8 826.5
(四)按零售业态分组					
1.百货商店	5 217.8	16 100.9	860.1	7 647.9	7 582.1
2.超级市场	888.8	6 267.3	40.8	683.6	632.3
3.专业(专卖)商店	958.4	3 177.6	133.0	1 074.0	1 073.7

11—9 续表 12 (2000 年) 计量单位:万元

项目名称	损益及分配		工资福利及增值税	
	营业利润	利润总额	本年应付工资总额	主业付工资
批发、零售贸易企业总计	-619.2	4 099.0	37 677.7	35 884.7
一、批发企业	2 555.9	5 264.2	26 685.2	25 831.1
(一)按登记注册类型分组				
国有企业	1 153.0	1 917.7	19 429.0	18 593.3
集体企业	-108.5	1 401.6	3 007.9	2 989.5
股份合作企业	351.4	351.4	261.9	261.9
有限责任公司	665.3	660.6	1 049.6	1 049.6
股份有限公司	541.5	937.8	2 136.9	2 136.9
(二)按国民经济行业分组				
食品、饮料、烟草批发业	4 801.1	4 359.2	3 922.8	3 824.5
棉、麻、土畜产品批发业	-1 049.0	-165.8	1 266.5	1 251.9
纺织品、服装和鞋帽批发业	-2 430.7	-307.7	4 085.4	3 973.8
日用百货批发业	23.0	34.7	385.3	385.3
日用杂品批发业	356.9	670.8	1 167.9	1 167.9
五金、交电、化工批发业	30.1	100.0	520.0	520.0
药品及医疗器械批发业	-1 402.3	-1 564.2	1 822.8	1 676.8
能源批发业	1 644.6	180.0	2 167.8	2 167.7
化工材料批发业	-557.7	120.5	1 675.5	1 672.5
木材批发业	-287.1	-179.2	373.1	272.8
建筑材料批发业	93.2	93.2	107.9	107.9
矿产品批发业	1 345.9	1 322.8	1 795.0	1 795.0
金属材料批发业	-299.5	-1 149.7	1 788.9	1 749.6
机械、电子设备批发业	506.4	823.7	1 211.0	1 211.0
汽车、摩托车及零配件批发业	-836.1	-718.9	821.3	789.7
再生物资回收批发业	-152.6	3.2	221.4	221.4
图书报刊批发业	2 024.4	1 961.2	1 986.3	1 677.0

11—9 续表 13　　(2000 年)　　计量单位:万元

项目名称	损益及分配		工资福利及增值税	
	营业利润	利润总额	本年应付工资总额	主业付工资
农业生产资料批发业	-1 254.7	-319.6	1 366.3	1 366.3
二、零售企业	-3 175.1	-1 165.2	10 992.5	10 053.6
(一)按登记注册类型分组				
内资企业	-5 296.7	-2 845.9	9 706.8	8 876.4
国有企业	-3 744.6	-3 339.2	5 324.8	5 045.4
集体企业	-492.7	3.9	934.6	890.2
股份合作企业	-13.0	115.5	215.4	215.4
有限责任公司	-151.3	-151.3	77.2	77.2
股份有限公司	-1 215.3	230.4	2 563.1	2 056.5
私营企业	320.2	354.8	591.7	591.7
港、澳、台商投资企业	2 121.6	1 680.7	1 285.7	1 177.2
(二)按国民经济行业分组				
食品、饮料和烟草零售业	-1 273.4	-776.1	2 597.5	2 318.1
日用百货零售业	-986.2	-854.0	6 186.7	5 571.6
纺织品、服装和鞋帽零售业	-796.3	190.8	458.3	458.3
日用杂品零售业	-82.9	—	47.5	47.5
五金、交电、化工零售业	-118.4	190.7	768.3	723.9
图书报刊零售业	82.1	83.4	894.6	894.6
其他零售业	—	—	39.6	39.6
(三)按经营方式分组				
连锁商店	-294.4	216.6	1 307.2	1 045.5
非连锁商店	-2 880.7	-1 381.8	9 685.3	9 008.1
(四)按零售业态分组				
1.百货商店	-1 780.6	-570.4	6 633.6	6 018.5
2.超级市场	-822.6	-329.1	2 119.4	1 857.7
3.专业(专卖)商店	-571.9	-265.7	2 239.5	2 177.4

11—9 续表 14 (2000 年) 计量单位:万元

项目名称	工资福利及增值税				
	本年应付福利费总额	主业福利费	本年应交增值税总额	本年进项税额	本年销项税额
批发、零售贸易企业总计	5 031.8	4 820.9	13 112.4	336 606.1	284 855.3
一、批发企业	3 633.3	3 525.0	8 055.1	292 159.3	238 470.3
(一)按登记注册类型分组					
国有企业	2 576.2	2 472.2	4 084.9	222 628.3	167 109.5
集体企业	364.0	361.4	2 055.0	21 032.1	23 069.1
股份合作企业	36.6	36.6	483.9	3 390.9	3 874.8
有限责任公司	92.3	90.6	775.1	33 524.3	32 297.9
股份有限公司	527.0	527.0	656.2	9 011.0	9 553.0
(二)按国民经济行业分组					
食品、饮料、烟草批发业	458.9	437.8	3 143.8	55 248.6	54 165.2
棉、麻、土畜产品批发业	148.6	146.5	437.2	13 399.2	10 125.5
纺织品、服装和鞋帽批发业	568.8	554.6	365.6	42 572.7	12 344.8
日用百货批发业	52.6	52.6	151.1	11 985.3	11 332.1
日用杂品批发业	161.1	161.1	—	6 170.4	338.0
五金、交电、化工批发业	70.5	70.5	157.4	10 881.5	11 038.9
药品及医疗器械批发业	457.5	439.4	1 140.9	13 465.0	14 183.2
能源批发业	291.5	291.5	750.5	32 611.7	33 706.7
化工材料批发业	237.2	237.2	104.5	12 606.6	6 330.2
木材批发业	48.4	33.9	270.1	1 508.8	1 778.9
建筑材料批发业	12.5	12.5	13.7	55.1	78.1
矿产品批发业	224.9	224.9	—	7 625.3	481.0
金属材料批发业	177.1	171.0	436.8	28 630.1	29 005.6
机械、电子设备批发业	151.0	151.0	22.1	5 871.3	3 172.8
汽车、摩托车及零配件批发业	204.1	171.9	814.0	34 700.6	35 486.6
再生物资回收批发业	31.0	31.0	187.4	420.0	607.4
图书报刊批发业	162.2	162.2	—	12 386.9	12 233.5

11—9 续表 15　　(2000 年)　　计量单位:万元

项目名称	工资福利及增值税				
	本年应付福利费总额	主业福利费	本年应交增值税总额	本年进项税额	本年销项税额
农业生产资料批发业	175.4	175.4	60.0	2 020.2	2 061.8
二、零售企业	1 398.5	1 295.9	5 057.3	44 446.8	46 385.0
(一)按登记注册类型分组					
内资企业	1 231.3	1 128.7	4 413.9	37 616.6	38 911.4
国有企业	700.7	652.3	2 257.3	17 429.4	19 575.3
集体企业	99.8	99.6	171.4	1 401.4	1 565.1
股份合作企业	49.7	49.7	434.4	1 930.6	2 365.0
有限责任公司	8.2	8.2	11.4	210.6	222.0
股份有限公司	314.3	260.3	1 277.5	8 412.9	9 690.4
私营企业	58.6	58.6	261.9	8 231.7	5 493.6
港、澳、台商投资企业	167.2	167.2	643.4	6 830.2	7 473.6
(二)按国民经济行业分组					
食品、饮料和烟草零售业	290.4	242.0	833.5	13 371.9	11 202.1
日用百货零售业	927.9	873.9	3 791.0	27 080.0	30 841.6
纺织品、服装和鞋帽零售业	65.3	65.3	161.2	637.8	799.0
日用杂品零售业	6.7	6.7	6.6	57.2	63.8
五金、交电、化工零售业	73.0	72.8	86.2	2 647.5	2 647.3
图书报刊零售业	33.8	33.8	176.1	612.4	788.5
其他零售业	1.4	1.4	2.7	40.0	42.7
(三)按经营方式分组					
连锁商店	185.5	139.6	558.0	9 752.1	7 306.9
非连锁商店	1 213.0	1 156.3	4 499.3	34 694.7	39 078.1
(四)按零售业态分组					
1.百货商店	981.0	927.0	3 919.2	27 705.2	31 595.0
2.超级市场	231.2	185.3	834.9	13 394.0	11 225.7
3.专业(专卖)商店	186.3	183.6	303.2	3 347.6	3 564.3

分县(市)区限额以上批发零售贸易企业财务状况

11—10 (2000 年) 计量单位:万元

行 政 单 位	资产合计	负债合计	所有者权益	商品销售收入	商品销售利润
全 市 总 计	2 008 402	1 781 255	227 147	2 834 138	103 463
市 区 合 计	1 893 643	1 690 825	202 818	2 603 917	96 040
#长 安 区	14 304	10 395	3 910	21 754	807
桥 东 区	23 960	16 143	7 817	4 858	130
桥 西 区	24 444	15 581	8 863	40 601	1 630
新 华 区	112 870	96 536	16 334	46 746	6 384
郊 区	15 814	13 613	2 200	12 647	763
井 陉 县	5 585	3 262	2 323	12 496	384
正 定 县	10 295	6 931	3 364	24 287	553
栾 城 县	816	336	479	3 679	177
行 唐 县	2 512	2 059	452	9 059	206
灵 寿 县	4 138	3 639	499	7 535	643
高 邑 县	4 262	2 520	1 741	22 012	213
深 泽 县	896	536	360	6 002	133
赞 皇 县	494	340	154	3 958	133
无 极 县	6 737	6 304	433	12 899	393
平 山 县	1 122	377	745	8 459	467
元 氏 县	3 656	3 469	186	6 174	818
赵 县	12 933	8 102	4 831	14 185	150
辛 集 市	17 764	13 134	4 631	33 267	1 010
藁 城 市	23 107	21 413	1 695	29 631	920
晋 州 市	6 275	5 434	842	9 303	318
新 乐 市	2 990	2 722	268	8 315	278
鹿 泉 市	11 179	9 852	1 327	18 957	629

11—10 续表　　(2000 年)　　计量单位:万元

行政单位	管理费用	财务费用	利润总额	本年应付工资	本年应交增值额
全市总计	92 177	34 289	6 031	40 887	14 755
市区合计	87 113	32 630	4 099	37 678	13 112
#长安区	963	230	224	246	436
桥东区	910	348	124	394	8
桥西区	2 147	173	106	904	665
新华区	4 997	2 716	2 307	1 276	629
郊区	1 082	332	-383	500	102
井陉县	356	-2	65	219	117
正定县	443	43	382	432	143
栾城县	85	6	98	64	5
行唐县	148	8	64	137	83
灵寿县	345	215	123	141	44
高邑县	77	-2	186	106	174
深泽县	101	26	5	48	39
赞皇县	85	5	43	57	35
无极县	444	78	67	235	71
平山县	213	-4	274	121	98
元氏县	51	95	259	48	85
赵县	160	95	83	163	36
辛集市	1 018	343	30	493	131
藁城市	732	505	-173	437	178
晋州市	138	123	93	135	159
新乐市	153	53	90	146	75
鹿泉市	517	73	243	230	171

社会消费品零售总额

11—11

(2000 年)

计量单位:万元

行政单位	社会消费品零售总额	按销售单位所有地分组		
		市	县	县以下
全市总计	**3 308 804**	**1 831 551**	**521 260**	**955 994**
市区合计	1 269 933	1 269 933	—	—
#长安区	19 769	19 769	—	—
桥东区	9 800	9 800	—	—
桥西区	11 216	11 216	—	—
新华区	63 180	63 180	—	—
郊区	63 841	63 841	—	—
矿区	9 533	9 533	—	—
井陉县	46 068	—	14 606	31 463
正定县	202 677	—	102 445	100 233
栾城县	135 651	—	65 313	70 338
行唐县	68 405	—	47 947	20 458
灵寿县	48 092	—	28 750	19 342
高邑县	40 391	—	26 571	13 820
深泽县	50 800	—	23 854	26 946
赞皇县	45 928	—	35 587	10 341
无极县	138 956	—	63 827	75 128
平山县	56 992	—	27 424	29 568
元氏县	63 854	—	36 539	27 315
赵县	145 226	—	49 897	95 328
辛集市	352 000	244 949	—	107 051
藁城市	219 087	95 377	—	123 710
晋州市	134 242	76 947	—	57 295
新乐市	148 011	75 727	—	72 284
鹿泉市	138 143	61 119	—	77 024

11—11 续表 1 （2000 年） 计量单位：万元

行政单位	按行业分组				
	批发零售贸易业	餐饮业	制造业	农业生产者	其它
全市总计	2 245 631	202 903	364 738	425 679	69 853
市区合计	812 315	51 833	37 362	342 601	25 822
#长安区	17 328	1 393	1 049	—	—
桥东区	8 390	995	416	—	—
桥西区	11 072	144	—	—	—
新华区	59 557	542	3 081	—	—
郊区	57 962	5 878	—	—	—
矿区	4 120	134	4 920	—	359
井陉县	24 042	9 957	8 426	3 342	301
正定县	160 057	8 820	21 129	6 160	6 510
栾城县	103 089	14 152	9 461	8 705	245
行唐县	50 910	3 855	3 438	6 399	3 803
灵寿县	28 640	4 837	11 593	2 969	53
高邑县	19 803	1 004	12 779	6 250	555
深泽县	44 838	1 801	2 724	1 079	358
赞皇县	39 282	2 316	478	1 993	1 860
无极县	93 180	10 127	19 852	1 450	14 348
平山县	37 720	7 593	7 428	4 030	221
元氏县	39 004	3 833	15 720	1 844	3 453
赵县	106 913	14 559	19 105	3 334	1 315
辛集市	257 679	13 125	67 053	11 705	2 438
藁城市	134 659	28 189	46 493	6 490	3 256
晋州市	92 146	7 127	31 009	3 600	360
新乐市	116 844	9 002	16 537	2 390	3 238
鹿泉市	81 161	9 774	34 153	11 339	1 716

11—11 续表 2　　(2000 年)　　计量单位:万元

行政单位	在总计中			
	国有	集体	股份合作	股份制
全市总计	666 308	415 987	29 204	160 808
市区合计	346 015	122 132	20 342	156 008
#长安区	271	4 597	13 853	—
桥东区	375	4 858	1 207	1 028
桥西区	70	5 642	—	5 505
新华区	810	9 704	—	—
郊区	—	54 514	2 622	1 359
矿区	4 252	5 025	—	256
井陉县	7 670	5 928	1 765	1 862
正定县	17 133	18 868	—	—
栾城县	20 778	8 476	—	—
行唐县	18 844	12 309	5 542	2 001
灵寿县	9 651	9 171	—	—
高邑县	3 753	9 266	—	—
深泽县	10 480	3 037	—	—
赞皇县	5 683	1 990	—	—
无极县	11 476	5 599	—	—
平山县	11 682	12 863	—	—
元氏县	33 234	20 508	—	—
赵县	28 782	13 313	—	937
辛集市	45 032	57 630	—	—
藁城市	27 012	52 819	5	—
晋州市	16 010	4 508	—	—
新乐市	28 606	30 977	—	—
鹿泉市	19 019	27 692	1 550	—

11—11 续表 3　　(2000 年)　　计量单位:万元

行政单位	在总计中(续)		
	外商和港澳台投资	其他	其中:个体
全市总计	60 875	1 975 624	1 480 617
市区合计	60 800	564 637	214 343
#长安区	1 049	—	—
桥东区	—	2 333	—
桥西区	—	—	—
新华区	52 666	—	—
郊区	5 346	—	—
矿区	—	—	—
井陉县	—	28 843	19 932
正定县	—	166 677	143 083
栾城县	—	106 397	90 019
行唐县	—	29 711	19 498
灵寿县	—	29 269	23 348
高邑县	—	27 371	19 085
深泽县	—	37 283	34 597
赞皇县	—	38 255	35 282
无极县	—	121 881	116 799
平山县	—	32 447	28 417
元氏县	—	10 113	7 821
赵县	75	102 118	99 634
辛集市	—	249 338	233 456
藁城市	—	139 251	125 858
晋州市	—	113 724	103 124
新乐市	—	88 428	83 733
鹿泉市	—	89 882	86 589

分县(市)区出口及实际利用外资情况

11—12　　　　(2000年)　　　　计量单位:万美元

行政单位	出口	实际利用外资
全市总计	55 927	14 841
市区	38 263	10 241
#长安区	71	466
桥东区	36	10
桥西区	441	469
新华区	572	431
郊区	4 971	475
矿区	—	2
高新区	3 886	3 000
井陉县	898	415
正定县	2 284	568
栾城县	568	452
行唐县	157	248
灵寿县	423	60
高邑县	150	150
深泽县	1	7
赞皇县	18	1
无极县	136	68
平山县	62	130
元氏县	162	358
赵县	99	313
辛集市	6 041	53
藁城市	2 017	554
晋州市	3 012	504
新乐市	415	161
鹿泉市	1 221	558

外国和港澳台地区在石投资情况

11—13　　(2000年)　　计量单位:万美元

指标名称	新批合同			新注册三资企业			
	项目个数(个)	项目投资总额	合同外资额	注册户数(户)	项目投资总额	注册资本	外方注册资本
合计	58	9 172	3 633	42	5 011	2 861	1 482
#国有企业与客商兴办的合资、合作企业	9	4 609	1 688	6	3 209	1 484	760
#投资总额500万美元以上项目	5	6 100	2 312	2	3 050	1 356	691
一、按投资方式分组							
(一)港、澳、台投资经济	27	3 102	1 334	21	1 202	858	489
1.港澳台合资经营企业	21	2 827	1 067	16	990	689	322
2.港澳台合作经营企业	2	73	65	1	10	10	8
3.港澳台独资经营企业	4	202	202	4	202	159	159
(二)外商投资经济	31	6 070	2 299	21	3 809	2 003	993
1.中外合资经营企业	22	2 213	754	15	1 342	983	442
2.中外合作经营企业	2	3 710	1 398	1	2 390	956	487
3.外资企业	7	147	147	5	77	64	64
二、按投资国别、地区分组							
1.亚洲	34	4 026	1 672	26	1 844	1 323	682
其中:香港	22	2 291	1 083	16	462	381	248
台湾	5	811	251	5	740	477	241
日本	2	334	74	2	334	234	74
新加坡	1	96	43	1	96	72	43
韩国	4	494	221	2	212	159	76
泰国	1	96	43	1	96	72	43
2.非洲	4	94	33	4	105	81	34
3.欧洲	2	17	13	2	17	17	13
4.拉丁美洲	2	2 400	1 221	3	2 425	984	496
5.北美洲	16	2 196	476	8	191	148	104
其中:加拿大	2	26	12	1	20	20	8
美国	14	2 170	464	7	171	128	96
6.大洋洲	2	456	231	1	446	325	166

11—13 续表 1　　(2000 年)　　计量单位:万美元

指标名称	期末实有三资企业 合计(个)	开工在建(个)	投产企业(个)	客商直接投资	现金
合计	701	249	435	11 491	11 142
# 国有企业与客商兴办的合资、合作企业	312	94	208	6 201	5 929
# 投资总额 500 万美元以上项目	140	52	85	7 817	7 767
一、按投资方式分组					
(一)港、澳、台投资经济	399	118	270	5 048	4 839
1.港澳台合资经营企业	335	98	230	3 092	2 962
2.港澳台合作经营企业	30	6	25	379	300
3.港澳台独资经营企业	34	14	15	1 577	1 577
(二)外商投资经济	302	131	165	6 443	6 303
1.中外合资经营企业	236	98	136	5 050	4 910
2.中外合作经营企业	38	19	17	918	918
3.外资企业	28	14	12	475	475
二、按投资国别、地区分组					
1.亚洲	483	153	320	8 376	8 167
其中:香港	318	92	214	4 124	3 994
台湾	75	25	51	845	845
日本	33	8	25	1 899	1 899
新加坡	24	9	14	1 206	1 206
韩国	18	12	8	37	37
泰国	32	15	16	186	186
2.非洲	53	23	30	1 558	1 486
3.欧洲	12	6	6	534	534
4.拉丁美洲	31	17	12	479	479
5.北美洲	110	45	61	1 078	1 010
其中:加拿大	18	5	13	110	110
美国	92	40	48	968	900
6.大洋洲	20	9	10	—	—

11—13 续表 2　　(2000 年)　　计量单位:万美元

指标名称	中方投资	现金	实物	土地使用权
合计	2 827	1 504	706	617
# 国有企业与客商兴办的合资、合作企业	1 737	564	606	567
# 投资总额 500 万美元以上项目	1 874	701	606	567
一、按投资方式分组				
(一)港、澳、台投资经济	1 066	1 045	21	—
1.港澳台合资经营企业	1 066	1 045	21	—
2.港澳台合作经营企业	—	—	—	—
3.港澳台独资经营企业	—	—	—	—
(二)外商投资经济	1 761	459	685	617
1.中外合资经营企业	588	459	79	50
2.中外合作经营企业	1 173	—	606	567
3.外资企业	—	—	—	—
二、按投资国别、地区分组				
1.亚洲	1 277	1 256	21	—
其中:香港	960	939	21	—
台湾	106	106	—	—
日本	19	19	—	—
新加坡	115	115	—	—
韩国	77	77	—	—
3.欧洲	238	121	67	50
4.拉丁美洲	1 209	36	606	567
5.北美洲	103	91	12	—
其中:加拿大	5	5	—	—
美国	98	86	12	—

外国和港澳台地区在石投资企业主要经济指标

11—14 (2000年) 计量单位:千美元

行业名称	期末投产企业个数(个)	期末从业人员(人)	外方及港澳台人员	期末从业人员劳动报酬	外方及港澳台人员
合计	249	41 810	73	405 609	2 527
#国有企业与客商兴办的合资、合作企业	100	19 844	22	218 315	991
#以原有企业为依托的合资合作企业	96	16 084	31	165 837	866
一、按投资方式分组					
(一)港、澳、台投资经济	156	27 352	41	270 552	1 177
1.港澳台合资经营企业	132	20 967	33	179 306	966
2.港澳台合作经营企业	13	4 441	6	69 985	211
3.港澳台独资经营企业	11	1 944	2	21 261	—
(二)外商投资经济	93	14 458	32	135 057	1 350
1.中外合资经营企业	79	10 554	19	99 086	800
2.中外合作经营企业	6	1 663	—	26 154	—
3.外资企业	8	2 241	13	9 817	550
二、按国民经济行业分组					
制造业	202	34 793	61	326 392	2 175
#食品加工业	7	345	4	1 761	—
食品制造业	6	618	1	5 686	—
饮料制造业	6	348	—	2 747	—
纺织业	18	3 634	5	25 411	101
服装及其他纤维制品制造业	11	1 610	3	7 679	72
化学原料及化学制品制造业	22	2 780	3	19 129	—
医药制造业	24	8 745	8	130 924	366
塑料制品业	14	3 024	11	17 095	345
非金属矿物制品业	10	1 301	1	8 770	—
黑色金属冶炼及压延加工业	2	61	—	406	—
普通机械制造业	12	3 479	6	33 414	447
交通运输设备制造业	6	1 221	2	9 793	50
电气机械及器材制造业	5	614	—	10 376	—
电子及通信设备制造业	11	1 134	3	11 501	80
电力、煤气及水的生产和供应业	2	1 164	—	25 243	—
建筑业	12	1 093	2	8 738	10
交通运输、仓储及邮电通信业	4	1 613	4	23 384	250
批发和零售贸易、餐饮业	2	1 972	—	10 773	—
房地产业	17	506	2	5 573	56
社会服务业	7	414	1	3 100	—
卫生、体育和社会福利业	1	170	—	1 100	—
教育、文化艺术及广播电影电视业	1	39	1	406	36
科学研究和综合技术服务业	1	46	2	900	—

11—14 续表 1　　　　(2000 年)　　　　计量单位:千美元

行业名称	资产总额	流动资产	固定资产原值	无形资产	负债总额
合计	21 314 153	7 780 329	12 519 170	416 730	12 368 135
#国有企业与客商兴办的合资、合作企业	16 186 209	4 674 079	10 270 688	291 421	9 153 688
#以原有企业为依托的合资、合作企业	3 979 517	2 531 033	1 951 838	106 847	2 458 144
一、按投资方式分组					
(一)港、澳、台投资经济	12 333 465	5 576 997	6 636 189	164 201	8 093 739
1.港澳台合资经营企业	6 585 161	3 527 520	2 453 395	104 179	4 603 598
2.港澳台合作经营企业	4 686 513	1 545 302	3 787 318	12 906	2 932 864
3.港澳台独资经营企业	1 061 791	504 175	395 476	47 116	557 277
(二)外商投资经济	8 980 688	2 203 332	5 882 981	252 529	4 274 396
1.中外合资经营企业	6 941 530	1 636 020	5 285 612	217 744	3 141 605
2.中外合作经营企业	1 930 225	492 834	562 897	32 189	1 048 857
3.外资企业	108 933	74 478	34 472	2 596	83 934
二、按国民经济行业分组					
制造业	10 235 904	5 372 690	5 401 648	244 433	6 581 954
#食品加工业	103 488	35 503	80 640	6 313	61 456
食品制造业	119 408	39 597	82 275	6 373	64 466
饮料制造业	165 981	71 114	89 638	1 031	94 081
纺织业	766 856	349 468	461 625	15 560	516 268
服装及其他纤维制品制造业	93 184	64 243	46 484	1 332	70 579
化学原料及化学制品制造业	788 294	321 432	381 711	51 286	483 138
医药制造业	4 453 293	2 268 634	2 478 386	94 579	2 628 714
塑料制品业	489 792	240 499	303 600	5 559	369 329
非金属矿物制品业	541 294	252 612	316 373	29 746	411 742
黑色金属冶炼及压延加工业	32 272	24 754	8 103	639	28 946
普通机械制造业	349 251	243 594	127 132	3 453	195 038
交通运输设备制造业	231 685	175 245	76 105	486	129 249
电气机械及器材制造业	363 116	303 348	72 840	2 655	245 820
电子及通信设备制造业	512 908	210 596	415 230	2 855	517 488
电力、煤气及水的生产和供应业	4 434 174	560 223	3 794 998	123 761	1 432 999
建筑业	82 681	64 449	17 902	401	40 254
交通运输、仓储及邮电通信业	4 380 193	722 356	3 156 792	6 479	2 465 397
批发和零售贸易、餐饮业	1 046 227	155 028	12 553	25	933 109
房地产业	983 334	867 438	35 964	33 238	807 851
社会服务业	114 203	34 995	62 239	30	87 104
卫生、体育和社会福利业	18 192	1 950	21 841	2 041	11 679
教育、文化艺术及广播电影电视业	18 118	640	15 091	6 322	6 594
科学研究和综合技术服务业	1 127	560	142	—	1 194

11—14 续表 2 (2000 年) 计量单位:千美元

行业名称	主营业务收入净额	出口销售收入	主营业务成本	营业利润	利润总额
合计	9 169 326	169 593	6 910 414	1 097 611	1 133 249
# 国有企业与客商兴办的合资、合作企业	6 070 477	77 464	4 460 895	977 996	993 212
# 以原有企业为依托的合资、合作企业	2 235 951	48 517	1 835 315	82 751	105 850
一、按投资方式分组					
(一)港、澳、台投资经济	5 431 389	123 202	4 163 778	542 981	578 606
1.港澳台合资经营企业	3 766 226	75 191	2 990 602	245 548	251 817
2.港澳台合作经营企业	1 281 856	26 993	895 437	246 834	287 678
3.港澳台独资经营企业	383 307	21 018	277 739	50 599	39 111
(二)外商投资经济	3 737 937	46 391	2 746 636	554 630	554 643
1.中外合资经营企业	3 169 467	26 054	2 352 147	454 540	451 266
2.中外合作经营企业	446 884	6 857	296 990	93 568	94 602
3.外资企业	121 586	13 480	97 499	6 522	8 775
二、按国民经济行业分组					
制造业	5 862 780	169 593	4 677 573	374 428	396 792
# 食品加工业	128 272	701	118 376	- 4 088	- 4 920
食品制造业	79 559	508	56 288	3 053	8 281
饮料制造业	10 891	—	13 440	- 9 746	- 10 056
纺织业	611 031	17 015	542 494	28 010	28 941
服装及其他纤维制品制造业	80 315	8 803	73 422	- 2 073	- 1 538
化学原料及化学制品制造业	317 451	6 977	262 965	- 2 499	- 12 639
医药制造业	2 235 149	78 106	1 718 744	249 761	275 901
塑料制品业	296 845	16 043	253 286	8 577	8 509
非金属矿物制品业	184 620	3 181	145 769	- 8 170	- 9 697
黑色金属冶炼及压延加工业	59 421	—	58 204	- 92	- 92
普通机械制造业	263 852	2 525	189 529	40 128	40 043
交通运输设备制造业	70 241	—	59 173	- 332	- 1 783
电气机械及器材制造业	245 492	2 604	184 243	24 748	24 790
电子及通信设备制造业	125 429	5 569	103 662	- 441	- 156
电力、煤气及水的生产和供应业	1 995 196	—	1 383 266	263 904	450 431
建筑业	65 133	—	50 043	- 1 141	- 1 735
交通运输、仓储及邮电通信业	559 485	—	277 906	263 904	280 889
批发和零售贸易、餐饮业	408 988	—	337 581	24 415	20 157
房地产业	246 528	—	168 733	- 4 726	- 4 175
社会服务业	23 297	—	9 494	- 7 226	- 7 267
卫生、体育和社会福利业	3 790	—	2 631	—	- 206
教育、文化艺术及广播电影电视业	2 209	—	1 167	- 1 149	- 1 145
科学研究和综合技术服务业	1 925	—	2 020	—	- 492

11—14 续表 3　　　　(2000 年)　　　　计量单位:千美元

行业名称	应交税金	增值税消费税营业税	所得税	净利润
合计	737 385	581 988	149 233	984 016
# 国有企业与客商兴办的合资、合作企业	579 981	437 570	137 589	855 623
# 以原有企业为依托的合资、合作企业	130 345	113 821	13 614	92 236
一、按投资方式分组				
(一)港、澳、台投资经济	280 100	221 833	55 478	523 128
1.港澳台合资经营企业	183 406	149 607	31 010	220 807
2.港澳台合作经营企业	73 187	52 901	20 286	267 392
3.港澳台独资经营企业	23 507	19 325	4 182	34 929
(二)外商投资经济	457 285	360 155	93 755	460 888
1.中外合资经营企业	399 610	318 190	78 045	373 221
2.中外合作经营企业	51 202	36 038	15 164	79 438
3.外资企业	6 473	5 927	546	8 229
二、按国民经济行业分组				
制造业	310 949	262 628	42 602	354 190
# 食品加工业	610	610	—	- 4 920
食品制造业	7 178	6 418	760	7 521
饮料制造业	1 750	1 750	—	- 10 056
纺织业	19 645	16 918	2 725	26 216
服装及其他纤维制品制造业	4 656	4 285	371	- 1 909
化学原料及化学制品制造业	15 110	14 059	277	- 12 916
医药制造业	160 000	131 070	28 926	246 975
塑料制品业	9 737	9 737	—	8 509
非金属矿物制品业	7 321	7 102	56	- 9 753
黑色金属冶炼及压延加工业	220	220	—	- 92
普通机械制造业	20 572	15 323	5 093	34 950
交通运输设备制造业	3 205	2 891	64	- 1 847
电气机械及器材制造业	18 335	16 178	2 129	22 661
电子及通信设备制造业	8 651	7 151	—	- 156
电力、煤气及水的生产和供应业	347 195	274 878	72 317	378 114
建筑业	986	966	—	- 1 735
交通运输、仓储及邮电通信业	55 574	28 211	27 363	253 526
批发和零售贸易、餐饮业	8 510	8 510	—	20 157
房地产业	12 573	5 505	6 941	- 11 116
社会服务业	1 392	1 180	10	- 7 277
教育、文化艺术及广播电影电视业	110	110	—	- 1 145
科学研究和综合技术服务业	96	—	—	- 492

经济技术开发区主要经济指标

(2000年)

11—15

指标名称	计量单位	本年实际	去年同期
一、全部实有企业数	个	1 312	1 126
全部投产(开业)企业数	个	1 078	1 056
#工业企业	个	116	123
全部投产企业期末人数	人	39 318	37 912
二、期末实有三资企业数	个	119	112
#投产(开业)	个	54	51
外方注册资本	万美元	675	557
本期外商实际投资	万美元	3 993	7 208
三、工业企业销售收入	万元	334 363	238 670
#三资企业销售收入	万元	133 674	88 127
盈亏相抵的利润总额	万元	30 453	25 610
#三资企业利润总额	万元	11 591	7 866
工业企业交纳各项税金总额	万元	10 122	6 342
#三资企业交纳税金总额	万元	6 275	3 449
四、外贸出口总值	万美元	28 914	28 495
#三资企业出口总值	万美元	3 653	3 984
五、固定资产投资总额	万元	130 061	121 736
土地出让金收入	万元	11 305	2 555

全市涉外旅游情况

11—16

指标名称	2000年	比上年同期增长(%)
一、海外旅游者人数合计(人次)	28 042	25
1.外国人	22 037	38
3.香港同胞	1 998	29
4.澳门同胞	2 967	21
5.台湾同胞	1 040	37
二、海外旅游者人天数合计(人天)	53 161	32
1.外国人	41 780	43
3.香港同胞	3 782	30
4.澳门同胞	5 624	35
5.台湾同胞	1 975	52
三、创汇金额(万美元)	691	32

十二　教育　科技　文化

普通高等学校基本情况

12—1

(2000 年)

计量单位:人

行政单位	毕业生数	招生人数	在校学生数	教职工数	专任教师
全市总计	11 611	28 276	73 997	14 614	6 322
石家庄师范专科学校	1 320	2 635	4 394	633	339
河北经贸大学	1 932	3 712	11 685	2 067	912
河北体育学院	308	697	1 377	209	100
精英影视艺术职业学院	—	140	140	69	42
石家庄铁路工程职业技术学院	—	190	190	223	121
河北工业职业技术学院	—	1 250	1 521	727	304
石家庄职业技术学院	633	1 791	4 116	317	214
河北经贸管理干部学院	—	563	950	—	—
河北青年管理干部学院	—	406	727	—	—
河北政法管理干部学院	—	1 267	1 754	—	—
石家庄经济学院	732	2 341	5 489	903	370
河北科技大学	1 630	4 371	11 896	2 562	1 009
石家庄铁道学院	893	2 070	5 953	1 296	449
河北医科大学	1 446	2 377	8 826	1 939	737
河北师范大学	2 717	4 466	14 979	3 669	1 725

中等专业学校基本情况

12—2 (2000年) 计量单位:人

行政单位	毕业生数	招生人数	在校学生数	教职工数	专任教师
全市总计	14 422	13 847	52 325	6 759	3 580
石家庄铁路运输学校	420	533	1 672	277	123
石家庄职业机械学校	—	—	—	104	56
石家庄电力学校	80	—	87	255	136
河北化工学校	572	1 000	2 796	259	120
河北邮电学校	121	—	659	175	83
河北冶金工业学校	733	—	1 425	312	130
石家庄工程技术学校	807	1 610	4 414	296	161
河北电子工业学校	408	300	1 591	136	86
河北纺织工业学校	550	637	2 575	235	124
石家庄工贸学校	283	64	621	187	110
河北粮食学校	488	350	1 156	186	95
石家庄铁路工程学校	—	1 008	2 465	223	121
河北交通学校	516	1 294	3 296	275	121
河北城乡建设学校	400	580	2 100	185	98
石家庄农业学校	214	120	1 478	172	99
石家庄市职业卫生学校	100	—	48	10	10
河北医科大学第二卫校	119	70	188	11	6
石家庄卫生学校	424	900	2 388	159	79
河北工商行政管理学校	220	—	200	82	37
石家庄市职业财会学校	120	15	265	38	33
河北外贸学校	108	208	748	84	51
河北商贸学校	918	770	2 520	177	77
河北经济贸易学校	—	104	846	120	60
河北财经学校	180	—	270	154	78

12—2 续表 (2000 年) 计量单位:人

行政单位	毕业生数	招生人数	在校学生数	教职工数	专任教师
河北物资学校	387	286	1 371	122	67
河北商业学校	103	—	186	32	25
石家庄财经学校	857	1 279	1 975	327	183
河北银行学校	—	500	808	112	40
河北省人民武装学校	99	—	149	36	13
石家庄市人民警察学校	72	—	248	59	31
河北省青年管理干部学校	105	55	275	154	63
河北省妇女干部学校	161	177	567	56	27
河北司法学校	660	900	1 800	188	67
石家庄市体育运动学校	160	130	481	42	22
河北省体育运动学校	186	188	520	143	82
石家庄市艺术学校	171	330	880	119	96
河北艺术学校	80	278	1 110	269	181
晋州市职业中专学校	166	90	318	27	15
石家庄市职业中专	164	71	346	36	33
井陉县师范学校	96	—	119	19	10
藁城县师范学校	190	—	121	37	23
新乐市师范学校	333	—	242	40	32
河北元氏师范学校	469	400	1 234	174	97
河北民族师范学校	220	237	862	103	50
河北正定师范学校	491	250	990	154	87
石家庄市外国语师范学校	415	490	1 325	160	89
河北无极师范学校	300	250	868	76	43
赵县师范学校	281	—	242	45	36
石家庄艺术师范学校	315	1 112	1 480	117	74

技工学校基本情况

12—3

(2000年)

计量单位:人

行政单位	招生人数	毕业生人数	在校学生人数	教职工人数	专任教师
全市合计	4 740	7 089	12 531	2 336	1 069
河北省劳动厅技工学校	248	695	632	101	44
石家庄市高级技工学校	547	987	1 472	216	38
石家庄市职业技术培训学校	—	122	519	60	47
辛集市劳动技工学校	10	89	51	69	32
无极县劳动技工学校	—	—	—	14	11
晋州市劳动技工学校	51	19	66	28	12
藁城市劳动技工学校	—	97	—	40	16
正定县劳动技工学校	147	236	226	43	20
行唐县劳动技工学校	9	46	30	22	11
平山县劳动技工学校	39	25	165	27	15
鹿泉市劳动技工学校	15	84	103	61	44
元氏县劳动技工学校	24	60	80	30	18
赞皇县劳动技工学校	—	41	130	8	7
高邑县劳动技工学校	—	22	26	4	3
赵县劳动技工学校	18	22	18	20	8
栾城县劳动技工学校	100	199	194	25	13
井陉矿区劳动技工学校	77	38	112	30	21
河北省接待服务技工学校	66	93	177	15	5
河北省交通技工学校	80	196	454	130	43
石家庄机电技工学校	123	190	257	26	15
石家庄市机械技工学校	402	373	885	104	41
石家庄市纺织技工学校	754	386	1 126	85	48

12—3 续表　　　　(2000 年)　　　　计量单位:人

行　政　单　位	招生人数	毕业生人数	在校学生人数	教职工人数	专任教师
石家庄市轻工技工学校	150	271	348	76	36
石家庄市交通技工学校	67	269	329	86	22
石家庄市粮食技工学校	59	93	211	28	20
石家庄市建材技工学校	67	68	227	18	9
石家庄市供销技工班	81	62	152	31	25
石家庄市电子技工学校	86	229	450	70	34
石家庄市第一职业中专技工班	98	108	156	31	31
石家庄市饮食集团公司技工班	147	116	312	24	12
石家庄市国际大厦技工学校	120	127	270	27	8
石家庄市新燕春集团技工学校	78	97	148	25	13
华药技工学校	245	231	599	74	63
石家庄化肥厂技工学校	—	86	—	5	5
石家庄煤机公司技工学校	—	59	61	19	10
石家庄钢铁有限责任公司技工学校	—	75	—	37	9
河北省第一机械厂技工学校	21	31	76	19	8
石家庄飞机制造公司技工学校	42	80	179	23	14
石家庄天同拖拉机技工学校	43	167	—	24	15
石家庄金刚内燃机技工学校	45	74	107	14	14
石家庄水泵厂技工学校	—	—	—	15	13
石家庄市阀门二厂技工班	98	112	362	21	10
石家庄铁路司机学校	35	443	372	231	60
石家庄铁路运输技工学校	267	71	697	105	50
河北省地勘局技工学校	162	83	322	85	22
装甲兵技工学校	120	117	430	90	54

普通中学基本情况

12—4　　(2000年)　　计量单位:人

行政单位	毕业生	招生	在校生	教职工	专任教师
全市总计	195 499	276 837	732 624	46 627	39 483
市区合计	29 668	39 118	111 434	9 599	6 954
#长安区	5 930	8 376	22 893	2 088	1 506
桥东区	4 027	2 415	13 614	1 226	931
桥西区	3 375	4 308	11 876	1 084	756
新华区	5 088	7 723	20 356	1 642	1 184
郊区	2 596	4 955	12 343	846	667
矿区	1 546	2 336	6 073	487	410
高新区	907	1 725	4 424	436	265
井陉县	6 523	8 871	23 429	1 576	1 399
正定县	11 419	21 875	53 424	2 865	2 584
栾城县	8 566	12 993	32 951	2 100	1 857
行唐县	11 902	14 262	36 124	1 990	1 802
灵寿县	7 196	11 693	29 945	1 797	1 527
高邑县	3 699	6 880	18 840	1 095	928
深泽县	5 412	7 273	19 296	1 099	887
赞皇县	6 182	8 175	22 172	965	855
无极县	11 733	14 124	36 402	2 813	2 434
平山县	10 138	12 946	34 824	2 110	2 007
元氏县	9 652	10 271	27 777	1 762	1 545
赵县	14 521	17 025	47 509	2 879	2 521
辛集市	12 799	20 482	53 452	3 525	3 173
藁城市	14 169	24 590	63 950	3 693	3 070
晋州市	11 594	17 347	48 094	2 284	2 019
新乐市	10 860	13 353	37 101	2 170	1 988
鹿泉市	9 466	13 379	35 819	2 305	1 933

职业中学基本情况

12—5　　(2000年)　　计量单位:人

行政单位	毕业生	招生	在校生	教职工	专任教师
全市总计	37 984	28 598	92 704	6 089	4 219
市区合计	9 598	6 396	19 441	1 886	1 259
#长安区	1 345	558	1 365	244	151
桥东区	2 216	900	2 965	314	192
桥西区	1 084	619	1 849	153	124
新华区	596	454	1 561	166	130
郊区	351	355	969	93	56
矿区	305	460	1 106	119	86
井陉县	1 202	945	3 628	132	97
正定县	1 902	1 125	4 869	444	258
栾城县	1 870	660	2 078	238	206
行唐县	658	1 186	3 122	238	184
灵寿县	919	100	3 120	53	22
高邑县	1 020	970	2 141	160	101
深泽县	634	207	755	89	61
赞皇县	490	573	1 529	102	86
无极县	938	1 119	3 029	162	125
平山县	952	1 480	4 245	163	151
元氏县	1 241	998	3 043	253	214
赵县	2 370	901	8 911	381	333
辛集市	2 271	1 708	6 516	347	266
藁城市	4 779	3 804	8 456	370	305
晋州市	2 324	2 956	6 114	262	211
新乐市	1 933	2 454	6 924	276	191
鹿泉市	2 883	1 016	4 783	533	149

小学基本情况

12—6 (2000年) 计量单位:人

行政单位	毕业生	招生	在校生	教职工	专任教师
全市总计	230 690	144 699	1 148 179	44 651	42 402
市区合计	28 366	21 479	142 975	7 861	7 250
#长安区	6 014	5 051	32 292	1 717	1 602
桥东区	3 933	2 956	19 620	1 024	953
桥西区	3 177	2 733	18 406	969	925
新华区	5 027	4 064	25 714	1 349	1 263
郊区	6 575	4 251	30 547	1 643	1 490
矿区	1 962	1 084	8 128	657	584
高新区	1 077	515	4 086	245	238
井陉县	7 687	5 412	40 546	1 985	1 900
正定县	19 063	7 138	74 081	2 768	2 689
栾城县	11 519	8 156	56 475	1 961	1 881
行唐县	11 387	6 567	57 175	1 893	1 833
灵寿县	9 477	6 030	50 011	1 828	1 711
高邑县	6 042	2 631	26 470	1 304	1 274
深泽县	6 303	4 102	30 799	1 431	1 413
赞皇县	7 513	4 112	34 330	1 574	1 473
无极县	12 130	5 477	62 376	2 769	2 499
平山县	11 396	6 817	56 977	2 421	2 350
元氏县	9 554	8 427	61 805	2 281	2 135
赵县	14 929	11 422	83 170	2 539	2 443
辛集市	16 865	9 662	74 394	2 442	2 382
藁城市	21 190	15 004	116 879	3 376	3 218
晋州市	15 921	9 344	74 367	2 291	2 138
新乐市	10 306	7 733	59 062	2 035	2 015
鹿泉市	11 042	5 186	46 307	1 955	1 798

全市人才资源调查情况

12—7　(2000年)　计量单位:人

行业名称	中专以上学历人员	无学历有职称人员
总计	412 857	33 007
Ⅰ、国有经济单位合计	361 369	24 252
一、按隶属关系分组		
1.中央	69 582	3 027
2.地方	291 787	21 225
二、按企业、事业、机关分组		
(一)企业	128 434	12 715
1.中央	58 278	2 715
2.地方	70 156	10 000
(二)事业	163 515	9 157
1.中央	6 732	284
2.地方	156 789	8 873
(三)机关	69 420	2 380
1.中央	4 572	28
2.地方	64 848	2 352
三、按国民经济行业分组		
(一)农、林、牧、渔业	3 240	482
(二)采掘业	2 357	241
(三)制造业	39 560	4 261
(四)电力、煤气及水的生产和供应业	6 267	457
(五)建筑业	11 489	2 012
(六)地质勘查业、水利管理业	3 185	443
(七)交通运输、仓储及邮电通信业	24 716	678
(八)批发和零售贸易、餐饮业	23 347	3 584
(九)金融、保险业	12 651	687
(十)房地产业	1 347	163
(十一)社会服务业	7 029	1 040
(十二)卫生、体育和社会福利业	22 703	4 678
(十三)教育、文化艺术及广播电影电视业	113 143	2 291
(十四)科学研究和综合技术服务业	13 599	522
(十五)国家机关、政党机关和社会团体	73 713	2 599
(十六)其他行业	3 023	114
Ⅱ、城镇及集体经济单位合计	21 093	5 731
一、按企业、事业、机关分组		
1.企业	19 339	5 014
2.事业	1 664	695
3.机关	90	22

补充资料:1.乡村科技人才36 359人、2.劳动年龄人口数5 399 913人、3.人才总数482 223人、4.人才密度指数(%)9。

12—7 续表　　(2000 年)　　计量单位:人

行　业　名　称	中专以上学历人员	无学历有职称人员
二、按国民经济行业分组		
(一)农、林、牧、渔业	117	29
(二)制　造　业	6 780	1 795
(三)电力、煤气及水的生产和供应业	72	12
(四)建　筑　业	3 190	1 096
(五)地质勘查业、水利管理业	106	1
(六)交通运输、仓储及邮电通信业	420	139
(七)批发和零售贸易、餐饮业	4 231	1 014
(八)金融、保险业	3 065	759
(九)房地产业	107	6
(十)社会服务业	965	117
(十一)卫生、体育和社会福利业	558	461
(十二)教育、文化艺术及广播电影电视业	587	193
(十三)科学研究和综合技术服务业	33	7
(十四)国家机关、政党机关和社会团体	201	29
(十五)其他行业	661	73
Ⅲ、其他单位合计	30 395	3 024
一、按登记注册类型分组		
(一)内　　资	25 524	2 853
#股份合作	4 338	347
联　　营	45	11
有限责任公司	10 775	731
股份有限公司	10 363	1 763
(二)港、澳、台商投资	3 116	104
(三)外 商 投 资	1 755	67
二、按国民经济行业分组		
(一)采　掘　业	24	2
(二)制　造　业	20 819	2 609
(三)电力、煤气及水的生产和供应业	1 072	33
(四)建　筑　业	237	47
(五)交通运输、仓储及邮电通信业	966	26
(六)批发和零售贸易、餐饮业	3 260	257
(七)金融、保险业	3 492	6
(八)房地产业	163	3
(九)社会服务业	311	40
(十)教育、文化艺术及广播电影电视业	10	—
(十一)科学研究和综合技术服务业	39	1
(十二)其他行业	2	—

分县(市)区人才资源调查情况

12—8　　(2000 年)　　计量单位:人

行政单位	人才总数	中专及以上学历人员	无学历有职称人员	乡村科技人才	人才密度指数(%)
总计	482 223	412 857	33 007	36 359	8.93
市区	270 016	247 252	16 799	5 965	26.33
#长安区	4 968	4 816	152	—	2.03
桥东区	4 560	4 159	120	281	2.84
桥西区	4 521	4 206	315	—	3.32
新华区	6 374	5 934	185	255	3.34
郊区	10 462	5 967	285	4 230	6.04
矿区	3 892	2 770	210	912	6.30
高新区	3 754	3 378	141	235	17.09
井陉县	12 133	9 577	886	1 670	5.71
正定县	22 677	15 672	2 276	4 729	6.30
栾城县	11 898	9 627	711	1 560	5.48
行唐县	11 644	8 700	1 867	1 077	4.61
灵寿县	8 492	7 228	529	735	4.50
高邑县	5 959	5 490	63	406	5.48
深泽县	3 952	3 377	450	125	2.52
赞皇县	6 314	5 328	521	465	4.64
无极县	11 369	10 354	393	622	3.80
平山县	13 588	10 850	1 146	1 592	4.86
元氏县	8 860	7 114	365	1 381	4.08
赵县	15 436	11 520	1 273	2 643	4.63
辛集市	19 102	15 299	1 748	2 055	5.03
藁城市	20 291	14 003	1 459	4 829	4.54
晋州市	12 622	10 270	448	1 904	4.04
新乐市	14 257	9 752	1 189	3 316	5.63
鹿泉市	13 613	11 444	884	1 285	6.12

分县(市)区科技经费支出情况

12—9 (2000年) 计量单位:万元

行政单位	科学事业费	科技三项费	科技三项费占财政支出比重(%)	银行贷款总额	科技开发贷款	技术改造贷款
总计	1 980	7 276	1.45	1 280 009	3 303	35 805
市区	1 643	4 403	2.03	1 249 010	3 460	56 817
#长安区	6	248	1.84	—	—	—
桥东区	54	180	1.6	—	—	—
桥西区	18	112	1.1	—	—	—
新华区	5	210	1.44	—	—	—
郊区	246	24	0.11	—	—	—
矿区	8	45	1.03	-28	—	—
高新区	—	150	1.39	—	—	—
井陉县	—	227	1.74	-1 526	—	-44
正定县	46	311	1.42	348	-200	-3 651
栾城县	16	207	1.52	-9 706	-90	-6 159
行唐县	3	129	1.24	747	—	-519
灵寿县	18	91	0.85	-264	—	—
高邑县	18	101	1.35	872	—	-430
深泽县	28	15	0.21	6 163	-50	—
赞皇县	25	19	0.26	-77	—	-268
无极县	3	135	1.13	5 933	60	-3 618
平山县	35	80	0.43	-3 110	—	-843
元氏县	21	67	0.65	2 073	-120	-340
赵县	37	160	1.41	5 218	—	—
辛集市	10	227	1.07	6 325	—	-1 571
藁城市	22	467	1.56	759	-87	-2 088
晋州市	5	193	1.21	8 254	330	-714
新乐市	5	233	1.49	2 836	—	—
鹿泉市	35	211	1.06	6 264	—	-767

大中型工业企业科技活动情况

12—10

(2000年)

行政单位	有科技活动的企业数(个)	工程技术人员(人)	科技活动人员(人)	在科技活动人员中(人)：		
				全时人员	高中级技术职称人员	研究与试验发展人员
全市总计	103	32 528	8 410	4 633	3 776	3 600
市区合计	65	24 751	6 893	3 989	3 263	3 080
#长安区	19	10 403	3 475	2 421	1 825	1 860
桥东区	16	2 123	1 166	470	479	390
桥西区	11	6 767	1 175	494	536	379
新华区	14	4 275	866	560	306	404
郊区	2	427	85	24	42	30
矿区	3	756	126	20	75	17
井陉县	3	1 117	535	184	105	100
正定县	2	651	44	18	28	8
栾城县	4	703	190	78	94	61
行唐县	—	85	—	—	—	—
灵寿县	3	388	29	10	16	21
高邑县	1	211	7	—	1	—
深泽县	2	28	33	28	16	—
赞皇县	1	99	9	6	4	—
无极县	1	197	3	—	1	—
平山县	1	513	45	2	24	40
元氏县	—	162	—	—	—	—
赵县	4	405	88	19	33	19
辛集市	3	473	72	38	24	38
藁城市	3	789	112	56	23	2
晋州市	1	473	12	8	8	12
新乐市	3	314	72	18	30	—
鹿泉市	6	1 169	266	179	106	219

大中型工业企业科技活动经费筹集情况

12—11

(2000年)

计量单位:万元

行政单位	科技活动经费筹集总额	企业资金	金融机构贷款	来自政府部门资金
全市合计	47 561.3	37 759.5	6 362.7	3 219.1
市区合计	40 517.8	31 462.8	6 362.7	2 522.3
#长安区	28 026.6	20 506.6	5 600.0	1 920.0
桥东区	2 559.3	2 334.3	160.0	65.0
桥西区	4 506.4	3 724.4	602.7	79.3
新华区	4 682.2	4 224.2	—	458.0
郊区	276.7	206.7	—	—
矿区	466.6	466.6	—	—
井陉县	867.4	817.4	—	—
正定县	349.5	349.5	—	—
栾城县	2 637.4	2 482.4	—	155.0
行唐县	—	—	—	—
灵寿县	111.1	111.1	—	—
高邑县	5.0	5.0	—	—
深泽县	35.0	35.0	—	—
赞皇县	69.0	69.0	—	—
无极县	1.2	1.2	—	—
平山县	115.0	115.0	—	—
元氏县	—	—	—	—
赵县	157.8	156.0	—	1.8
辛集市	65.7	65.7	—	—
藁城市	247.9	157.9	—	90.0
晋州市	40.0	40.0	—	—
新乐市	461.5	461.5	—	—
鹿泉市	1 880.0	1 430.0	—	450.0

大中型工业企业科技活动经费支出情况

12—12

（2000 年）

计量单位:万元

行政单位	科技活动经费支出总额	内部支出	在内部支出中:		
			劳务费支出	原材料支出	新产品开发支出
全市合计	47 121.1	41 217.3	9 641.5	12 342.7	25 493.2
市区合计	40 221.8	36 526.7	8 542.0	11 241.9	23 422.5
#长安区	27 941.8	24 906.7	5 028.9	8 170.0	17 300.0
桥东区	2 483.3	2 447.3	1 035.1	909.6	1 773.2
桥西区	4 376.2	4 023.4	1 526.4	996.4	2 103.6
新华区	4 677.2	4 512.2	855 5	877.6	1 999.5
郊区	276.7	210.1	45.2	90.0	199.9
矿区	466.6	417.0	50.9	198.3	46.3
井陉县	860.4	744.9	374.0	239.0	290.0
正定县	299.5	259.5	34.3	98.7	149.0
栾城县	2 567.4	867.4	153.2	376.1	372.9
行唐县	—	—	—	—	—
灵寿县	111.1	111.1	26.3	46.7	79.1
高邑县	5.0	5.0	5.0	—	—
深泽县	35.0	35.0	19.0	12.5	—
赞皇县	69.0	69.0	15.5	53.5	69.0
无极县	1.2	1.2	1.2	—	—
平山县	115.0	80.0	30.0	40.0	—
元氏县	—	—	—	—	—
赵县	151.7	149.3	37.2	6.0	0.1
辛集市	65.7	65.7	47.9	17.8	47.2
藁城市	246.9	149.9	102.0	31.6	39.9
晋州市	40.0	40.0	5.4	4.6	40.0
新乐市	460.4	356.0	50.5	64.7	244.0
鹿泉市	1 870.0	1 766.6	197.0	109.6	739.5

大中型工业企业新产品工程准备和产出情况

12—13 (2000 年) 计量单位:万元

行政单位	新产品工程准备试生产费用支出	新产品试销费用	新产品产值	新产品销售收入	出口
全市合计	21 493 .8	23 136.1	450 063.2	432 967.8	14 777.1
市区合计	19 353.0	20 631.2	416 966.1	406 145.0	12 890.2
#长安区	12 102.1	4 069 4	294 551.3	296 755.2	11 415.3
桥东区	982.9	157.1	14 475.9	11 736.3	199.5
桥西区	4 925.0	16 160.8	81 431.3	76 239.2	196.0
新华区	1 230.3	240.7	24 696.6	19 747.3	288.9
郊区	66.4	3.2	1 610.8	1 476.4	790.5
矿区	46.3	—	210.2	190.6	—
井陉县	52.5	110.4	9 015.5	6 271.8	1 676.9
正定县	128.6	0.5	412.3	343.5	—
栾城县	50.0	2 370.0	15 091.8	12 828.0	—
行唐县	—	—	—	—	—
灵寿县	4.0	—	—	—	—
高邑县	—	—	—	—	—
深泽县	—	—	—	—	—
赞皇县	—	—	3 813.0	3 245.8	—
无极县	—	—	—	—	—
平山县	—	—	—	—	—
元氏县	—	—	—	—	—
赵县	1 690.6	—	2 326.7	2 232.8	—
辛集市	56.3	—	—	—	—
藁城市	5.0	3.0	660.0	660.0	—
晋州市	—	—	745 5	607.0	210.0
新乐市	82.8	2.0	555.3	451.5	—
鹿泉市	71.0	19.0	467.0	183.2	—

大中型工业企业科技项目和专利情况

12—14

(2000 年)

行政单位	全部科技项目数(项)	新产品开发项目	全部科技项目参加人数(人)	高中级技术职称	拥有发明专利数(件)
全市合计	794	512	5 945	2 746	120
市区合计	667	445	5 002	2 340	110
#长安区	294	189	2 728	1 382	21
桥东区	127	77	615	307	31
桥西区	158	114	794	355	—
新华区	56	46	746	227	57
郊区	26	16	73	36	1
矿区	6	3	46	33	—
井陉县	39	21	200	79	—
正定县	18	10	44	28	—
栾城县	25	16	149	69	—
行唐县	—	—	—	—	—
灵寿县	5	3	21	13	3
高邑县	—	—	—	—	—
深泽县	—	—	—	—	—
赞皇县	2	2	9	4	4
无极县	—	—	—	—	—
平山县	4	—	45	24	—
元氏县	—	—	—	—	—
赵县	4	1	76	25	1
辛集市	1	1	38	13	—
藁城市	4	2	47	13	—
晋州市	1	1	12	8	—
新乐市	11	2	72	30	—
鹿泉市	13	8	230	100	2

大中型工业企业办科技机构情况

12—15

(2000 年)

行政单位	机构数(个)	参加项目人员(人)	在参加项目人员中(人):高中级技术职称人员	本科毕业人员	研究与试验发展人员
全市合计	101	3 783	1 641	1 714	1 833
市区合计	68	2 986	1 319	1 432	1 434
#长安区	21	1 488	659	822	796
桥东区	17	355	182	143	90
桥西区	12	434	191	211	268
新华区	15	597	215	232	264
郊区	2	32	15	19	16
矿区	1	80	42	5	—
井陉县	3	132	56	19	72
正定县	2	32	16	19	8
栾城县	3	70	43	47	48
行唐县	—	—	—	—	—
灵寿县	2	20	9	11	12
高邑县	1	7	1	3	—
深泽县	2	33	16	13	—
赞皇县	1	9	4	6	—
无极县	1	3	1	—	—
平山县	—	—	—	—	—
元氏县	—	—	—	—	—
赵县	4	88	32	25	19
辛集市	3	72	24	10	38
藁城市	2	12	5	5	2
晋州市	1	12	8	6	12
新乐市	3	72	30	31	—
鹿泉市	5	235	92	87	188

文化事业基本情况

12—16　　(2000年)

指标名称	计量单位	全市
一、艺术表演团体		
机构数	个	26
从业人员	人	2 190
#职工	人	2 053
本年新排、上演剧目	个	26
国内出场次数	场	5 106
#本剧种演出	场	4 183
农村演出	场	4 182
观众人次	万人次	1 248
二、艺术表演场所		
机构数	个	22
从业人员	人	359
#职工	人	331
座席数	个	21 692
演(映)出场次	场	19 679
1.艺术演出场次	场	329
2.电影放映场次	场	7 217
3.录像放映场次	场	12 133
观众人次	千人次	1 581
1.艺术演出	千人次	242
2.电影放映	千人次	1 097
3.录像放映	千人次	242
三、公共图书馆		
机构数	个	21
从业人员	人	385
#职工	人	367
总藏量	册、件	2 976 471
1.古籍	册	236 66
#善本	册	3 130
2.图书	册	2 347 492
3.报刊	册	316 236
4.缩微制品	件	62 220
5.视听文献	件	5 913

12—16 续表　　（2000 年）

指标名称	计量单位	全市
总藏量中：		
外文书刊	册	83 942
开架书刊	册	1 240 623
书架单层总长度	米	103 722
发放借书证	个	95 595
总流通人次	千人次	2 099
#书刊外借人次	千人次	1 672
书刊外借册次	千册次	1 956
为读者举办各种活动	次	354
活动参加人数	人次	66 305
解答咨询服务	条	62 892
代检索课题	项	882
服务点	个	296
本年新购藏量	册、件	72 911
# 新购图书	册	61 190
公共房屋建筑面积	平方米	79 827
# 书库	平方米	20 905
阅览室	平方米	17 447
阅览室座席	个	3 281
四、群众艺术馆、文化馆		
机构数	个	25
从业人员	人	503
#职工	人	475
举办展览个数	个	234
组织文艺活动次数	次	992
举办训练班结业人次	人次	8 225
藏书量	册	32 487
五、文化站		
机构数	个	277
从业人员	人	384
# 职工	人	357
举办展览个数	个	905
组织文艺活动	次	2 000
举办训练班结业人次	人次	33 220
藏书	册	556 480

无线广播基本情况

12—17

(2000 年)

行政单位	平均每日播音时间(时:分)	转中央台节目	转省级台节目	自办节目
合计	129:75	24:25	26:05	78:15
石家庄人民广播电台二套	14:55	0:30	0:00	14:25
石家庄人民广播电台一套	14:40	0:30	0:30	13:40
井陉县广播电视台	6:01	1:00	3:00	2:01
正定县广播电视台	4:45	1:00	0:15	3:15
栾城县广播电视台	5:20	2:00	1:40	1:40
行唐县广播电视台	6:15	1:00	1:00	4:15
灵寿县广播电视台	6:15	1:55	2:00	2:20
高邑县广播电视台	5:55	1:30	1:50	2:35
深泽县广播电视台	4:05	0:30	2:40	0:55
赞皇县广播电视台	6:09	0:45	3:30	1:54
无极县广播电视台	6:15	2:10	1:20	2:45
平山县广播电视台	6:10	2:00	0:40	3:30
元氏县广播电视台	6:35	1:30	0:55	4:10
赵县广播电视台	6:25	1:00	1:45	3:40
辛集市广播电视台	8:00	0:30	0:30	7:00
藁城市广播电视台	4:00	1:05	0:20	2:35
晋州市广播电视台	6:25	3:30	2:10	0:45
新乐市广播电视台	6:25	1:00	1:30	3:55
鹿泉市广播电视台	4:40	1:00	0:30	2:55

无线电视基本情况

12—18

(2000 年)

行政单位	平均每周播出时间(时:分)	转中央台节目	转省级台节目	自办节目
合计	612:25	56:00	30:55	525:30
石家庄电视台	116:00	4:00	0:00	112:00
正定县广播电视台	56:42	4:05	2:20	50:17
行唐县广播电视台	34:00	4:10	2:20	27:30
高邑县广播电视台	45:37	4:05	2:20	39:12
深泽县广播电视台	36:45	3:30	3:30	29:45
无极县广播电视台	28:35	4:05	2:20	22:10
平山县广播电视台	39:10	4:05	1:45	33:20
元氏县广播电视台	30:30	4:05	2:55	23:30
赵县广播电视台	35:00	4:05	2:20	28:35
辛集市广播电视台	32:00	4:05	2:20	25:35
藁城市广播电视台	33:09	4:05	2:20	26:44
晋州市广播电视台	35:07	4:05	2:20	28:42
新乐市广播电视台	36:10	3:30	2:20	30:20
鹿泉市广播电视台	53:40	4:05	1:45	47:50

广播电视覆盖情况

12—19　　(2000年)　　计量单位:%

行政单位	广播综合覆盖率	中央台第一套节目覆盖率	省级台第一套节目覆盖率	电视综合覆盖率	中央台第一套节目覆盖率	省级台第一套节目覆盖率
石家庄市	99.08	98.62	98.98	98.70	98.36	97.23
长安区	100.00	100.00	100.00	100.00	100.00	100.00
桥东区	100.00	100.00	100.00	100.00	100.00	100.00
桥西区	100.00	100.00	100.00	100.00	100.00	100.00
新华区	100.00	100.00	100.00	100.00	100.00	100.00
郊区	100.00	100.00	100.00	100.00	100.00	100.00
矿区	100.00	100.00	100.00	100.00	100.00	100.00
井陉县	94.00	94.00	94.00	98.02	98.02	98.02
正定县	100.00	100.00	100.00	100.00	100.00	100.00
栾城县	100.00	100.00	100.00	100.00	100.00	100.00
行唐县	97.93	97.93	97.93	97.90	97.90	97.90
灵寿县	85.01	72.07	85.01	90.00	80.50	90.00
高邑县	100.00	100.00	100.00	100.00	100.00	100.00
深泽县	100.00	100.00	100.00	100.00	100.00	100.00
赞皇县	100.00	100.00	100.00	90.18	90.18	88.02
无极县	100.00	100.00	100.00	100.00	100.00	100.00
平山县	98.84	98.84	96.72	96.56	96.56	68.87
元氏县	100.00	100.00	100.00	91.99	91.99	91.99
赵县	100.00	100.00	100.00	100.00	100.00	100.00
辛集市	100.00	100.00	100.00	100.00	100.00	100.00
藁城市	100.00	100.00	100.00	100.00	100.00	100.00
晋州市	100.00	100.00	100.00	100.00	100.00	100.00
新乐市	100.00	100.00	100.00	100.00	100.00	100.00
鹿泉市	100.00	100.00	100.00	100.00	100.00	100.00

十三　体育　卫生　民政

裁判员、运动员发展情况

13—1　　(2000年)　　计量单位:人

指标名称	合计	二级	指标名称	合计	二级
一、裁判员	607	510	举重	5	5
田径	228	198	拳击	8	8
游泳	8	8	国际式摔跤	6	6
体操	5	5	柔道	6	6
足球	94	79	射击	13	13
篮球	139	90	足球	38	38
排球	71	71	篮球	60	42
乒乓球	10	10	排球	38	38
羽毛球	4	4	乒乓球	57	57
网球	1	1	羽毛球	14	14
武术	29	26	棒球	16	16
门球	18	18	武术	11	11
二、运动员	632	501	航空模型	81	—
田径	194	162	国际象棋	6	6
游泳	45	45	健美	30	30
体操	4	4			

举办运动会情况

13—2　　(2000年)　　计量单位:人、次

行政单位	运动会次数	体委系统	其它系统	参加运动会的运动员人数	体委系统
总计	**339**	**126**	**84**	**136 441**	**58 105**
地级	18	18	—	3 998	3 998
县级	192	108	84	85 227	54 107
乡镇级	129	—	—	47 216	—

《国家体育锻炼标准》施行情况

13—3　　(2000年)　　计量单位:个、人

指标名称	总计	普通高校	中专中技	初中	小学
施行锻炼标准学校数	5 191	9	24	714	4 444
施行锻炼标准学生数	1 898 274	40 186	31 088	577 000	1 250 000
应参加达标活动学生数	1 514 774	40 186	31 088	577 000	866 500
实际参加达标活动学生数	1 476 900	40 186	31 088	566 488	839 138
达标人数	1 405 504	38 673	30 564	538 426	797 841
1.及格数	646 464	18 013	13 542	238 878	376 031
2.良好级	473 743	15 980	10 539	190 210	257 014
3.优秀级	285 297	4 680	6 483	109 338	164 796

传统项目布局基本情况

13—4　　(2000年)　　计量单位:个、人

指标名称	传统项目布局个数	参加传统项目活动学生数	输送到各类业余体校学生人数
总计	**211**	**139 183**	**644**
田径	138	103 594	416
游泳	3	600	20
举重	2	110	8
射击	3	130	15
足球	8	3 850	42
篮球	30	20 570	64
排球	5	2 228	47
乒乓球	7	2 459	17
武术	15	5 642	15

全市卫生机构、床位和人员情况

13—5　　(2000年)　　计量单位:人

行业名称	机构数(个)	床位数(张)	卫生技术人员			
			合计	中医师	西医师	中西结合医师
总　　计	700	24 088	30 157	1 946	10 265	306
一、医院合计	105	16 461	19 595	1 202	6 187	175
#综合医院	65	8 912	10 832	328	3 924	91
中医医院	20	2 340	2 526	558	293	41
医学院校附属医院	5	3 057	3 985	200	1 235	25
传染病院	1	311	213	25	60	11
精神病院	2	150	95	7	25	—
结核病院	1	300	362	5	123	—
妇幼保健院	3	238	370	11	143	5
妇产医院	1	305	290	2	119	—
儿童医院	1	300	388	1	143	—
口腔医院	1	15	33	1	14	—
中西医结合医院	4	503	483	58	108	2
二、卫生院	450	5 759	5 758	345	2 073	66
三、疗养院	3	755	113	3	13	—
四、门诊部合计	55	636	1 278	80	489	10
综合门诊部	52	636	1 192	74	457	8
中医门诊部	2	—	36	6	2	2
专科门诊部	1	—	50	—	30	—
五、专科防治所、站	4	78	248	5	132	3
结核病防治所、站	1	30	49	—	25	—
职业病防治所、站	2	48	141	5	73	3
地方病防治所、站	1	—	58	—	34	—
六、卫生防疫机构	25	—	1 146	55	642	14
七、妇幼保健机构	21	269	588	30	268	4
八、药品检验机构	14	—	208	5	32	2
九、医学科学研究机构	4	60	337	54	107	9
十、高等医学教育机构	1	—	591	151	231	20
十一、中等医药教育机构	15	—	153	16	65	3
十二、其他卫生事业机构合计	3	70	142	—	26	—
#计划生育指导所、站	2	70	26	—	2	—

13—5 续表 1　　(2000 年)　　计量单位:人

行业名称	卫生技术人员(续)					
	护师	中药师	西药师	检验师	其他技师	中医士
总计	5 453	400	1 264	1 094	1 051	300
一、医院合计	4 821	300	852	671	869	180
#综合医院	2 754	126	532	382	377	35
中医医院	347	88	41	56	106	82
医学院校附属医院	1 170	55	174	165	283	35
传染病院	22	16	15	5	—	7
精神病院	15	1	3	3	6	—
结核病院	141	2	14	14	4	—
妇幼保健院	47	1	24	10	26	—
妇产医院	85	2	14	14	2	—
儿童医院	165	2	20	15	20	—
口腔医院	—	—	—	—	15	—
中西医结合医院	75	6	14	7	28	21
二、卫生院	197	31	129	86	61	89
三、疗养院	18	4	5	5	4	—
四、门诊部合计	163	11	67	45	28	6
综合门诊部	157	8	60	36	23	4
中医门诊部	1	3	2	4	2	2
专科门诊部	5	—	5	5	3	—
五、专科防治所、站	20	2	10	35	7	—
结核病防治所、站	6	—	1	6	3	—
职业病防治所、站	14	2	9	10	3	—
地方病防治所、站	—	—	—	19	1	—
六、卫生防疫机构	25	3	14	126	21	7
七、妇幼保健机构	53	3	20	18	13	5
八、药品检验机构	2	3	86	19	—	—
九、医学科学研究机构	32	23	21	17	17	10
十、高等医学教育机构	57	20	52	30	30	—
十一、中等医药教育机构	22	—	1	3	1	3
十二、其他卫生事业机构合计	43	—	7	39	—	—
#计划生育指导所、站	5	—	—	—	—	—

13—5 续表 2　(2000 年)　计量单位:人

行业名称	卫生技术人员(续)					
	西医士	护士	助产士	中药剂士	西药剂士	检验士
总计	1 652	2 342	281	128	340	299
一、医院合计	465	1 845	147	93	204	164
#综合医院	299	1 020	60	24	126	89
中医医院	87	237	37	53	38	36
医学院校附属医院	25	390	18	5	9	15
传染病院	4	25	—	1	1	5
精神病院	6	20	—	—	8	1
结核病院	2	35	—	2	1	2
妇幼保健院	20	25	7	—	6	7
妇产医院	—	26	18	2	1	2
儿童医院	—	19	—	—	—	—
口腔医院	3	—	—	—	—	—
中西医结合医院	18	46	7	5	12	7
二、卫生院	987	317	117	23	98	83
三、疗养院	5	16	2	—	3	—
四、门诊部合计	63	104	10	2	15	9
综合门诊部	61	101	6	2	15	9
中医门诊部	—	3	4	—	—	—
专科门诊部	2	—	—	—	—	—
五、专科防治所、站	1	12	—	2	3	—
结核病防治所、站	1	1	—	—	—	—
职业病防治所、站	—	10	—	2	3	—
地方病防治所、站	—	1	—	—	—	—
六、卫生防疫机构	55	3	—	—	2	15
七、妇幼保健机构	48	29	5	3	6	10
八、药品检验机构	2	—	—	—	4	7
九、医学科学研究机构	21	8	—	5	5	5
十、高等医学教育机构	—	—	—	—	—	—
十一、中等医药教育机构	3	6	—	—	—	1
十二、其他卫生事业机构合计	2	2	—	—	—	5
#计划生育指导所、站	2	1	—	—	—	—

13—5 续表 3　　(2000 年)　　计量单位:人

行业名称	卫生技术人员(续)					
	其他技士	其他中医	护理员	中药剂员	西药剂员	检验员
总　　计	242	45	371	64	176	112
一、医院合计	164	37	266	38	73	42
#综合医院	58	3	159	4	26	18
中医医院	31	16	62	33	19	10
医学院校附属医院	50	17	—	—	—	—
传染病院	1	1	8	—	—	6
精神病院	—	—	—	—	—	—
结核病院	7	—	3	—	6	1
妇幼保健院	8	—	14	—	7	4
妇产医院	—	—	1	—	—	—
儿童医院	3	—	—	—	—	—
口腔医院	—	—	—	—	—	—
中西医结合医院	6	—	18	—	15	3
二、卫生院	59	3	64	21	80	37
三、疗养院	—	4	15	—	—	—
四、门诊部合计	6	—	20	1	11	9
综合门诊部	6	—	20	1	11	9
中医门诊部	—	—	—	—	—	—
专科门诊部	—	—	—	—	—	—
五、专科防治所、站	2	—	—	—	5	—
结核病防治所、站	1	—	—	—	5	—
职业病防治所、站	—	—	—	—	—	—
地方病防治所、站	1	—	—	—	—	—
六、卫生防疫机构	4	—	—	—	—	20
七、妇幼保健机构	2	1	6	4	7	4
八、药品检验机构	2	—	—	—	—	—
九、医学科学研究机构	3	—	—	—	—	—
十、高等医学教育机构	—	—	—	—	—	—
十一、中等医药教育机构	—	—	—	—	—	—
十二、其他卫生事业机构合计	—	—	—	—	—	—
#计划生育指导所、站	—	—	—	—	—	—

分县(市)区卫生事业情况

13—6

(2000年)

行政单位	机构数(个)	病床数(张)	卫生技术人员(人)	医生	中医师
全市总计	700	24 088	30 157	14 449	1 946
市区合计	146	10 803	15 233	6 757	987
长安区	49	4 071	6 120	2 921	482
桥东区	21	1 142	1 671	740	77
桥西区	27	2 165	2 539	1 151	256
新华区	29	2 971	4 342	1 682	124
郊区	14	263	374	186	36
矿区	6	191	187	77	12
井陉县	52	781	833	505	97
正定县	39	1 538	1 693	1 010	69
栾城县	29	676	690	320	44
行唐县	37	533	869	441	71
灵寿县	36	393	650	370	31
高邑县	13	242	309	143	14
深泽县	15	451	498	226	33
赞皇县	25	398	511	248	41
无极县	18	460	598	327	41
平山县	68	1 387	1 131	631	95
元氏县	31	379	714	371	39
赵县	32	776	972	481	54
辛集市	42	1 366	1 627	782	91
藁城市	31	1 019	1 124	476	46
晋州市	26	1 273	911	508	85
新乐市	28	760	949	399	57
鹿泉市	32	853	845	454	51

13—6 续表

(2000 年)

行政单位	卫生技术人员(人)(续)				医院、卫生院诊疗人次数(人次)
	医生(续)				
	西医师	中西结合医师	中医士	西医士	
全市总计	10 265	306	300	1 632	14 208 143
市区合计	5 205	164	149	252	6 826 836
长安区	2 130	99	67	143	2 922 733
桥东区	632	1	2	28	878 381
桥西区	773	18	69	35	963 987
新华区	1 492	33	10	23	1 760 351
郊区	127	13	1	9	197 715
矿区	51	—	—	14	103 669
井陉县	271	10	13	114	350 558
正定县	711	18	6	206	634 014
栾城县	219	1	1	55	451 908
行唐县	258	2	12	98	421 536
灵寿县	231	9	8	91	435 141
高邑县	82	6	11	30	149 158
深泽县	137	10	10	36	206 974
赞皇县	180	5	1	21	156 548
无极县	251	9	6	20	209 547
平山县	353	11	36	136	428 847
元氏县	249	4	11	68	480 850
赵县	331	2	10	84	385 726
辛集市	560	10	1	120	946 635
藁城市	312	7	6	105	481 740
晋州市	313	6	9	95	525 560
新乐市	280	8	6	48	613 033
鹿泉市	322	24	4	53	503 532

婚 姻 登 记 情 况

13—7　　(2000年)　　计量单位:人

行政单位	(一)居民登记结婚	初婚人数	再婚人数	男性	(二)居民登记离婚
石家庄市	68 232	129 853	6 611	3 208	2 492
市区	15 586	29 112	2 060	1 107	1 323
长安区	4 500	8 810	190	150	350
桥东区	2 072	3 699	445	251	242
桥西区	2 200	4 000	400	245	239
新华区	3 960	7 298	622	326	386
郊区	2 074	4 100	48	30	87
矿区	561	810	312	85	9
高新区	219	395	43	20	10
井陉县	2 546	4 632	460	220	48
正定县	4 538	8 256	820	373	135
栾城县	1 892	3 763	21	11	9
行唐县	3 350	6 525	175	71	21
灵寿县	2 495	4 780	210	75	2
高邑县	941	1 746	136	68	9
深泽县	1 620	3 200	40	36	20
赞皇县	1 524	3 002	46	20	28
无极县	3 943	7 622	264	133	30
平山县	3 562	6 484	640	362	150
元氏县	2 652	4 940	364	5	25
赵县	4 580	8 600	560	280	230
辛集市	4 396	8 394	398	213	152
藁城市	4 300	8 404	196	108	102
晋州市	4 030	7 904	156	83	82
新乐市	4 027	8 000	54	34	50
鹿泉市	2 250	4 489	11	9	76

国有收养性单位情况

13—8 (2000年) 计量单位:人

行政单位	一、年末职工人数(人)	医护人员	二、年末床位数(张)	三、年末在院人总天数(天)	四、年末在院人数(人)
石家庄市	313	112	1 324	341 334	991
市区	98	43	550	187 975	515
井陉县	6	1	40	9 490	26
正定县	11	1	30	6 570	18
栾城县	5	2	18	—	18
行唐县	12	1	30	10 033	25
灵寿县	8	1	30	10 950	30
高邑县	7	1	33	13 364	28
深泽县	5	1	30	7 850	24
赞皇县	8	—	30	6 840	20
无极县	9	1	70	7 614	21
平山县	10	1	70	12 775	37
元氏县	8	—	60	7 665	20
赵县	4	—	40	4 208	13
辛集市	13	2	36	10 220	28
藁城市	9	5	40	960	35
晋州市	8	1	30	9 370	26
新乐市	85	51	107	23 500	72
鹿泉市	7	—	80	10 950	35

农村老年福利机构情况

13—9

(2000年)

行政单位	一、年末职工人数（人）	医护人员	二、年末床位数（张）	三、年末在院人总天数（天）	四、年末在院人数（人）
石家庄市	836	220	4 408	1 149 258	3 722
市区	16	8	59	14 045	39
郊区	10	5	51	13 680	38
矿区	6	3	8	365	1
井陉县	25	7	242	73 809	234
正定县	31	11	232	78 475	215
栾城县	45	10	337	97 064	304
行唐县	24	15	120	36 076	112
灵寿县	30	18	130	43 070	118
高邑县	17	5	150	36 927	101
深泽县	28	6	116	20 000	105
赞皇县	48	11	220	70 920	197
无极县	49	12	255	88 100	244
平山县	52	8	380	20 200	282
元氏县	30	7	112	32 120	88
赵县	26	6	312	48 500	234
辛集市	236	22	468	122 305	390
藁城市	51	48	540	146 300	426
晋州市	48	5	270	96 120	267
新乐市	28	11	155	33 106	101
鹿泉市	52	10	310	92 121	265

光　荣　院　情　况

13—10　　(2000 年)　　计量单位:人

行政单位	一、年末职工人数(人)	医护人员	二、年末床位数(张)	三、年末在院人总天数(天)	四、年末在院人数(人)
石家庄市	141	21	694	138 359	431
井陉县	6	1	40	9 490	26
正定县	11	1	30	6 570	18
栾城县	5	2	18	—	18
行唐县	12	1	30	10 033	25
灵寿县	8	1	30	10 950	30
高邑县	7	1	33	13 364	28
深泽县	5	1	30	7 850	24
赞皇县	8	—	30	6 840	20
无极县	9	1	70	7 614	21
平山县	10	1	70	12 775	37
元氏县	8	—	60	7 665	20
赵县	4	—	40	4 208	13
辛集市	13	2	36	10 220	28
藁城市	9	5	40	960	35
晋州市	8	1	30	9 370	26
新乐市	11	3	27	9 500	27
鹿泉市	7	—	80	10 950	35

中国统计出版社最新资料书简目

中国统计年鉴—2001
中国统计摘要—2001
中国城市统计年鉴—2000
中国农村统计年鉴—2001
中国劳动统计年鉴—2001
中国人口统计年鉴—2001
中国社会统计资料—2000
中国市场统计年鉴—2001
中国建筑业统计年鉴—2001
中国固定资产投资统计年鉴—2001
中国价格及城镇居民家庭收支调查统计年鉴—2001
国际统计年鉴—2001
中国对外经济贸易统计年鉴—2000
中国商品交易市场统计年鉴—2001
中国基本单位统计年鉴—2000
中国食品工业年鉴—2000
中国民政统计年鉴—2001
如何使用统计年鉴
北京统计年鉴—2001
天津统计年鉴—2001
河北统计年鉴—2001
山西统计年鉴—2001
内蒙古统计年鉴—2001
辽宁统计年鉴—2001
吉林统计年鉴—2001
黑龙江统计年鉴—2001
上海统计年鉴—2001
江苏统计年鉴—2001
浙江统计年鉴—2001
安徽统计年鉴—2001
福建统计年鉴—2001
江西统计年鉴—2001
山东统计年鉴—2001
河南统计年鉴—2001
湖北统计年鉴—2001
湖南统计年鉴—2001
广东统计年鉴—2001
广西统计年鉴—2001
贵州统计年鉴—2001
云南统计年鉴—2001
海南统计年鉴—2001
四川统计年鉴—2001
重庆统计年鉴—2001
西藏统计年鉴—2001
陕西统计年鉴—2001
甘肃年鉴—2001
青海统计年鉴—2001

宁夏统计年鉴—2001
新疆统计年鉴—2001
新疆生产建设兵团统计年鉴—2001
石家庄统计年鉴—2001
唐山统计年鉴—2001
廊坊统计年鉴—2001
邯郸统计年鉴—2001
衡水统计年鉴—2001
张家口统计年鉴—2001
邢台经济统计年鉴—2001
太原统计年鉴—2001
临汾年鉴—2001
呼和浩特经济统计年鉴—2001
沈阳年鉴—2001
大连统计年鉴—2001
吉林市社会经济统计年鉴—2001
四平统计年鉴—2001
延吉统计年鉴—2001
哈尔滨统计年鉴—2001
齐齐哈尔经济统计年鉴—2001
双鸭山社会经济统计年鉴—2001
黑龙江垦区统计年鉴—2001
牡丹江统计年鉴—2001
上海浦东新区统计年鉴—2001
宝山年鉴—2001
南京统计年鉴—2001
苏州统计年鉴—2001
无锡统计年鉴—2001
常州统计年鉴—2001
徐州统计年鉴—2001
南通统计年鉴—2001
盐城统计年鉴—2001
连云港统计年鉴—2001
杭州统计年鉴—2001
宁波统计年鉴—2001
绍兴统计年鉴—2001
嘉兴统计年鉴—2001
台州统计年鉴—2001
舟山统计年鉴—2001
金华统计年鉴—2001
温州统计年鉴—2001
福州年鉴—2001
厦门经济特区统计年鉴—2001
福州经济技术开发区年鉴—2001
南昌统计年鉴—2001
九江统计年鉴—2001

宜春统计年鉴—2001
济南统计年鉴—2001
青岛统计年鉴—2001
潍坊统计年鉴—2001
泰安统计年鉴—2001
德州统计年鉴—2001
日照统计年鉴—2001
郑州统计年鉴—2001
洛阳统计年鉴—2001
开封统计年鉴—2001
三门峡统计年鉴—2001
平顶山统计年鉴—2001
南阳经济统计年鉴 2001
武汉统计年鉴—2001
宜昌统计年鉴—2001
广州统计年鉴—2001
深圳统计信息年鉴—2001
惠州统计年鉴—2001
珠海统计年鉴—2001
东莞统计年鉴—2001
南宁统计年鉴—2001
南宁地区统计年鉴—2001
桂林经济社会统计年鉴—2001
柳州经济统计年鉴—2001
柳州地区统计年鉴—2001
贵阳统计年鉴—2001
海口统计年鉴—2001
成都统计年鉴—2001
广安统计年鉴—2001
攀枝花统计年鉴—2001
西安统计年鉴—2001
兰州年鉴—2000
西宁统计年鉴—2001
乌鲁木齐统计年鉴—2001
巴音郭楞统计年鉴—2001
吐鲁番统计年鉴—2001
石河子统计年鉴—2001
伊犁统计年鉴—2001
巴州年鉴—2001
河北农村统计年鉴—2001
广东农村统计年鉴—2001
福建农村统计年鉴—2001
湖北农村统计年鉴—2001
河南农村统计年鉴—2001
山东城市统计年鉴—2001
湖北工交统计年鉴—2001